Claus Fussek / Gottlob Schober

Im Netz der Pflegemafia

Claus Fussek / Gottlob Schober

Im Netz der Pflegemafia

Wie mit menschenunwürdiger Pflege
Geschäfte gemacht werden

C. Bertelsmann

Redaktionsschluss: 15. Januar 2008

FSC
Mix
Produktgruppe aus vorbildlich
bewirtschafteten Wäldern und
anderen kontrollierten Herkünften

Zert.-Nr. SGS-COC-1940
www.fsc.org
© 1996 Forest Stewardship Council

Verlagsgruppe Random House FSC-DEU-0100
Das für dieses Buch verwendete FSC-zertifizierte
Papier *EOS* liefert Salzer, St. Pölten.

Umschlaggestaltung: R·M·E Roland Eschlbeck
und Rosemarie Kreuzer, München
Karikaturen: Thomas Plassmann, Essen
Satz: Uhl + Massopust, Aalen
Druck und Bindung: GGP Media GmbH, Pößneck
Printed in Germany
ISBN 9-378-570-01009-9

www.cbertelsmannverlag.de

Inhalt

Dritter Teil
Die Profiteure der Pflegeversicherung

Vierter Teil
Das Versagen der Justiz

Fünfter Teil
Auswege aus der Pflegemisere?

Vorwort

Jeder Mensch hat seine unverlierbare Würde, die ihm von Gott verliehen ist. In diesem Geist wird die Bewohnerin/der Bewohner betreut. Ihr/ihm wird im Rahmen dieses Vertrages die bestmögliche Hilfe für ein weitgehend selbstbestimmtes Leben gewährt. Präambel des Heimvertrags eines kirchlichen Trägers

In keinem anderen Bereich unserer Gesellschaft ist der Kontrast zwischen dem, was Träger zu leisten vorgeben, und dem, was tatsächlich für hilfsbedürftige Menschen getan wird, größer als in der Altenpflege. In den letzten Jahren wurden unerträgliche Zustände in Heimen und in der ambulanten Pflege aufgedeckt. Artikel 1 unseres Grundgesetzes ist hier, wenn man die Realität betrachtet, quasi außer Kraft gesetzt. Die Würde der alten Menschen ist »antastbar«, müsste es eigentlich heißen. »Pflegeerleichternde Maßnahmen« wie Fesselungen, Psychopharmaka-Missbrauch und Ähnliches sind leider an der Tagesordnung.

Hilf- und wehrlose Menschen werden häufig so behandelt, dass sie zwangsläufig in eine höhere Pflegestufe eingruppiert werden müssen. Dahinvegetierende Pflegebedürftige bringen nach der Logik der Pflegeversicherung mehr Geld als Menschen, deren noch bestehende Fähigkeiten ständig gefördert werden. Die Folgen sind vielfach Erniedrigung, Gewalt und Vernachlässigung. Die meisten Pflegerinnen und Pfleger sind auch aufgrund restriktiver Arbeitsvorschriften überfordert. Sie fühlen sich ausgebeutet, können sich mit ihrem Beruf kaum noch identifizieren. Dass für persönliche Zuwendung im System keine Minute vorgesehen ist, demotiviert sie.

Natürlich geht es auch anders. Wir haben Pflegeheime kennengelernt, denen wir unsere Eltern anvertrauen würden. Wir sind Pflegekräften begegnet, die mit leuchtenden Augen erzählten, dass sie Pflegebedürftige wieder von der Magensonde wegbekommen haben. Die alten Menschen essen und trinken jetzt wieder selbst und haben damit eine höhere Lebensqualität. Doch leider sind das Ausnahmen.

Dass in einem der reichsten Länder der Welt das Argument der finanziellen Engpässe immer wieder als Rechtfertigung für einen kaum merklichen Fortschritt und damit für menschenunwürdige Pflege herhalten muss, halten wir für einen Skandal. »Unter den gegebenen Bedingungen leisten wir eine optimale Pflege« ist einer der Lieblingssätze vieler Heimträger. Nur ein radikaler Systemwechsel vermag diese Zustände zu ändern. Wir brauchen eine Abkehr von passivierender Pflege. Sie ist teuer und zerstört die Eigenständigkeit alter Menschen. Das ist unstrittig! Alle Probleme sind wissenschaftlich ausreichend aufgearbeitet – alle Ergebnisse liegen auf dem Tisch. In der deutschen Pflegelandschaft gibt es kein Erkenntnis-, sondern ein Umsetzungsproblem.

- Warum sind gerade alte und pflegebedürftige Menschen derart entwürdigenden und lebensbedrohenden Bedingungen ausgesetzt?
- Warum lösen Skandalberichte in der Öffentlichkeit nur hilflose Empörung aus (im Gegensatz zu sonstigen Reaktionen

auf Missstände oder Vergehen, bei denen in aller Regel sofort Gesetzesverschärfungen gefordert werden)?

- Warum bitten unsere Informanten um Wahrung ihrer Anonymität, wenn sie nachweislich nur die Wahrheit wiedergeben?
- Warum droht engagierten und couragierten Pflegekräften der Verlust ihres Arbeitsplatzes, wenn sie sich zur öffentlichen Kritik an ihrer entwürdigenden Berufspraxis entschließen?
- Warum stellen Staatsanwälte Ermittlungsverfahren, in denen es um alte Menschen geht, häufig schnell wieder ein? Handelt es sich hier um einen rechtsfreien Raum?
- Warum steht eine hohe Rendite über menschenwürdiger Pflege? Wer verdient an Pflegefonds?
- Warum werden die Auswirkungen dubioser Immobiliengeschäfte auf die Pflegequalität fast nicht untersucht?
- Warum kostet auch schlechte Pflege im Heim zwischen 2500 und 3500 Euro?

Diese Fragen wollen wir auf den folgenden Seiten beantworten. Kaum jemand interessiert sich für das Preis-Leistungs-Verhältnis. Eine ehrliche Kostentransparenz ist offensichtlich politisch nicht durchsetzbar! Auch eine Reform der Pflegeversicherung wird daran wenig ändern.

Wir, die Autoren dieses Buches, kennen uns seit sechs Jahren. Vom Beginn unserer Zusammenarbeit haben wir es uns zur Aufgabe gemacht, die Situation pflegebedürftiger Menschen zu verbessern, und führen in den folgenden Kapiteln die Ergebnisse unserer jahrelangen Arbeit, ergänzt durch viele neue Recherchen, zusammen.

Wir möchten erreichen, dass pflegebedürftige Menschen jeden Tag zu essen und zu trinken bekommen, und zwar in dem Tempo, in dem sie kauen und schlucken können. In etlichen Pflegeheimen ist dies aus zeitlichen Gründen nicht mehr möglich. Bewohner werden dort mit »pflegeerleichternden und pflegevermeidenden« Magensonden versorgt. Damit sind nicht die medizinisch notwendigen Hilfsmittel gemeint, sondern die zahlreichen Sonden, die inzwischen in den Krankenhäusern »auf Druck vieler Pflegeheime« eingesetzt werden. Die auf solche Weise »Versorgten« dürfen nichts mehr essen, nichts mehr kauen, nichts mehr schlucken, nichts mehr schmecken! Diese

Vorstellung ist für die meisten Pflegeheimbewohner ein Albtraum und auch ein Grund, warum sie dann erklären: »So möchte ich nicht mehr leben!«

Inzwischen hat auch der Medizinische Dienst der Krankenund Pflegekassen festgestellt, »dass in einer Vielzahl von Pflegeheimen die Nahrungs- und Flüssigkeitszufuhr nicht mehr sichergestellt werden kann«. Das heißt im Klartext: Pflegebedürftige Menschen hungern und verhungern beziehungsweise trocknen in Pflegeheimen aus. Wir sprechen hier nicht vom Elend der Flüchtlinge in der sudanesischen Provinz Darfur, sondern von Pflegeheimen in Deutschland. Wir sind fassungslos, dass alte Menschen teilweise wochenlang nicht aus dem Bett kommen. Sie liegen den ganzen Tag herum und starren die weiße Wand an. Niemand spricht mit ihnen, sie warten auf den Tod, isoliert und endgelagert! Das ist unmenschlich und grausam!

Beim Besuch der Altenpflegemesse 2007 in Nürnberg konnten wir uns ein Bild davon machen, zu welch einem Wirtschaftsfaktor sich die Altenpflege in letzter Zeit entwickelt hat. So sind inzwischen Windeln erhältlich, die ein Fassungsvermögen von unglaublichen 3,8 Litern haben. Wir fragen uns, wer sich das ausgedacht hat. Wie lange müssen Menschen in solchen Windeln liegen, damit sich dieses Produkt für potenzielle Käufer rechnet? Es ist ein Anreiz für Heimträger und deren Pflegekräfte, Menschen nicht mehr zur Toilette zu führen! Wie lange würde ein fröhlich Zechender in einem Zelt des Münchener Oktoberfestes nach dem Genuss von vier Maß Bier diese unwürdige Situation aushalten?

Sprechen wir jetzt einmal nicht von »Würde«, von den »entsetzlichen Schmerzen« – betrachten wir den Pflegeskandal nur unter »volkswirtschaftlichen Gesichtspunkten«!

Die Behandlung eines großen Dekubitalgeschwürs in einem Krankenhaus kostet etwa 25 000 bis 30 000 Euro. Zehntausende offene Druckwunden müsste es nicht geben, wenn man heute nach den medizinisch-pflegerischen Erkenntnissen – den »Expertenstandards« – vorgehen würde. Das heißt, wir leisten uns den Irrsinn, volkswirtschaftlich hunderte Millionen zu verschwenden und gleichzeitig vielfach menschenunwürdig zu pflegen. Wer soll das verstehen?

Uns ist in den vergangenen Jahren der »Pflegediskussion«

eines vollkommen klar geworden: Solange an den Folgen der schlechten Pflege viel Geld verdient werden kann, wird sich am Grundsatz nichts ändern. Selbst die Krankenkassen scheinen kein großes Interesse daran zu haben. Warum stellen sie den Verantwortlichen kaum Regressforderungen für teure »Pflegefehler«?

Die Pflegekassen haben sich zusammen mit der Bundesregierung und den Heimträgern inzwischen offensichtlich »arrangiert«: Man möchte »die alten Menschen nicht weiter verunsichern« und eine »Skandalisierung« verhindern. In der Vergangenheit haben sich nach Pflegeskandalen immer wiederkehrende Argumentationsschemata entwickelt.

Ein Beispiel: Mehrere alte Menschen leiden in einem Pflegeheim unter Dekubitalgeschwüren, und sie bekommen zu wenig zu essen und zu trinken. Zunächst wird der Träger, von Journalisten darauf angesprochen, darauf verweisen, dass personenbezogene Daten nicht weitergegeben werden können. Manchmal lassen sich Journalisten auf diese Weise abwimmeln. Ist die Beleglage aber erdrückend, so wird der Heimträger einen »bedauerlichen Einzelfall« einräumen und in diesem Zusammenhang auch auf ein »zertifiziertes Qualitätssicherungssystem«, das »den Qualitätssicherungsprozess« überwache, hinweisen. Damit möchten die Betreiber den Journalisten zu verstehen geben, dass man auf individuelle Fehler entsprechend zu reagieren in der Lage sei. Die nächste Eskalationsstufe: Den Medien, die über die sogenannten »Einzelfälle« berichten, wird im Nachgang eines solchen Berichts »Skandalisierung« und »Panikmache« vorgeworfen.

Daraufhin schaltet sich häufig die Politik ein. Sie verharmlost und mahnt, dass ein »ganzer Berufsstand durch bedauerliche Einzelfälle und ein paar schwarze Schafe« unter »Generalverdacht gestellt« werde. Man dürfe nicht »pauschal kriminalisieren und diffamieren«. Und: Nicht alle Heime seien schlecht!

So sagte zum Beispiel die Bundesgesundheitsministerin im September 2007 in der *Frankfurter Allgemeinen Zeitung*: »Die überwiegende Mehrheit der Pflegeeinrichtungen und -dienste leistet eine hervorragende und aufopferungsvolle Arbeit an den pflegebedürftigen Menschen!« Fünf Jahre zuvor hatte ebendiese Ulla Schmidt der Opposition vorgeworfen, ihr seien »die erschreckenden Missstände in Pflegeheimen« offensichtlich völlig gleichgültig. Wie kann es zu so grundverschiedenen Einschätzungen kommen? Haben sich die Rahmenbedingungen in den letzten Jahren deutlich verbessert? Nein! Dieser Zitatvergleich bestätigt, dass Politiker in die Richtung argumentieren, aus der gerade der Wind weht.

Hält der öffentliche Unmut über die Pflegemisere länger an, so folgen möglicherweise Anfragen von Abgeordneten, oder man bildet Arbeitsgruppen und veranstaltet Anhörungen wie beim »Runden Tisch Pflege«. Damit wird wenigstens der Anschein erweckt, als wäre man aktiv geworden. In diesen Gremien treffen sich dann die Vertreter der Kassen, Wissenschaftler, Experten, Vertreter der Pflegeverbände ... Man kennt sich, man duzt sich, man diskutiert, und am Ende kommen nur unverbindliche Erklärungen, Empfehlungen und Verlautbarungen heraus, die man dem Volk auch noch als Erfolg verkauft.

Vage Formulierungen wie etwa das Wort »mittelfristig« verdeutlichen, dass man zunächst einmal nichts ändern will. Es steht zum Beispiel im Koalitionsvertrag von Union und SPD aus dem Jahr 2005 bezüglich des sogenannten Pflegebegriffs. Der liegt zwar mittlerweile aus Bayern schon fertig ausformuliert und evaluiert vor und soll beispielsweise demenziell erkrankte Menschen in der Pflegeversicherung besser berücksichtigen – dennoch sieht es die Bundesregierung als notwendig an, unter anderem »die finanziellen Konsequenzen« umfassend zu klären. Das Ergebnis wird erst im November 2008 erwartet, also nach Inkrafttreten der Pflegereform. Umgekehrt hätte das Ganze Sinn gemacht.

Und so gab es zuerst ein »rundes Tischchen«, ein Eckpunktepapierchen, ein Gesetzesentwürfchen, und bald wird auch noch ein Gesetzchen verabschiedet. Über all dem steht das ungeschriebene Gesetz: Die Pflege darf nicht mehr kosten! Pardon, liebe Politiker – für solche Mauscheleien haben alte Menschen kein Verständnis mehr.

Erster Teil

Dauerbrenner Pflegenotstand

1 Daheim oder im Heim?

In häuslicher Obhut: Pflege mit der Stoppuhr

Die Ökumenische Sozialstation in Ludwigshafen. Es ist 6.45 Uhr am Morgen – Arbeitsbeginn für Schwester Christel. Die einundsechzigjährige Altenpflegerin ist zwar noch etwas verschlafen, aber das lässt sie sich nicht anmerken. »Guten Morgen!«, ruft sie laut in die Runde. Vielen jüngeren Kolleginnen gilt Schwester Christel als Vorbild, denn in ihrem Alter schafft fast niemand mehr den anstrengenden Job. Seit 15 Jahren ist sie Akkordarbeiterin in Sachen ambulanter Pflege. Ein Taschencomputer gibt ihr das Arbeitspensum vor. Allein heute muss sie 25 alte Menschen versorgen – unter permanentem Zeitdruck. Schon am frühen Morgen ist ihr klar, dass auch heute für persönliche Zuwendungen und nette Worte kaum Zeit sein wird. »Für eine Insulinspritze habe ich drei oder vier Minuten. Für ›Hilfe zur Ausscheidung‹ sieben Minuten«, sagt sie etwas frustriert. Dabei überlegt sie sich, wie es wäre, wenn sie selbst einmal pflegebedürftig würde und ihre »ganzen Dinge in sieben Minuten erledigt haben« müsste.

Ihren Arbeitgeber gibt es seit rund 30 Jahren. Die Zentrale liegt in Fußnähe zum Hauptbahnhof. Früher waren hier vor allem Ordensschwestern beschäftigt. Aber in den 1960er- und 1970er-Jahren war abzusehen, dass der Bedarf an Pflegepersonal durch die Orden bei Weitem nicht mehr abgedeckt werden konnte. Aus diesem Grund waren in Rheinland-Pfalz die Sozialstationen gegründet worden. Die Kirchengemeinden und Krankenvereine hatten sich zu eingetragenen Vereinen zusammengeschlossen, den »Ökumenischen Sozialstationen e.V.«, und die Ordensschwestern bekamen Verstärkung durch weltliche Krankenschwestern. Die Tatsache, dass es in der Pfalz keine Diakonie- oder Caritas-Stationen gibt, beruht auf der – in Deutschland einmaligen – Besonderheit, dass die Gebiete der evangelischen Landeskirche in der Pfalz und der Diözese Speyer deckungsgleich sind und der damalige rheinland-pfälzische Sozialminister Heiner Geißler auf große, leistungsstarke Stationen Wert legte. Zusammen mit den Kirchenverantwortlichen gelang es so, sozial engagierte Einrichtungen zu gründen, die seit Jahren als gelebte Ökumene Vorbildcharakter haben.

Kurz nach 7 Uhr sitzt Schwester Christel in ihrem Kleinwagen und startet zu ihrer »Insulin-Rallye«. Zuckerkranke brauchen möglichst früh eine Spritze, um den Tag zu überstehen. Schon der Weg zu ihrem ersten Patienten dauert zu lange. Schwester Christel steckt im Berufsverkehr fest. Verspätet kommt sie bei dem Diabetiker Adolf J. an. Sie soll ihm Insulin spritzen. Dafür hat sie gerade mal drei Minuten Zeit. Mehr zahlt die Kasse nicht. Adolf Js. Ehefrau aber bittet die Altenpflegerin auch noch in einer anderen Sache um Hilfe. Die Beine ihres Gatten sind über Nacht dick angeschwollen. Schwester Christel kümmert sich um ihn, obwohl sie das nicht vergütet bekommt. Das ist zwar menschlich, dafür aber ist sie schon nach ihrem ersten Patienten im Zeitverzug.

Jetzt ist Tempo gefordert. Schwester Christel fährt zu ihrer nächsten Patientin im Ludwigshafener Stadtteil Hemshof, einem sozialen Brennpunkt. Hier ist die Pflegerin zu Hause, hier ist sie aufgewachsen, hier betreut sie heute Pflegebedürftige. Sie wird schon ungeduldig erwartet. Frau O. sitzt in der Küche. »Welchen Finger wollen Sie heute Morgen? Sie haben die freie Auswahl«, fragt Schwester Christel die alte Frau. Frau O. ist fast blind und wie viele andere alte Menschen nicht in der Lage, ihr Insulin selbst zu spritzen. Schwester Christel sticht in den Finger und tupft einen Blutstropfen ab. Die Überprüfung des Blutzuckerstandes mittels der BZ-Kontrolle ergibt ein zufriedenstellendes Resultat. 129, das ist ein guter Wert. Der Haken dabei: Die Kasse zahlt Schwester Christel zwar das Spritzen von Insulin, verweigert jedoch das Geld für die notwendige Blutzuckermessung. Eine absurde Situation. »Was bei ihr das Problem ist: Die BZ-Kontrolle wird immer abgelehnt bei ihr, generell. Jedes Mal ist das ein Zirkus, bis wir das genehmigt haben. Jetzt im Moment ist es auch wieder abgelehnt. Sie hat Einspruch erhoben, weil ich ja kein Insulin spritzen kann, wenn ich keinen Wert habe«, schimpft die Altenpflegerin. Auch die völlig zugestellte

Wohnung von Frau O. macht ihr große Sorgen. Überall lagern Zeitungen und Gerümpel. Der Zugang zum Wohnzimmer ist kaum möglich. Obwohl sie es wieder nicht abrechnen kann, kann Schwester Christel über bestimmte Notlagen nicht hinwegsehen. Sie packt an, wo sie meint helfen zu müssen: »Wir haben die Sozialarbeiterin eingeschaltet!«, sagt sie. Wenn es in der Wohnung brennen würde, hätte Frau O. nämlich keine Chance. Schwester Christel findet den Zustand der Unterkunft menschenunwürdig: »Sie war immer gepflegt und ordentlich, und jetzt kann sie halt nicht mehr. Es geht nicht mehr.«

Der Zeitdruck bei der Insulin-Rallye wird immer größer. Ihren nächsten Termin hat Schwester Christel bei einem schier hoffnungslosen Fall, Frau K. Wieder überprüft sie den Blutzuckerwert, obwohl sie für diese Tätigkeit keinen Cent bekommt. Diesmal ist die Altenpflegerin geschockt. Mit diesem hohen Blutzuckerwert balanciert Frau K. zwischen Leben und Tod. 448 ist lebensgefährlich. Schwester Christel muss die Insulindosis drastisch erhöhen – aber: »Das geht nicht. Sie haben jetzt 74 Einheiten Insulin gekriegt. Das ist Mord. Das hält keiner aus«, sagt sie. »Ich muss jetzt halt was essen«, entgegnet Frau K. Die alte Dame ist insulinresistent, war deshalb auch bereits im Krankenhaus. Sie wurde auch schon unter Aufsicht gestellt, weil man vermutete, sie esse unkontrolliert. »Und dann ist sie immer auf eigene Faust nach Hause. Ich kann das nicht verantworten. Ich bin auch kein Arzt«, sagt Schwester Christel verzweifelt. Sie verständigt den Mediziner. Dennoch wird Frau K. wenige Tage später sterben.

Ihre nächste Patientin ist Anna K. Die sechsundachtzigjährige Frau leidet seit acht Jahren an Diabetes und leichter Demenz. Außerdem hatte sie einen Schlaganfall. Für ihre Pflege sind zehn Minuten vorgesehen. Als Schwester Christel an der Haustür klingelt, öffnet niemand. Zehn Minuten, ihre komplette geplante Zeit, ist sie gezwungen zu warten. Jetzt will sie den Rettungsdienst und die Feuerwehr rufen, um in die Wohnung zu gelangen. Sie vermutet, dass Frau K. etwas zugestoßen ist. Als sie schon ihr Handy in der Hand hält, öffnet zufällig eine Nachbarin die Tür, die auch einen Schlüssel für Frau K.s Wohnung hat. Beim Betreten des Schlafzimmers ist Schwester Christel erleichtert. Die alte Dame döst seelenruhig, das Klingeln hat sie heute einfach nicht gehört.

Helmut G. wartet schon auf Schwester Christel. Zu ihm kommt sie wieder einmal später als geplant. Eigentlich wäre er ein Fall fürs Pflegeheim. Er hat mehrere Bypässe, einen Herzschrittmacher und leidet an schwerer Altersdemenz. Vor Kurzem hat er sich wieder einmal verirrt. Die Polizei fand ihn völlig orientierungslos auf dem Mannheimer Maimarktgelände. Nur weil ihn Schwester Christel über das normale Maß hinaus pflegt, kann er daheimbleiben. Über seine Pflegerin sagt er: »Ja, die ist super. Wenn die nicht wäre, wäre ich schon längst gestorben.« Für Herrn G. zahlt die Pflegekasse unter anderem die sogenannte »kleine Körperpflege«. Binnen zwanzig Minuten soll ihn Schwester Christel waschen und ankleiden. Für das Wechseln der Kompressionsstrümpfe hat sie noch einmal drei Minuten Zeit, desgleichen für die Verabreichung seiner Medikamente. Der alte Mann will das so. »Ich geh nicht ins Heim, im Leben nicht. Hier bin ich groß geworden, und da sterbe ich auch«, sagt er bestimmt. Eine Träne kullert aus dem rechten Auge. »Und was haben wir gesagt? Sterben tun wir jetzt noch nicht. Ihnen geht es doch gut!«, tröstet ihn Schwester Christel.

Danach hat sie Mittagspause. Schon jetzt ist sie völlig erschöpft und trinkt eine Flasche Apfelsaftschorle in einem Zug aus: »Fix und alle bin ich. Und in dem Auto sind mindestens 50 Grad. Es ist anstrengender als sonst, wegen der Hitze. Ich bin halb verdurstet. Gehen Sie mal den ganzen Tag Treppen hoch, Treppen runter. Ja, das reicht.«

Wenige Minuten später ist sie wieder unterwegs – zu einer Patientin, die auf keinen Fall ihre Wohnung aufgeben möchte. Frau H. hat ihr einen Schlüssel überlassen. Jedes Mal, wenn die Schwester die Tür öffnet, erhöht sich ihr Puls. Um diese Patientin macht sie sich besonders große Sorgen. »Ist etwas passiert?«, fragt sie heute. Frau H. liegt noch im Bett und sagt nichts. Schwester Christel ist erleichtert, als sie auf der Nachtkonsole zwei leere Piccolo-Fläschchen findet: Ihre Patientin kommt nach dem Konsum von Alkohol etwas schwerer in die Gänge als sonst. Frau H. ist zwar alt und zierlich, aber dennoch selbstbewusst und energisch. Sie weiß ganz genau, was sie will.

Bevor Schwester Christel die Verantwortung für Frau H. übernahm, lebte die alte Dame völlig allein und verwahrlost. Schritt für Schritt organisierte sie ihr ein menschenwürdiges Leben. Frau H. musste trotz ihrer Not erst mühsam lernen, Hilfe anzunehmen – zum Beispiel beim Essen. Früher hat Schwester Christel für ihre Patientin Lebensmittel eingekauft. Der Cousine von Frau H. wurde diese Dienstleistung aber irgendwann zu teuer, woraufhin diese »Verwandte« die Aufgabe übernahm, für ausreichend Lebensmittel im Haushalt der alten Frau zu sorgen. Als die Altenpflegerin aber an diesem Morgen den Kühlschrank inspiziert, ist bis auf etwas Öl und Milch fast nichts da. Das sei immerhin »fett- und eiweißreich«, kommentiert Schwester Christel sarkastisch: »Da verhungern ja die Mäuse«, macht sie ihrem Zorn gegenüber Frau H. Luft. Denn die alte Dame ist unterernährt. »Ich ruf jetzt Ihre Cousine an und sag, dass nichts zu essen da ist«, sagt die Altenpflegerin bestimmt. »Nein, bitte nicht!«, fleht Frau H. Offensichtlich möchte sie es nicht zu einer Auseinandersetzung mit ihrer Angehörigen kommen lassen. Schwester Christel wird immer wütender: »Sie verhungern mir. Ich muss Ihnen doch etwas zum Essen machen können. Wir brauchen Bananen, wir brauchen ein paar Trauben, ein paar Erdbeeren, ein bisschen Wurst. Sie haben keine warme Mahlzeit – nur Ihren Kaffee und trockenes Brot! Irgendwann stecken sie mich ins Gefängnis, weil ich da zuschaue. Ja, und da sagen sie: Die Schwester Christel hat nicht aufgepasst bei der Frau H. Und dann?« – »Dann würde ich schon mein Veto einlegen«, entgegnet Frau H. lakonisch. Die beiden Frauen verstehen sich. Gerne würde Schwester Christel sich mehr Zeit für Frau H. nehmen.

Auch Herr S. ist ein belastender Pflegefall für Schwester Christel. Der alte Mann wurde trotz einer riesigen offenen Wunde am Rücken aus dem Krankenhaus entlassen. Die Mediziner nennen dies ein Druckgeschwür, im Fachjargon »Dekubitus«. Das Geschwür ist mehr als einen Zentimeter tief und größer als ein Tennisball. Es riecht nach verfaultem Fleisch. Ein Dekubitus entsteht meistens durch Vernachlässigung und Nichtbefolgung der anerkannten Pflegestandards. Mit viel Einfühlungsvermögen versucht Schwester Christel, Herrn S.s Schmerzen so erträglich wie möglich zu machen. Die Ehefrau ist sich sicher, dass die Wunde im Krankenhaus entstanden ist. Ihr größter Wunsch: »Dass er bald stirbt, dass er es bald hinter sich hat. Denn es ist zu arg.« Tag und Nacht hat Herr S. Schmerzen. Aber er soll nicht mehr ins Krankenhaus, weil er nicht mehr dorthin will. Frau S. vertraut auf die sorgsame Pflege von Schwester Christel. Regelmäßig wechselt sie seine Verbände. Er soll zu Hause sterben.

Es ist Samstagmittag. Schwester Christel hat Wochenendschicht. Ihrem »Sorgenkind« Frau H. bereitet sie heute eine ganz besondere Überraschung in Form von Frikadellen und Spargelgemüse. Sie hat zu Hause etwas mehr gekocht und versucht, mit dieser Hausmannskost den Appetit ihrer unterernährten Patientin anzuregen. Eine persönliche Geste, die die Kasse natürlich nicht bezahlt. Auf dem Herd ihrer Patientin wärmt sie die Mahlzeit auf. »Essen ist fertig. Vier-Sterne-Hotel. Drei Euro fuffzig, die meisten geben fünf Euro«, scherzt sie, als sie Frau H. den Teller hinstellt und einen guten Appetit wünscht. Die Patientin bedankt sich artig. Für sie ist es ein Festmahl. Trotz des guten Essens – die alte Dame muss gefüttert werden. Jeder kleine Happen ist für die Schwester schon ein Erfolgserlebnis. Frau H. war zwar noch nie eine großer Esserin gewesen, dennoch befürchtet Schwester Christel, dass sie regelrecht verhungern könnte: »Nur einmal am Tag bekommt sie eine Mahlzeit zubereitet. Manchmal ist es Beutelsuppe mit Wurst, davon isst sie eine halbe Tasse. Im Grunde ist sie unterernährt.«

Doch nur selten kann sich die Pflegerin so viel Zeit für ihre Patientin nehmen. Frau H. will aber auf gar keinen Fall ins Pflegeheim. »Ich war mal ein paar Tage in Schifferstadt«, erzählt sie. In dieser Einrichtung aber habe ihr die ganze Atmosphäre nicht gefallen. Man habe darauf geachtet, wie sie esse und ob sie korrekt gekleidet sei. Und »das wollte ich nicht«.

Zwischen zwei Terminen trifft Schwester Christel zufällig Frau S. Ihr Mann ist inzwischen verstorben. Die Pflegerin hört zu, spendet Trost. Frau S. ist ganz in Schwarz gekleidet. 48 Jahre lang war sie mit ihrem Mann verheiratet. Jetzt fehle er ihr. Aber sie verspürt auch Erleichterung, dass er jetzt endlich von seinem Leiden erlöst ist. Schwester Christel rät ihr, regelmäßig spazieren zu gehen und viel zu essen. »Wir wissen alle, wir werden geboren, um zu sterben«, sagt die Altenpflegerin. Sie sei aber sehr froh, dass er in seinen letzten Lebenstagen noch eine Schmerztherapie bekommen habe – Sicherheit, Geborgenheit und Respekt. »Pflege ist Beziehung. Ich gehe ja in das Intimste des Menschen, in ihre Wohnung. Und ich muss mich dann auch angemessen verhalten. Ich muss dann auch schauen, dass ich mit den Leuten klarkomme, dass es läuft. Aber ich kann nicht mit jedem Patienten sterben und das mit nach Hause nehmen. Da dreh ich irgendwann am Rad«, versucht sich Schwester Christel abzuschotten.

Solche Belastungen und Notlagen kann die Altenpflegerin einmal im Monat in der Teamsitzung mit der Pflegeleitung und ihren Kolleginnen zur Sprache bringen.

Heute geht es um die schlechte Zahlungsmoral der Kassen. Sie versuchen immer wieder, notwendige Leistungen auf die Sozialstationen abzuwälzen – zulasten von Pflegerinnen wie Schwester Christel. »Ich muss dann sagen: Es tut mir leid, ich habe keine Zeit. Sage das einmal einem einsamen alten Menschen zu Hause – ich habe keine Zeit. Die warten doch auf uns!« Und ihre Chefin Sabine Pfirrmann pflichtet ihr bei: »Die Pflegestunde für Pflegefachkräfte ist auf keinen Fall kostendeckend. Und nur weil ihr so schnell und so gut arbeitet, sind wir irgendwie so weit, dass es noch einigermaßen geht. Aber selbst das wird in Zukunft nicht mehr ausreichen.« Ein Kreislauf, der immer mehr Pflegedienste in die Pleite treibt.

Als Schwester Christel am nächsten Tag wieder bei Frau H. ist, hat die alte Dame seltenen Besuch. Spontan und ohne Anmeldung ist ihr Hausarzt gekommen. Ab und zu misst er ihren Blutdruck. »Ist überhaupt noch ein bisschen Fleisch dran?«, fragt ihn die abgemagerte Frau. Der Arzt erspart sich die Antwort. Dass Schwester Christel morgens für 20 Minuten vorbeischaue und abends sieben Minuten »Hilfestellung bei der Ausscheidung« gebe, darüber kann er nur den Kopf schütteln. »Das ist einfach viel zu wenig«, sagt er. Die Zeit reiche nicht aus für eine optimale Versorgung. Auf die Frage, ob Frau H. angesichts dieser Einschätzung nicht doch lieber ins Heim möchte, antwortet sie: »Nein. Ich will daheim sterben.« Einige Woche später wird es so weit sein. Die alte Dame wird friedlich einschlafen – zu Hause.

Kurz vor 14 Uhr endet Schwester Christels Schicht, über die auch die ARD in der Reportage »Essen. Waschen. Ruhe geben.« berichtete. Sie ist abgekämpft und durchgeschwitzt, plagt sich mit Selbstvorwürfen. Weil sie zu lange gebraucht habe, arbeite sie nicht wirtschaftlich. »Ich fahre meine Sozialstation in die Miesen«, befürchtet sie.

Fazit: Menschlichkeit in der Pflege wird von den Kassen nicht bezahlt. Alte Menschen aber brauchen Zuwendung. Doch im jetzigen System bleibt dafür keine Zeit.

Auf der Demenzstation: Pflege in einem guten Heim

Nicole Groß arbeitet im Franziska-Schervier-Altenheim in der Frankfurter Innenstadt. Auch der Arbeitstag dieser Altenpflegerin beginnt sehr früh, nämlich um 6.30 Uhr. Ein erster Rundgang. Sie schaut, wer im Heim schon wach ist. Leise und bedächtig öffnet sie die erste Zimmertür: »Frau H. schläft noch«, flüstert sie. Aufwecken will Schwester Nicole niemanden im Heim. Das gehört zum Konzept. Bewohner können selbst entscheiden, ob sie etwas früher oder später frühstücken möchten. Hier achtet man auf Individualität und Professionalität der Pflege und Betreuung. Auf ihrer Station im dritten Stock leben 25 unter Demenz leidende alte Menschen.

Auf dem Gang trifft sie Frau J., eine Frühaufsteherin. Auch die Siebenundsiebzigjährige ist schwer an Demenz erkrankt. Sie weiß nicht mehr, was sie tut, ist völlig verwirrt und so unselbstständig wie ein kleines Kind – typische Symptome der Demenzerkrankung, der Volkskrankheit Nummer eins. Frau J. fordert besonders viel Aufmerksamkeit und Zuneigung von Nicole Groß. Dass auch sie permanent unter Zeitdruck steht, darf sie die Bewohnerin nicht spüren lassen. Geduld ist eine wichtige Tugend für eine Pflegerin, die sich mit dementen Menschen beschäftigt: »Würden wir aber die Betreuungsarbeit, dieses Immer-wieder-Antworten auf sich wiederholende Fragen, dieses Sicherheit-Geben, diese Begleitung – würden wir diese Betreuungsarbeit weglassen, dann hätten wir ganz schnell vielleicht bettlägrige Pflegefälle«, erzählt Nicole Groß. Ziel der Frankfurter Einrichtung ist es, Menschen »aus den Betten« zu pflegen und nicht »in die Betten«. Ohne Betreuungsarbeit ginge es den Bewohnern seelisch und psychisch erheblich schlechter, ist die Altenpflegerin überzeugt. Viele alte Menschen würden sich vermutlich in ihrem Zimmer vergraben, weil sie nicht mehr aufstehen möchten. Als wir von Frau J. wissen wollen, wie es ihr geht, antwortet sie bereitwillig: »Mir geht es gut.« Im weiteren Verlauf des Gesprächs bedauert sie, keine Kinder zu haben, und sie wundere sich, warum das so sei. Vergesslichkeit ist eine Ausprägung ihrer Erkrankung. Denn Frau J. hat zwei Töchter. Sie weiß auch nicht mehr, wie alt sie ist. In solchen Situationen ist Nicole Groß gefordert. Durch persönliche Zuwendung kann sie die Bewohnerin wieder motivieren. Die beiden Frauen blättern in einem »Bilderbuch«, das Frau J. aus ihrer Jugendzeit kennt. An die Inhalte vermag sie sich plötzlich wieder zu erinnern, nur für einen Moment. Dazu trinkt sie einen Kaffee. Der Wohnraum ist so gestaltet, wie die alten Menschen ihn früher von zu Hause gewöhnt waren: mit Tapeten, die in den 1950er- und 1960er-Jahren zum allgemeinen Geschmack gehörten. Dazu läuft Musik aus dieser Zeit. Das gefällt den Bewohnern.

Wenige Minuten später. Frau H. ist inzwischen wach geworden. Sie lächelt, als ihr die Pflegerin einen guten Morgen wünscht. Ohne Nicole Groß könnte die Bewohnerin ihr Leben nicht mehr meistern. Auch sie leidet an Demenz. Altenpflegekräfte müssen besonders viel Zeit aufwenden, um solchen Patienten auch noch im Alter ein menschenwürdiges Leben zu ermöglichen. »Sie vergisst, auf die Toilette zu gehen. Sie würde auch vergessen, sich zu waschen und anzuziehen, wenn ich sie nicht daran erinnern würde«, erzählt Nicole Groß, während sie ihre Schutzbefohlene anleitet, sich selbst das Gesicht zu waschen. Dazu ist die alte Frau nämlich noch fähig. Theoretisch könnte es sich die Pflegerin hier leicht machen und sie mit einem Waschlappen reinigen. Zwar würde dies Zeit sparen, doch gingen auch die letzten vorhandenen Fähigkeiten der Bewohnerin verloren. Genau das aber will man nicht im Frankfurter Franziska-Schervier-Pflegeheim. Die alte Frau nimmt den Waschlappen und streicht sich damit über das Gesicht. Obwohl sie körperlich noch viel zu leisten vermag, könnte sie allein nicht überleben. Nicole Groß ist überzeugt, dass Frau H. verhungern und verdursten würde. Ihre Vergesslichkeit geht so weit, dass sie von sich aus weder isst noch trinkt.

Die Altenpflegerin könnte sie jetzt schnell füttern, das zahlt die Pflegeversicherung. In dieser Einrichtung aber wird auch beim Essen Wert darauf gelegt, dass die Bewohner selbst noch aktiv sind. Und das koste viel mehr Zeit. »Wenn wir die Bewohner selber essen lassen wollen, fördert das natürlich auch die Lebensqualität«, erklärt uns Nicole Groß. Und deshalb sei man hier bestrebt, die Nahrung nicht anzureichen. Alle Mühe und Geduld verwendet sie darauf. Das Essen in 15 Minuten verfüttern, das ginge natürlich schnell. Aber es sei für die Bewohner und sie selbst unschön. »Hier ist das Joghurt, und hier ist der Löffel. Nehmen Sie den Löffel mal in die Hand«, leitet die Schwester eine Bewohnerin geduldig an.

Währenddessen treffen wir Frau J. zufällig auf dem Flur. Offensichtlich ist ihr Interesse an dem Bilderbuch erlahmt, und sie irrt wieder einmal im Pflegeheim umher.

Obgleich dieses Haus als vorbildlich geführt gilt, ist auch hier die Situation äußerst angespannt – wie bereits 2003, als die ARD darüber berichtete. Der damalige Heimleiter Frédéric Lauscher hatte errechnet, dass selbst bei bestem Willen jedem Bewohner maximal 25 Minuten Pflege in einer Schicht zur Verfügung stünden. Für ihn sei das nicht hinnehmbar. »Das wird hier die kleineren Menschenrechtsverletzungen geben – so will ich es mal nennen – oder eine Kette von kleineren Menschenrechtsverletzungen: wie zum Beispiel, dass jemand nicht auf Toilette kann, wenn er möchte, weil keine Zeit da ist. Dass jemand das Essen gereicht kriegen muss, obwohl er selber noch kann; dass er geweckt werden muss, obwohl er noch schlafen möchte. Und diese Summe der kleinen Menschenrechtsverletzungen macht eigentlich dann eine Menschenrechtsverletzung aus – aus meiner Sicht.« Der Mann hat das Problem erkannt.

In Frankfurt versucht man deshalb, an Demenz erkrankte Menschen zu beschäftigen, wie an diesem Vormittag. Alle Bewohner werden um einen Tisch versammelt. Ein Luftballon wird aufgeblasen. Den werfen sich die pflegebedürftigen alten Menschen gegenseitig zu. Zunächst haben sie großen Spaß an dem Spiel. Es soll die Bewohner auf andere Gedanken bringen und den inneren Zwang zum Weglaufen hemmen. Doch als Frau J. den Luftballon nicht mehr hergeben will, kippt die Stimmung um. Sogar gegenseitige Aversionen kommen unverhohlen zum Ausdruck. »Ich kann nicht weitermachen. Ich geh hier fort«, verkündet Frau J. »Ja, dann gehen Sie doch heim«, fordert sie eine andere Bewohnerin auf und packt noch eins drauf: »Und kommen Sie nie mehr wieder.«

Frau J. läuft weg, weil sie vielleicht spürt, dass sie in der Gemeinschaft der Pflegebedürftigen nicht mehr willkommen ist. Ihr Drang nach draußen ist nicht zu stoppen, eine typische Eigenart dieser demenzkranken Frau. Aber sie versucht nicht nur vor Stresssituationen zu fliehen. Bis zu 15 Mal pro Schicht geistert sie irgendwo im Haus umher.

Für die Schwestern ist das zwar Routine, jedoch eine, die viel Zeit und Kraft erfordert. Diesmal findet sie Nicole Groß zwei Etagen tiefer im Treppenhaus. Natürlich weiß Frau J. nicht mehr, was sie hier will. Sie ist müde. »Schlafen wollen Sie? Wollen wir in Ihr Zimmer gehen?«, fragt Schwester Nicole und nimmt sie an der Hand. Erst jetzt wird die alte Frau etwas ruhiger.

Kurze Zeit später ist Frau J. wieder einmal auf der Flucht vor sich selbst, wird jedoch von einem Zivildienstleistenden aufgegriffen und in ihren Wohnbereich zurückgebracht. Dort bekommt sie ihre tägliche Psychopharmaka-Ration. Schwester Nicole glaubt, dass die Dosierung zu hoch ist, und will deshalb bei nächster Gelegenheit den behandelnden Arzt von einer Reduzierung überzeugen. »Dieses Psychopharmakon bekommt Frau J. dreimal täglich. Das ist eine relativ hohe Dosis, und trotzdem sind die Weglauftendenzen noch sehr stark ausgeprägt. Wir würden gerne eine Medikationsumstellung vornehmen, aber die Neurologin argumentiert, wir sollen die Frau J. einfach besser beschäftigen. Aber bei Personalknappheit geht das nicht, und wir sind der Meinung, Frau J. nimmt auch die Beschäftigung gar nicht an, weil sie sich nicht konzentrieren kann«, erklärt die Pflegerin. Ob sie will oder nicht, sie muss ihrer Patientin die vorgeschriebene Medikamentenmenge verabreichen. »Noch ein Schlückchen«, redet sie Frau J. gut zu, die ihre Arznei zunächst nur widerwillig einnimmt und sich dann vollends weigert.

Wie oft muss sie ihren Schützlingen eine zu hohe Dosierung Psychopharmaka verabreichen? Dies ist ein Problem, mit dem sich Nicole Groß schon seit einiger Zeit beschäftigt. Sie kämpft für eine Reduzierung der Medikamente. Unterstützung dabei erhielt sie damals, 2003, auch von ihrem ehemaligen Heimleiter. Seiner Meinung nach stopften Hausärzte rund die Hälfte der Bewohner mit Psychopharmaka voll. Hinzu seien andere überflüssige Medikamente gekommen. »Man könnte sie im Prinzip – aus meiner Sicht – schubkarrenweise wieder wegwerfen. Ich würde sogar behaupten, dass man ein Großteil der Medikamente hier unbeschadet weglassen könnte, und die Leute wären immer noch richtig versorgt.«

Frau J. läuft auf direkt auf Nicole Groß zu und eröffnet ihr unvermittelt, dass sie sich umbringen wolle. Nicole Groß muss darauf reagieren, irgendwie. Auch bei altersverwirrten Menschen darf eine Selbstmordankündigung nicht auf die leichte Schulter genommen werden. »Das ist keine gute Idee«, antwortet sie nach kurzem Zögern und hält die alte Frau an der Hand. Für die Altenpflegerin ist es eine jener Situationen, in denen sie sich immer noch hilflos fühlt. »Ich habe noch keinen guten Weg gefunden, damit umzugehen. Es ist für mich nach wie vor schlimm, wenn sie sagt: Es geht mir nicht gut, oder: Was soll ich machen? Oder: Ich kann nicht mehr. Ich kann nur hoffen und versuchen, das, was sie sagt, so zu interpretieren, dass sie einfach Aufmerksamkeit und Zuwendung braucht. Und so kann ich dementsprechend reagieren und versuchen, ihr Zuwendung zu geben.« Solche Hilfeschreie alter Menschen werden viel zu selten gehört, allerdings scheint Nicole Groß dafür sensible »Antennen« entwickelt zu haben.

Ein »Konzert für zwei« im Frankfurter Altenheim. Die an Demenz erkrankte Roswitha L. gibt ihrer Pflegerin eine Exklusivvorstellung. Sie ist eine schlanke und stolze Frau mit einer ganz besonderen Ausstrahlung. Die ehemalige Konzertpianistin spielt bis heute fehlerfrei Beethoven oder Bach, aber im Alltag kann sie sich an viele Dinge nicht mehr erinnern. In Nicole Groß findet Frau L. immer eine geduldige Zuhörerin und eine aufmerksame Gesprächspartnerin. Die Zweiundachtzigjährige ist sich zum Beispiel nicht sicher, ob ihre Eltern noch leben oder nicht. Und damit die alte Dame über diese Frage nicht allzu lange grübelt, schlägt ihr Schwester Nicole vor, sie bei ihrer Lieblingsbeschäftigung zu unterstützen. Schminken ist ein Höhepunkt im Alltag von Frau L. Für eine durch einen Sturz verursachte Wunde über dem linken Auge nimmt sie sich ausgiebig Zeit, um sie zu verdecken. Infolge ihrer Demenzerkrankung ist sie in die Phase der Pubertät zurückgefallen und so eitel wie ein Teenager. »Wir denken, dass gerade schminken, auf Schönheit achten, mit Kosmetik umgehen besonders wichtig sind und die Seele streicheln«, glaubt Nicole Groß. Ein gutes Make-up gehöre einfach zu den Attributen einer gepflegten Frau.

Überraschend ist der Neurologe zu einer Visite eingetroffen. Seit Langem schon drängt Nicole Groß den Mediziner, ein Psychopharmakon abzusetzen. Heute endlich hat sie damit Erfolg. »Die Schwestern berichten mir, dass Sie nicht mehr so unruhig sind und viel stabiler«, sagt der Facharzt zu Frau L. Er erklärt ihr, dass das Medikament jetzt überflüssig sei. »Ach, Sie hatten ein Medikament verwandt?«, wundert sich Frau L. »Das habe ich gar nicht gemerkt.« Nicole Groß aber ist glücklich über diese Entscheidung. Dadurch, glaubt sie, erhält Frau L. noch mehr Lebensqualität.

Ein langer Arbeitstag für Nicole Groß geht allmählich zu Ende. Auch Frau J. hat einen aufregenden Tag hinter sich, dessen Ereignisse ihr aber schon längst wieder entfallen sind. Die Pflegerin bringt sie zu Bett in der Hoffnung, dass Frau J. diese Nacht ruhig schlafen wird, obwohl sie aus Erfahrung weiß, dass das Gegenteil der Fall sein wird. Und tatsächlich hat es nur wenige Minuten den Anschein, als ob sie einschlafen würde. Dann treibt sie die Unruhe wieder aus dem Bett. Irgendwo im Franziska-Schervier-Altenheim wird sie sich wieder verlaufen und von einer Nachtwache zurückgebracht werden.

2 Artgerechte Pflege – artgerechte Haltung: Ein Besuch im Pflegeheim für alte Tiere

Es ist ein regnerischer Morgen in der Isartalstraße in München. Wassertropfen auf der Stirn verbergen, dass Christian Poka mächtig ins Schwitzen gekommen ist. Der Direktor des Kreszentia-Stifts, eines kirchlichen Pflegeheims, plant einen ungewöhnlichen Ausflug für pflegebedürftige und demente Bewohner seiner Einrichtung. 34 Seniorinnen und Senioren dürfen am Ende ihres Lebens nach Gut Aiderbichl in der Nähe von Salzburg fahren, einem Asyl für alte Tiere. Poka ist ein energischer, stämmiger zweiundvierzigjähriger Mann, der sich für das Wohl seiner Schutzbefohlenen einsetzt. Mit dieser Tour sollen sie noch einmal jene Idylle erleben, die auch den Tieren nicht allzu häufig vergönnt ist. Der Heimleiter kennt die Biografie aller Bewohner und weiß, dass viele von ihnen früher engen Kontakt mit Tieren hatten. Deshalb verspricht er sich von diesem Ausflug auch einen therapeutischen Nutzen, vor allem für demente Menschen, die nur im Hier und Heute leben. »Die profitieren besonders davon«, sagt er. Und auch die Finanzierung steht. Eine Stiftung hat die Reise mit 1200 Euro unterstützt.

Die Exkursion mit so vielen Pflegebedürftigen erfordert einigen Aufwand, alles muss bis ins Detail organisiert werden. Deshalb ist Poka an diesem Morgen auch nervös, denn die Busfahrt nach Österreich hin und zurück beträgt 340 Kilometer. Ob alle Bewohner dieser Strapaze gewachsen sein werden?

Zunächst einmal stellt sich ihm aber ein anderes Problem. Wie bekommt er alle Senioren heil in die zwei gebuchten Busse? Die erste große Herausforderung für den Heimleiter. Die Busse können nämlich nicht direkt vor dem Heim parken. Poka hat zwar eine Sonderparkgenehmigung beantragt, war aber etwas zu spät dran. Nun blockieren mehrere Pkws den Eingang zum Heim. Die Busse stehen rund 150 Meter entfernt. Pflegekräfte schieben die alten Menschen, die auf den Rollstuhl angewiesen sind, zu den Bussen. Regenumhänge schützen sie vor der Nässe. Pokas Handy klingelt. Er erfährt, dass ein Bewohner nicht mitkann. An diesem Morgen hatte er »schwere Atemnot«, muss also zuerst einmal ärztlich versorgt werden. Noch während des Telefonats werden die Rollstuhlfahrer mit einer Hebebühne einzeln in den Bus gehievt. Ruhig lassen die alten Menschen diese Prozedur über sich ergehen. Jeder Bewohner wird von einem Mitarbeiter der Einrichtung oder einem ehrenamtlichen Helfer begleitet. Das ist das Konzept. Poka überprüft ein letztes Mal, ob auch alles mit an Bord ist. Die Checkliste ist lang. Für Notfälle sind die medizinischen Befunde aller Bewohner eingepackt, gekühltes Insulin für die Diabetespatienten ist ebenso dabei wie eine Zeckenzange und Sonnenmilch. Er und seine Pflegedienstleiterin haben an alles gedacht. Aber: »Theoretisch kann es zu Problemen kommen«, sagt er. Zwischen Deutschland und Österreich gibt es zwar offiziell keine Grenzkontrollen mehr, jedoch was tun, wenn der Bus von einer mobilen Streife überprüft wird? Einige der Bewohner sind nämlich von der Ausweispflicht befreit, sie können also keine Papiere mehr vorzeigen. Für diese Fälle hat er ausreichend Bargeld dabei, um im Fall der Fälle eine Kaution zahlen zu können. Auch nimmt er bewusst in Kauf, dass nicht für alle Bewohner eine zusätzliche Auslandskrankenversicherung abgeschlossen werden konnte. Ein kleines Risiko, »aber es wird schon nichts passieren«, gibt er sich optimistisch. Die Bewohner seien bei 17 verschiedenen Krankenkassen versichert. Organisatorisch sei das gar nicht machbar gewesen, für alle eine solche Versicherung abzuschließen.

Als ihm die ersten Alten aus dem Bus zuwinken, lächelt er: »Die Leute kommen raus und sind glücklich.« Früher seien die Menschen doch auch gern Bus gefahren. Jetzt habe er das Gefühl, dass die Fahrt für seine Schützlinge ein Highlight werden könnte – womöglich eines der letzten in ihrem Leben.

Eine alte Frau in der vorletzten Sitzreihe will von einem Moment auf den anderen nicht mehr mitfahren, weil es regnet. Als sie Anstalten macht auszusteigen, erzählt ihr die Betreuerin von den vielen Tieren, den Pferden und den Kühen, die auf Gut Aiderbichl leben. Schnell ändert sie ihre Meinung und setzt sich wieder hin. An Demenz erkrankte alte Menschen verhalten sich häufig wie Kinder.

Es ist inzwischen zehn Uhr. Abfahrt. Viele Bewohner starren fasziniert aus dem Fenster, lassen die regnerische Landschaft an sich vorbeiziehen. Normalerweise unterliegen altersverwirrte Menschen einem großen Bewegungsdrang, die Fahrt beschäftigt sie aber so sehr, dass sie ruhig sitzen bleiben. Heimleiter Poka läuft durch den Bus, spricht mit allen Bewohnern. Dafür hat er im Alltag nur selten Zeit. Zufrieden hält eine altersverwirrte Frau an der Schulter einer Pflegerin ein Nickerchen. Schon jetzt wird deutlich: Die alten Menschen genießen die Zuwendung ihrer Pflegekräfte. Nach anderthalb Stunden macht die Reisegruppe eine Pause. Der Bus hält an einer Raststätte. Die Bewohner werden zur Toilette gebracht. Die zweiundachtzigjährige Irmgard Walter zündet sich sofort eine Zigarette an. »Ein Laster braucht der Mensch«, sagt sie. Aber sie rauche nur fünf bis sechs Zigaretten am Tag. Fast ihr ganzes Leben hatte sie in Dortmund verbracht, bis sie eines Tages die Treppe hinuntergestürzt war und einen Oberschenkelhalsbruch erlitten hatte. Da ihre Kinder nach München gezogen waren, hatte sie sich entschlossen, dort ins Pflegeheim zu gehen. Sie freue sich auf Aiderbichl – auch wegen der Tiere, vor allem aber wegen eines »anständigen Mittagessens«. Ihre kroatische Pflegerin, die sehr gut Deutsch spricht, lacht.

Um 12.20 Uhr ist es so weit: Ankunft auf Gut Aiderbichl. »Ich kann nicht mehr«, stöhnt eine gebrechliche alte Dame und weigert sich auszusteigen. Ihre Betreuerin erzählt ihr, was sie an diesem Nachmittag verpassen würde, wenn sie im Bus bliebe.

Wie durch ein Wunder kommt sie plötzlich wieder zu Kräften. Hand in Hand verlassen beide den Bus. Andere, die kaum mehr gehen können, haben es nicht so leicht. Christian Poka und zwei Kolleginnen helfen einer hundertjährigen Seniorin beim Aussteigen. Sie hat Angst vor den Stufen, fürchtet sich vor einem Sturz. Deshalb will die pflegebedürftige Frau unbedingt rückwärts hinaus – ein schwieriges Unterfangen, vor allem für die Helfer. Stufe um Stufe wird sie hinuntergeleitet. Dabei verliert sie ihren Schuh. Sie besteht darauf, ihn sofort wieder anzuziehen. Erst dann will sie weitergehen. Diesem Wunsch kommt das Personal nach, auch wenn es anstrengend ist. Fünf Minuten später aber hat sie es geschafft. Die alte Frau sitzt in ihrem Rollstuhl inmitten der Tiere auf Gut Aiderbichl.

Von »Angelino«, einem ehemaligen Dressurpferd, sind die meisten Münchener Gäste begeistert. Fast alle Bewohner des Kreszentia-Stifts wollen zu ihm. Die Beine des Hengstes seien durch die sportliche Überbelastung im Verlauf seines langen Lebens so geschädigt, dass er nicht mehr reitbar sei, heißt es auf einer Tafel vor seiner Box. Eine demente Bewohnerin, der es das Tier ganz besonders angetan hat, streckt ihre Hand nach ihm aus. Wie durch ein Wunder senkt sich auch der Kopf des Hengstes. Die alte Frau streichelt das alte Pferd, und beide sind glücklich. Wenige Ställe weiter steht die Stute »Wanda«. Sie musste als »Sportgerät« die meiste Zeit in einem dunklen Stall verbringen. Tierschützer haben sie in letzter Minute vor dem Todestransport bewahrt. Auch das Pferd mit dem Namen »Barrichello« sollte zum Schlachter. Gut Aiderbichl hat ihn gekauft und ihm somit das Leben gerettet. In der neuen Umgebung war Barrichello zunächst sehr unglücklich, bis man auf die Idee kam, auch noch seine Mutter hinzuzuholen. »Als er sie sah, ist er fast durchgedreht«, erzählt ein Gutsangestellter den gespannt zuhörenden alten Menschen. Eine tierische Familienzusammenführung sei das, zum Wohle zweier Pferdegenerationen.

Der sechsundachtzigjährige Josef Siegel lacht den ganzen Tag. Mehr als drei Jahrzehnte hat er auf einem Bauernhof gearbeitet, deshalb fühlt er sich auf Aiderbichl wie zu Hause. Im Pflegeheim kümmert er sich um zahme Kaninchen, die im Garten in einem Freigehege umherhoppeln. Aber Gut Aiderbichl ist etwas ganz anderes, hier ist die Anzahl der Tiere erheblich höher. Ein Leben fast wie auf dem Bauernhof – nur viel schöner. Die Bewohner des Pflegeheims sind glücklich. Zusammen mit ihren Betreuern schwärmen sie aus, streicheln die Tiere und sprechen mit ihnen.

Nur einem stehen leichte Sorgenfalten auf der Stirn. »Jetzt weiß ich, warum andere Einrichtungsleiter diese Tour nicht machen. Wenn etwas passiert, bist du der Dumme«, sagt Christian Poka.

Gut Aiderbichl besteht unter anderem aus einer Maschinenhalle, einer Veranstaltungshalle im Landhausstil, mehreren Ställen, einem Schweinehaus, dem etwas abseits gelegenen Schroffnergut, einem Patenschaftsbüro und einer Cafeteria. Auf dem Anwesen sollen in erster Linie Pferde ihr Gnadenbrot bekommen, aber auch Füchse, Kampfhähne, Schweine und Kühe haben hier ein Zuhause. Aiderbichl ist »nicht nur ein Mahnmal für die Rechte der Tiere und ein paradiesischer Ort, sondern ein großer Spiegel. Da spiegeln sich im würdelosen Umgang mit den Tieren, den Legebatterien und Tiertransporten unsere Pflegeheime und Großraumbüros, wie überhaupt unser Verhältnis nicht nur zu den Schwächeren, sondern überhaupt unter- und miteinander. Aiderbichl erinnert daran, dass wir eine Schicksalsgemeinschaft sind auf Erden«, so die Philosophie. »Warum muss man das extra betonen?«, fragt ein kleiner Junge seinen Vater, als er diese Worte hört.

Hinter diesem vorbildlichen Konzept steckt vor allem ein Mann: Michael Aufhauser. Vor Jahren musste der Geschäftsmann miterleben, wie Hunde in Spanien vergast wurden: »Da taten mir zunächst diese armen Hunde leid, die ich zu retten begann. Und dann dachte ich: Wie unmenschlich und zynisch geht man eigentlich mit Leben um! Und dann fiel mir ein, dass wir selber auch ganz schön arme Hunde sind. Und was dann? Um Gottes willen, dachte ich, das hängt doch alles zusammen. Wie wir mit Tieren umgehen, gehen wir im Notfall auch mit Menschen um«, sagte er in einem Interview im Internet. Im Jahr 2000 wurde mit dem Bau von Gut Aiderbichl begonnen. Ziel ist es, irgendwann einmal die enormen Unterhaltskosten selbst zu erwirtschaften. Mehr als 50 fest angestellte Mitarbeiter auf fünf Höfen sorgen rund um die Uhr für 700 Tiere. Die notwendigen Mittel dafür werden durch Gastronomie, Merchandising und den Verkauf von Patenschaften für Tiere gedeckt. Damit werden zwar, so die Auskunft vor Ort, keine Gewinne erzielt, aber rund 70 Prozent der anfallenden Kosten abgedeckt. Den Rest finanziere Aufhauser aus seinem Privatvermögen. »Hält man Tiere so wie wir, kostet jeder Tag über 11 000 Euro«, erklärt man uns. Eine riesige Summe.

Wir wollen wissen, wie der Umgang mit alten Tieren auf Gut Aiderbichl im Vergleich zur Pflege in Heimen ist, und begleiten Tierpfleger Walter Sagmeister bei seiner Arbeit. In seinem Mittelklassewagen fährt er uns zu seinem Lieblingspferd »Elvis«, einem sechsjährigen Haflinger. Auf der Fahrt dorthin hören wir im Autoradio zwei Songs der gleichnamigen einstigen Rocklegende aus Memphis/Tennessee – natürlich in maximaler Lautstärke. Vor allem die Titel »Why Mylord« und »Please Release Me« begeistern den 37 Jahre alten, geschiedenen Tierpfleger. »Pferde gehören nicht zu meinem Leben, sie sind mein Leben«, sagt er. Auf der Fahrt zu Elvis schwärmt Sagmeister von den ausgedehnten Weideflächen, auf denen die Pferde sich austoben können, dazu sind für jedes Tier große Freilauf- und Weideboxen eingerichtet worden. Arztvisiten für die Tiere gebe es jeden Montag durch Tierärzte aus der Umgebung, für besondere Fälle stehe sogar eine Veterinärklinik in München bereit. Mehrere Tierarztpraxen hätten sich zu einem Notdienst zusammengeschlossen. »Der Bereitschaftsdienst ist rund um die Uhr erreichbar. In Notfällen sind die Ärzte in 30 Minuten da«, versichert der Pfleger. In der vergangenen Nacht habe ein 24 Jahre altes Pferd eine Kreislaufschwäche erlitten. Zehn Minuten sei es um Leben und Tod gegangen. Dann hätten die Mediziner den Kollaps wieder behoben. Morgen komme eine Spezialtierärztin, die den Vierbeiner mit homöopathischen Mitteln behandle. Gewalt gegen Tiere werde zu »200 Prozent« abgelehnt, keines festgebunden. Pferde mit psychischen Problemen würden von Fachkräften behut- und einfühlsam therapiert. »Viele Tiere wurden früher geschlagen, und wenn ein Mensch kommt, haben sie Angst«, schildert Sagmeister seine Erfahrungen bei neu eingelieferten Pferden. Die Tiere müssten lernen, dass der Mensch kein Feind sei, sondern ein Freund. Wenn das gelinge, gehe es ihnen schnell wieder besser. »Jedes Tier hat ein Anrecht auf ein menschenwürdiges Leben«, sagt Walter Sagmeister. Die Welt wäre besser, wenn das die Menschen einsehen würden. Elvis und die anderen Pferde freuen sich, als wir am Schroffnergut ankommen. Sie wiehern und stupsen uns mit ihren Nasen an, als wir die Stallungen betreten. »Elvis hat einen prominenten Paten – DJ Ötzi«, erzählt Sagmeister stolz. Mit ihm habe er sogar persönlich gesprochen. Dem Haflinger ist auf Gut Aiderbichl, im Tierparadies, ein friedvolles Leben vergönnt.

Würden die Grundsätze von Gut Aiderbichl in den Pflegeheimen umgesetzt, so wäre in Deutschland das Thema »Pflegenotstand« ein für alle Mal vom Tisch. Es wäre so einfach. Das Konzept auf Gut Aiderbichl ist ebenso schlicht wie effektiv. Alle Tiere haben einen Namen und eine Geschichte. Damit holen die Macher von Aiderbichl Tierschicksale aus der Anonymität, erzeugen Mitleid und Spendenbereitschaft. Elvis ist nicht mehr irgendein Pferd, sondern der Haflinger, für den sich in der Person DJ Ötzis sogar ein Prominenter einsetzt. Insgesamt 7000 Tierpatenschaften wurden bereits abgeschlossen, erfahren wir im zuständigen Büro. Jeder Pate bekommt ein Foto von seinem Liebling. Dafür zahlen die Tierfreunde mindestens zehn Euro im Monat. Im Gegenzug garantiert Gut Aiderbichl, dass für das »Patenkind« bestens gesorgt wird.

Warum gibt es solche Patenschaften nicht auch für alte Menschen? Den pflegebedürftigen Senioren könnte es besser gehen. Man ersetze den Namen »Elvis« nur durch »Erna Müller«, in Kombination mit einer anrührenden Geschichte. Warum sollten Menschen nicht für Senioren in Not spenden? So würde nicht nur Tieren »ein menschenwürdiges Dasein« geschenkt, sondern auch vielen alten Menschen jene Hilfe, derer sie so dringend bedürfen. Vor allem die gängige Praxis der Pflege im Minutentakt, die man auf Gut Aiderbichl nicht kennt, könnte durch Zuwendung und Zuneigung ersetzt werden.

Es ist kurz vor 14 Uhr – Essenszeit für die Reisegruppe aus dem Münchener Pflegeheim. Es gibt Spaghetti mit Tomatensauce. Wir sitzen neben der achtundachtzigjährigen Hildegard M. Ihr sind die Tierschicksale auf Gut Aiderbichl ans Herz gegangen. Sie sei einerseits »erschüttert«, andererseits aber auch »dankbar«, dass die Tiere nicht der Schlachtbank zum Opfer gefallen sind. Sie vergleicht die Situation dieser armen Geschöpfe mit der alter Menschen. »Vielleicht geht es den Tieren ja besser als vielen Senioren im Heim«, vermutet sie. Sie selbst könne sich aber nicht beschweren. Im Kreszentia-Stift sei sie gut aufgehoben. Pflege habe etwas mit Einstellung und Haltung zu tun. Einen kleinen Makel aber hat sie doch entdeckt: Das Essen auf Gut Aiderbichl schmeckt ihr »besser als im Heim«, und daran sei nicht nur die frische Luft schuld. Das betont sie mehrfach nachdrücklich. Wen wundert das? Als wir daraufhin Heimleiter Christian Poka mit dieser Aussage konfrontieren, räumt er ein, dass für die Verpflegung eines Bewohners nur 3,80 Euro zur Verfügung stehen – am Tag, versteht sich. Beim Bäcker bekommt man dafür gerade einmal eine Butterbrezel und einen Milchkaffee.

Walter Sagmeister dagegen kann seinen Lieblingen etwas mehr bieten: »Für beste Futtermittel geben wir zwischen 10 und 20 Euro pro Tag und Tier aus.« Sein »Sorgenkind« ist die fünfundzwanzigjährige »Troja«. Die Stute vegetierte lange Zeit in einer Betonbox dahin. Sie ist unterernährt, die Knochen zeichnen sich unter dem Fell ab. Der Tierpfleger zieht Schmerz- und Aufbaumittel in einer Spritze auf. Diese verabreicht er dem Tier ins offene Maul, sodass es den Inhalt schlucken muss. Das Pferd wehrt sich nicht dagegen. Außerdem sind seine Hufe geschwollen. Auf Gut Aiderbichl wurde ein erfahrener Schmied hinzugezogen. Wie bei einer Einlage in einem Schuh hat er Spezialeisen für die Stute angefertigt, selbstverständlich in Maßarbeit. Seither geht es dem Tier etwas besser. Regelmäßig reibt der Tierpfleger Troja eine Spezialpaste ein, damit die Schwellung am Bein zurückgeht. Dafür nimmt er sich die erforderliche Zeit und spricht immer wieder mit seinem Schützling. Sagmeister ist froh, dass er sein Hobby Springreiten aufgegeben hat. Das Aufpäppeln von Tieren mache ihm mehr Spaß: »Ein Springpferd springt auch mit anderen, aber hier werde ich gebraucht.«

Trojas Boxennachbar heißt »Boris«, der an Hufkrebs leidet. Auf der rechten Seite sei die Wucherung einmal 30 Zentimeter groß gewesen. Der Tierpfleger säubert die Hufe täglich und reibt mit einem Pinsel ein Krebsmittel ein. Resultat der Behandlung: Das Geschwür ist schon deutlich zurückgegangen.

Als Nächste kommt »Amanda«, das Hausschwein, an die Reihe. Um das zehn Jahre alte Tier ist es nicht sonderlich gut bestellt. Die gebrechliche Sau, die 48 Ferkel geworfen hat, leidet an schwerer Arthrose, kann sich nicht mehr erheben. Sie liegt auf feinstem Stroh, das regelmäßig gewechselt wird. Als die Sau Sagmeister sieht, versucht sie sich hochzurappeln. Aber die Hinterbeine versagen ihren Dienst. Frische Äpfel und andere Leckereien sollen sie über ihr Gebrechen hinwegtrösten.

Wenn es mit einem Tier zu Ende geht, merken das die Pflegekräfte. Dann bekommt es Streicheleinheiten von sämtlichen Mitarbeitern, Tag und Nacht. Die Sterbebegleitung wird zelebriert. Alle wollen dabeisein. »Die Zuwendung zum Tier ist zu 100 Prozent da, das Team darf untereinander nicht zerstritten sein«, sagt Walter Sagmeister.

So stellen wir uns Pflege auch im Heim vor: Würde, Respekt und Achtung vor den Schwächeren und Hilfe, die sich auch ohne Vorschriften an den Bedürfnissen der Bewohner orientiert. »Pflegen, so wie man später auch einmal gepflegt werden möchte«, ist der erste Grundsatz der Menschlichkeit. Dazu gehört auch die Sterbebegleitung. Auf Gut Aiderbichl muss kein Tier allein aus dem Leben scheiden, in vielen Heimen dagegen schon.

»Müssen wir wirklich schon heimfahren?«, fragt eine demente Frau um 17 Uhr. Sie hat einen rundum gelungenen Tag erlebt – einen Höhepunkt in einem ansonsten eher eintönigen Leben.

Heimleiter wie Christian Poka sind Vorbilder. Obwohl es zusätzliches Engagement, Zeit für die Organisation und Kosten verursacht, setzen sie sich für ein würdevolles Leben ein. Als die Gruppe wieder in München ankommt, zieht er sein persönliches Resümee: »Für die alten Menschen war es eine Bereicherung. Bewohner, die sonst kaum etwas sagen, erzählen plötzlich, wenn es einen Aufhänger gibt und äußere Reize da sind.« Als Frau M. dem Heimleiter mitteilt, dass sie jetzt ihren Sohn – der vor dem Ausflug Befürchtungen geäußert hatte, dass sie sich möglicherweise überanstrengen könne – telefonisch beruhigen wolle, lächelt Poka. »Bitte, richten Sie ihm aus, die nächste Reise geht nach Las Vegas.«

3 Das Horrorkabinett: Erfahrungen im Heimalltag

In den vergangenen zehn Jahren haben wir weit über 40 000 Briefe, E-Mails und Anrufe von Heimleitern, Pflegepersonal, Kriminalbeamten, Ärzten, Angehörigen und, sofern sie noch schreiben können, auch Betroffenen erhalten. Die schriftlichen Mitteilungen füllen inzwischen Aktenordner und Schrankwände. Die meisten Briefe beschreiben Defizite in der Altenpflege. »Whistleblower« nennt man Personen, die interne Missstände eines Pflegeheims publik machen. Erfreulicherweise melden sich immer mehr Insider bei uns mit vollem Namen, bitten aber bei Veröffentlichung ihrer Informationen um Wahrung der Anonymität. Viele uns so zugetragene »Fälle« haben wir nachrecherchiert. Unser Ergebnis: Die Informanten neigen eher zur Unter- als zur Übertreibung, denn auch angesichts der gravierendsten Übel besteht vor allem bei Pflegekräften immer noch ein Rest Loyalität zum Arbeitgeber.

Vielfach haben die Kontrollinstanzen wie der Medizinische Dienst der Krankenversicherung oder die Heimaufsicht im Nachgang noch ganz andere Dinge zutage gefördert als die, die in den Briefen beschrieben werden. In fast allen Fällen aber wollen unsere Insider unerkannt bleiben, da sie wirtschaftlich von der Branche abhängig sind. Ein »Outing« brächte neben dem Jobverlust zusätzlich einen sozialen Abstieg und »Mobbing« für die Betroffenen mit sich. Denn, so die Befürchtung einer Pflegekraft, die offen Missstände anprangert: Es droht allen »Whistleblowern« in der Branche quasi ein Berufsverbot. Ein Wechsel zu einem anderen Heimträger wäre damit nahezu unmöglich. Wir fühlen uns dem Informantenschutz verpflichtet und haben uns sorgfältig bemüht, die Anonymität unserer Quellen zu schützen.

Was ist eigentlich ein schlechtes Heim? Generell lässt sich sagen: »Der Fisch stinkt vom Kopf her.« Gibt es einen engagierten Geschäftsführer und einen qualifizierten Heimleiter, dann ist das Pflegepersonal meistens motiviert, und die Bewohner werden menschenwürdig versorgt. Ist die Führungsspitze schwach oder auf Profite aus, so haben das in der Regel die Mitarbeiter und die alten Menschen auszubaden – in verschiedenen Ausprägungen. Häufig bekommen die Bewohner nicht genügend zu trinken und zu essen. Sie werden nicht zur Toilette gebracht, wenn sie es wünschen. Sie werden »angebunden«, weil sie stürzen könnten, und mit Psychopharmaka ruhig gestellt. Es gibt zu wenig Personal, und die Pflegekräfte sprechen kaum Deutsch. Gegenüber den alten Menschen wird Gewalt ausgeübt.

Auf den folgenden Seiten wollen wir auch die Menschen, die unter dieser Situation leiden, zu Wort kommen lassen: Angehörige, Pflegekräfte, aber auch Ärzte. Wir veröffentlichen hier nur anonyme Schreiben, die wir für glaubhaft halten, deren Inhalt wir nachgeprüft haben oder die durch mehrere Quellen bestätigt wurden. Es sind authentische Berichte über Zustände, wie sie hierzulande überall vorkommen könnten.

Die Situation in schlechten Einrichtungen aus der Sicht einer Pflegerin

Zunächst wollen wir Ihnen einen aktuellen Fall vorstellen. Eine Pflegerin aus den neuen Bundesländern hat uns im Sommer 2007 geschrieben. Ihr Arbeitstag sieht ganz anders aus als der, den die bisher vorgestellten Kolleginnen und Kollegen beschrieben haben. Es folgt ein Situationsbericht, der symptomatisch für viele Einrichtungen steht:

Ich habe als Altenpflegerin in einem Alten- und Pflegeheim gearbeitet. Die Anlage verfügt über zwei Häuser: einen Altbau mit 170 Bewohnern und nebenan einen Neubau mit ca. 60 Plätzen. Die Pflege in den Einrichtungen ist dieselbe, nur der Preis unterscheidet sich. Das neue Heim kostet weitaus mehr. Irgendjemand muss so eine Immobilie ja bezahlen.

Im November des Jahres 2002 gab es in diesem Heim einen »Super-GAU«. Der Medizinische Dienst der Krankenversicherung [MDK] kontrollierte die Einrichtung unangemeldet, ohne den Geschäftsführer vorab zu informieren. Bislang hatte er immer einen Tipp bekommen. Der Pflegedienstleitung waren sogar die Personen bekannt, die begutachtet werden sollten. Für diesen Tag X wurden im Dienstplan immer bestimmte unternehmenstreue Pflegekräfte für den Frühdienst eingesetzt. Um die Mitarbeiter des MDK am Tag der Kontrolle milde und gewogen zu stimmen, erhielten sie vor Beginn ihrer Kontrollen bei der Heimleitung erst einmal ein Frühstücksbuffet. Doch dieses Mal funktionierte diese Masche nicht. Nach gezielten Kontrollen durch zwölf Mitarbeiter des MDK wurde 2002 festgestellt, dass die Pflege nicht mehr tragbar sei. Bei einigen Bewohnern wurden Dekubitalgeschwüre festgestellt. Das Pflegepersonal war total fertig.

Der Wahrheit entspricht, dass entsprechende Hilfsmittel (De-

kubitusmatratzen, Lagerungshilfen etc.) im Hause nicht zur Verfügung standen. Da kann eine Pflegekraft machen, was sie will: Sie kann bettlägerige Menschen ohne diese notwendigen Hilfs- und Lagerungsmittel nicht vor Druckgeschwüren bewahren. Das Heim hatte einen sofortigen Aufnahmestopp. Der dauerte bis zum August 2003. Der Pflegedienstleiter wurde beurlaubt. Später hat er gekündigt.

Die alte Heimleitung hatte sofort eine Beraterfirma hinzugezogen. Die haben erst einmal ein Qualitätsmanagement eingeführt und die gesamte pflegerische Dokumentation aufgerüstet, wie Trinkpläne, Prophylaxen, Pflegestandards und Ähnliches. Sie müssen wissen, dass die Dokumentation für den MDK das Oberwichtigste ist. Ob es den Bewohnern wirklich gut geht, interessiert meiner Einschätzung nach hier nicht. Die Hauptsache ist, es steht geschrieben, dass es ihnen gut geht.

Im Dezember 2002 wurde eine neue Pflegedienstleitung [PDL] eingestellt. Sie ist gelernte Kinderkrankenschwester und hatte selbst erst ein Jahr zuvor im ambulanten Bereich ihren Pflegedienstleiterabschluss gemacht. Von da an gab es mindestens fünf Abmahnungen in der Woche, teilweise wurde Pflegekräften auch gekündigt. Das Arbeitsklima war voller Spannungen. Die Mitarbeiter haben unter ständigen Drohungen und Angst gearbeitet, viele weinten. Man muss sich einmal vorstellen, wie sich so ein Betriebsklima auf die alten und kranken Menschen auswirkt, wenn Pflegekräfte selbst psychisch angegriffen zum Dienst kommen. Durch dieses unerträgliche Arbeitsklima wurde eine Krankheitswelle ausgelöst. Man hatte die Defizite und untragbaren Zustände im Haus den »kleinen« Pflegekräften angelastet. Vor lauter Angst, einen Fehler zu machen, haben sich viele Mitarbeiter krankschreiben lassen. Das bedeutete Personalausfall und Doppelschichten für diejenigen, die nicht zum Arzt gingen. Freie Tage wurden einfach gestrichen. Es kam vor, dass manche Pflegekräfte ohne freien Tag einen Monat durcharbeiten mussten. Teilweise fielen 100–400 Überstunden an – eine Teufelsspirale. Wenn die einen wieder fit waren, ließen sich die anderen krankschreiben. Der Krankenstand belief sich teilweise auf 14 % der Mitarbeiter und mehr.

Zu bemerken wäre, dass bis August 2003 Löhne und Gehälter nach dem Bundesangestelltentarif [BAT] gezahlt wurden. Ab Juli 2003 übernahm ein zu den Wohlfahrtsverbänden gehö-

render Träger diese Einrichtung. Zunächst wurde der Betriebsrat aufgelöst. Die Mitarbeiter wurden teilweise gemobbt und mit fadenscheinigen Gründen entlassen. Ab September 2003 wurden die bestehenden Arbeitsverträge geändert. Die Gehälter und Löhne wurden fast überall halbiert. Das heißt, eine Pflegefachkraft hatte jetzt nur noch 1100 Euro brutto und eine Pflegehilfskraft nur 920 Euro brutto im Monat. Man hat uns 80–100 Euro für unsere zahlreichen Überstunden gegeben. Damit sei alles abgegolten. Welch ein Betrug! Es sollten keine Überstunden mehr ausbezahlt, sondern durch Freizeitausgleich abgegolten werden. Dieses war nicht möglich, da wir ständig unterbesetzt waren. Kaum ein Mitarbeiter hat sich dagegen gewehrt. Die PDL hat auf Nachfragen einiger Mitarbeiter geantwortet, dass keiner hier arbeiten müsse. Mit einem Verweis auf die hohe Arbeitslosigkeit hat sie symbolisch auf die Tür gezeigt. Es war ein gravierender Einschnitt in unser Leben. Einige Kollegen konnten ihre Miete nicht mehr bezahlen.

Es kam aber noch schlimmer. Nicht nur das Gehalt wurde halbiert, im gleichen Zuge wurde auch das Personal in derselben Größenordnung gekürzt. Vor dem Trägerwechsel wurden zum Beispiel im Wohnbereich drei im Frühdienst 8–10 Pflegekräfte eingesetzt. Im Spätdienst waren es fünf Pflegekräfte. Die Personalreduzierung betraf sämtliche Wohnbereiche der Häuser I und II.

Es befanden sich dort ca. 30 bis 34 zum Teil schwer demente Bewohner. Sie waren im höchsten Grade sturzgefährdet, und einige hatten starke Weglauftendenzen. Die Menschen mussten zu ihrem Eigenschutz ständig beobachtet werden. Im Spätdienst wurden sie von 2,5 Pflegekräften versorgt: einer Pflegefachkraft, einer Pflegehilfskraft und einem Zivildienstleistenden.

Zu Beginn des Spätdienstes musste von den Pflegekräften das von der Küche geschickte Essen zubereitet werden. Das heißt: Die Mahlzeit wurde püriert und in Schnabelbechern den alten Menschen verabreicht. 26 Bewohner mussten in kürzester Zeit ihre Nahrung zu sich nehmen. Stellen Sie sich vor: Man muss 26 Bewohner füttern, zu trinken geben, Windeln anlegen, Abendtoilette erledigen, lagern, Küche aufräumen, Bewohner im Rollstuhl in die Zimmer fahren, Pflegewagen in Ordnung bringen und auffüllen, Pflegedokumentationen schreiben, Gespräche mit Angehörigen führen, Notfälle versorgen, Abendmedizin verab-

reichen, beruhigen, trösten, Erbrochenes wegmachen, mit Kot beschmierte Bewohner säubern, gestürzte Bewohner aufheben und so weiter. Das ist Wahnsinn bei so wenig Personal.

Ein Problem beschäftigte uns besonders: Die alten Menschen aßen zu langsam. Hätten wir sie normal gefüttert, wären einige unterernährt gewesen. Daher wandten wir einen Trick an: Auf die vorbereiteten Teller der Heimbewohner wurde Flüssigkeit gegeben, damit die Brotbröckchen eingeweicht waren und die Bewohner schneller schlucken konnten. Den 10–12 bettlägerigen Bewohnern wurden die Mahlzeiten von einer Pflegekraft im Bett gereicht.

Für die armen Menschen war das schlimm. Die Pflegefachkraft musste über den Gang in vier Zimmer zur gleichen Zeit zum Essenreichen sprinten. In jedem Zimmer lagen zwei Heimbewohner. Dort wurde jedem ein Bissen in den Mund geschoben und dann über den Gang gehechtet in die gegenüberliegenden Zimmer, und dort wurde ebenfalls im gleichen Rhythmus den anderen beiden ein »Bissen« reingeschoben. Die Hilfskraft hatte im vorderen Bereich alle Hände voll zu tun. Dort mussten die restlichen Bewohner abserviert werden – versorgt wäre zu viel gesagt. Nachdem man unter enormem psychischem und physischem Druck den Bewohnern mehr oder weniger das Essen gereicht oder besser reingewürgt hatte, mussten die Menschen, die noch im Aufenthaltsraum saßen, ins Bett gebracht werden.

Als Fachkraft muss man von 17.30 Uhr bis 18.15 Uhr den anwesenden Bewohnern die Abendmedizin verabreichen. Manche Pflegekräfte haben die gemörserten Tabletten den alten Menschen in den Mund geschüttet, ohne etwas zu trinken nachzugeben. Das ist, wie wenn man Staub in den Mund schüttet. Die alten Menschen haben sich regelmäßig daran verschluckt. Das hat niemanden interessiert. Die Wohnbereichs- und die Pflegedienstleitung wussten das ganz genau. Nach der Medikamentengabe lagen unter dem Tisch die Tabletten von den Bewohnern, die sie nicht schlucken konnten oder wollten. Das hat keinen interessiert. Um zu kontrollieren, ob da jemand seine Tabletten runterschluckt oder nicht, dafür fehlte die Zeit. Es war allen egal.

Nicht egal war der PDL die Pflegeplanung, weil die vom MDK kontrolliert wurde. Geachtet wurde auch darauf, ob die Gardinen richtig aufgezogen waren und ob die Pflegekraft die

Fingernägel der Bewohner bei der Grundpflege gesäubert hatte. Wie die alten Menschen seelisch versorgt wurden und wie diese leiden mussten, hat keinen interessiert.

Man konnte sich selbst auch nach einiger Zeit nicht mehr darüber aufregen, man hatte dazu weder Zeit noch Kraft. Aber meine Seele hat unter diesen Zuständen gelitten. Wir an der Basis sehen täglich die traurigen Augen der Menschen. Die haben mich manchmal noch zu Hause im Bett angesehen. Ich hatte täglich Schuldgefühle. Ich war oft sehr traurig und hatte Angst, alt zu werden und in ein solches Heim zu kommen. Das ging vielen von uns so.

Wenn es nach den Pflegekassen geht, dürften wir nicht einmal mit den armen Menschen sprechen. Denn Gespräche oder menschliche Zuwendungen werden nicht vergütet. Ich wünsche den hohen Tieren, den Funktionären bei Pflege- und Krankenkassen, ein langes Leben. Sie sollen mindestens 110 Jahre alt werden und dann in dieses Heim gesteckt werden. Auch die Damen und Herren vom MDK sollten, wenn sie alt und gebrechlich sind, in dieses Heim zwangseingewiesen werden.

Die einsamen alten und verlassenen Menschen sehnen sich so sehr nach Liebe und Zuwendung und sind für die kleinste Aufmerksamkeit dankbar. Wenn manche es auch nicht mehr sagen können – man sieht es an ihren Augen und Gesten.

Wir hatten, wie gesagt, viele Bewohner, die unterernährt waren. Den Angehörigen oder Betreuern wird dann von den Ärzten eine Magensonde vorgeschlagen. Die Angehörigen werden gefragt, ob sie Vater oder Mutter verhungern lassen wollen. Wer will damit sein Gewissen belasten? Einem gesetzlichen Betreuer ist das egal. Der denkt, der Arzt wird es schon wissen. Dann bekommt er eben eine Sonde. Damit beginnt für den armen Menschen ein noch längerer, entsetzlicher Leidensweg. Er hat nun gar nichts mehr vom Leben.

Jetzt kommt das, was eigentlich nicht kommen dürfte – ein Notfall! Ach du Allmächtiger, das hat gerade noch gefehlt! Ich habe erlebt, dass ein Bewohner gestürzt ist. Das passiert ständig, denn die alten Menschen bei uns werden ja nicht betreut. Solche Situationen führen zum Chaos in einer unterbesetzten Einrichtung. Denn zur selben Zeit erbrach sich ein bettlägeriger alter Mann. Der müsste jetzt gewaschen und sein Bett neu überzogen werden. Zu allem Überfluss wollte just in dem Moment ein An-

gehöriger seiner Mutter einen Besuch abstatten. Den Stress darf man sich auf keinen Fall anmerken lassen. So ist das. Zwei Bewohner schlagen sich am Tisch. Zwei andere Bewohner liegen im Sterben. Sie müssten eigentlich besonders betreut werden, aber von wem? Schnell mal reinschauen geht vielleicht. Ob sie noch atmen? Und wenn sie in meiner Schicht sterben, muss ich sie auch noch betten, den Arzt rufen, Angehörige informieren und das Beerdigungsinstitut anrufen – Herrgott, hilf. Vielleicht habe ich Glück, und sie sterben nicht in meinem Dienst. Die armen Menschen. Wie soll ich eine menschenwürdige Sterbebegleitung durchführen? Wir schaffen kaum die Lebenden!

»Franz, mein Guter, du hast es bald geschafft. Ich möchte mich gern mehr um dich kümmern und dich in deinen letzten Stunden nicht allein lassen«, sagte ich zu einem Bewohner. »Ich schaffe es nicht. Verzeih mir!«

Gerne würde ich noch eine Situation aus dem Spätdienst schildern. Wieder einmal arbeiteten die Pflegekräfte wie Roboter. Ein Bewohner musste ins Krankenhaus eingewiesen werden. Ich stehe dem Notarzt zur Verfügung, muss dessen Tasche packen und den Verlegungsbericht schreiben. Da ruft eine Pflegekraft: »Der Herr S. ist verschwunden!« Ach du meine Güte, dachte ich, auch das noch! Ich war selbst einem Nervenzusammenbruch nahe. »Habe ich überhaupt alle Diabetiker gespritzt? Habe ich nichts vergessen?«, schoss es mir durch den Kopf. Zwei Pflegekräfte pirschen durch das Haus und suchen den vermissten Bewohner. Ich war allein mit über 30 pflegebedürftigen Menschen und dem Notarzt.

Wie es den anderen Bewohnern geht und was sie machen, konnte ich zu diesem Zeitpunkt nicht mehr registrieren. Es war mir irgendwie auch schon egal. Es wird schon irgendwie werden. Endlich weist der Notarzt den Bewohner ins Krankenhaus ein. Endlich einer weniger.

Glücklicherweise haben meine Kollegen den verloren gegangenen Bewohner gefunden. Es gibt vermutlich doch noch ein Ende der Spätschicht. Nach Dienstanweisung müssten wir eigentlich in so einem Fall das Gelände bis zur Stadt absuchen. Wir sollen unser Auto nehmen und suchen fahren! Und das bei dieser personellen Besetzung. Man fragt sich bei solchen Heimleitungen nur noch: Was sind das nur für Menschen? Oder sind das vielleicht gar keine?

Im Fernsehen habe ich gesehen, dass in einem Tierpark ein Tiger vier Pfleger für sich allein hatte! Ich bin wirklich ein tierlieber Mensch, aber wenn ich dagegen die Betreuung von hilfsbedürftigen Menschen sehe, kommt mir in dieser Gesellschaft das Kotzen.

Von einem selbstbestimmten Leben, wie es auf den Bildern im Eingangsbereich des Hauses zu sehen ist, kann überhaupt nicht die Rede sein. Ein Opa, der ein Leben lang sein Pfeifchen geraucht hat, muss beim Betreten des Hauses sofort darauf verzichten. Es ist verboten, im Hause zu rauchen. Er kann in der Cafeteria rauchen. Aber wenn er im Rollstuhl sitzt, kann er das nicht mehr. Eine Pflegekraft hat keine Zeit, diesen Mann zum Rauchen zu fahren. Wenn Sie den Wunsch hätten, im Alter erst gegen neun Uhr am Morgen aufzustehen, dann ist das in diesem Haus nicht möglich. Sie werden um 6.30 Uhr aus dem Bett geworfen, ob Sie wollen oder nicht. Sonst schafft der Frühdienst die Grundpflege nicht. Es gibt eine Dienstanweisung, in der die PDL anweist, dass alle mobilen Bewohner um acht Uhr am Tisch sitzen müssen!

Und jetzt zum Ablauf des Frühdienstes: 6.30 Uhr Dienstbeginn. Die sogenannte leitende Fachkraft beginnt um sechs Uhr und erhält eine Übergabe vom Nachtdienst. Nach einem Bezugspflegeplan, der aber in Wirklichkeit keiner ist, erhält man die zu Pflegenden zugeteilt. Wenn man der Wohnbereichsleiterin sympathisch ist, hat man mehr leichte Fälle und braucht sich nicht so abzuplagen. Leichte Fälle heißt: Die Bewohner können beim Herausheben aus dem Bett noch stehen. Man kann sie dann leichter in den Rollstuhl setzen. Schwerere Fälle sind zum Beispiel große, schwere Menschen mit Alzheimer, die nicht ansprechbar sind oder starke Kontrakturen (Versteifungen) haben. Das ist ein Knochenjob. Und man ist allein. Dort ist jeder allein. Man erkennt auch den personellen Pflegenotstand an den Heimbewohnern. Viele haben Hämatome. Im Frühdienst sind vier bis fünf Pflegekräfte. Geleistet werden muss die komplette Grund- und Behandlungspflege, und das Essen muss gereicht werden. Manchmal waren wir auch sechs Pflegekräfte. Da wurden Bewohner dann auch noch gebadet. Es kam aber vor, dass pflegebedürftige Menschen fünf Wochen nicht geduscht oder gebadet wurden, weil nicht genug Personal da war.

Fünf Pflegekräfte heißt: eine Wohnbereichsleiterin, die höchs-

tens einen oder zwei Bewohner abfertigt und sich dann in das Schwesternzimmer zu höheren Aufgaben zurückzieht. Ärzte anrufen, Pflegevisiten vorbereiten und so weiter. Auch die PDL beteiligt sich in diesem Hause nicht an der Pflege. Ich denke, sie kann es überhaupt nicht. Dann gibt es eine Fachkraft, eine Hilfskraft, einen Zivi [Zivildienstleistenden] und ein junges Mädchen im »freiwilligen sozialen Jahr«. Die beiden Letzten werden genauso wie alle anderen Pflegekräfte eingesetzt. Sie erhalten am Morgen bei der Aufteilung die gleiche Zahl an zu betreuenden Menschen wie die Fach- oder Hilfskraft. Wenn so ein junges Mädchen oder ein Junge mit 17 oder 18 Jahren als billige Pflegekräfte in den Dienstplan integriert werden, ohne jemals etwas von der Altenpflege gehört zu haben, ohne Einweisung und Einarbeitungszeit, dann ist das für mich ein Skandal.

Stellen Sie sich nur mal vor, Sie wären im Heim, ein junges Mädchen kommt zu Ihnen und zieht Ihnen die Hose runter und wäscht Sie im Genitalbereich. Wenn Sie Glück haben, hat sie wenigstens einen Hauptschulabschluss und kann Ihre Ausscheidungen dokumentieren. Wenn nicht, dann haben Sie Pech gehabt. Das interessiert niemanden. Altenpfleger brauchen kein Examen. Es geht auch so, mit Praktikanten, Zivis, Probezeitlern, geschickt vom Arbeitsamt, und nicht zu vergessen die »Ein-Euro-Jobber«. Das ist der Leitung vollkommen egal. Auch ob eine alte Omi damit einverstanden ist, wenn Sie von einem Achtzehnjährigen im Genitalbereich gewaschen wird, der in seinem Leben so etwas noch nie gesehen hat, interessiert niemanden.

Auch die jungen Menschen werden verheizt. Es kümmert niemanden, wie sie sich fühlen. Viele empfinden Ekelgefühle, denn die Bewohner sind morgens mit Kot verschmiert und volluriniert. Sie sind psychisch und physisch total überfordert. Jeden Morgen beginnt der Wettlauf mit der Zeit. Man kann von Glück reden, wenn genügend Waschlappen da sind. Es ist oft vorgekommen, dass wir schon Netzhöschen zum Waschen verwenden mussten, weil keine Waschlappen mehr da waren. Die Bettwäsche ist zum Teil total verschlissen. Es finden sich Löcher in den Bezügen und den Bettlaken. Manchmal gab es auch gar keine Bettlaken, da haben wir Bettbezüge in die Betten gelegt.

Gegen 7.30 Uhr sind wir völlig durchgeschwitzt. Das Wasser läuft über den Rücken. Die Kräfte schwinden. Bis um 8 Uhr muss jede Pflegekraft fünf bis sechs voll demente Bewohner ir-

gendwie frühstücksfertig machen. Sie sind überwiegend in die Pflegestufen II und III eingestuft. Die Bewohner werden nun im Rollstuhl in die zwei zur Verfügung stehenden Essbereiche gefahren.

Seit einem Jahr gibt es eine Hauswirtschaftshilfe für Frühstück und Abendessen. Die Frau kocht Kaffee und teilt das Essen aus. Sie ist für 2,5 Stunden zu 5,19 Euro/h beschäftigt – viel zu wenig Arbeitszeit für einen solch großen Wohnbereich mit dieser Klientel. Völlig fertig teilen wir uns auf und hasten zu den Essenbereichen.

Im vorderen Bereich werden die Bewohner versorgt, die sich zum Teil noch selbst etwas in den Mund stecken können. Oft muss aber auch bei fast allen das Essen gereicht werden. Das macht eine Pflegekraft. Im hinteren Bereich sind zwei Pflegekräfte: Die Heimbewohner werden im Halbkreis mit dem Rollstuhl hingesetzt. Eine Pflegekraft rennt im Kreis von einem zum anderen und steckt jedem ein Stückchen in den Mund und gibt nacheinander jedem etwas zu trinken. Die zweite Pflegekraft muss in die Zimmer zu den Bettlägerigen und diesen das Essen reichen. Wie am Fließband!

Wir müssen sehr schnell sein, denn die »Fütterungszeit« beträgt nur eine Dreiviertelstunde. Danach müssen zehn Bewohner mit dem Fahrstuhl ins Erdgeschoss gebracht werden, in einen sogenannten Betreuungsraum. Die Betreuung wurde vor eineinhalb Jahren eingeführt. Das sind die einzigen Räume, die von einem Maler renoviert wurden. Sie werden als Vorzeigeobjekte den Angehörigen präsentiert, die sich das Heim ansehen, um ihre Angehörigen unterzubringen. Es wird ihnen vorgegaukelt, dass jeder Bewohner täglich an Betreuungsangeboten teilnehmen kann. Es dürfen aber nur ausgesuchte Bewohner daran teilnehmen – solche, die nicht mehr auffällig sind. Die Auswahl trifft die Pflegedienstleitung.

Nachdem das Frühstück beendet ist, muss man bis neun Uhr die Trink- und Essenpläne schreiben. Seit dem »Super-GAU« von 2002 werden Trinkpläne und bei untergewichtigen Bewohnern auch Essenpläne geführt. Das ist alles schön und gut. Aber die Pläne werden meist nur von einer Pflegekraft geführt. Das heißt: Niemand weiß, ob die Bewohner wirklich ausreichend versorgt wurden. Keiner kontrolliert die Versorgung der Bewohner. Ich habe schon gesehen, wie Brotstücke in der Toilette schwammen, weil das »Füttern« zu lange gedauert hatte. Aus Zeitmangel hat man vermutlich das Wegspülen vergessen. Auch die Getränke werden oftmals in das Waschbecken im Zimmer geschüttet, um Zeit zu sparen. Man sieht dann die Reste des Tees oder Kaffeereste abends am Ende der Schicht im Waschbecken.

Bewohner, die es noch können, rufen laut: »Ich muss mal!« Das geht aber nicht. Toilettengänge sind zeitlich nicht machbar. Manchmal ist auch ein Angehöriger zu Besuch, der ruft: »Hallo, Schwester, hier muss jemand auf die Toilette!« Wir sagen dann einfach: »Nein, der muss nicht, der ist verwirrt.« Oder: »Der war eben auf der Toilette und weiß es nicht mehr!« Eine Qual für die alten Menschen. Wenn sie schreien, interessiert es niemanden. Wir sagen ihnen: »Machen Sie einfach in die Hose, wir machen es später wieder weg«. Das kann doch kein Mensch begreifen. Schon im Kleinkindalter wird uns eingetrichtert, dass das »Aa« nicht in die Hose gehört, sondern ins Töpfchen. Der alte Mensch versteht die Welt nicht mehr. Er soll jetzt wirklich in die Hose scheißen? Er wird aggressiv und schreit. Es ist sinnlos. Er kann sich nicht wehren. Niemand nimmt sich seiner Not an. Manche versuchen in ihren Qualen, aus dem Rollstuhl aufzustehen. Sie können aber nicht mehr laufen. Es kommt immer wieder zu Stürzen und schweren Verletzungen.

Wenn der Bewohner häufiger aufsteht und Gefahr läuft zu stürzen, hat das für ihn Konsequenzen. In Verbindung mit dem Hausarzt, den Angehörigen und dem Vormundschaftsgericht wird eine Fixierung beantragt und fast immer angeordnet. Und nun ist Schluss mit lustig. Der Unruhegeist wird an den Stuhl gefesselt! Wenn er sich dann noch, zum Beispiel durch Schreien, auffällig verhält, wird ein Neurologe hinzugezogen, der ihn medikamentös einstellt. Von Pflege kann man hier fast nicht mehr sprechen, eher von Pflegefolter. Betroffen sind auch die hilflosen Pflegekräfte, die wiederum ihre Ängste und zeitweise totale körperliche Erschöpfung mit Aggressivität gegen die wehrlosen alten Menschen kompensieren. Die Kontrollen müssen unbedingt erhöht werden und vor allen Dingen unangemeldet sein.

Das, was ich erlebt habe und wie es jetzt noch in dem Hause praktiziert wird, ist Betrug an den alten Menschen. Die ihnen zustehenden Pflegeleistungen werden nicht gewährt. Uns kann man dabei keinen Vorwurf machen. Wir können bei diesem Per-

sonalstand nicht anders. Wenn einer schreien darf, würden auch die anderen schreien. Wir sind als Lobby zu schwach. Wer sich als Pflegekraft nicht mit solchen schlimmen Zuständen abfinden kann und sich bei der PDL beschwert, verliert seinen Arbeitsplatz. Meckerer werden in diesem Unternehmen nicht geduldet. Das Arbeitsamt weiß von der hohen Fluktuation in diesem Haus. Die Pflegekräfte haben alle Angst. Am liebsten behält die PDL solche Mitarbeiter, gegen die sie etwas in der Hand hat. So gibt es viele Pflegekräfte mit Alkoholproblemen, Schulden, allgemeinen pflegerischen Wissensdefiziten und mangelnder Intelligenz.

Schon lange werden von den Arbeitsämtern schwer vermittelbare Arbeitslose und Jugendliche in Umschulungsmaßnahmen zur Altenpflege gesteckt. Für diese Menschen war es sicherlich ein Strohhalm in diesen Zeiten, für die wie die Pilze aus der Erde geschossenen Ausbildungsinstitute zur Altenpflege ein enormer Geldsegen.

Die Krankenhäuser raten vielen Angehörigen zu einer Heimeinweisung pflegebedürftiger Menschen, obwohl noch sehr viele von ihnen zu Hause versorgt werden könnten. Nebenbei bemerkt kennen sich die Geschäfts- und Pflegedienstleiter auf beiden Seiten gut. Ein Schelm, wer Böses dabei denkt. Daher denke ich, dass die Krankenhäuser Kenntnis von den Missständen haben. Sie müssen doch die vielen ausgetrockneten Menschen behandeln. Ich habe einmal von den Krankentransportfahrern gehört, dass sie den Alten meist gleich eine Infusion anlegen.

Es gibt sicherlich bei den Heimbetreibern nicht nur schwarze Schafe. Man sollte die guten Heime öffentlich machen. Ich selbst kenne außer diesem schlimmen Bespiel auch Heime, in denen es diese Missstände nicht gibt.

Man erkennt sie daran, dass es dort so gut wie keine Personalfluktuation und einen niedrigen Krankenstand gibt. Dort fühlen sich Bewohner und Pflegekräfte wohl. Ein Mensch, der seine Familie und sein Zuhause verloren hat, ist seelisch schwer angeschlagen. Er braucht liebevolle Zuwendung und Fürsorge.

Diese Menschen in den Heimen haben keine Lobby. Es gibt zwar die sogenannten Heim- und Angehörigenbeiräte, aber die werden für dumm verkauft. Ihnen wird fast nichts gesagt. Eine Mitarbeiterbefragung oder Angehörigenbefragung ist meistens nicht gewollt – eine Personalvertretung schon gar nicht.

Ich habe schwere Schuldgefühle. Ich hätte fast zu jedem Dienstantritt eine Überlastungsanzeige schreiben müssen. Ich allein konnte die armen Menschen nicht schützen. Ich hatte Angst vor Repressalien der Heimleitung. Ich habe gesehen, wie gute Pflegekräfte aus dem Haus gemobbt und wie ihnen mit dem Entzug der Berufserlaubnis gedroht wurde. Einige wurden so unter Druck gesetzt, dass sie freiwillig einen Aufhebungsvertrag unterschrieben haben. Andere Mitarbeiter sind krank geworden und in ärztlicher Behandlung.

Ich denke, es braucht noch seine Zeit. Viele Pflegekräfte in solchen unseriösen Heimen warten auf ein Zeichen, dann werden sie auspacken.

Ich habe Ihnen das geschrieben, weil auch wir früher oder später in so einer Einrichtung landen können. Ich hoffe, dass es bis dahin in unserem Land eine humane Altenpflege geben wird, wo jeder alte Mensch seinen Lebensabend selbstbestimmt gestalten kann. Die Würde jedes Menschen muss geachtet werden. Was ist nur aus uns Menschen geworden? Ich wünschte, ich wäre ein Vogel, dann könnte ich dem allem entfliegen.

Übrigens: Jeder Pflegeplatz in dieser Einrichtung schlägt mit rund 3000 Euro im Monat zu Buche. Warum kostet Folter so viel Geld? Und warum geben Menschen ihre Angehörigen in ein solches Heim?

Wenn Pflegekräfte von Kollegen gemobbt werden

In den letzten Jahren hat sich in Pflegeeinrichtungen vielfach ein quasimilitärisches System entwickelt, mit strengen Hierarchien. Die Geschäftsführer sind die Generäle, die Heimleitungen die Offiziere, die Pflegedienstleitungen die Unteroffiziere und die Pflegekräfte die Gefreiten. Es gilt das Prinzip von Befehl und Gehorsam. Kommandos von oben müssen befolgt werden, egal, wie unsinnig oder ungerecht sie sein mögen. Wer dagegen aufmuckt, wird bestraft – gemobbt oder gekündigt. Loyalität ist meistens gleichzusetzen mit »Schnauze halten«. Pflegekräfte, die aus der Reihe tanzen und Missstände zur Sprache bringen, sind besonders gefährdet, wie im folgenden Fall. Solidarität im Kollegenkreis gibt es kaum. Ein Beispiel: Der Pfleger, der sich an uns wandte, ist 49 Jahre alt und arbeitet seit 16 Jahren in seinem Beruf. Er schildert seine Erfahrungen:

Ich arbeite in einem Pflegeheim mit zwei Stationen, im Wohnbereich I (WBI) leben rund 20 Bewohner, im Wohnbereich II (WBII) ca. 32 Heimbewohner. Laut Klinikleitung stehen dem WBI 8,5 Vollzeitkräfte und dem WBII 12,5 zu.

Tatsächlich aber arbeiten beide Wohnbereiche mit jeweils 10,5 Pflegern. Seit Jahren arbeitet also der WBII mit zwei Vollzeitkräften zu wenig, der kleinere Wohnbereich mit zwei Stellen zu viel. Außerdem hat die kleinere Station auch noch die meisten Fachkräfte. Daraus ergibt sich, dass mehrere meiner KollegInnen im Wohnbereich II über 600 Überstunden angehäuft hatten. Im Herbst 2006 zum Beispiel waren im WBI nur 17 Heimbewohner und im WBII 34.

Im Frühdienst wurde aber mit derselben Besetzung gearbeitet, jede Station hatte vier Pflegekräfte. Die Arbeitsbelastung im Wohnbereich II war also doppelt so hoch wie im Wohnbereich I. Im Frühjahr 2007 meldeten sich einige meiner KollegInnen im WBII krank. Die Personaldecke wurde also immer dünner. Über Jahre hat der Personalrat einen dicken Ordner angelegt, Beschwerden entgegengenommen, aber nicht geholfen.

Als man von mir verlangte, den Frühdienst (34 Heimbewohner) zusammen mit nur einer Kollegin zu machen, habe ich mich an das Sozialministerium in München gewandt. Es wurde uns auch sofort geholfen, und die Heimaufsicht war im Haus. Die Heimaufsicht hatte einen Personaltausch empfohlen. Die Mitarbeiter des WBII sollten künftig im WB I arbeiten und umgekehrt.

Wir arbeiten jetzt auf der kleineren Station. Und plötzlich hat man dort das Personal gekürzt. Jetzt müssen wir den WBI mit 2 oder 2,5 Pflegekräften im Frühdienst versorgen, vor meiner Beschwerde im Sozialministerium waren es vier.

Ich hatte die Heimaufsicht auch darauf aufmerksam gemacht, dass eine Frau seit mehreren Wochen in einem defekten Bett liegt. Das Fußteil war nach unten geneigt. Zuvor wurde die Heimleitung von mehreren Pflegekräften auf das Problem aufmerksam gemacht. Ein neues Bett war zwingend nötig. Aber nichts geschah. Als eines Tages die Unterschenkel blau marmoriert waren, kam der Notarzt. Er wies die Bewohnerin sofort ins

Krankenhaus ein und sagte uns, dass womöglich ein Bein abgenommen werden müsse. Kurze Zeit später verstarb die Frau.

Herr L. vom Sozialministerium hat mich angerufen und hat sich erkundigt, wie die Situation nach dem Besuch der Heimaufsicht nun sei. Ich habe ihm erzählt, dass die Frau im defekten Bett inzwischen verstorben ist.

Daraufhin kam der Staatsanwalt ins Haus. Ich konnte nicht mehr anonym bleiben. Ich sah mich Anfeindungen ausgesetzt und wurde gemobbt. Ich bin nervlich am Ende. Ich musste allerdings erfahren, dass die Anfeindungen nicht nur vonseiten der Heimleitung kamen, wie oben zitiert »der Judas, der das Haus verraten hat«, sondern massiv auch aus den Reihen der Arbeitskollegen.

Kommentare wie »Das hat die Chefin nicht verdient, dass man ihr die Heimaufsicht schickt« waren an der Tagesordnung. Kollegen solidarisierten sich, um sich gemeinsam über mich beim Heimbetreiber zu beschweren.

Äußerungen von mehreren Kollegen, ich gefährde ihre Arbeitsplätze, musste ich mir öfter anhören. An böse Gesichter und nicht mehr gegrüßt zu werden, kann man sich gewöhnen. Aber da fanden sich Kollegen, die bereit waren, Fehler von anderen zu sammeln, aufzuschreiben und an die Chefin weiterzuleiten, damit man Mitarbeiter, die es wagen, laut Kritik zu äußern, loswerden kann … Eine Stationsleitung, die man noch vor einem Jahr gebeten hat, ihren Posten nicht aufzugeben, die es aber jetzt wagt, laut Kritik zu äußern, und stärkend hinter mir steht, wird jetzt von ihrer Position verdrängt unter dem Vorwand, sie wäre zu oft krank.

Fazit: Es ist zwingend nötig, dass mehr Pflegekräfte Rückgrat und Zivilcourage beweisen und Missstände in Pflegeeinrichtungen öffentlich zur Sprache bringen. Nur ein kollektiver Aufschrei würde gehört werden. Aber davon sind wir in der Pflegebranche noch weit entfernt. Das Anliegen vieler Pflegekräfte, die Lebensbedingungen der Senioren zu verbessern, wird nicht honoriert – weder von Vorgesetzten noch von Kollegen. Und genau hier liegt das Problem. Ein System der Angst wird geschaffen. Mutige Mitarbeiter, die sich an die Behörden wenden, werden isoliert und als Nestbeschmutzer verunglimpft. Heimträger sprechen von unternehmensfeindlichen und geschäftsschädigenden Äußerungen. »Dabei wird häufig nicht bedacht: Beschäftigte, die rechtzeitig Alarm schlagen, können ihrem Betrieb erhebliche Folgekosten oder Regressansprüche ersparen. Strukturelle Missstände im Pflegedienst, mangelnde Pflegequalität oder gravierende Pflegefehler, die Pflegebedürftige schädigen, können teure Schadensersatzansprüche nach sich ziehen«, schrieb Dr. Dieter Deiseroth, Richter am Bundesverwaltungsgericht in Leipzig, in einem Kommentar für die Zeitschrift *Forum Sozialstation* im Dezember 2006. Kommentarloses Hinnehmen oder Wegsehen bei einem gravierenden Missstand sei aber kein Ausdruck von Loyalität zum Arbeitgeber, sondern eine Art von Komplizenschaft. Schon als solche risikoreich, könne sie auch zu einer inneren Kündigungsmentalität bei den Beschäftigten führen – »für den Betrieb äußerst kontraproduktiv, denn sie zieht andere Mitarbeiter mit und demotiviert bedrohlich«. Wer kritisiere, ecke an und gelte häufig als Störenfried, der abgedrängt wird. Deiseroth fordert deshalb staatliche Rechtsvorschriften zum Schutz mutiger Insider, die sich nicht scheuen, den Finger auf die Wunde zu legen. »Doch die fehlen in Deutschland weitgehend – eine Rechtsunsicherheit, die nach Reformen schreit«, so der Richter.

Deshalb ziehen es viele Pflegekräfte vor, lieber zu schweigen. Jeder ist sich selbst der Nächste. Und so wird das Unrecht, das in vielen Pflegeeinrichtungen an der Tagesordnung ist, nur selten beim Namen genannt.

Auch hatte bislang eine effiziente Organisation gefehlt, an die sich Pflegekräfte vertrauensvoll wenden können. Daher war die Gründung des Pflege-Selbsthilfe-Verbandes (Pflege-SHV) sehr wichtig, ein Schritt in die richtige Richtung. Zwar klingt es bereits ziemlich abgedroschen, doch hier trifft es zu: Der »Pflege-SHV wurde 2005 ins Leben gerufen von Personen, die seit vielen Jahren auf Missstände in der Pflege und der medizinischen Versorgung aufmerksam machen und Ideen einbringen, welche von Politik, Verbänden oder der Fachpresse heruntergespielt oder ignoriert werden«, heißt es im Internet (www.pflege-shv.de). Der Selbsthilfeverband kann zwar Akzente setzen, aber leider ist er noch zu unbedeutend, um alle engagierten Pflegekräfte zu bündeln und ihnen Rechtssicherheit zu geben. Erst wenn der Einfluss und die Druckmittel von Heimbetreibern auf das Pflegepersonal abnehmen und Pflegekräfte Prozesse vor Gericht auch einmal gewinnen, könnte eine Wende zum Besseren eingeläutet werden. Wie schwierig das ist, zeigt folgender Fall.

Eine Pflegerin deckt Missstände auf und wird gefeuert

Brigitte Heinisch war jahrelang als Altenpflegerin in einer Einrichtung des Berliner Vivantes-Konzerns in der Berliner Teichstraße tätig. Sie galt als gute, engagierte Pflegekraft. Doch dann musste sie zunehmend Missstände beobachten. »Ich habe erlebt, dass die Bewohner bis zum Mittag in Urin und Kot gelegen haben. Ich habe erlebt, dass einige Bewohner ohne richterlichen Beschluss in ihren Betten fixiert wurden. Ich habe erlebt, dass nicht ausreichend zu essen und zu trinken gegeben wurde – aufgrund von Personalmangel«, berichtet sie. Trotz großen Engagements konnten Brigitte Heinisch und ihre Kollegen nicht alle Missstände verhindern. Das Arbeitspensum war einfach nicht zu bewältigen. »Mit der einen Hand wäschst du, mit der anderen ziehst du schon die Hose hoch. Eine Satt-sauber-Pflege ist da noch nicht einmal gewährleistet, das ist gefährliche Pflege«, schildert Frau Heinisch ihren Alltag.

Achtmal schlug sie intern Alarm. Die Altenpflegerin schrieb sogenannte Überlastungsanzeigen, um mit ihnen zu dokumentieren, dass die Arbeit nicht zu schaffen war. Doch ihre Hilferufe verhallten ungehört. In ihrer Not wandte sich Brigitte Heinisch schließlich an den Medizinischen Dienst der Krankenkassen. Sie wollte, dass ihre Vorwürfe von einer unabhängigen Instanz überprüft werden. Im Juli 2003 erschien der Medizinische Dienst der Krankenkassen unangemeldet im Vivantes-Pflegeheim in der Teichstraße. Und tatsächlich stießen die Kontrolleure dort auf gravierende Mängel.

Im Prüfbericht hoben sie die »unzureichende personelle Besetzung« mit qualifiziertem Personal und »ungenügenden Umgang mit freiheitseinschränkenden Maßnahmen« hervor. So war zum Beispiel eine Bewohnerin ohne Genehmigung am Rollstuhl festgebunden worden. Kritisiert wurde außerdem die »mangelhafte Grundpflege« – und vieles mehr. Brigitte Heinisch hatte mit ihren Vorwürfen also weitgehend recht.

Welche Konsequenzen aus diesen Missständen zu ziehen sind, wollten wir von der Pflegeexpertin des Medizinischen Dienstes Berlin-Brandenburg, Martina Wilcke-Kros, wissen. Die Mängel seien so eklatant, sagte sie, dass sie der MDK explizit erwähnt habe: »Sie sind gravierend für die Lebensqualität der Bewohner.

Aber sie sind natürlich auch gravierend für die Pflegeeinrichtung, weil sie dokumentieren, dass der Versorgungsvertrag, den die Einrichtung mit den Pflegekassenverbänden hat, auf dem Spiel steht.« Die Pflegekassenverbände drohten sogar mit der Kündigung des Versorgungsvertrags für die Einrichtung, was einer Schließung gleichkäme.

An den Zuständen im Heim aber habe sich danach kaum etwas geändert, erzählt Brigitte Heinisch: »Die gefährliche Pflege wurde weiterbetrieben!« Daraufhin zeigte die Altenpflegerin Vivantes bei der Berliner Staatsanwaltschaft an. Der Vorwurf: Betrug. Es könne ja nicht sein, dass der Betreiber Qualität in höchster Form anbiete, aber in Wahrheit grob fahrlässig handle. Die Bewohner würden für gute Pflege viel Geld bezahlen, dafür jedoch nicht die entsprechende Gegenleistung erhalten.

War also sogar Betrug im Spiel? Hat sich Vivantes an Bewohnern und deren Angehörigen bereichert? Die Staatsanwaltschaft stellte das Verfahren allerdings schnell wieder ein. Brigitte Heinisch wurde fristlos gekündigt. Jetzt war sie isoliert.

Als wir die Altenpflegerin in ihrer Wohnung besuchen, spielt sie uns einen Text auf ihrem Anrufbeantworter vor. Er belegt, dass die Kolleginnen im Vivantes-Heim jetzt sogar Angst hatten, mit ihr zu telefonieren: »Hallo, Brigitte. Ich kann nicht mit dir sprechen. Auf der Arbeit ist nur Terror und Terror, nur Ärger. Man hat uns als Spitzel bezeichnet. Bitte ruf mich nie wieder an!«

Unzählige Male hat Brigitte Heinisch sich diese Sätze angehört. Sie bedrücken sie immer wieder. Vivantes hatte es offensichtlich geschafft, die Pflegerin in die Rolle der »Nestbeschmutzerin« abzudrängen.

Erneut musste sie sich wehren – diesmal gegen ihren Rauswurf. Doch auch hier zog sie den Kürzeren. Das Landesarbeitsgericht Berlin entschied im März 2006 in letzter Instanz gegen sie. Ihre Behauptungen hätten sich »im Rechtsstreit indes in keiner Weise belegen lassen«, heißt es in der Pressemitteilung des Landesarbeitsgerichts Berlin. Die Kündigung war also rechtens.

Wie kommt so ein Urteil zustande? Gegenüber »Report Mainz« erklärte der Sprecher des Landesarbeitsgerichts Berlin, Martin Dreßler, Brigitte Heinisch habe trotz des eindeutigen Berichts des Medizinischen Dienstes ihre Loyalitätspflicht gegenüber dem Arbeitgeber verletzt und hätte die Strafanzeige nicht stellen dürfen.

»Aus dem sonstigen Inhalt der Verhandlung hat das Gericht den Schluss gezogen, dass diese Anzeige leichtfertig, ins Blaue hinein, gestellt wurde«, so Dreßler. Auf die Nachfrage, wie die Formulierungen »leichtfertig« und »ins Blaue hinein« angesichts der Missstände, vor deren Hintergrund die Strafanzeige gestellt wurde, zu verstehen seien, rang der Jurist sekundenlang nach den richtigen Worten. »Ob die Missstände da waren oder nicht, hat das Gericht nicht festgestellt«, sagte Dreßler schließlich.

Welches Signal geht von so einem Urteil aus? Tausende Pflegekräfte in ähnlichen Situationen haben sich in den vergangenen Jahren an uns gewandt, um auf die menschenunwürdigen Arbeitsbedingungen, auf Personalüberlastungen hinzuweisen. Wenn man diesen Menschen durch so ein Urteil signalisiert, sie seien nur auf billige Racheakte aus, ist das fatal. Hier wird ein klares Signal gesetzt: Die wirtschaftlichen Interessen eines Heimträgers sind ein höherwertigeres Gut als menschenwürdige Pflege.

Und was sagt Vivantes dazu? Auf unsere Anfrage im April 2006 behauptete der Konzern: »Das Urteil bestätigt, dass Vivantes vollkommen korrekt gehandelt hat.« Frau Heinisch habe im Rechtsstreit ihre Anschuldigungen »in keiner Weise« aufrechterhalten können. Eine Fortsetzung des Arbeitsverhältnisses sei dem Arbeitgeber »nicht zuzumuten« gewesen. Jeder Überlastungsanzeige sei nachgegangen worden. Außerdem habe der MDK festgestellt, dass die »Personalsituation nicht zu bemängeln« gewesen sei. »Wenn es Mängel gegeben« habe, seien »diese schnellstmöglich und nachhaltig abgestellt« worden. Die Botschaft also hieß: Alles kontrolliert – alles in Ordnung.

Wir recherchierten weiter. Wochen später erfuhren wir, dass Ende April 2006, also nur wenige Tage nach dem Antwortschreiben von Vivantes, die Einrichtung in der Teichstraße zum wiederholten Male vom MDK überprüft wurde – zwei Tage lang.

Uns liegt der 51-seitige Prüfbericht vor. Darin werden erneut katastrophale Missstände aufgelistet: Bewohner seien unterernährt. Es bestehe eine konkrete Gefährdung bezüglich der Nahrungs- und Flüssigkeitsversorgung. Insgesamt sei die pflegerische Versorgung teilweise »unangemessen« und »risikobehaftet«. Die Pflege werde »nicht entsprechend dem aktuellen Stand der pflegewissenschaftlichen Erkenntnisse durchgeführt«.

Risiken für die Pflegebedürftigen seien »nicht auszuschließen beziehungsweise Folgeschäden bereits eingetreten«.

Und plötzlich tritt Vivantes auch uns gegenüber anders auf und räumt schriftlich »Optimierungsbedarf« ein. Die Heimleitung habe deshalb eine »Qualitätsoffensive« gestartet, »um die bislang nicht ausreichend genutzten Potenziale auszuschöpfen«. So nennt man das also.

Fazit: Missstände in dieser Pflegeeinrichtung wurden über Jahre hinweg heruntergespielt. Die Pflegerin, die den Skandal publik machte, wurde gefeuert. Die Gerichte aber gaben dem Arbeitgeber recht. Wohl auch deshalb hat sich an den Zuständen im Heim während drei Jahren kaum etwas geändert. Dies ist ein Skandal, vor allem für die alten Menschen, die dort leben und leiden müssen. Doch auch die Pflegekräfte sind davon betroffen. Es ist zu befürchten, dass sie zunehmend Angst bekommen und trotz menschenunwürdiger Arbeits- und Lebensbedingungen schweigen. Unserer Einschätzung nach wird sich die Situation in der Pflege dadurch verschärfen.

Mangelernährung und Magensonden

»Notruf für Senioren – guten Tag«, meldet sich Marita Halfen mehrmals täglich. Am Telefon nimmt sie Hilferufe aus ganz Deutschland entgegen. Tausende pro Jahr rufen bei ihr in Bonn an, beschweren sich über Missstände in Heimen. Heute hört sie von einem besonders schlimmen Fall: »Der wird kaum aus dem Bett geholt, hat einen Dauerkatheter, eine PEG*, also eine Magensonde, und die Pflege lässt sehr zu wünschen übrig«, fasst sie den Inhalt des Telefonats kurz zusammen.

* Seit den 1980er-Jahren besteht mit der Perkutanen Endoskopischen Gastrostomie-Sonde (kurz: PEG-Sonde) die Möglichkeit, Patienten über einen längeren Zeitraum mit Nahrung und Flüssigkeit zu versorgen, wenn diese nicht mehr selbst essen und trinken können. Dabei wird eine sämige, blasse Substanz durch einen dünnen Schlauch direkt in den Magen geleitet. Häufig jedoch kommt diese Maßnahme auch bei pflegebedürftigen Menschen zur Anwendung, obwohl diese noch essen und trinken könnten. Das Verabreichen von Essen kostet viel, künstliche Ernährung dagegen spart Zeit. Deshalb drängen zahlreiche Pflegeeinrichtungen und Ärzte die Angehörigen und Bewohner dazu, einer PEG-Sonde zuzustimmen.

Durch die Einrichtung »Notruftelefon« werden die Fälle dokumentiert. Marita Halfen geht ihnen nach, berät Angehörige, begleitet Betroffene, manchmal sogar bis zu deren Tod. So wie im Fall von Roger H.

Er hatte einen Schlaganfall und niemanden, der sich um ihn kümmerte. Wegen einer halbseitigen Schlucklähmung wurde er im Pflegeheim künstlich ernährt, das heißt, er bekam die Nahrung durch einen Schlauch direkt in den Magen geflößt. Trotzdem magerte er immer weiter ab. Vier Jahre lang – bis er starb – bekam Roger H. offensichtlich zu wenig Nahrung. Marita Halfen besuchte ihn in dieser Zeit immer wieder, versuchte, ihn aus dem Heim herauszuholen – vergeblich. Die Einrichtung und ein rechtlicher Betreuer hätten ihn abgeschottet, sagt sie. Marita Halfen waren die Hände gebunden. Die Unterernährung wurde niemals eingestanden. Geblieben ist eine Notiz von Roger H.: »Das Essen ist viel zu wenig. Ich will hier raus.«

Marita Halfen betont, dass er sie in ihrer Gegenwart stets auf seine Unterernährung hingewiesen habe: »Seine Hand fuhr immer wieder zum Mund. Er wollte was essen.« Und das trotz Sondennahrung! Marita Halfen ist sich sicher, dass er verhungert ist. Sie zeigt uns ein Bild von Roger H. kurz vor seinem Tod. Er ist abgemagert bis auf die Knochen. Das Foto gleicht der Aufnahme eines befreiten jüdischen Häftlings in einem deutschen Vernichtungslager kurz nach Ende des Zweiten Weltkriegs.

Wie kann ein Mensch in einem Pflegeheim trotz künstlicher Ernährung verhungern? Werden tatsächlich viele Patienten in Deutschland unzureichend mit Nahrung versorgt? Diese Frage wurde in der ARD-Dokumentation »Der Pflegenotstand« thematisiert. Dr. Hubert Bucher vom Medizinischen Dienst der Krankenkassen in Sachsen-Anhalt untersuchte mit seinem Team mehr als 600 Patienten, die über Magensonden ernährt wurden. Häufig wurden den alten Menschen gerade einmal 800 Kilokalorien am Tag zugeführt. Ein pflegebedürftiger Mensch benötige aber »Pi mal Daumen« mindestens »1500 Kilokalorien pro Tag«. Es sei einfach zu wenig Nahrung über die Sonde verabreicht worden. Auf längere Sicht bedeute das, so Bucher, dass »die Leute verhungern. Schlicht und einfach!« Trotz Sonde!

Auch Dr. Günther Deitrich vom Medizinischen Dienst der

Krankenkassen in Hessen kontrolliert Pflegeheime. Deitrich stieß ebenfalls auf viele Fälle von Unterernährung. Sein Befund: »Die sind einfach abgemagert bis auf die Knochen.« Da könne es dann schon einmal passieren, dass jemand nur noch 40 Kilo wiege.

Nach wie vor herrscht auch im Pflegebereich weitgehende Unsicherheit über die tatsächliche Höhe des Energiebedarfs von Patienten. Laut der Fachzeitschrift *care konkret* vom Juni 2007 kann eine einfache Formel erste Anhaltspunkte geben: »Multipliziert man das Körpergewicht mit dem Faktor 30 Kilokalorien, erhält man einen Richtwert für den Energiebedarf des Patienten.« Bei einem durchschnittlichen Körpergewicht von 60 Kilo würden also 1800 Kalorien pro Tag benötigt. Eine ausreichende Energiezufuhr könne auch dem Auftreten von Dekubitalgeschwüren entgegenwirken oder deren Heilungsprozess unterstützen.

Wie kann es so weit kommen, dass alte Menschen in deutschen Pflegeheimen unterernährt sind? Die Ärzte verschreiben – oft aus Unwissenheit – zu wenig Nahrungsmittel. Und die Pflegekräfte bemerken den Gewichtsverlust häufig erst gar nicht. Ist es Nachlässigkeit oder Absicht? Hinter vorgehaltener Hand habe Deitrich vom Pflegepersonal des Öfteren gehört, dass gespart werden müsse, dass die Kosten gesenkt werden müssten: »Und ich habe hier den Eindruck, dass dabei das eine oder andere Mal über das Ziel hinausgeschossen wird.«

Stimmt sein Befund, so bekämen viele alte Menschen in deutschen Pflegeheimen bewusst zu wenig zu essen und zu trinken. Auf die Frage, ob das nicht fast schon an Körperverletzung grenze, antwortet Deitrich: »Wenn man das so betrachtet, muss man dem zustimmen.«

Wir halten es bereits für einen Skandal, dass viele Menschen, obwohl sie noch zum Essen und Trinken imstande sind, künstlich ernährt werden. Ein noch größerer Skandal aber ist, dass Pflegebedürftige, die über eine Sonde ernährt werden, immer wieder infolge von Nachlässigkeit oder Absicht des Pflegepersonals beziehungsweise der Mediziner langsam und qualvoll zugrunde gehen. Roger H. starb völlig unterernährt, weil sein Arzt ihm die lebensnotwendige Nahrung verweigerte. Er war bei klarem Bewusstsein, seine Hilferufe stießen auf taube Ohren. Mitten in Deutschland hungern und verhungern Menschen!

Sind das nun besonders krasse Einzelfälle oder steckt dahinter ein System? Täglich erhalten wir E-Mails, Anrufe, Post von frustrierten und verzweifelten Pflegekräften – und es werden immer mehr. Dass Menschen gezwungen werden, sich über eine Magensonde ernähren zu lassen, weil man angeblich keine Zeit hat, ihnen das Essen in Ruhe zu verabreichen, ist in vielen Einrichtungen Alltag.

1,6 Millionen Deutsche sind Schätzungen zufolge mit einem Body-Mass-Index (BMI) von höchstens 18,5 untergewichtig. Der BMI errechnet sich aus dem Körpergewicht in Kilogramm, geteilt durch das Quadrat der Körpergröße in Metern. Für Experten ist bei alten Menschen ein BMI unter 20 ein Warnsignal. »Das Erstaunliche: Der Notstand ist bereits Lehrbuchwissen«, berichtete die *Süddeutsche Zeitung*. So stehe in einem Standardwerk für Innere Medizin, dass »bis zu 67 Prozent der Pflegeheimbewohner« von Mangelernährung betroffen seien. »Einen alten Menschen so zu füttern, dass er genug isst, also 1700 bis 1900 Kilokalorien am Tag zu sich nimmt, kann 30 Minuten dauern«, sagte Hans Konrad Biesalski von der Deutschen Gesellschaft für Ernährungsmedizin der Zeitung. Der Weg in die Pflegebedürftigkeit sei oft vorgezeichnet. Wer schleichend abnehme, verliere zunächst Muskelkraft. Dann könne er die Füße nicht mehr richtig heben, stürze, breche sich die Knochen und komme ins Krankenhaus. »Und von da an werden viele zum Pflegefall«, so Biesalski weiter.

Wie schlimm die Ernährungssituation in deutschen Pflegeheimen zu sein scheint, dokumentiert eine Pressemitteilung des bayerischen Sozialministeriums. Im Frühjahr 2005 forderte Ressortchefin Christa Stewens die Einrichtungsträger auf, ihre Mitarbeiter gezielt fort- und weiterzubilden, denn »richtige Ernährung und ausreichendes Trinken seien für pflegebedürftige Menschen äußerst wichtig«.

Eine umwerfende Erkenntnis! In einem Kindergarten, in einem Tierheim oder in einem Gefängnis müsste man diese Selbstverständlichkeit nicht thematisieren. Nur wenige Monate später kündigte die Evangelische Pflegeakademie der Inneren Mission im *Münchner Merkur* an, »eine stadtweite Schulungsreihe« zur Ernährung im Alter durchzuführen. Auslöser waren, so der Zeitungsbericht, von der Heimaufsicht festgestellte Mängel bei Ernährung und Flüssigkeitsversorgung in Pflegeheimen. Warum betonen die Funktionäre der Wohlfahrtsverbände trotz der doch inzwischen bekannten Missstände und personellen Engpässe eigentlich immer wieder, dass sie in ihren Heimen »optimale und hervorragende Pflege leisten«? Wie und warum muss »optimale und hervorragende Pflege« eigentlich verbessert werden? Diese Argumentation ist absurd, unlogisch und widersprüchlich!

Wo bleibt die Ethik?

Die Ernährung über Magensonden ist ein lukrativer Markt. Einer der führenden Anbieter von künstlicher Ernährung ist die Firma Pfrimmer Nutricia in Erlangen. Dort schätzt man, dass in Deutschland derzeit 80000 bis 140000 Menschen, von denen zwischen 50 und 70 Prozent in Pflegeheimen leben, über eine Sonde ernährt werden. Gesicherte Daten seien aber nicht vorhanden. Uns gegenüber will man keine Angaben zur Umsatz- und Gewinnentwicklung des Unternehmens machen. Bisher ließen sich die Krankenkassen die künstliche Ernährung außerhalb von Krankenhäusern etwa 500 Millionen Euro kosten, so der Bundesverband der Betriebskrankenkassen 2005 – Tendenz steigend. »Wir gehen davon aus, dass sich der Bedarf aufgrund der demographischen Entwicklung erhöhen wird«, sagte der Geschäftsführer von Pfrimmer Nutricia, Giancarlo Sciuchetti, der *Financial Times Deutschland* 2006.

Wer aber soll mit Sondennahrung versorgt werden? Tatsächlich gibt es in Deutschland kaum Daten zu dieser Problematik. 2004 veröffentlichte das Gesundheitsamt Bremen eine Studie mit dem Resultat, dass es auch in stationären Bremer Einrichtungen an »exakten Richtlinien« mangele, »nach denen eine PEG gelegt werden soll oder nicht«. Jede Entscheidung sei letztlich eine Ermessensfrage. Nachdem man in den Jahren vor der Untersuchung einen durchschnittlichen Anteil von fünf Prozent PEG-Sondenträgern ermittelt hatte, waren es bei der Erhebung plötzlich 7,8 Prozent, also deutlich mehr. Die Forscher kamen zum Schluss, dass »enterale Ernährung über PEG-Sonde für viele Bewohner in der heimstationären Versorgung zur Dauerernährung geworden« sei. Auf diesen Aspekt solle in der Praxis ein besonderes Augenmerk gerichtet werden.

Die Hersteller wirken nicht gerade unglücklich angesichts des Fehlens valider Untersuchungen zur Missbrauchsproblematik künstlicher Ernährung. Man höre »nur immer wieder Annahmen und Unterstellungen«, erklärte uns Dr. Dietmar Stippler, Leiter des Bereichs Gesundheitsökonomie bei Pfrimmer Nutricia, auf Anfrage. Und weiter: »Die Untersuchungen der Medizinischen Dienste der Krankenkassen [MDK], zumindest die, die öffentlich verfügbar sind, sagen, dass es das wohl gibt, aber nicht so häufig wie oft unterstellt.« Die Botschaft lautet also: Missbräuche mit PEG-Sonden kommen zwar vor, aber so häufig nun auch wieder nicht.

Technisch ist die Ernährung über eine Sonde einfach. Sie wirft aber neben medizinischen und ethischen Fragen auch die Kostenfrage auf. Darüber gab es im Frühjahr 2005 Streit. Auf der einen Seite stand der gemeinsame Bundesausschuss (G-BA), eine Expertenrunde aus Vertretern von Krankenkassen, Ärzten und Krankenhäusern, welche die medizinische Versorgung bundesweit sicherstellen soll. Auf der anderen Seite stand das Bundesgesundheitsministerium.

Der Hintergrund: Der Gesetzgeber hatte im Sozialgesetzbuch V eine neue Rechtsgrundlage für die Verordnungsfähigkeit von Produkten zur künstlichen Ernährung geschaffen. Es fehlte aber eine Konkretisierung, wann und zu welchem Zweck diese Spezialkost verordnungsfähig wäre. Das sollte der G-BA im Auftrag des Gesetzgebers regeln, woraufhin er im Februar 2005 einen 40 Seiten umfassenden Katalog vorlegte. Der Bundesausschuss bemühte sich, die Richtlinie zur künstlichen Ernährung möglichst eng zu fassen. So sollte zum Beispiel bei Demenz eine Sonde nicht mehr verordnungsfähig sein.

Ulla Schmidt aber stoppte diese Richtlinie. Das Bundesgesundheitsministerium (BMGS) forderte die Einführung einer generellen Indikation für künstliche Ernährung bei Essstörungen. In der *Welt* schwadronierte der Sprecher des BMGS von einer »kleinen, überschaubaren Gruppe, die nicht mehr viel vom Leben zu erwarten« habe und »der man daher auch die notwendige Ernährung bezahlen« wolle. Deshalb habe sich das Ministerium entschlossen, die G-BA-Richtlinien zu kassieren und eigene Direktiven zu erarbeiten.

Der G-BA-Vorsitzende Rainer Hess bezeichnete dies als »Falschdarstellung«. In Wirklichkeit zementiere sie den Status quo, und das bedeute: Demenzpatienten hätten weiter Anspruch auf künstliche Ernährung zulasten der Krankenkassen. »Damit würde aber gerade der Missbrauch der enteralen Ernährung gefördert. Behinderte und alte Menschen in Pflegeheimen würden vermehrt künstlich ernährt, einzig und allein, weil der pflegerische Aufwand, sie beim normalen Essen zu unterstützen, zu groß ist«, argumentierte er in der *Süddeutschen Zeitung*. Der *Financial Times Deutschland* sagte Hess: »Die Richtlinie des Ministeriums hat einen politischen Hintergrund, und der liegt in Industrieinteressen und nicht so sehr in der Qualität der Versorgung.«

Wie gesagt, die künstliche Ernährung ist ein großes Geschäft: Über zwei Millionen Pflegebedürftige leben in Deutschland, mehr als 600 000 in Heimen. Erhöhte sich die Anzahl der ambulant betreuten Pflegebedürftigen innerhalb von vier Jahren (1999 bis 2003) um knapp 45 000, so verringerte sich die Zahl der ambulanten Pflegedienste um gut 200. Das heißt: Immer mehr Pflegebedürftige müssen von immer weniger Personal betreut werden. Deshalb würden die Ärzte auch von den »Heimen unter Druck gesetzt« und verordneten dann eine Sonde, sagte Hess der *Welt*. Die Pflege müsse besser bezahlt werden.

Trotz dieser wirtschaftsfreundlichen Politik ist die Industrie mit dem Ergebnis nicht ganz zufrieden: »Auch die Richtlinie, die das BMGS anstelle des Entwurfs des G-BA erlassen hat, hat die Erstattungsfähigkeit vieler Produkte außer Kraft gesetzt, sodass es bei uns wie bei der gesamten Industrie zu Umsatz- und Gewinneinbußen kam«, klagte Dietmar Stippler. Es hätte wohl doch noch ein bisschen mehr sein können …

Fazit: Für pflegebedürftige Menschen hat sich nichts geändert. Künstliche Ernährung für demenzkranke Bewohner wird weiter von den Krankenkassen erstattet, auch wenn es sich häufig um eine »pflegeerleichternde« Maßnahme handelt. Damit gibt es einen klaren Anreiz, Menschen über Sonden mit Nahrung zu »versorgen«. Die Ethik bleibt vielfach auf der Strecke.

Diese These wird auch von der Wissenschaft untermauert. So beschäftigte sich Georg Marckmann, Professor des Instituts für Ethik und Geschichte der Medizin an der Universität Tübingen, im Januar 2007 mit der Sondenernährung bei Demenzpatienten. Im *Ärzteblatt Baden-Württemberg* kam er zum Ergebnis, dass vor allem für Demenz im fortgeschrittenen Stadium »bislang ein überzeugender Wirksamkeitsnachweis für die PEG-Sondenernährung« fehle. Die Überlebensrate von Demenzpatienten sei mit PEG-Sonde nicht besser als bei Verzicht auf die künstliche Ernährung. »Statt eine PEG-Sonde zu legen, sollten die Demenzpatienten fürsorgliche Unterstützung beim Essen und Trinken erhalten, auch wenn dies mit einem höheren Personalaufwand verbunden ist«, so Marckmann. Die Durchführung einer PEG-Sondenernährung allein aus finanziellen oder personellen Gründen sei ethisch nicht vertretbar. Wir bezeichnen das als Körperverletzung.

Dennoch erkennen wir einen Trend, Pflegebedürftigen schnell eine Magensonde zu legen, auch wenn sie noch essen und trinken könnten. Die Ursache für diese Misere ist offensichtlich. In den Pflegeeinrichtungen gibt es vielfach zu wenig (und zu wenig fachlich qualifiziertes) Personal. Eine der Folgen ist die Unterernährung der Senioren.

Im Juni 2007 wurde eine von Pfrimmer Nutricia bei der Münchener Beratungsgesellschaft »Cepton« in Auftrag gegebene und finanzierte Studie veröffentlicht. Sie deckte enorme Einsparpotenziale im Gesundheitswesen auf: »Die Zusatzkosten, die Mangelernährung für die Kranken- und Pflegeversicherung jährlich verursacht, belaufen sich auf 8,9 Milliarden Euro«, heißt es dort. Von den Gesamtkosten entfielen 5 Milliarden Euro auf den Bereich Krankenhaus, 2,6 Milliarden Euro auf den Pflegebereich, und 1,3 Milliarden entstünden im Bereich der ambulanten ärztlichen Versorgung. Bis zum Jahr 2020 sei mit einem drastischen Kostenanstieg um fast 25 Prozent zu rechnen. Ein gezieltes Ernährungsmanagement könne dem Gesundheitssystem beträchtliche Kosten sparen und die Lebensqualität der Betroffenen verbessern. Die Autoren der Studie plädieren daher für die Wiederbesinnung auf eine ganzheitliche Medizin, in der die Ernährungssituation fest etabliert wird. Schließlich würden sich durch ganzheitliche Therapieansätze eindrucksvolle klinische Verbesserungen, Lebensqualitätsgewinne und sogar ökonomische Vorteile ergeben.

Wer ist dafür verantwortlich, dass so viele Menschen künstlich ernährt werden?

Offiziell weisen zahlreiche Pflegeeinrichtungen die Schuld den Krankenhäusern zu, die zu schnell Magensonden legen würden. Mediziner der Kliniken aber behaupten uns gegenüber, die Betreuer der Senioren hätten auf Bitten der Heime der künstlichen

Ernährung zugestimmt. Sie, die Ärzte, seien nur »das ausführende Organ«. Die PEG-Sonde sei in diesen Fällen medizinisch zwar nicht erforderlich, entlaste jedoch die überforderten Pflegekräfte.

Fazit: Es wird zu selten geprüft, ob die Patienten von der PEG-Anlage einen Nutzen haben. Vielfach soll diese Maßnahme das Pflegepersonal entlasten, weil somit das zeitintensive Verabreichen von Mahlzeiten entfällt. Und noch eine Gefahr droht: Wird ein Bewohner einmal künstlich ernährt, dann behält er die Sonde meistens bis zum Lebensende.

Zum Ende des Kapitels noch ein Aperçu: Die AOK Niedersachsen wies eine Versicherte darauf hin, dass die Pflegeversicherung keine »Vollkaskoversicherung« sei. »Es ist durchaus üblich und notwendig, dass Angehörige ggf. täglich in ein Alten- und Pflegeheim kommen, um längere Zeit beispielsweise die Nahrung zuzuführen oder ergänzende betreuerische Leistungen im Interesse des Angehörigen sowie im eigenen Interesse durchzuführen«, so die Krankenkasse. Warum, so fragt man sich, kostet dann ein durchschnittlicher Pflegeheimplatz rund 3000 Euro im Monat?

4 Festgebunden, ruhig gestellt: Das Elend alter Menschen im Heim

Die Fixierungspraxis in Deutschland

Von der Würde des Menschen, die unantastbar sei, wie sie Artikel 1 unseres Grundgesetzes festschreibt, war bereits die Rede. Aber gilt dies auch für alte Menschen? Immer wieder haben wir große Zweifel daran. Denn das, was da in vielen Altenpflegeheimen mit unseren Eltern und Großeltern geschieht, hat mit Würde nichts zu tun, eher schon mit Körperverletzung. Bei den Recherchen zu diesem Buch sahen wir viele alte Menschen mit Gurten an Bett oder Rollstuhl gefesselt, ausgeliefert und hilflos. Sie konnten sich nicht befreien. Niemand kümmerte sich um sie.

Morgens um neun klingelte das Telefon. Am anderen Ende der Leitung war die Pflegerin Veronika M. Sie konnte die Missstände in der Einrichtung ihres Arbeitgebers, eines privaten Trägers, nicht mehr aushalten. Die Pflegerin wollte weder die Heimaufsicht noch den Medizinischen Dienst verständigen, weil sie um ihren Job fürchtete. Was sie uns erzählte, klang so unglaublich, dass wir uns entschlossen, sie aufzusuchen.

Wir trafen Veronika M. am Personaleingang eines Pflegeheims in Baden-Württemberg. Als sie uns begrüßte, zitterte ihre Hand. Mit dem Aufzug begleiteten wir sie in den dritten Stock, in dem zahlreiche demente Menschen untergebracht sind. Auf dem Weg dorthin begegneten uns mehrere im Heim Beschäftigte. Veronika M. grüßte freundlich, ihr Gruß wurde erwidert. Glücklicherweise interessierte sich niemand für uns. Keiner wollte wissen, was wir hier eigentlich zu suchen hatten. Veronika M. war erleichtert, als wir auf der Dementenstation, ihrem Arbeitsplatz, ankamen. Es war kurz vor zehn Uhr vormittags. Die Bilder, die wir sahen, gingen weit über unsere Vorstellungskraft hinaus. Wir fragten uns, ob wir in einem Gruselkabinett oder in einer Pflegeeinrichtung waren.

Schon frühmorgens wurden die alten Menschen, wie an einer Perlenkette aufgereiht, auf einem langen Flur abgestellt und an ihren Rollstuhl gefesselt. Ein alter Mann schaute uns eindringlich in die Augen. Seine Blicke verstanden wir als Hilferufe. Er war zu schwach, etwas zu sagen. Wir hatten großes Mitleid, helfen konnten wir ihm aber nicht. Später erfuhren wir, dass dieser Mann schon seit Wochen gefesselt war.

Und dann die Geräuschkulisse: eine Kakophonie von Lauten, die nichts für Zartbesaitete waren. Eine Frau wiederholte gebetsmühlenartig immer wieder die Worte »Liebe Muttergottes …«, andere alte Menschen röchelten, einige jammerten. Während andere wieder ganz still waren. Das sei die tägliche Realität in diesem Heim, versicherte uns Veronika M. Je länger wir ungläubig auf die Menschen starrten, die nur noch vor sich hin vegetieren durften, desto wütender wurden wir. Wer schiebt alte Menschen in eine solche Einrichtung ab? Wie würden Tierschützer reagieren, wenn man Tiere so behandeln würde? Veronika M. las unsere Gedanken und sagte plötzlich resigniert: »Die Menschen bekommen nur ganz selten Besuch, die Verwandten oder Betreuer interessieren sich kaum für die

Bewohner.« Aufgewühlt von den vielen schlimmen Eindrücken, verließen wir nach etwa einer halben Stunde das Heim, um Veronika M. durch unsere Anwesenheit nicht doch noch zu gefährden.

Doch der Anblick dieser »verschnürten« Alten ließ uns keine Ruhe. Einige Stunden später besuchten wir Veronika M. erneut. Es regnete, als uns die Pflegerin zum Hintereingang hineinließ. Im dritten Stock saßen die Senioren immer noch in nahezu der gleichen Position wie am Vormittag. Dennoch hatte sich etwas verändert. Jetzt war es totenstill. Die Geräuschkulisse, die uns vorher in Schrecken versetzt hatte, war verstummt. Die verwirrten Menschen hätten ihre Medikamente bekommen, erklärte Veronika M.: Psychopharmaka als »pflegeerleichternde Maßnahme«. Für das Personal seien die Schreie nicht lange auszuhalten. Allein an diesem Tag hätten sich zwei Pflegekräfte krankgemeldet. Die Arbeit sei daher nur mit »solchen Hilfsmitteln« zu schaffen. Als wir sie fragten, ob die Psychopharmaka vom Arzt angeordnet und die Fixierungen von einem Richter genehmigt worden seien, schüttelte sie wie ein ertapptes kleines Kind den Kopf. Natürlich wusste sie, dass beide Maßnahmen illegal waren. Die Psychopharmaka hatten verstorbenen Bewohnern gehört. Nach deren Tod waren die Medikamente nicht weggeworfen, sondern für »Notfälle« gebunkert worden. Warum sie dieses kriminelle System decke, wollten wir weiter wissen. Sie brauche den Job und das Geld, antwortete Veronika M.

»Fixieren« ist ein verharmlosender Begriff für »fesseln«. Der Gesetzgeber spricht von einer »freiheitsentziehenden Maßnahme«, wenn die Bewegungsfreiheit einer Person ohne ihre Zustimmung begrenzt werden soll. In der Praxis werden pflegebedürftige Menschen ihrer Freiheit durch Bettgitter, Bauchgurte oder auch durch verschlossene Türen beraubt. Bei freiheitsentziehenden Maßnahmen kann es sich auch um Medikamente handeln, die in der Absicht gegeben werden, Betroffene am Verlassen von Bett oder Haus zu hindern. Freiheitsentziehende Maßnahmen stellen eine erhebliche Einschränkung der Persönlichkeitsrechte eines Pflegebedürftigen dar. Sie sind nur nach gewissenhafter Abwägung und striktester Beachtung der Würde des Menschen und seiner Selbstbestimmung anzuwenden. Freiheitsentziehende Maßnahmen dürfen immer nur das letzte Mittel sein, sind nur in Ausnahmefällen zu bewilligen und auf ein notwendiges Maß zu reduzieren – zum Schutz der Pflegebedürftigen. Fixierungen dürfen aber nicht, wie im oben angeführten Fall, als »pflegeerleichternde Maßnahme« eingesetzt werden, zum Beispiel, weil das Personal überlastet ist. Im Heim von Veronika M. müsste eigentlich der Staatsanwalt ermitteln.

Im Verlauf unserer Recherchen lernten wir in Dortmund die Pflegeexpertin Irmgard Göschel kennen. Sie war zunächst Krankenschwester und von 1975 bis 1990 Leiterin in einem städtischen Heim. Heute berät sie Einrichtungen und kämpft gegen Missstände in der Altenpflege. Vor der Kamera des ARD-Politmagazins »Report Mainz« ließ sie sich mit einem in der Pflegebranche gebräuchlichen Gurt an das Bett in einem Heim anbinden. »Ich finde es furchtbar«, sagte sie nach einiger Zeit. Die ehemalige Krankenschwester fühlte sich eingeengt, konnte sich trotz der modernen Fessel nur mühsam bewegen. Das Drehen in eine bequeme Liegelage war nahezu unmöglich. »Ich habe einen Druck im Bauch, sodass ich das Bedürfnis habe, das muss ganz schnell wieder losgelöst werden. Das macht mir Angst. Also, ich würde jetzt versuchen, da irgendwie rauszukommen, aber das gelingt mir ja überhaupt nicht. Der Gurt drückt auf mein Zwerchfell, und ich bekomme richtig Luftnot«, erklärt Frau Göschel ihre Gefühlslage.

In dem Buch *Sperrt uns nicht ein* beschreibt die ehemalige Krankenschwester ihre Erfahrungen in einem »typischen Pflegeheim« – mit geschlossener Station, Fixierungen und massivem Psychopharmakaeinsatz. Eindrucksvoll schildert sie, wie sie versuchte, die Zustände in dieser Einrichtung grundlegend zu verändern. Sie wollte die menschenunwürdigen Fesselungen abschaffen und den alten Menschen ihre Eigenständigkeit wiedergeben. Dabei hatte sie gegen große Widerstände seitens ihrer Vorgesetzten im Sozialamt und auch anderer Heimleiter anzukämpfen. Das Erschreckende an ihrem Buch ist nicht die Beschreibung der damals vorherrschenden Missstände, sondern dass diese Problematik bis heute nichts an Aktualität verloren hat.

Warum werden alte Menschen fixiert? Die Antwort auf diese Frage ist für Irmgard Göschel eindeutig. Die Mitarbeiter seien »ständig überfordert«, vor allem bei zum »Weglaufen neigenden, verwirrten Bewohnern«. »Pflegekräfte fürchten, dass es zu einer Verunfallung draußen kommt, dass möglicherweise der kranke alte Mensch sich zu Tode stürzt. Und ich sehe eine steigende Tendenz zur Fixierung«, sagt sie. Damit bestätigt die Buchautorin unsere bisherigen Recherchen.

Experten schätzen, dass in Deutschland rund 400 000 Menschen unter »freiheitsentziehenden Maßnahmen« leiden müssen. Eine große Anzahl dieser Betroffenen werde fixiert. Doch viel zu häufig werde überflüssig und bedenkenlos gefesselt, kritisiert der Pflegeexperte Professor Rolf Hirsch, Chefarzt der Alterspsychiatrie der Rheinischen Kliniken in Bonn. In einer Expertise über »Heimbewohner mit psychischen Störungen« beschäftigte sich der Wissenschaftler 2004 unter Mitwirkung namhafter Fachleute auch mit der Problematik mechanischer Fixierungen. Die Expertise, die vom Bundesministerium für Gesundheit in Auftrag gegeben und vom Kuratorium Deutsche Altershilfe veröffentlicht wurde, basiert auf den bekannten Studien, aber auch auf eigenen Untersuchungen. Hirsch kommt zu dem Ergebnis, dass es vor allem von der Einrichtung abhängt, ob und wie häufig fixiert werde. Es sei zwar nicht möglich, alle Fesselungen zu vermeiden, aber die meisten Fixierungen könnten vermieden werden, wie ein Beispiel aus den USA zeige: »Spätestens mit Erfolg der breit angelegten Defixierungsprogramme in Alten- und Altenpflegeeinrichtungen der USA ... ist deutlich geworden, dass die bis dahin übliche Fixierungspraxis in dem geübten Umfang exzessiv gewesen ist. Von ehemals 40 Prozent ist die Zahl der Fixierungen nun auf durchschnittlich 21 Prozent in den USA gesunken, und auch diese Praxis ist wahrscheinlich noch exzessiv, wie Fixierungsraten von vier Prozent in einigen Altenheimen anzeigen.«

Auch in Deutschland wird zu viel fixiert. 2002 veröffentlichte der Freiburger Rechtsexperte Professor Thomas Klie eine wichtige Studie zu diesem Thema. Demnach erhielten knapp 56 Prozent der rund 6000 Münchener Heimbewohner Psychopharmaka, bei rund 41 Prozent wurden regelmäßig die Bettgitter angebracht. Obwohl bei dementen Menschen die Verwendung von Bettgittern eine gerichtliche Genehmigung erfordert, fehlte diese bei mehr als der Hälfte der Betroffenen.

Fixierungen nehmen Bewohnern die allerletzten Freiheiten. Das Bewusstsein dessen, wie einschneidend diese Maßnahme für die Menschen ist, fehlt bei zahlreichen Betreuern, Angehörigen, Pflegern und Heimleitern. Auch in Deutschland begründen viele Heime Fixierungen als Vorbeugemaßnahme gegen Stürze. Damit soll unter anderem der gefürchtete Oberschenkelhalsbruch, dessen Folgen viele alte Menschen nicht überleben, vermieden werden. Die Oberschenkelhalsfraktur ist ein hüftgelenksnaher Bruch des Oberschenkelknochens. Die Fraktur des Oberschenkelhalses zwischen Kopf und Schaft des Knochens entsteht meist durch einen Sturz auf die Seite und kommt besonders in höherem Alter vor. Da Frauen häufiger an Osteoporose leiden als Männer, sind sie auch gefährdeter. Vermutungen gehen davon aus, dass sich 120000 Menschen jährlich Oberschenkelhalsbrüche oder Hüftfrakturen zuziehen, die rund 30000 nicht überleben.

Können Fixierungen vor einem Oberschenkelhalsbruch schützen? Das wollen wir von einer Pflegekraft wissen. Ihre Antwort: »Menschen, die gefesselt sind, sind nahezu bewegungsunfähig und fallen deshalb auch nicht mehr hin.« Das klingt nur auf den ersten Blick logisch. In Wahrheit ist das Gegenteil der Fall. Nach einer Fixierungsmaßnahme steige »das Sturzrisiko«, weil der alte Mensch durch die Fesselung immobil werde, erklärt Professor Rolf Hirsch in seiner Expertise. Auch andere Begründungen für Fixierungen, wie Verhaltensstörungen und Bewegungsunruhe, insbesondere bei Vorliegen einer Demenz, hält er für falsch. Die Praxis zeige, dass Fixierungen geeignet seien, Angstverhalten und Agitiertheit eher zu verschlimmern, und zu massivem Leidensdruck führten. Positive Effekte von Fixierungsmaßnahmen seien in der Altenpflege nicht nachgewiesen. »Belegt ist jedoch, dass Fixierungen mit objektivierbaren Indices von intellektuellem Abbau, Immobilität und zunehmendem körperlichen Funktionsverlust sowie erhöhter Morbidität einhergehen«, heißt es in der Studie.

Der Wissenschaftler geht weiter davon aus, dass mindestens die Hälfte aller Fixierungen überflüssig und gefährlich für alte Menschen sind. Stimmt diese Einschätzung, so würden rund 200 000 Menschen in Deutschland gefesselt, weil zum Beispiel niemand Zeit hat, sich um die Betroffenen zu kümmern oder sie angeblich sturzgefährdet sind. Fesseln ist für alte Menschen häufig der Anfang vom Ende, betont Professor Hirsch: »Wenn ein alter Mensch fixiert wird, wird er immobil gemacht, was Gehen angeht, was Durchblutung angeht, was Kreislauf angeht. Ein Druckgeschwür droht.« Unsere Nachforschungen haben eine weitere Nebenwirkung von Fesselungen ergeben: Kontrakturen. Durch fehlende Bewegung und das ständige Liegen versteifen die Gelenke. Vor Kurzem trafen wir auf eine alte Frau in einem bayerischen Pflegeheim. Sie lag auf einer Matratze am Boden, völlig bewegungsunfähig. Ihre Gelenke waren final »eingerostet«. Hierbei handelt es sich um eine dauernde Muskelverkürzung beziehungsweise um eine Gelenksteife. Im Bereich der Kniegelenke führt das dazu, dass die Betroffenen mit angewinkelten Beinen im Bett liegen. Eine Flachlage der Beine ist somit ausgeschlossen. Folgen dieses ständigen Liegens mit angewinkelten Beinen im Bett sind in der Praxis vielfach Durchblutungsstörungen im Bereich der Beine.

Durchblutungsstörungen verursachen meistens ein Absterben des Gewebes. Das abgestorbene Gewebe muss dann zur Vermeidung einer Blutvergiftung abgetragen werden. Dadurch wiederum können sich vielfach großflächige Wunden bilden, die sich nur noch schwer schließen lassen. Sofern Durchblutungsstörungen und Diabetes bei dem Patienten/Heimbewohner bestehen, ist ein Abheilen der Wunden kaum mehr möglich. Als letzter Ausweg bleibt nur noch die Amputation von Zehen oder Beinen, da sich der Fäulnisprozess vielfach fortsetzt.

Obwohl namhafte Mediziner stets die Notwendigkeit von Bewegung, Mobilität und ausreichender Ernährung ausdrücklich betonen, ist dies für viele Alten- und Pflegeheime ein Tabuthema. Fakt ist zudem, dass die stationären Einrichtungen laut Gesetz eigentlich eine humane und aktivierende Pflege unter Achtung der Menschenwürde zu gewährleisten haben. Das Problem besteht jedoch darin, dass sich Alten- und Pflegeheime häufig nicht daran halten.

Die Genehmigungspraxis

Fixierungen müssen normalerweise vom Vormundschaftsgericht bewilligt werden, auf Antrag der Angehörigen beziehungsweise der gesetzlichen Betreuer. Diese Genehmigung wird nur erteilt, wenn ein Arzt die medizinische Notwendigkeit attestiert. Professor Rolf Hirsch findet, dass es »heutzutage relativ leicht ist, vom Richter und vom Arzt die Bescheinigung zu erhalten, dass ein alter Mensch fixiert werden darf«. Dementsprechend könne man sagen: »Heutzutage wird erheblich mehr fixiert als je zuvor.« In seiner Expertise zitiert Hirsch einen Richter, der sich heute selbstkritisch frage, wie viele Fixierungen er eigentlich genehmigt habe, »bei denen der Patient eigentlich nur aufs Klo wollte«. Diese Selbsterkenntnis eines betagten Juristen ist quasi ein Schuldeingeständnis. In Süddeutschland treffen wir einen erfahrenen Staatsanwalt, der noch im Amt ist und deshalb nicht genannt werden will. Seiner Einschätzung nach besteht offensichtlich »kein gesellschaftspolitisches Interesse an der Aufdeckung der Missstände in Alten- und Pflegeheimen«. Deshalb wurde gegen den Richter auch nie ermittelt.

Nur wenige Tage nach dem Gespräch mit dem Juristen, am 19. März 2007, stoßen wir in der *Frankfurter Rundschau* auf einen bemerkenswerten Artikel. In Baden-Württemberg sei ein Amtsrichter verhaftet worden, weil er zwischen 2004 und 2006 offenbar ohne Anhörung die Fixierung pflegebedürftiger Menschen und das Anbringen von Bettgittern in Altenheimen verfügt habe.

Peinlich war nur, dass dieser Vormundschaftsrichter laut der Ermittlungsbehörde in mindestens sieben Fällen auch Anhörungsprotokolle mit Bewohnern erstellt haben soll, die zum angegebenen Zeitpunkt bereits verstorben waren. Die Staatsanwaltschaft Stuttgart ermittelt für den Zeitraum von 2004 bis 2006 in rund 60 Fällen von Rechtsbeugung. Hatte der Beschuldigte zunächst die Vorwürfe bestritten, so soll er nach einem Bericht der *Nürtinger Zeitung* über seinen Anwalt inzwischen »fehlerhafte Protokolle« eingeräumt haben.

Ist das Verhalten dieses Richters ein Einzelfall, oder handeln viele so? Die Systemfrage wird hier nicht gestellt. Fakt aber ist: Zahlreiche Fesselungen werden zu schnell und gesetzeswidrig genehmigt. Man stelle sich nur einmal vor, ein Richter würde genehmigen, dass ein Hund dauerhaft an einen Baum gebunden werden müsste, nur weil er jemanden beißen könnte. Der empörte Aufschrei der Tierschutzorganisationen wäre ebenso laut wie berechtigt. Viele Pflegekräfte sagen uns: »Wir dürfen fixieren, aber wir müssen es nicht.« Damit halten sie einen Freibrief in Händen, den kein Tierpfleger bekommen würde. Seit Jahren schon fragen wir uns, wieso sich bei alten Menschen niemand darüber aufregt. Wenn ein Polizist einem Festgenommenen länger als vorgeschrieben Handschellen anlegt, dann bekommt er zu Recht Probleme mit dem Anwalt des Inhaftierten und dem Gesetz. Nur in Pflegeheimen ist das scheinbar anders. Politiker und auch die Gesellschaft wissen, dass viele Heime unter akutem Personalmangel leiden – bundesweit. Das Gesetz verbietet aber Fixierungen wegen Personalmangels – ein Widerspruch, der politisch geduldet ist. Die Verantwortung wird der Justiz aufgebürdet. Und die macht es sich häufig zu einfach. Jede Richterentscheidung zieht weitreichende Konsequenzen nach sich. Hat ein Jurist das Fesseln erst einmal bewilligt, so wird diese Verfügung praktisch nie mehr in Frage gestellt. Im Zusammenhang mit den Belangen alter Menschen vermeidet man das Wort »Gewalt«. Im Umkehrschluss heißt das: Wir wollen das wahre Ausmaß der Menschenrechtsverletzungen gegen Senioren nicht wissen. Und dieses Wegschauen ist unverständlich.

Keiner will es wissen

Welche erregte öffentliche Debatte wäre in Deutschland losgetreten worden, hätte man Knut den Eisbären fixiert! Wie hätte es im Blätterwald gerauscht, wenn er durch Fesselung an seinem tolpatschigen Bewegungs- und Erkundungsdrang gehindert worden wäre!

Bei alten Menschen scheint das niemanden zu interessieren. Was Amnesty International »Folter« nennt, das heißt in der Szene »Pflegemängel«. Fixieren hat viele schlimme Nebenwirkungen. Deshalb müsste es Ziel aller Einrichtungen sein, Fesselungen möglichst zu verhindern. In 99 Prozent der Fälle sei »eine Fixierung als Sturzprävention nicht zu rechtfertigen«, kritisierte der Stuttgarter Facharzt für Geriatrie, Clemens Becker, in der *Süddeutschen Zeitung*. Er ist einer der Initiatoren eines Modellprojekts, dessen Ergebnisse 2006 veröffentlicht wurden. Beteiligt waren die Stuttgarter Robert-Bosch-Gesellschaft und die Evangelische Fachhochschule Freiburg. In 46 Heimen in Baden-Württemberg, Bayern und Sachsen gelang es binnen nur drei Monaten, von 364 alten Menschen 20,8 Prozent zu entfesseln. Die 46 Einrichtungen nahmen freiwillig an dem Projekt teil, in allen gab es Probleme mit Fixierungen. Die richtig »schwarzen Schafe«, die Bettgitter hochklappen oder Gurte anlegen, um Personal zu sparen, hätten sich an dem Projekt aber nicht beteiligt.

Wir fahren nach Niedersachsen, weil wir dort mit zwei Altenpflegerinnen verabredet sind. Zu den »schwarzen Schafen« gehöre auch ihr Arbeitgeber, sagen sie. Die beiden Frauen wissen, dass sie sich im Umgang mit Fixierungen schuldig gemacht haben. Eine von ihnen ist Ausländerin, spricht nur mäßig Deutsch, will irgendwann, wenn sie genügend Geld auf der Seite hat, wieder zurück in ihre Heimat. Die andere Frau hat zwei Kinder. Die Pflegerinnen sind Mitte dreißig und stecken in einem Dilemma, das typisch für die Menschen ist, die in der Pflege arbeiten. Einerseits brauchen die Frauen Job und Geld, damit ihre Familien über die Runden kommen, andererseits haben sie ein schlechtes Gewissen angesichts des Unrechts, das sie alten Menschen täglich antun. In der Abwägung aller Vor- und Nachteile gehen die Pflegerinnen dann aber doch nicht den letzten Schritt, mit der ungeschminkten Wahrheit herauszurücken. Wir mussten ihnen Anonymität zusichern. Sie befürchten, dass der Heimträger ihnen allein die Schuld für die Missstände gibt und sie für alles verantwortlich macht. »Eine Bewohnerin, die sehr umtriebig war, die wurde mit dem Gürtel des Bademantels am Rollstuhl festgebunden, sodass man hinterher sogar die Striemen sehen konnte«, sagt eine Pflegerin. Ihre Kollegin ergänzt: »Na ja, wenn man fixiert, dann hat man keine Arbeit. Dann hat man es bequem.«

Fazit: Ein Staatsanwalt müsste auch hier wegen Freiheitsberaubung und Körperverletzung ermitteln. Doch meistens kommen diese Fälle gar nicht ans Tageslicht. Viele Heimleiter beschäftigen zu wenig Personal, nehmen »kleine« Menschenrechtsverletzungen bewusst in Kauf. Pflegedienstleitungen weisen die häufig auch überforderten Angestellten immer wieder an, Bewohner ohne richterliche Genehmigung zu fesseln. Pflegekräfte begehen eine Straftat, weil sie vielfach überlastet sind. Weil aber kaum eine Staatsanwaltschaft in solchen Fällen ermittelt, wird auch fast niemand davon abgeschreckt, Menschen ohne Grund anzubinden. Es ist ein Teufelskreis.

Von Häftlingen und alten Menschen

Der Tod eines zwanzigjährigen Häftlings in der Justizvollzugsanstalt Siegburg sorgte für Aufsehen. Im November 2006 war er von drei Mitgefangenen in einer Gemeinschaftszelle gequält, sexuell missbraucht und schließlich gezwungen worden, sich selbst zu erhängen. Die SPD forderte daraufhin die nordrhein-westfälische Justizministerin Roswitha Müller-Piepenkötter auf, ihr Amt niederzulegen. Medienberichten zufolge sagte der SPD-Landtagsabgeordnete Edgar Moron, dass Müller-Piepenkötter zwar keine persönliche Schuld trage, ihr Rücktritt angesichts der »katastrophalen Vorgänge in Siegburg« aber »unausweichlich« sei.

Warum werden hinsichtlich der Altenpflege nicht die Rücktritte aller Sozialminister gefordert – bei rund 400 000 freiheitsentziehenden Maßnahmen in deutschen Pflegeheimen? Im Fall nordrhein-westfälischer Jugendstrafvollzugsanstalten plädiert die Politik zu Recht für mehr Personal und Einzelzellen, um solche Vorfälle in der Zukunft zu verhindern. In Pflegeheimen hätte man vermutlich anders reagiert: Die alten Menschen wären weiterhin in Doppelzimmern eingesperrt worden, allerdings hätte man sie festgebunden, um zu verhindern, dass sie sich gegenseitig Verletzungen zufügen. Ein solches Bild vermag man sich nur schwer vorzustellen.

Die *Süddeutsche Zeitung* berichtete, dass zwei Gefängnisinsassen vor dem Bundesverfassungsgericht gegen die Doppelbelegung einer Einzelzelle Beschwerde eingelegt hatten. Einer der Kläger war aufgrund eines Ortswechsels fünf Tage mit einem anderen Gefangenen unterwegs, im anderen Fall dauerte die Doppelbelegung der Zelle sogar rund drei Monate. Das Bundesverfassungsgericht gab ihnen recht: Es könne nicht darauf ankommen, ob eine Verletzung der Menschenwürde nur vorübergehend geschehen sei, denn dem Recht auf Achtung der Menschenwürde komme in der Verfassung ein Höchstwert zu (AZ 2 BvR 553/01 und 2 BvR/01).

Haben alte Menschen nicht auch ein Recht auf Wahrung der Menschenwürde? Tagtäglich werden viele Pflegebedürftige im Heim zu zweit in ein Zimmer gesteckt, obwohl sie das gar nicht möchten. Ein zweiundachtzigjähriger Mann hat uns im Rahmen unserer Recherchen erzählt, dass sein Zimmergenosse immer schnarche und er seither nicht mehr richtig schlafen könne. Auch sei der Geruch des Nachbarn für ihn unerträglich. Zeit seines Lebens hatte er ein eigenes Schlafzimmer. Warum muss er sich im Alter mit einem wildfremden Mann und dessen Eigenheiten abgeben? Er kann sich nicht mehr wehren und die Achtung seiner Menschenwürde nicht mehr einklagen. Immer mehr Menschen aus der Branche bestätigen uns täglich, dass »Pflegeheime weitgehend rechtsfreie Räume« sind. Hier muss sich dringend etwas ändern.

Ein positives Beispiel: Das Bürgerheim in Biberach

Es gibt auch Pflegeeinrichtungen, die andere, menschenwürdigere Wege gehen. Dazu gehört das Bürgerheim in Biberach. Hier leben 159 Bewohner im vollstationären Bereich. Es gibt 70 betreute Wohnungen und zehn Tagespflegeplätze. Heimleiter Sven Lüngen beschäftigt insgesamt 160 Menschen, davon 100 in Vollzeit.

Das strategische Ziel der Pflegeeinrichtung sei es, die vorhandenen Fähigkeiten der Bewohner zu erhalten, zu reaktivieren und zu fördern. Besonderes Augenmerk legt Lüngen dabei auf aktivierende Maßnahmen und auf die Zusammenarbeit mit Angehörigen und ehrenamtlichen Mitarbeitern: »Wir versuchen, mit der aktivierenden Pflege von den Bewohnern das einzufordern, was sie noch können. Das führt dazu, dass jemand, der selbst noch den Löffel zum Mund führen kann, bei uns noch selbst isst.« Auch wenn der Bewohner dann beim Essen möglicherweise kleckere, sei das kein Problem, obwohl das Pflegepersonal dann mehr Arbeit habe. Hier entscheidet sich Lüngen eindeutig für die Rechte alter Menschen. Was noch an Fähigkeiten vorhanden sei, müsse gefördert werden. Nur so könne sich der Bewohner selbst noch als kompetent erleben, und das sei für dessen Wohlbefinden wichtig. Darüber hinaus bietet das Bürgerheim Sturzprophylaxe, Gedächtnistraining und Gymnastik an. Und ganz nebenbei kann durch gezieltes Training auch das Sturzrisiko im Pflegeheim vermindert werden.

Aber auch andere Ursachen für Stürze, wie mangelhafte Beleuchtung in den Räumlichkeiten, fehlende Brillen und Hörgeräte, sowie die Notwendigkeit von Bewegung und körperlicher Aktivität werden in Biberach intensiv und ausführlich thematisiert, problematisiert und konkrete Verbesserungsmaßnahmen in Angriff genommen. Eine Kombination von Pflegetheorie und Pflegepraxis führt hier zu spürbaren Qualitätsverbesserungen. Es gibt also klare Zusammenhänge zwischen der Pflegequalität in einer Einrichtung, der Häufigkeit und vor allem der Schwere von Sturzverletzungen.

Sicherheit oder Freiheit?

Alte Menschen gehen häufig leicht vornübergebeugt. Das zwingt sie, kleinere, unbeholfen wirkende Schritte zu machen und die Füße breitbeiniger aufzusetzen als jüngere Menschen. Deshalb fallen sie auch öfter hin. Stürze sind keine Bagatellereignisse, sondern bedeuten für die betroffenen Menschen ein schwerwiegendes, traumatisches, einschneidendes Ereignis und nicht selten eine persönliche Katastrophe. Viele gestürzte Menschen erleiden erhebliche Verletzungen, und bei einem Großteil der Senioren nimmt auch das Selbstbewusstsein beträchtlichen Schaden. Es ist oft der Beginn der Pflegebedürftigkeit, der Verlust von Mobilität und Selbstständigkeit. Aus Angst vor weiteren Stürzen vermindern dann viele Menschen ihre Aktivitäten und verlieren zunehmend weitere Fähigkeiten.

Hüftfrakturen sind die schlimmsten Sturzfolgen, mit fatalen Konsequenzen. Mehr als der Hälfte der Menschen gelingt es danach trotz medizinischer Maßnahmen nicht mehr, ihre Selbstständigkeit wiederzuerlangen. Viele können schlechter laufen, andere werden pflegebedürftig, und wieder andere überleben die Nachwirkungen des Sturzes nicht. Meistens fühlen sich die Pflegekräfte für diese Unfälle und die gesundheitlichen Folgen verantwortlich. Stürze gehören jedoch zum Lebensrisiko, sie sind Teil der menschlichen Bewegungsfreiheit.

Wer aber einmal gestürzt ist, der hat Angst vor dem nächsten Sturz. Daher ziehen sich viele Betroffene aus dem aktiven Leben zurück, vermeiden Bewegung und werden dadurch erst recht sturzgefährdet. Ein Teufelskreis beginnt.

»Die Meinung, dass der Sicherheit gegenüber der persönlichen Freiheit und Mobilität der höhere Stellenwert einzuräumen sei, ist weit verbreitet«, bedauert Sven Lüngen. Deshalb geht er einen anderen Weg. »Wir sind mutig … wir fixieren nicht«, ist sein Leitmotiv, das er stolz im Internet verkündet. Diese Haltung interessiert uns. Warum ist es eine mutige Entscheidung, Menschen nicht ihrer Selbstständigkeit zu berauben? Immer wieder, erzählt der Heimleiter, müsse er sich mit Anschuldigungen von Angehörigen oder Krankenkassen auseinandersetzen, wenn es im Heim zu Stürzen von Senioren gekommen sei. Dann bedürfe es großer Überzeugungsarbeit, für »unsere Gedanken und für unser Konzept zu werben«. Deshalb sei es mutig, nicht zu fixieren.

Vor Kurzem hatte sich im Bürgerheim Biberach eine alte Frau nach einem Sturz den Oberschenkelhals gebrochen, und die Krankenkasse, die sich weigerte, für die Behandlung aufzukommen, erhob eine Schadenersatzforderung. Für Lüngen ist das juristisch heikel. Auf Fixierungen zu verzichten, meint der Heimleiter, sei immer eine Gratwanderung zwischen dem Freiheitswunsch, dem Freiheitsrecht des Einzelnen und den Risiken in Form von Schadenersatzforderungen. Gerichtsurteile hätten leider immer wieder die Gefährdung durch Stürze höher bewertet als den Wunsch nach Eigenständigkeit durch die Bewohner. »Es gibt Richter, die entscheiden, man müsse fixieren, um diese Risiken auszuschließen«, so Lüngen. Dass damit dann auch wieder Gefahren verbunden seien, die allein durch die Fixierung entstünden, das werde dann in solchen Gerichtsurteilen oft nicht berücksichtigt. Man könne nicht nur die Risikominimierung auf der einen Seite betrachten, sondern man müsse auch die Risiken einer nicht sachgerechten, nicht fachgerechten, umfassend überwachten Fixierung in die Waagschale werfen.

Um juristische Gefahren zu minimieren, lässt Lüngen von jedem Sturz ein Protokoll anfertigen, das die Umstände, eventuelle Auffälligkeiten vor dem Ereignis, schon eingeleitete Präventionsschritte und Maßnahmen danach dokumentiert. Die Zeitschrift *Altenpflege* empfahl bereits 2004, dass dieses Protokoll als Beweismittel vor Gericht unabdingbar sei und daher mit der nötigen Sorgfalt möglichst ausführlich angelegt werden solle. Damit hofft Lüngen, auf juristischem Wege unberechtigte Regressansprüche abwenden zu können.

Drohen mutigen Heimleitern, die nicht fixieren, Strafen?

In zwei Entscheidungen vom 28. April 2005 (AZ III ZR 399/04) und vom 14. Juli 2005 (AZ III ZR 391/04) setzte der Bundesgerichtshof überzogenen Forderungen der Krankenkassen Grenzen. Diese Urteile wurden in der Broschüre »Verantwortungsvoller Umgang mit freiheitsentziehenden Maßnahmen in der Pflege«, herausgegeben vom bayerischen Sozialministerium, veröffentlicht. In der Fachwelt werden sie kontrovers diskutiert. Wir wollen sie einer genaueren Betrachtung unterziehen.

BGH-Entscheidung vom 28. April 2005

Kläger war der gesetzliche Krankenversicherer einer 1912 geborenen, unter Betreuung stehenden Rentnerin. Sie war hochgradig sehbehindert, zeitweise desorientiert und verwirrt. Die alte Dame lebte in einem Pflegeheim und war bereits mehrfach gestürzt. Ihr Gang war sehr unsicher. Sie war der Pflegestufe III zugeordnet. Im Heim bewohnte sie ein Zimmer mit zwei weiteren Bewohnerinnen. Neben ihrem Bett befand sich eine Klingel; außerdem konnte sie sich durch Rufe bemerkbar machen. Das Pflegepersonal schaute regelmäßig jede Stunde nach der Bewohnerin. Am 27. Juni 2001 fand gegen 13 Uhr die letzte Kontrolle statt. Die Bewohnerin lag zu dieser Zeit zur Mittagsruhe in ihrem Bett. In der Folgezeit war die zuständige Pflegekraft im Wohnbereich mit anderen Bewohnern beschäftigt. Gegen 14 Uhr wurde die Frau von der Pflegekraft in ihrem Zimmer vor dem Bett liegend aufgefunden. Sie hatte sich eine Oberschenkelhalsfraktur zugezogen und wurde bis zum 31. Juli 2001 stationär und anschließend ambulant behandelt.

Die klagende Krankenkasse war der Auffassung, dass der Unfall auf eine Verletzung von Pflichten aus dem Heimvertrag durch die Beklagte [das heißt das Heim] zurückzuführen sei. Sie lastete der Beklagten insbesondere an, sie habe es versäumt, die Bewohnerin im Bett zu fixieren, mindestens aber ein Bettgitter anzubringen. Mit ihrer Klage verlangte sie Ersatz der von ihr getragenen Heilbehandlungskosten.

Der BGH verneint jedoch einen Schadensersatzanspruch der Krankenkasse. Seine Entscheidung begründete er damit, dass der beklagten Heimträgerin zwar Pflichten zum Schutz der körperlichen Unversehrtheit der ihr anvertrauten Heimbewohnerin erwuchsen. Diese Pflichten seien jedoch begrenzt auf »die in Pflegeheimen üblichen Maßnahmen, die mit einem vernünftigen finanziellen und personellen Aufwand realisierbar sind. Maßstab müssen das Erforderliche und das für die Heimbewohner und das Pflegepersonal Zumutbare sein.« Dabei müsse beachtet werden, dass die Würde sowie die Interessen und Bedürfnisse der Bewohner vor Beeinträchtigungen zu schützen und die Selbstständigkeit, die Selbstbestimmung und die Selbstverantwortung der Bewohner zu wahren und zu fördern seien.

Die Entscheidung des BGH betont die Rechte der Heimbewohner. Sie sollen auch in einem Alten- und Pflegeheim trotz ihrer Beeinträchtigung ein »möglichst normales« Leben führen können, vor allem unter Wahrung ihrer im Grundgesetz garantierten Persönlichkeitsrechte und Menschenwürde. Eine Fixierung ans Bett, eine Ruhigstellung durch Medikamente oder gar eine »Rund-um-die-Uhr-Überwachung« kann somit nur in extremen Situationen in Betracht kommen. Präventive freiheitsentziehende Maßnahmen zur Sturzvermeidung seien vor diesem Hintergrund lediglich dann zulässig, wenn konkrete Anhaltspunkte für eine Eigen- beziehungsweise Fremdgefährdung vorlägen und alle Möglichkeiten zur Vermeidung und Reduzierung dieser Gefährdung ausgeschöpft worden seien.

»Mit diesem Urteil ist erfreulicherweise sichergestellt, dass Fixierungen und andere freiheitsbeschränkende Maßnahmen nur mit äußerstem Augenmaß beantragt werden können. Allein die Angst vor Regressansprüchen rechtfertigt solche Mittel keinesfalls«, kommentierte Bayerns Sozialministerin Christa Stewens.

BGH-Entscheidung vom 14. Juli 2005

In diesem Fall wurden vom Nachtdienst des Pflegeheims am 28. Januar 2000, 31. Januar 2000 und 24. Februar 2000 Stürze der Geschädigten dokumentiert, die ohne schwerwiegende Folgen blieben. Das Pflegeheim wies die Bewohnerin auf die Möglichkeit hin, die in ihrem Zimmer befindliche Klingel zu betätigen, wenn sie Hilfe benötigte. Das häufig, auch am Unfalltag, geäußerte Angebot, zu ihrer Sicherheit in der Nacht das Bettgitter hochzuziehen, lehnte die alte Dame ab. Am 9. Februar 2000 erlitt die Frau bei einem Sturz unter anderem Frakturen des Halswirbelkörpers mit Lähmung der Arme und Beine. Der BGH verweist in der Begründung wieder auf die aus dem Heimvertrag erwachsenden Obhutspflichten zum Schutz der körperlichen Unversehrtheit der Heimbewohner. Diesmal führt er allerdings aus, die Leistungserbringung des Einrichtungsträgers müsse sich gemäß Heimgesetz (Sozialgesetzbuch XI) nach allgemein anerkanntem Stand medizinisch-pflegerischer Erkenntnisse richten. Aus den vorangegangenen Stürzen im Januar/Februar 2000 folge ein besonderes Sturzrisiko, dem die Einrichtung in einer der Situation angepassten Weise nach allgemein anerkanntem Stand Rechnung zu tragen gehabt habe.

Das Berufungsgericht, also die Instanz vor dem Bundesgerichtshof, hätte laut BGH näher auf die mit der Geschädigten [also der gestürzten Heimbewohnerin] geführten Gespräche eingehen müssen, also auf die von der Beklagten [das heißt dem Heim] getroffenen Maßnahmen. Das Berufungsgericht müsse auch der Frage noch näher nachgehen, ob die Einrichtung verpflichtet war, das Vormundschaftsgericht über die Situation zu informieren. Der Senat weist noch einmal darauf hin, dass die Krankenkasse für eine mögliche Pflichtverletzung der Mitarbeiter der Einrichtung beweispflichtig ist. Allein der Umstand, dass die Bewohnerin im Bereich des Pflegeheims gestürzt sei und sich dabei verletzt habe, erlaube nicht den Schluss auf eine schuldhafte Pflichtverletzung des Pflegepersonals. Sollte das Berufungsgericht allerdings erneut zu dem Ergebnis gelangen, der

Beklagten seien Versäumnisse zuzurechnen, könnten der Klägerin Beweiserleichterungen zugute kommen. Diese könnten bis zu einer Umkehrung der Beweislast reichen.

In seinem zweiten Urteil präzisiert der BGH die Pflichten des Einrichtungsträgers und hält eine Beweiserleichterung für möglich für den Fall, dass dem Heimträger Versäumnisse nachzuweisen seien. Der BGH respektierte auch in dieser Entscheidung das Selbstbestimmungsrecht des Pflegebedürftigen. Allerdings ist auch das Heim verpflichtet, alles ihm Mögliche zu unternehmen, um einen Sturz zu vermeiden – in dieser Hinsicht ist die Ausschöpfung alternativer Maßnahmen zur Fixierung von besonderer Bedeutung.

Zurück nach Biberach. Die BGH-Rechtsprechung hat auch bei Sven Lüngen nicht gerade für Sicherheit gesorgt. »Die Urteile sind sehr unterschiedlich. Sie sind für uns als Heimträger nicht so eindeutig, als dass sie uns wirklich Orientierung geben könnten.« Trotz der Rechtslage will der Biberacher Heimleiter weiter auf Fixierungen verzichten. Dabei legt er den Schwerpunkt auf die Fortbildung des Personals: Wie geht man mit Risiken um? Wann führt man Gespräche mit Angehörigen wegen der Sturzrisiken? Wie werden sie dokumentiert? Welcher Personenkreis sollte eine Sturzschutzhose tragen? All diesen Problemen vermögen Sven Lüngens verantwortliche Pflegemitarbeiter inzwischen auf sachgerechte Weise zu begegnen. Nur so, sagt er, könnten die hohen Anforderungen im Pflegealltag umgesetzt werden. Pflegekräfte müssen in Biberach so kompetent sein, dass sie auch in strittigen Fällen und abrechnungsrelevanten Fragen die Situation klar erfassen und belegen können, warum sie sich wie entschieden haben. Alle Maßnahmen und Gespräche werden exakt dokumentiert. Das sei der einzige Weg, wie sich eine Einrichtung absichern könne, erklärt der Heimleiter. Dennoch sei es immer möglich, dass ein Gericht das Pflegeheim zu Schadensersatz verdonnere, das finanzielle Risiko sei »schwer zu greifen«. In Biberach habe die Krankenkasse schon einmal gefordert, dass die gesamten anfallenden Kosten einer Oberschenkelhalsfraktur vom Pflegeheim aufzubringen seien, was sich schnell zu einem fünfstelligen Betrag summieren könne. Lüngen musste nachweisen, dass das Bürgerheim seiner Fürsorgepflicht gegenüber dem Bewohner nachgekommen ist, was dank einer guten

Dokumentation kein Problem war. Für diese Nachweispflicht hat Lüngen nicht nur Verständnis, sondern er hält sie auch für sinnvoll. Dennoch ärgert er sich über die Vorgehensweise der Kassen: »Unterschwellig wurde sofort behauptet, dass wir das nicht tun und die kompletten Aufwendungen für die Operation von uns zu zahlen seien. Man kann vermuten, dass es bei einigen Pflege- und Krankenkassen System hat, erst einmal zu unterstellen, dass man der Fürsorgepflicht nicht gerecht geworden ist, um da Kosten abzudrücken.« Hier wünscht sich der Heimleiter ein vertrauensvolleres Miteinander der Beteiligten: »Wenn alle erst einmal davon ausgehen würden, dass die Beteiligten für die gemeinsamen Ziele das Möglichste tun, dann würde das eine bessere Grundlage für eine konstruktive Zusammenarbeit darstellen.« Ein Risiko für das Bürgerheim sei aber auf jeden Fall vorhanden. Lüngen: »Wenn wir einmal verlieren würden, dann gäbe es eine Schadensersatzforderung, die wir ausgleichen müssten. Aber das würde an unserer Überzeugung und an unserem Vorgehen nichts ändern. Da sind wir Überzeugungstäter, aber natürlich auch immer angreifbar.«

Pflegefall nach Sturz: Kassen verweigern vorbeugenden Schutz

Mühsam quält sich Lisa K. aus dem Auto. Die alte Dame ist pflegebedürftig, leidet an Knochenschwund, medizinisch Osteoporose. Ihre Tochter kümmert sich um sie. Bis vor zwei Jahren konnte die Rentnerin ihr Leben ganz allein bewältigen. Heute braucht sie Hilfe in jeder Lebenslage – so auch beim Treppensteigen. Die Dreiundneunzigjährige ist in den letzten Jahren zweimal gestürzt, wobei sie sich jedes Mal den Oberschenkelhals brach. »Ich bin natürlich durch die Stürze an beiden Oberschenkeln operiert und dadurch sehr behindert«, sagt sie. Ohne Begleitung ist nicht einmal mehr ihr geliebter Stadtbummel möglich.

Von den über Fünfundsechzigjährigen fallen in Deutschland etwa 30 Prozent mindestens einmal im Jahr hin. »Die Folgen sind nicht nur Knochenbrüche und schmerzhafte Weichteilverletzungen, sondern auch Ängste, die zum Rückzug aus dem öffentlichen Leben und damit zur Isolation führen können«, erklärte Bayerns Sozialministerin Christa Stewens schon im Oktober 2004. Und das endet häufig damit, dass alte Menschen in ein Pflegeheim eingewiesen werden müssen.

Osteoporose zähle zu den zehn wichtigsten Krankheiten – und Frauen würden daran deutlich häufiger als Männer erkranken. Den Knochenschwund beschleunige besonders die hormonelle Umstellung nach den Wechseljahren. Selbst harmlose Stürze hätten dann Knochenbrüche zur Folge. »Nach internationalen Studien erlangen rund 50 Prozent der Sturzpatienten ihre frühere Beweglichkeit nicht mehr zurück, und etwa 20 Prozent von ihnen werden ständig pflegebedürftig«, sagte Stewens. Zudem verursachten Stürze enorme Kosten. Allein die Behandlung der Frakturen schlage in Deutschland mit mehr als 300 Millionen Euro jährlich zu Buche, betonte die Ministerin.

Im Juli 2004 berichtete »Report Mainz« über die Arbeit von Dr. Clemens Becker, dem Chefarzt des Robert-Bosch-Krankenhauses in Stuttgart. In dem Beitrag zeigte der Mediziner Röntgenbilder von Oberschenkelhalsbrüchen. Solche Frakturen verändern das Leben der alten Menschen meist einschneidend – künstliche Hüftgelenke drohen, teure Operationen sind nötig. Bei mehr als der Hälfte der Menschen gelinge es trotz all dieser exzellenten medizinischen Maßnahmen nicht, dass sie ihre Unabhängigkeit wiedererlangten. »Viele können schlechter laufen, viele werden pflegebedürftig, und einige sterben leider auch«, sagte Becker. So vermögen sich viele Betroffene nach einem Krankenhausaufenthalt nur noch mit Gehhilfen oder in einem Rollstuhl fortzubewegen. Etliche können gar nicht mehr aufstehen.

Deshalb sei neben optimaler medizinischer Behandlung auch mehr Sturzprävention erforderlich. Schon 2003 stellte das bayerische Sozialministerium bei einer Fachtagung Erfolg versprechende Trainingsprogramme, aber auch sogenannte Hüftprotektoren vor: Spezialunterhosen mit eingearbeiteten Kunststoffschalen. Solche »Hüftpanzer« können effektiv und vor allem kostengünstig Brüche im Bereich der Hüften verhindern. Modellversuche in 46 Hamburger Pflegeheimen haben beispielsweise ergeben, dass es bei Stürzen alter Menschen, die einen Hüftprotektor tragen, etwa halb so oft zu einer Hüftfraktur kommt wie bei Stürzen ohne diesen Schutz.

Demnach könnte also die Hälfte aller Oberschenkelhalsbrüche verhindert werden. In einem Pflegeheim im niedersächsischen

Holle wurde die Zahl der Hüftfrakturen sogar noch weiter reduziert. Wie geht das? Wir fahren zu Heimleiter Peter Dürrmann.

In Holle leben in zwei Häusern 105 Bewohner, die von 130 Personen betreut werden. Das sind ungewöhnlich viele Beschäftigte, doch ein hoher Anteil von ihnen arbeitet in Teilzeit. Dadurch ergebe sich eine wesentlich höhere Flexibilität bezüglich der bewohnerorientierten Tätigkeiten, sagt Heimleiter Peter Dürrmann. Der Gefahr von Knochenbrüchen oder anderen Verletzungen durch Stürze wird mit betreuender Pflege und relativ einfachen Hilfsmitteln begegnet. »Ganz wesentlich bei uns ist, dass wir bei Bedarf mit Hüftprotektoren sowie einem Kopfschutz arbeiten und die Bewohner gutes Schuhwerk tragen«, sagt Dürrmann. Bei Menschen, die aus dem Bett zu fallen drohen, wird dieses durch eine Matratze ersetzt, sodass die Bewohner ebenerdig schlafen. Und noch etwas erachtet der Heimleiter als wesentlich: Die Familienangehörigen werden in Entscheidungen eingebunden. Es ist für das Heim von Bedeutung, dass das Konzept verstanden, mitgetragen und weiterentwickelt wird.

Es ist Leben im Pflegeheim in Holle. Als wir mit Dürrmann das Interview führen, laufen die alten Menschen mit Demenz überall »frei« herum. Niemand wird hier mechanisch fixiert. Mitten im Gespräch spricht eine altersverwirrte Frau den Heimleiter an. Dürrmann reicht ihr höflich die Hand und sagt, dass die Tanzstunde mit Musik gleich beginne. Die Frau ist glücklich und geht ihres Weges. Demenzerkrankte Menschen müssen also nicht, hart formuliert, mittels eines Bauchgurts gefesselt werden.

Fast alle Bewohner tragen hier Hüftprotektoren, so auch Josef T. Er leidet an schwerer Demenz und ist deshalb extrem sturzgefährdet. Wie bei einem Eishockeyspieler schirmen Hüftprotektoren den bruchempfindlichen Oberschenkelhals ab. »Sollte Herr T. stürzen, dann schützt ihn diese Hüftschutzhose vor einer Fraktur, weil bei einem Sturz die Spitzenbelastung nicht auf einen Punkt trifft, sondern sich die Folgen des Aufpralls über eine größere Fläche verteilen«, erklärt Peter Dürrmann.

Rund 120 Euro kosten fünf Hüftschutzhosen mit einem Paar Protektoren. Damit kann sich auch Herr T. sicher im Heim bewegen. Insgesamt 297 Stürze hat Peter Dürrmann von 2002 bis 2004 in seiner Einrichtung registriert, und nicht ein Bewohner erlitt dabei einen Oberschenkelhalsbruch – auch nicht bei einer der bereits erwähnten Tanzveranstaltungen. Die erfreuen sich bei den alten Menschen großer Beliebtheit. Dieses Ergebnis sei besonders beeindruckend, berichtete das ARD-Politmagazin »Report Mainz« im Juli 2004. Schon damals beschwerte sich Peter Dürrmann: »Unser Hauptproblem ist derzeit, dass die Krankenkassen die Kosten für die Hüftschutzhosen nicht übernehmen. Das heißt, wir sind darauf angewiesen, dass die Angehörigen die Kosten für die Hüftschutzhosen tragen, wenn die gesetzliche Krankenversicherung die Kostenübernahme abgelehnt hat.« In einem weiteren Schritt leitet Dürrmann ein Widerspruchsverfahren gegen die Krankenkassen ein: »Wir sehen die Krankenkassen eindeutig in der Leistungspflicht!«

Die überwiegende Mehrheit der Krankenkassen aber will nicht zahlen. Ein Beispiel: Im April 2004 ging bei Dürrmann ein Schreiben der AOK Niedersachsen ein. Die »Gesundheitskasse« weigerte sich, die Kosten für Hüftprotektoren bei dem 1939 geborenen Hermann K. zu übernehmen. Zitat aus dem Schreiben: »Da durch den Einsatz von Hüftprotektoren keine Änderung der Sturzgefahr resultiert und die Sturzhäufigkeit nicht gemindert wird, stellen Hüftprotektoren keine Behandlungsmethode zur Therapie eines erhöhten Sturzrisikos dar ... Die Hüftprotektoren dienen also nicht der gezielten Krankenbehandlung, sondern der Minderung oder Vermeidung von Unfallfolgen. Sie sind also nicht Bestandteil des Leistungskatalogs gesetzlicher Krankenassen.«

Für Peter Dürrmann ist diese Argumentation absolut nicht nachvollziehbar. Trotzdem gibt er nicht auf, in der Hoffnung, dass die Kassen Hüftschutzhosen bald zahlen müssen, weil es konkret um die Prävention von Gefährdungen einer Hochrisikogruppe geht. Diese, findet Dürrmann, falle voll in das Leistungsspektrum der Krankenkasse!

Aus Hamburg wurden schon 2004 erstaunliche Zahlen vermeldet, welche die Argumentation der Kassen als absurd entlarven. Die Hamburg-Münchener Ersatzkasse, eine der Kleinen der Branche, hat schon umgedacht. Ihre Versicherungsexperten beschreiten einen innovativen Sonderweg nach dem Motto Sturzprävention und Hüftprotektoren. »Wir bezahlen für alte

Menschen, die sturzgefährdet sind, die Hüftprotektoren. Und sturzgefährdet sind bei uns Menschen die bestimmte Primärerkrankungen haben, wie Schwindel, wie ein Zustand nach Schlaganfall, Osteoporose und ähnliche Erkrankungen«, erklärte Projektleiterin Ingrid Tronschel gegenüber der ARD.

Ihre Krankenkasse kam auf die ökonomisch brillante Idee, wenige Euro in Hüftschutzhosen zu investieren, aber Millionen Euro an Operations- und Rehabilitationskosten zu sparen. Der Erfolg gab ihr recht. Die Zahl der Oberschenkelhalsbrüche ging signifikant zurück, allein 2003 um 14 Prozent. In diesem Projekt gebe es nur Gewinner: der alte Mensch, der das Risiko eines Oberschenkelhalsbruchs meide, die Angehörigen, die nicht pflegen müssen, und natürlich die Krankenkasse, der erhebliche Kosten erspart blieben. Auf die Frage, ob sie andere Krankenkassen verstehen könne, die sich vehement weigern, Hüftprotektoren zu bezahlen, antwortete sie: »So wirklich verstehen kann ich sie nicht.«

Der IKK-Bundesverband ist für die gesetzlichen Krankenkassen in Sachen Hüftschutzhosen bundesweit zuständig. Wir wollen es genau wissen und fragen nach: Warum diese Verweigerungshaltung? Erklärungsversuche von Sprecher Joachim Odenbach 2004. »Weil wir nicht alle Maßnahmen bezahlen können, die möglicherweise auf Dauer vor einem Unfall schützen. Wenn Sie dieses Tor öffnen, haben Sie tausend andere Leistungen, die wir einfach nicht leisten können, weil es die Solidargemeinschaft überfordern würde.« Eine wenig überzeugende Argumentation angesichts der Tatsache, dass alle Beteiligten in einer Win-win-Situation davon profitieren. Allein Odenbach war noch nicht davon überzeugt. Man müsse über einen langen Zeitraum in einer Studie testen, ob es überhaupt dazu komme.

Dabei ist die Rechnung so einfach. Politiker und Gesundheitsexperten waren sich bereits 2004 einig. Der renommierte Gesundheitsökonom Karl Lauterbach rechnete schon damals den Krankenkassen das mögliche Einsparpotenzial vor: »Wenn diese Protektoren nur für die Hochrisikopatienten eingesetzt werden, kommt es nicht zur Verschwendung durch falschen Einsatz. Dann, glaube ich, sind ein paar hundert Millionen Euro pro Jahr hier einzusparen.« Bayerns Sozialministerin Christa Stewens konkretisierte die Einschätzung des Gesundheitsökonomen im Oktober 2004. Durch die gezielte Verwendung von

Hüftprotektoren könnten die Kassen pro Jahr 200 bis 300 Millionen Euro einsparen. »Diese Zahlen sprechen für sich. Ich habe Bundesgesundheitsministerin Ulla Schmidt deshalb auf die enormen Einsparpotenziale im Gesundheitswesen hingewiesen und sie aufgefordert, darauf hinzuwirken, dass Hüftprotektoren zum Schutz der alten Menschen von den Krankenkassen generell erstattet werden«, sagte sie.

Glaubt man den Experten, so blieben den Kassen durch Sturzprophylaxe in Verbindung mit Hüftprotektoren Ausgaben in Höhe von hunderten Millionen Euro pro Jahr erspart. Hinzu käme, dass Menschen würdevoller alt werden könnten.

Schon damals drängte sich uns der Verdacht auf, dass Hüftfrakturen und Oberschenkelhalsbrüche auch zu einem Wirtschaftsfaktor geworden sind. Die Rettungsdienste verdienen an teuren Transporten, die Kliniken an Operationen und belegten Betten. Immer wieder bestätigen uns Ärzte und Pflegekräfte in Krankenhäusern hinter vorgehaltener Hand, wie wichtig dieses Geschäft zur Sicherung von Arbeitsplätzen sei.

Auf unsere Anfrage im Mai 2007 antwortete erneut der zuständige IKK-Bundesverband. Hüftprotektoren seien immer noch nicht in das sogenannte Hilfsmittelverzeichnis der Krankenkassen aufgenommen worden. Selbst das persönliche und authentische Engagement von Bayerns Sozialministerin Stewens zeigte keine Wirkung. Auszüge aus der Antwort des IKK-Bundesverbands:

»Auch im Rahmen der Prävention … sind Hüftgelenkprotektoren nicht als Hilfsmittel anzusehen. Danach haben Versicherte Anspruch auf Hilfsmittel, wenn diese notwendig sind, um eine Schwächung der Gesundheit, die in absehbarer Zeit voraussichtlich zu einer Krankheit führen würde, zu beseitigen oder um einer drohenden Behinderung vorzubeugen. Hieran fehlt es bereits, weil die Sturzgefahr und der mögliche Eintritt einer Fraktur zu abstrakt sind.«

Angesichts der vorliegenden Zahlen klingen die Gründe doch sehr an den Haaren herbeigezogen. Fünf Millionen Senioren stürzen jährlich. Allein die Zahl der Oberschenkelhalsbrüche und der Hüftfrakturen stieg von 1995 bis 2005 von 100 000 auf 120 000, wie die Parlamentarische Staatssekretärin im Bundesgesundheitsministerium, Marion Caspers-Merk, auf einer Tagung des europäischen Netzwerks zur Sturzprävention älterer

Menschen mitteilte. Für eine solche Operation müssen die Kassen nach Einschätzung von Fachleuten rund 5000 Euro bezahlen. Hinzu kommen Kosten in gleicher Höhe für die Rehabilitation. Macht nach Adam Riese 10 000 Euro pro »Fall«. Was also gedenken die Kassen zu tun? Die Beantwortung dieser Frage seitens des IKK-Bundesverbandes stimmt bei oberflächlicher Betrachtung hoffnungsfroh:

»Die Spitzenverbände der Pflegekassen … sprechen sich jedoch dafür aus, die notwendigen Kosten im Zusammenhang mit der Anschaffung bzw. Zurverfügungstellung von Hüftprotektoren als medizinisch-pflegerischen (Hilfe-)Bedarf … gegebenenfalls anzuerkennen, sofern die Pflegeeinrichtungen Sturzprophylaxe/Sturzprävention durchführen und diese Maßnahmen in der Leistungs- und Qualitätsvereinbarung vereinbaren. In derartigen Fällen sind Hüftprotektoren Bestandteil umfassender Maßnahmen zur Sturzprophylaxe/Sturzprävention. Das heißt, die für die Hüftprotektoren anfallenden Kosten sind als pflegesatzrelevant anzuerkennen und im Rahmen der Pflegesatzvereinbarung entsprechend zu berücksichtigen.«

Was das »gegebenenfalls« für die Pflegekassen heißt, zeigt ein Beispiel aus München. In der Praxis nämlich zahlen die Kassen Hüftprotektoren immer noch nicht, wie uns mehrere Heimleiter bestätigten. Der Leiter des Münchener Kreszentia-Stifts, Christian Poka, von dem bereits die Rede war, ist verantwortlich für insgesamt 215 Bewohner, wovon 150 sturzgefährdet sind. Alle diese Menschen würde er gerne in ein Sturzprophylaxeprogramm aufnehmen und sie mit Hüftprotektoren ausstatten lassen. Die AOK Bayern bietet genau so ein Programm an. Der Haken daran: Es dürfen nur bis zu zehn sturzgefährdete Menschen mitmachen, und das Projekt muss mindestens drei Jahre durchgeführt werden.

Christian Poka hat deshalb lange überlegt, ob er auf das Angebot eingehen soll oder nicht. Im Sinne der Bewohner hat er es letztlich schweren Herzens getan. Nur zehn sturzgefährdete alte Menschen kommen so in den Genuss von Hüftprotektoren und Sturzprävention, 140 Senioren mit dem gleichen Risiko bleiben außen vor. Der Heimleiter überlegt nun, welches Losverfahren er anwendet und wen er damit unnötig größerer Sturzgefahr aussetzt.

Dieses Roulette um die Gesundheit von Senioren ist zutiefst

menschenverachtend. Ziehen sich einige der unglücklichen 140 Bewohner aus dem Kreszentia-Stift Hüftfrakturen zu, muss man aus unserer Sicht eigentlich von unterlassener Hilfeleistung und vorsätzlicher Körperverletzung, im schlimmsten Fall mit Todesfolge, sprechen. Der Staatsanwalt müsste gegen die Bürokraten der Kassen vorgehen.

Denn: Gemeinsam mit Experten aus Pflegepraxis und Pflegewissenschaft hat das Kuratorium Deutsche Altershilfe (KDA) in Köln schon 2004 einen nationalen »Standard Sturzprophylaxe« entwickelt. Darin enthalten sind verbindliche Richtlinien und praktische Hinweise für Mitarbeiter in Kliniken und Altenheimen, wie dem Sturz wirksam vorgebeugt werden kann. Das heißt: Selbst wenn der Einsatz von Sturzprophylaxe und Hüftprotektoren teuer wäre, so bestünde immer noch die Verpflichtung, die Eigenständigkeit und Würde des Menschen zu wahren. Der Altersforscher Professor Rolf Hirsch gab den Krankenkassen schon damals eine Mitschuld daran, dass pflegebedürftige Menschen allzu oft gefesselt würden, um Stürzen vorzubeugen. Wenn die Krankenkasse Hüftprotektoren nicht bezahle, mache sie sich mitschuldig, dass der Lebensraum des alten Menschen deutlich eingeschränkt werde. Das führe zu schwerster Pflegebedürftigkeit, Senioren würden früher sterben. »Mit Qual, mit Leid, mehr, als es notwendig ist«, so Hirsch gegenüber »Report Mainz«.

Und was noch hinzukommt: Der IKK-Bundesverband ignoriert sogar die positiven Ergebnisse derjenigen Krankenkassen, die Hüftprotektoren bezahlen, wie zum Beispiel die Hamburg-Münchener Ersatzkasse. Und tut so, als sei ihm das alles unbekannt: »Da das System der gesetzlichen Krankenkassen in Deutschland föderal strukturiert ist und demgemäß jede Krankenkasse auf der Grundlage der einschlägigen gesetzlichen Bestimmungen im Einzelfall über ihre Leistungspflicht zu entscheiden hat, sind allgemeine Aussagen über eine Kostenübernahme von Hüftprotektoren innerhalb der gesetzlichen Krankenversicherung (GKV) nicht möglich. Darüber hinaus liegen uns auch keine Daten vor, aus denen derartige Angaben entnommen werden könnten.«

Auf die Frage, wie der IKK-Bundesverband die Tatsache beurteile, dass Krankenkassen, die Hüftprotektoren zahlen, jährlich hohe Summen einsparen, weil die Folgen von Stürzen weniger schlimm ausfallen und Folgeoperationen nach Stürzen seltener notwendig sind, antworten die Kassenvertreter:

»Generell gilt, dass nicht jedes gesundheitsbewusste Handeln des Versicherten – selbst wenn es nachweislich zu einer Kosteneinsparung führt – eine Leistungspflicht der Krankenkassen nach sich zieht. Darüber hinaus ist aber auch die Tatsachenbehauptung, dass durch den Einsatz von Hüftprotektoren, ›Millionenbeträge jährlich‹ eingespart werden könnten, begründet in Zweifel zu ziehen. So wird beispielsweise in der ›Evidenzbasierten Konsensusleitlinie zur Osteoporose des Dachverbandes der deutschsprachigen wissenschaftlichen Gesellschaften für Osteologie (DVO)‹ ausgeführt: ›Für Personen außerhalb von Altenheimen ist derzeit keine Evidenz für eine Senkung von Schenkelhalsfrakturen vorhanden. Neuere Studien mit Individualdaten haben dagegen keine signifikante Senkung von Schenkhalsfrakturen bei Verwendung von Hüftprotektoren gezeigt. Bei Personen, die nicht in Alten- oder Pflegeheimen wohnen, ist die Wirksamkeit eines Hüftprotektors in Bezug auf Schenkelhalsfrakturen bislang nicht belegt.‹«

So einfach machen sich das die Kassen. Sie argumentieren mit Untersuchungen zur Osteoporose, lassen dabei jedoch offensichtlich die große Anzahl der Demenzpatienten, die besonders sturzgefährdet sind, egal, ob inner- oder außerhalb des Heims, außer Acht. Lisa K. kann diese Verweigerungshaltung nicht verstehen. Denn auch bei ihr wurde Osteoporose diagnostiziert. Sie trägt inzwischen eine Hüftschutzhose – daheim. Damit sei sie zwar mehrfach wieder gestürzt, berichtete »Report Mainz«, doch den Oberschenkelhals habe sie sich nicht noch einmal gebrochen. Dem ist wohl nichts mehr hinzuzufügen.

Fazit: Warum sind Hüftschutzhosen nicht längst verbindliche Voraussetzung in jedem Versorgungsvertrag zwischen Heimbetreiber und Pflegekasse? Seit vielen Jahren liegen gesicherte Untersuchungsergebnisse, Daten und Erkenntnisse vor. Die erfolgreichen Ergebnisse unzähliger Modellversuche und Pilotprojekte wurden in sämtlichen Fachpublikationen veröffentlicht, Expertenstandards verabschiedet und bis zu 90 Prozent weniger Frakturen in Pflegeheimen registriert – dank Hüftschutzhosen und Sturzprophylaxe. Durch eine konsequente Anwendung dieser Maßnahmen könnten enorme volkswirtschaftliche und gesundheitsökonomische Einsparungen erzielt werden. Und den alten Menschen würde viel Leid erspart.

Warum interessiert sich eigentlich der Bundesrechnungshof nicht für diese gigantische Verschwendung öffentlicher Mittel zulasten alter Menschen? Wir haben wahrlich keine Erkenntnisprobleme mehr – es fehlt einfach an der Bereitschaft und dem politischen Willen, endlich daraus Konsequenzen zu ziehen. Wie kann es sein, dass die Kassen »in Zeiten knapper Finanzen« diese Fakten seit Jahren ignorieren und sich immer noch weigern, Hüftprotektoren zu bezahlen?

Früher oder später werden wir alle mit der Sturzproblematik alter Menschen konfrontiert sein – spätestens dann, wenn Familienangehörige pflegebedürftig werden. Hier dürfen nicht noch mehr Ressourcen verschwendet werden: Die Zeit für ständig neue teure Modellprojekte und Studien ist endgültig vorbei. Die alten Menschen können nicht länger warten.

Bei der AOK Bayern scheint man diese Tatsache verinnerlicht zu haben, weil man als Träger des »Bayerischen Präventionspreises« 2007 in einer Pressemeldung ankündigte: »Primäres Ziel des AOK-Programms zur Sturzprävention ist die Verbesserung der Versorgung älterer Menschen nach dem Grundsatz ›Prävention und Rehabilitation vor Pflege‹. In der Umsetzung geht es dabei konkret um Sturzvermeidung durch Qualitätsverbesserung in Pflegeheimen und damit um Verringerung der Pflegebedürftigkeit und Reduzierung von Behandlungskosten. Kernbestandteile des Projektes sind ein umfassendes Kraft- und Balancetraining für Heimbewohner, das Führen einer Sturzdokumentation durch Heimleitung und Pflegepersonal sowie die Überprüfung pflegerischen und administrativen Handelns, um Stürze zu vermeiden. Um eine möglichst hohe Mitwirkung der Betroffenen zu gewährleisten, sind auch die Hausärzte in das Projekt mit einbezogen.«

Warum werden diese Erkenntnisse trotz Auszeichnung (!) immer noch nicht flächendeckend umgesetzt?

Wie sich alte Menschen an ihren Fixiergurten strangulieren

Es ist eisig kalt, als Monika Meyer an das Grab ihrer Mutter tritt – fünf Grad unter null. Immerhin scheint die Sonne. In ihrer

Hand hält sie eine Kerze, die sie zum Gedenken sorgfältig neben das Foto der Verstorbenen stellt.

Monika Meyers Mutter ist vor zwei Jahren gestorben – langsam und qualvoll. Die alte Dame lebte in einem Pflegeheim, war mit einem Bauchgurt ans Bett gefesselt. Bis heute stellt sich die Tochter die Frage, warum ihre Mutter sterben musste. Von den Ereignissen immer noch schockiert, erzählt sie, was damals passiert ist: »In den frühen Morgenstunden wollte sie sich aus dem Gurt befreien. Sie ist mit den Armen in den Gurt reingeschlüpft und hat den Gurt hochgeschoben.« Die Beine von Monika Meyers Mutter fielen aus dem Bett. Der Gurt rutschte nach oben und blieb am Hals hängen. Dadurch hat sie sich stranguliert.

Ein Einzelfall? Im Münchener Institut für Rechtsmedizin sind wir mit Andrea Berzlanovich verabredet, einer Wienerin, die als Gerichtsmedizinerin über zwei Jahre in München arbeitete und sich dort vor allem mit dem Tod älterer, dementer und psychisch kranker Menschen beschäftigt hatte, die infolge mechanischer Fixierungen (Gurtsysteme, Bettgitter) verstorben waren. 2005 wurden allein am Institut für Rechtsmedizin sechs Pflegebedürftige obduziert, deren Tod nachweislich im Zusammenhang mit einem Fixiergurt stand. Zum Vergleich: In Wien war ihr in 15 Jahren nur ein solcher Todesfall begegnet. Frau Berzlanovich durchforstete am Rechtsmedizinischen Institut in München daraufhin die Obduktionsprotokolle der letzten zehn Jahre und hatte schon nach kurzer Zeit mit ihrer Suche Erfolg: Sie war auf insgesamt 33 vergleichbare Schicksale gestoßen. Alle Bewohner waren »zum Zeitpunkt des Todes durch ein Gurtsystem oder ein Bettgitter mechanisch fixiert«, und der Arzt, der die Leichenbeschau durchgeführt hatte, hatte entweder eine »ungeklärte« oder »gewaltsame« Todesart diagnostiziert.

Wie waren die Menschen gestorben? Von den 33 untersuchten Fällen hatte ein Patient Selbstmord begangen. Bei vier Betroffenen war es jeweils eine natürliche Todesursache, wobei sich die Fixierung jedoch begünstigend auf den Todeseintritt ausgewirkt hatte. In den meisten Fällen war aber die Fixierung selbst für den Todeseintritt verantwortlich. 28 Menschen starben nach einem langen Todeskampf. »Das ist ein qualvolles Sterben, bei dem man davon ausgehen muss, dass es zirka acht bis zehn Minuten dauert. Die Personen werden in der Regel aber vorher bewusstlos und bekommen das Ende natürlich nicht mit«, erklärt

Andrea Berzlanovich mit der präzisen Nüchternheit einer Gerichtsmedizinerin. Anlässlich einer Besprechung im November 2006 trug sie den Heimaufsichtsbehörden weitere Details vor: »Es handelte sich ausschließlich um Pflegefälle. 24 Patienten waren dement, drei litten an Chorea Huntington [einer vererbbaren Nervenerkrankung, die zum Verlust der motorischen Kontrolle, zu Demenz und zu Wesensänderungen führt]. Bei diesen 27 Heimbewohnern bzw. Krankenhauspatienten wurden die Fixierungsmaßnahmen aufgrund motorischer Unruhe und Sturzgefahr angewandt. Ein dreiundvierzigjähriger an multipler Sklerose Erkrankter ist beim Training an seinem Freistehbarren infolge eines Defekts der elektronischen Gurtaufrollvorrichtung verstorben. Von den 28 Opfern, die durch die Fixierungsmaßnahme selbst zu Tode gekommen sind, waren 20 Frauen und acht Männer. Das Durchschnittsalter betrug 75,4 Jahre, wobei knapp ein Drittel der Betroffenen über 90 Jahre alt war. 22 Todesfälle ereigneten sich in Pflege-/Altenheimen, vier in Krankenhäusern und zwei im häuslichen Bereich.«

In den meisten Fällen, so Andrea Berzlanovich, sei eine Fehlanwendung des Gurtsystems beziehungsweise des Bettgitters ursächlich für den Tod der alten Menschen.

Wir fahren nach Dresden: in das »Cultus-Pflegeheim«. Im Februar 2006 zeigte Pflegedienstleiterin Kerstin Krusch im ARD-Politmagazin »Report Mainz«, wie leicht Fixiergurte zur Todesfalle für alte Menschen werden können. »Gerade wenn Pflegekräfte sehr unter Zeitdruck stehen, kann der Fehler passieren, dass der Gurt zu lasch angelegt wird, sodass der Betroffene einfach zu viel Spielraum hat«, erklärte Frau Krusch. Wenn ein Bewohner zu lasch gefesselt werde, versuche er häufig, sich zu befreien. Wenn dann auch noch die Seitengurte nicht angelegt würden und das Bett hoch genug stehe, komme es zu Strangulationen. Solche Unfälle sollten hier unbedingt verhindert werden. Deshalb wurde in dieser Einrichtung viel weniger fixiert als früher.

Charlotte N. zum Beispiel leidet an einer Demenzerkrankung. Sie ist unruhig und immer irgendwohin unterwegs. In vielen Heimen würde sie deshalb angebunden werden. In Dresden aber geht man einen anderen Weg. Wenn die alte Dame dabei ist wegzulaufen, tritt ein Überwachungssystem in Aktion. An ihrem Handgelenk ist ein Sender angebracht. Sobald die Demenzpatientin das Haus verlässt, wird das Personal durch ein akustisches Signal alarmiert. Die Pflegekräfte können die verwirrte Frau dann sofort wieder am Eingang abfangen und zurückbringen. Ein gutes Beispiel, wie sich Fixierungen vermeiden lassen: modern, menschenwürdig und effektiv. Als wir Charlotte N. fragen, was es für sie bedeuten würde, im Bett oder am Stuhl angebunden zu sein, antwortet sie trotz ihrer Verwirrtheit völlig klar: »Das Aus. Ich darf gar nicht dran denken.«

Fazit: Menschen kommen zu Tode, weil mechanische Fixierungen falsch angewendet werden. Wenn sich tödliche Unfälle ereignen, sind dem Pflegepersonal meistens gleich mehrere Fehler unterlaufen. Dass das gar nicht so unwahrscheinlich ist, zeigt die Untersuchung von Andrea Berzlanovich. Überlastung, Überforderung, keine Kenntnisse über das richtige Anlegen eines Gurtes und Uninformiertheit über Alternativen zur Fixierung sind die Hauptdefizite vieler Pflegekräfte. Dazu kommt vielfach eine gehörige Portion Gleichgültigkeit und Desinteresse am Schicksal der alten Menschen.

Das Versagen der Staatsanwaltschaft

Zurück nach München. Wer ist verantwortlich für den Tod von Monika Meyers Mutter? Antonie G. starb am 26. April 2005. Kurz danach berichtete die Münchener Boulevardzeitung *tz* über diesen »Fall«. Demnach befand sich Antonie G. erst drei Wochen im Pflegeheim, nachdem sich ihre Alzheimer-Erkrankung rapide verschlimmert hatte. Früher hatte sie eine Wohnung gehabt, die derjenigen ihrer Tochter direkt gegenübergelegen war. Monika Meyer und ihr Bruder kümmerten sich liebevoll um die Mutter. Im Februar 2006 fing sie an, im Nachthemd durch den Schnee zu laufen, die Herdplatten anzulassen und nicht mehr ans Telefon zu gehen. Als sie sich bei einem Sturz den Oberschenkelhals brach, gab es keinen anderen Ausweg mehr. Sie musste in eine stationäre Einrichtung. Dort wurde sie nach Schilderung der Angehörigen auch gut versorgt – bis sie eines Abends aus dem Bett fiel. Danach wurde sie fixiert. Monika Meyer berichtete, dass sie und ihr Bruder den Gurt bemängelt und vorgeschlagen hätten, eine Spezialanfertigung zu benutzen, ähnlich einem Dreipunktegurt im Auto. Die Geschwister sollen sogar angeboten haben, diesen selbst zu besorgen. Doch das Heim habe das Angebot zuerst einmal abgelehnt.

Bis heute kann Monika Meyer den Anruf des Notarztes nicht vergessen: »Er sagte nur: ›Ihre Mutter ist verstorben. Sie hat sich am Gurt stranguliert.‹« Die Nachricht traf die Sechsundfünfzigjährige wie ein Schlag. Sofort fuhr sie zu dem Heim. Von einem Kriminalbeamten erfuhr sie, dass es »nicht nach einer natürlichen Todesursache« aussehe und deshalb eine Obduktion angeordnet werde. Die Leiche von Antonie G. wurde der Münchener Gerichtsmedizin übergeben.

Dort treffen wir auch Andrea Berzlanovich wieder. Um Todesfälle mit Bauchgurten in Zukunft zu vermeiden, stellt die Gerichtsmedizinerin Unfälle aufwendig nach, auch den von Antonie G. Sie kommt schnell zu einem eindeutigen Ergebnis: Der Fixiergurt der Marke »Segufix« hätte nur angewendet werden dürfen, wenn gleichzeitig zur Bauchfixierung – wie vom Hersteller empfohlen – auch noch das Bettgitter hochgezogen worden wäre und man die beiden Seitenriemen angebracht hätte. Dann nämlich wäre Monika Meyers Mutter nicht aus dem Bett gerutscht. Die alte Dame könnte also noch leben. Kurze Zeit später nahm die Staatsanwaltschaft München I ihre Ermittlungen auf.

Was sagt Gurthersteller Segufix dazu? Dort ist die Problematik nicht unbekannt. Denn schon 2000 hatten sich im Zusammenhang mit diesem Fixiergurt zwei Zwischenfälle ereignet. Im Krankenhaus von Bourg-Saint-Maurice in Frankreich und im Krankenhaus »SMZ-Ost« Wien in Österreich war es zu zwei vergleichbaren Unfällen mit Todesfolge gekommen, bei denen sich jeweils ein mit dem Bandagensystem fixierter Patient mit dem Gurt stranguliert hatte. Die Fixierung war am Bettgestell und am Patienten angebracht worden. Der Verschluss war mit mehreren Patentschlössern versehen, die nur mit einem passenden Magnetschlüssel wieder geöffnet werden konnten.

Wohl auch wegen dieser Vorfälle hatte Segufix 2001 bei dem öffentlich bestellten und vereidigten Sachverständigen für Medizinprodukte, Professor Ulrich Boenick, ein Gutachten in Auftrag gegeben. Und der war schon damals zu einem eindeutigen Ergebnis gekommen, das in diesem Punkt mit Untersuchungen von Andrea Berzlanovich deckungsgleich ist. »Problematisch ist die Verwendung der Leibbandage insbesondere ohne Bettgitter, da der Patient in diesem Fall über die Bettkante rutschen kann. Die Verwendung der Seitenbefestigung allein sichert den Patienten bei lose angelegtem Bett- und Körpergurt nicht vor einer möglichen Strangulation. Bei einer ungünstigen Konstellation von Betthöhe, Patientengröße, Mobilität des Patienten und Sitz von Körper- und Bettgurt führt der Befreiungsversuch des Patienten zu einer Strangulationsposition, aus der er sich ohne fremde Hilfe nicht mehr befreien und die nach kurzer Zeit zum Tod führen kann«, hatte Professor Boenick schon 2001 festgestellt.

Deshalb fordert selbst Segufix in den Sicherheitshinweisen von allen Anwendern, die Bettgitter hochzuziehen, wenn diese Gurte eingesetzt werden.

Haben diese Erkenntnisse bei den Ermittlungen der Staatsanwaltschaft eine Rolle gespielt? Tatsache ist, dass das Verfahren nach nur wenigen Wochen eingestellt wurde, wovon die Ermittlungsbehörde Monika Meyer und ihren Bruder am 6. Juli 2005 schriftlich in Kenntnis setzte.

Hatte die Staatsanwaltschaft in diesem Fall gründlich genug ermittelt, wie es eigentlich ihre Aufgabe ist? Uns fallen sofort zwei problematische Passagen in der Einstellungsbegründung auf. Zum einen behaupten die Ermittler, dass den Angehörigen zugesagt worden sei, »den alternativen Gurt zu verwenden, sofern die Angehörigen einen solchen beschaffen würden«. Uns gegenüber versicherte die Tochter der Verstorbenen glaubhaft, dass die Einrichtung genau diesen Wunsch lange Zeit abgelehnt habe. Erst zwei Tage vor dem Tod ihrer Mutter sei Monika Meyer von einer Schwester angesprochen worden, sie solle den von ihr gewünschten Gurt selbst besorgen. Es bleibt bei Aussage gegen Aussage. Dieses wichtige Detail aber erwähnt der Staatsanwalt in seiner Einstellungsbegründung nicht.

Schwerer aber wiegt ein anderer Punkt. So stellt die Staatsanwaltschaft München I in ihrem Schreiben an die Hinterbliebenen eindeutig fest, dass die Verstorbene im Bett fixiert und ein Bettgitter angebracht worden sei. Wie aber konnte Antonie G. dann aus dem Bett rutschen und sich strangulieren? Auf diese Frage hatte die Staatsanwaltschaft in ihrem Brief an die Angehörigen keine Antworten geliefert. Wir recherchieren an diesem Punkt weiter. In seinem Gutachten, das er im Auftrag der Firma Segufix erstellt hatte, gelangte Professor Ulrich Boenick zu dem klaren Resultat, dass »bei festem Anlegen der Leibbandage, der

Verwendung der Seitenbefestigung sowie der straffen Fixierung des Bettgurtes am Bettgestell und der Verwendung von seitlichen Bettgittern eine Patientengefährdung durch Strangulation nicht auftreten kann«.

Im Klartext heißt das: Würden die Feststellungen der Staatsanwaltschaft zutreffen, so hätte sich Antonie G. niemals strangulieren können.

Wir wenden uns deshalb an den Caritasverband der Erzdiözese München und Freising, der für das Pflegeheim zuständig ist. Auf mehrfaches Nachfragen räumt man dort die Existenz einer brisanten Aktennotiz ein. Aus dieser gehe hervor, »dass der behandelnde Arzt am 8. 4. 2005 gegenüber dem Pflegepersonal geäußert habe, dass, wenn Frau G. einen Bauchgurt habe, ein Bettgitter nicht nötig sei«.

Wahrscheinlich also wurde das Bettgitter auf Anweisung des behandelnden Arztes erst gar nicht angebracht. Diese Äußerung stünde im krassen Widerspruch zu den Sicherheitshinweisen des Gurtherstellers und zu den Aussagen der Staatsanwaltschaft gegenüber den Angehörigen. Warum hatte die Staatsanwaltschaft keine Kenntnis davon? Als wir den Münchener Oberstaatsanwalt Anton Winkler 2006 mit unseren Recherchen konfrontieren, ist er sichtlich überrascht: »Diese Aktennotiz war uns bisher nicht bekannt. Davon höre ich jetzt zum ersten Mal. Dem werden wir selbstverständlich nachgehen.« Auf die Nachfrage, ob die Staatsanwaltschaft noch einmal ermittle, antwortete Winkler: »Ich denke, dass hier nochmals Ermittlungen aufgenommen werden müssen. Ja.«

Und tatsächlich wurde der Fall noch einmal aufgerollt. Der verantwortliche Arzt erhielt wegen fahrlässiger Tötung eine Geldstrafe in Höhe von 90 Tagessätzen. So wurde der Fall doch noch mit einer Bestrafung abgeschlossen. Für Monika Meyer allerdings ist es ein schwacher Trost.

Fazit: Alte Menschen wollen nicht fixiert werden. Tag für Tag müssen pflegebedürftige Senioren, stundenlang ihr Leben hinter Bettgittern gefangen, mit Bauch- und Brustgurt, Arm- und Beinfesseln verbringen. Hilflos bleiben sie sich selbst überlassen. Mitunter kann es 12 Stunden dauern, ehe eine Pflegekraft nachschaut, ob die mit Fesseln »niedergebundenen Menschen« noch leben. Im Durchschnitt vergehen drei bis vier Stunden.

Dies sind die erschütternden Fakten, die Andrea Berzlanovich ans Tageslicht brachte. Dabei könne man derart gefesselte Menschen nicht lange allein lassen, sagt die Gerichtsmedizinerin. Im Gegenteil: Fixierte Bewohner brauchen verstärkte Betreuung.

Gute Heime versuchen Fixierungen weitgehend zu vermeiden, viele Einrichtungen aber setzen aus Kostengründen zu wenig Personal ein. Diese Pflegekräfte fixieren, weil sie sonst ihre Arbeit nicht schaffen. Folglich werden hunderttausende Menschen Tag für Tag ihrer Freiheit beraubt. Immer wieder kommt es dabei zu tödlichen Unfällen. Sicherheitshinweise werden nicht eingehalten, Ermittlungsverfahren zu schnell eingestellt. Die Täter kommen in der Regel mit geringen Strafen davon. Wer sorgt dafür, dass Pflegekräfte endlich besser geschult werden? Die Zahl der Straftaten ist offensichtlich so groß, dass sie keine öffentliche Diskussion mehr auslöst. Das Faszinierende ist, dass die 28 Todesfälle nach Fixierungen von den überregionalen Medien fast nicht aufgegriffen wurden. Auch politische Parteien, mit Ausnahme des bayerischen Parlaments, Kirchenfunktionäre und Menschenrechtsgruppen haben dieses Thema weitgehend ignoriert. Immerhin hat das bayerische Sozialministerium inzwischen einen vorbildlichen Leitfaden für einen verantwortungsvollen Umgang mit freiheitsentziehenden Maßnahmen in der Pflege veröffentlicht. Die 51-seitige Broschüre gibt unter anderem Tipps bei der Suche nach Alternativen zu Fesselungen. Monika Meyer aber muss mit dem bedrückenden Gefühl fertig werden, dass sie ihrer Mutter nicht helfen konnte.

Eine Pflegerin bricht ihr Schweigen: Der Fall der Silke V.

Sie war jahrelang im Dauerstress, führte ein Leben im Minutentakt. Essen reichen, waschen, hoffen, dass die alten Menschen Ruhe geben. Sie träumte nachts von dem, was sie tagtäglich im Pflegeheim erlebte. Jetzt kann sie nicht mehr, braucht professionelle Hilfe. Sie hat sich einem Psychologen anvertraut, vor einem Jahr ihre Arbeitsstelle gekündigt, weil sie es dort nicht mehr ausgehalten hat. Zu schlimm war die seelische Belastung. Sie konnte die Missstände im Heim nicht mehr ertragen. Als wir Silke V. in einer Cafeteria in Süddeutschland treffen, wirkt sie gefasst und sehr entschlossen. Uns erzählt sie ihre Geschichte, anonym. Sie hat Angst vor rechtlichen Konsequenzen und auch davor, keinen Job mehr zu finden.

Silke V. ist 34 Jahre alt, Pflegehilfskraft, und weiß schier unglaubliche Geschichten zu erzählen: von alten Menschen, die sich an den Handläufen der Tür verletzt haben, weil sich niemand um sie gekümmert hat. Von einer Pflegebedürftigen, die an den Rollstuhl geknotet wurde, weil kein geeigneter Fixiergurt vorhanden war. Vom Zeitmangel des Pflegepersonals und von fehlender Menschlichkeit in der Altenpflege.

»Wir hatten MRSA bei uns auf Station. Sehr oft kamen Bewohner aus dem Krankenhaus und hatten das. Da muss normalerweise höchste Hygiene herrschen, weil dieses Bakterium übertragbar und gefährlich ist«, erklärt sie. Ein sorgloser Umgang mit einer längst bekannten Gefahr, lebensgefährlich. Was ist MRSA? Im Internet finden wir die Definition. Bei MRSA handelt es sich um ein kugelförmiges Bakterium, das fast überall in der Natur vorkommt. Viele Menschen tragen es auf der Haut und in den Atemwegen, ohne dass es dort Krankheitssymptome auslöst. Hat der Keim aufgrund günstiger Bedingungen oder eines schwachen Immunsystems nun die Gelegenheit, sich auszubreiten, kann es im Körper zu lebensbedrohlichen Erkrankungen wie Lungenentzündung, Meningitis oder Sepsis (Blutvergiftung) kommen. Diese Bakterienstämme haben inzwischen Resistenzen gegen mehrere wichtige Antibiotika entwickelt. Deshalb ist MRSA vor allem für alte Menschen gefährlich – für viele mitunter auch tödlich.

Alarmstufe Rot für das Pflegeheim. Eine bettlägrige Bewohnerin sei positiv auf MRSA getestet worden. Daraufhin wurden, so Silke V., alle Mitarbeiter des Heims vom Vertrauensarzt der Einrichtung überprüft, einem Allgemeinmediziner. Sie selbst sei nicht »MRSA-positiv« gewesen, sagt sie erleichtert. Auch bei einer befreundeten Kollegin sei der Befund negativ ausgefallen. Diese Pflegerin aber habe Zweifel am Ergebnis der Untersuchung gehabt und sich deshalb an ihren eigenen Hausarzt gewandt, um sicherzugehen – mit umgekehrtem Resultat.

Als sie sich daraufhin sofort krankgemeldet habe, sei sie von der Pflegedienstleitung massiv unter Druck gesetzt worden. Sie solle es sich nur ja nicht erlauben, krank zu feiern, und vor allem niemandem sagen, dass sie mit MRSA infiziert sei. »Die Kollegin war doch MRSA-positiv und damit eine lebensbedrohliche Gefahr für alle Bewohner im Heim«, empört sich Silke V. Vorfälle wie dieser haben ihr daraufhin ihre Illusion von menschenwürdiger Pflege ein für alle Mal genommen. Der scheinbar reibungslose Ablauf des Pflegealltags sei den Verantwortlichen in diesem Fall wichtiger als das Leben und die Gesundheit der Bewohner. »Meine Kollegin hatte Angst um ihren Job«, sagt Frau V. Deshalb sei sie, gemäß der Weisung der Pflegedienstleitung, sofort wieder zur Arbeit gegangen. Ihre Vorgesetzten hätten sie lediglich gedrängt, einen Mundschutz zu tragen. Auch für Nachfragen, zum Beispiel seitens der Bewohner und deren Angehörigen, habe man ihr gezielt Textbausteine mit an die Hand gegeben. Wenn sie darauf angesprochen werde, solle sie antworten, dass sie den »Mundschutz« nur als Vorsichtsmaßnahme trage. Es handle sich um einen harmlosen Infekt.

Pflegekräfte als tickende Zeitbomben – eigentlich ein Fall für die Gesundheitsbehörden. Anonym habe sie das Gesundheitsamt und den Medizinischen Dienst der Krankenkassen über diesen Skandal informiert, erzählt Silke V. Doch niemand habe reagiert, und die Einrichtung sei auch nicht überprüft worden. Ob und wie viele Menschen durch diesen Leichtsinn erkrankten oder sogar verstarben, habe sich nie feststellen lassen. Solche Vorfälle brachten Silke V. zum Verzweifeln. Sie wollte unter diesen Bedingungen nicht mehr arbeiten. Aber die Angst vor dem Arbeitsplatzverlust hielt die Pflegehilfskraft lange davon ab, den Job zu kündigen. Erst ein Schockerlebnis brachte das Fass zum Überlaufen.

Anfang Oktober 2004. Es regnet, als Silke V. ins Pflegeheim fährt. Sie hat Frühdienst, zusammen mit drei weiteren Arbeitskolleginnen. Zehn Menschen muss sie an diesem Morgen waschen. Wie am Fließband absolviert sie ihr Pensum. Wieder einmal bleibt ihr keine Zeit für ein nettes Wort oder persönliche Zuwendungen – ihr Alltag.

Der Schrei einer Kollegin durchdringt die geschäftige Stille. Silke V. blickt kurz auf den düsteren Flur, der an diesem Tag irgendwie unheimlich wirkt. Sie hat den Schrei zwar gehört, reagiert aber nicht darauf. Der tägliche Stress hält sie erst einmal davon ab. Erst als eine andere Arbeitskollegin in Panik nach ihr ruft: »Silke, Silke, komm schnell, komm schnell!«, lässt sie alles stehen und liegen und rennt los.

Das Zimmer von Erna N. liegt im Nachbarflur. Silke V. läuft dorthin. Als sie in das Zimmer stürmt, setzt ihr Herzschlag kurzzeitig aus. »Ich habe die Frau dort gesehen. Es war einfach schrecklich, wie sie am Bett hing«, erzählt Silke V. schockiert. Die alte Dame hat sich mit ihrem Bauchgurt stranguliert. »Es war nur schrecklich, einfach furchtbar. Und dann hieß es nur noch, dass die Frau wieder ins Bett zurückgelegt werden muss. Der Hausmeister kam vorbei. Wir haben ihn gefragt, ob er uns helfen könne. Er aber sagte, er fasse keine Toten an. Ich habe dann geholfen, die Frau ins Bett zu heben. Sie war nicht leicht. Dann haben wir die alte Frau wieder aufs Bett gelegt. Aber der Bauchgurt musste ja noch durchgeschnitten werden – da hat die Frau K., die Schichtführung, eine Schere geholt, und ich habe ihr geholfen, den Gurt durchzuschneiden. Er spannte sehr. Ich bin dann heulend aus dem Zimmer hinausgerannt. Es war nur furchtbar. Den ganzen Tag lang hat niemand mehr nach uns gefragt, niemand hat sich um uns gekümmert. Ich bin dann zu einer Bewohnerin zurückgegangen, die ich vorhin auf der Toilette sitzen lassen musste. Die Bewohnerin versuchte mich zu trösten, weil ich so weinte. ›Ach Gott, setz dich doch erst einmal hin‹, sagte sie.« Die Schichtleiterin, Frau K., habe zwischenzeitlich in ihrem Dienstzimmer fast einen »Herzinfarkt« bekommen – nicht aus Sorge um das Pflegepersonal, sondern darüber, wie dieser Vorfall vertuscht werden könne.

Die alte Dame habe nämlich keine Genehmigung für einen Bauchgurt gehabt, und außerdem sei der Fixiergurt nicht korrekt angelegt worden, berichtet Silke V. weiter. »Es war erst einmal ein Fehler des Personals, denn der Gurt war nicht richtig angebracht. Aber sie hätte gar nicht fixiert werden dürfen. Wenn sie keinen Fixiergurt gehabt hätte, wäre sie aufgestanden, möglicherweise ausgerutscht und hingefallen. Das kann jedem passieren. Aber wir hatten keine Zeit für sie, deshalb haben wir sie einfach festgebunden. Sie müssen sich das so vorstellen: Die Frau wollte mit dem Gurt aufstehen, sie konnte ja noch laufen. Dabei rutschte sie durch die Lücke des hochgezogenen zweigeteilten Bettgitters. Bei solchen Gittern erlaubt der Gurthersteller überhaupt keine Fixierungen. Außerdem war der Gurt nicht richtig am Bett befestigt. Sie wollte mit dem Gurt aufstehen, er rutschte immer höher, und letztlich strangulierte sie sich. Am Bauchgurt hing sie seitlich am Bett, mit dem Kopf nach unten.

Sie hatte bereits einen riesigen Wasserkopf. Es war nur schrecklich, einfach furchtbar. Und die Haare haben am Nachtschrank oben am Eck geklebt. Das ist alles sofort weggeputzt worden, den Bauchgurt hat die Schichtleiterin einfach verschwinden lassen. Ich habe an dem Morgen unter Schock gestanden, ich gebe das ganz ehrlich zu«, fährt Silke V. mit ihrem Bericht fort.

Es ist schon 12.30 Uhr mittags, als endlich der Arzt kommt. Und die G. [die Pflegerin, die die tote Frau am Morgen gefunden hatte] darf nicht mit dem Arzt in das Zimmer. Diesen muss eine Kollegin, die M., begleiten, weil sie Spätschicht hat. Der Arzt ist fünf Minuten drin, dann kommt er wieder heraus. Als Todesursache habe er einen Herzinfarkt beim Aufstehen attestiert, fand Silke V. später heraus. Aber offensichtlich hat er sie gar nicht genau untersucht, trotz der fürchterlichen Blutergüsse im Brustbereich.

Die Angehörigen der Frau hätten darum gebeten, die Verstorbene noch einmal sehen zu dürfen. »Die Pflegedienstleitung konnte die Verwandten dazu überreden, es nicht zu tun«, sagt Silke V. Sie sollten sie besser lebend in Erinnerung behalten.

»Ich war damals Mittäterin, durch mein Schweigen habe ich diesen Vorfall mit vertuscht«, gesteht Silke V. zwei Jahre später. In diesem Fall wurde nie die Kriminalpolizei eingeschaltet, kein Staatsanwaltschaft hat je ermittelt. Nach vielen Besuchen bei einem Facharzt hat Silke V. den Vorfall inzwischen aufgearbeitet. Uns kontaktierte sie mit dem Wunsch, sich selbst bei der Staatsanwaltschaft anzuzeigen. Unsere ersten Recherchen aber ergaben, dass die alte Dame feuerbestattet wurde. Damit hätte selbst eine Exhumierung der Leiche die Aussagen der Pflegehilfskraft nicht juristisch verwertbar machen können. Die Pflegeeinrichtung selbst würde den Vorfall abstreiten, denn laut Bekunden von Silke V. war er damals auch nicht in die Pflegedokumente eingetragen worden. Obwohl eine zweite Pflegekraft die Schilderungen von Silke V. bestätigte, ist sie inzwischen von ihrem Vorhaben abgerückt. Ihr Rechtsanwalt sieht nur wenig Chancen, aber große Risiken für die Pflegehilfskraft.

Eine Rechtsmedizinerin kämpft um die posthume Würde pflegebedürftiger Menschen: Interview mit Andrea Berzlanovich

Frage: Frau Berzlanovich, halten Sie die Darstellungen der Pflegehilfskraft Silke V. für glaubhaft?

Berzlanovich: Ja, ich halte sie für glaubhaft. ... Sie decken sich mit den Ergebnissen meiner Untersuchungen.

Frage: Für Silke V. war klar, dass der Fixiergurt verantwortlich für den Tod der alten Frau war ...

Berzlanovich: Die Todesursache der fixierten Bewohnerin hätte nur durch eine Obduktion sicher geklärt werden können. Der Arzt, der die Leichenschau durchführte, hätte zumindest in der Todesbescheinigung attestieren müssen: Todesart ungeklärt, es liegt eine unklare Todesursache vor. Und nicht von einem natürlichen Tod ausgehen dürfen.

Frage: Das heißt, eine Obduktion wäre zwingend erforderlich gewesen?

Berzlanovich: Eine Obduktion hätte auf jeden Fall Licht ins Dunkel gebracht. Und die Polizei hätte ermitteln müssen.

Frage: Wie viele solcher Fälle fallen durchs Raster? Wie groß ist der Graubereich?

Berzlanovich: Ich bin mir sicher, dass es einen riesigen Graubereich gibt. Wenn ein nicht sehr geschulter Arzt die Leichenbeschau vornimmt, kann ich mir vorstellen, dass, wenn nur diskrete Anhaltspunkte für Strangulierung da sind, diese übersehen werden.

Frage: Höre ich aus Ihren Worten eine Kritik an der Leichenbeschau in Deutschland heraus?

Berzlanovich: Ja. Würden die Ärzte, die die Leichenbeschau durchführen besser geschult, dann könnten die Fehler wahrscheinlich deutlich reduziert werden.

Frage: Wird zwischen Pflegeheimen und Heimärzten gemauschelt?

Berzlanovich: Ich halte das für wahrscheinlich. Wenn der Heimarzt die Betroffenen kennt, wird er leichtfertiger und schneller eine Todesursache attestieren und die Leichenschau nicht so sorgsam durchführen, wie er es eigentlich sollte.

Frage: Das heißt, hier rutschen Fälle durchs Raster, die eigentlich Sache der Staatsanwaltschaft wären?

Berzlanovich: Das kann ich mir vorstellen, ja.

Frage: Am Institut für Rechtsmedizin in München haben Sie 33 Fälle untersucht, 28 Menschen haben sich an ihrem Fixiergurt stranguliert. Gibt es solche Todesfälle nur im Raum München?

Berzlanovich: Im gesamten Bundesgebiet gibt es diese Fälle. Das weiß ich auch von Kollegen, zum Beispiel aus Hamburg. Wissenschaftlich sind sie dort aber nicht aufgearbeitet worden.

Frage: Wie läuft eine solche Obduktion ab?

Berzlanovich: Ein Sektionsteam besteht in der Regel aus drei Ärzten und einem Präparator. Einer der Ärzte diktiert, einer obduziert, und einer entnimmt die Organe. Eine Obduktion beginnt mit einer genauen Besichtigung der Leiche. Unter anderem werden Größe, Gewicht und Ernährungszustand festgehalten. Lokalisation und Farbe der Totenflecke sowie der Grad der Ausprägung der Totenstarre werden dokumentiert. Hautveränderungen (frische Verletzungen, Narben, Tätowierungen etc.) werden ebenso beschrieben. Bei einer Strangulation sieht man in der Regel eine Strangmarke, die mehr oder weniger kräftig ausgebildet ist. Man sieht Punktblutungen im Gesicht und an den Schleimhäuten des Gesichtes, die auch mehr oder minder stark ausgeprägt sein können. Ich gehe vor wie bei jeder anderen Obduktion. Auch wenn die Todesursache von Beginn an klar ist, beschreibe ich alle sicht- und tastbaren Befunde. Bei der eigentlichen Obduktion werden das Gehirn, die Hals-, Brust- und Bauchorgane inspiziert. Mit spezieller Schnitttechnik werden alle drei Körperhöhlen (Schädelhöhle, Brust- und Bauchhöhle) geöffnet und die Organe freigelegt. Die Organe werden nach Größe, Form, Farbe, Konsistenz und pathologisch-anatomischen Veränderungen beurteilt. Über jede Obduktion wird ein Protokoll geführt.

Frage: Welche Motivation sehen Sie in Ihrer Arbeit?

Berzlanovich: Ich möchte alten Menschen ihre Würde wiedergeben.

Auch der Bund Deutscher Kriminalbeamter (BDK) schließt sich der Kritik von Andrea Berzlanovich an, indem er fordert, dass Todesbescheinigungen nur durch rechtsmedizinisch ausgebildete Ärzte ausgestellt werden dürfen. »Wir hoffen, dass die Umsetzung, die in anderen Ländern schon längst Praxis ist, nicht wieder Jahre in Anspruch nimmt, während denen weiterhin Morde und Tötungsdelikte ungesühnt bleiben«, erklärte der stellvertretende Bundesvorsitzende Rolf Jaeger. Hintergrund seines Kommentars sind Initiativen der Justizministerkonferenz, ein professionelles Leichenbeschausystem in der Bundesrepublik einzuführen. Die Schwächen bei der Erstellung von Todesbescheinigungen durch Haus-, Klinik- und Notärzte, aber auch Fehler bei Polizei, Staatsanwaltschaften und Rechtsmedizinen in Deutschland seien bekannt. Der BDK fordert seit Jahren, dass an Leichenfundorten medizinische Fachleute auf Kriminalexperten treffen sollten, wenn eine Todesursache nicht eindeutig zu klären ist. »Es ist unerträglich, dass immer noch Hausärzte, die die verstorbene Person als langjährigen Praxispatienten kennen, Krankenhausärzte und Notärzte, die unter zeitlichem Einsatzdruck handeln, ›natürliche Tode‹ bescheinigen, die tatsächlich aber einen verbrecherischen Hintergrund haben«, untermauert Jaeger seine Forderung nach einer rechtsmedizinischen Ausbildung für Ärzte, die den Tod eines Menschen bescheinigen dürfen. Denn: »Deutschland braucht mehr Profis in der Rechtsmedizin, professionelle Leichenbeschauer und eine hohe Entdeckungswahrscheinlichkeit von Morden und Mördern.«

5 Die Heimleiter

Bei Handwerkern ist es der klassische Weg. Zunächst muss eine Ausbildung absolviert werden, danach kommen die Gesellenjahre. Wer dann einen Betrieb leiten möchte, muss die Meisterprüfung ablegen. Der Kunde kann sich also sicher sein, dass der Meister sein Handwerk von der Pike auf gelernt hat und sich in seinem Metier auskennt. »Handwerk hat goldenen Boden«, heißt es im Volksmund. Die Kunden vertrauen auf Qualität!

Und wie sieht das in der Altenpflege aus? Wie gut ausgebildet sind Heimleiter? Können alte Menschen und deren Angehörige Vertrauen in die Hausleitungen haben?

Heimleiter im Visier der Wissenschaft

Peter Dürrmann hat sich mit dieser Berufsgruppe eingehend befasst. Von 1994 bis 2001 war er selbst angestellter Heimleiter. Seither arbeitet er als Geschäftsführer einer vorbildlichen Einrichtung im niedersächsischen Holle. Außerdem ist er stellvertretender Vorsitzender im Deutschen Verband der Leitungskräfte von Alten- und Behinderteneinrichtungen. Im Auftrag des Bundesministeriums für Familie, Senioren, Frauen und Jugend hat Dürrmann zusammen mit Alfred Hoffmann eine Studie über »Leitungskompetenz und Leistungsqualifikation in der stationären Altenpflege« verfasst.

Heimleiter haben auf dem Papier eine Scharnierfunktion. Sie müssen einerseits die Finanzen in Ordnung halten, andererseits sollten sie das Personal motivieren und auch einen hohen Pflegestandard in der Einrichtung sichern. So heißt es in der Studie: »Als Unternehmenslenker ist die Heimleitung ein Generalist, der die Hauptverantwortung nach dem Heimgesetz für die Institution trägt. Dies bedeutet, dass die Heimleitung entsprechend ihrer Befugnisse und ihrer rechtlichen Verantwortung zu allen betrieblichen Abläufen des Heimes mindestens über fachliche Grundkenntnisse verfügen muss. Zur Unternehmensführung reicht deshalb Managementwissen allein nicht aus, wenn es nur, um ein Beispiel zu nennen, um die Beurteilung bzw. Kontrolle der Pflegedienstleitung, der Küchenleitung, der Hauswirtschaftsleitung sowie des technischen oder sozialen Dienstes bezüglich der geleisteten Versorgungsqualität geht. Für Heimleitungen sind Managementqualifikationen wie betriebswirtschaftliches und verwaltungstechnisches Wissen ebenso gefragt wie Fachkenntnisse für die Bereiche Küche/Hauswirtschaft bzw. pflegerische und gerontologische Aspekte.«

So weit die Theorie. In der Praxis aber gelangt Dürrmann zu dem Resultat, dass der Gesetzgeber beim Heimleiter keine besonderen Fähigkeiten voraussetzt: »Und wir können heute feststellen, dass die Qualitätsanforderungen für Pflegedienstleitungen gesetzlich klarer fixiert sind als für Heimleitungen. Die

Pflegedienstleitungen müssen wenigstens ihre 460 Stunden Zusatzqualifikation aufweisen und mindestens zwei Jahre, in den letzten fünf Jahren, leitend tätig gewesen sein. Wir wissen bei Heimleitungen aus der Studie – die können einen kaufmännischen Beruf erlernt haben, dreijährig, oder im Bereich des sozialen Gesundheitswesen etwas gemacht haben. Das war es. Und sie sollten eigentlich auch eine zweijährige Leitungserfahrung in einer Assistentenstelle nachweisen können, also zum Beispiel leitend als stellvertretende Pflegedienstleitung tätig gewesen sein, oder zwei Jahre mit einer Heimleitung mitgelaufen sein oder die Leitung des sozialen Dienstes innegehabt haben. Und da haben wir in dieser Studie, die sehr repräsentativ ist, festgestellt, dass annähernd 40 Prozent diese zwei Jahre Mindestleitungserfahrung, bevor sie selber leiten, überhaupt nicht aufweisen«, erklärt Peter Dürrmann. Davon hätten 30 Prozent vor Aufnahme der Leitungstätigkeit von Berufs wegen noch nie eine Pflegeeinrichtung von innen gesehen. Diese Quote war es, die nach Veröffentlichung der Studie auch viele in der Branche aufgeschreckt hat.

Man stelle sich einmal folgenden Fall vor. Beim Zoo einer deutschen Großstadt fängt ein neuer Direktor an. Dieser weiß zwar viel über die Finanzen, hat aber wenig Ahnung von den Strukturen eines Tierparks und der Pflege von Elefanten, Tigern und Co. Ein Sturm der Entrüstung bräche los. Tierschützer würden gegen diese Personalentscheidung protestieren und einen enormen Druck ausüben – und dies zu Recht. Für die Medien wäre es ein gefundenes Fressen. Schon bevor er seinen Posten antreten würde, geriete der Neue in schwere Turbulenzen. Weil er infolge seiner Unwissenheit letztlich keine »artgerechte Haltung« garantieren könnte, müsste er wahrscheinlich auf den Job verzichten. In der Altenpflege ist aber auch ein fachfremder Chef möglich. Doch niemand regt sich darüber auf, obwohl alte Menschen in vielen Fällen nicht »artgerecht« versorgt werden. Das ist das eigentlich Skandalöse.

Die Studie liefert auf 78 Seiten Hintergründe zu diesem eindeutigen Verstoß gegen bestehende gesetzliche Regelungen wie der Heimpersonalverordnung: »Bezogen auf die Qualifikation und die Kompetenzen der Heimleitungen wurde festgestellt, dass 42,5 Prozent aller Heimleitungen nicht die Vorgaben nach der Heimpersonalverordnung erfüllen, 49,5 Prozent sich nicht im

Rahmen eines Heimleiterkurses qualifiziert haben, 30,2 Prozent erst mit dem Beginn ihrer Heimleitungstätigkeit erstmals beruflich mit einer stationären Altenpflegeeinrichtung in Kontakt kommen, 10,4 Prozent eigenverantwortlich finanzielle Entscheidungen bis zur Höhe von 300 Euro treffen können, 1,9 Prozent nur bis zur Ebene von Hilfskräften eigenverantwortlich Personal einstellen können, 14,7 Prozent nicht befugt sind, Öffentlichkeitsarbeit eigenverantwortlich zu gestalten, und 10,4 Prozent 60 Stunden und mehr pro Woche arbeiten.«

Peter Dürrmann fordert daher eine bundeseinheitliche berufliche Qualifizierung von Heimleitungen auf Bachelor-Niveau, um der anspruchsvollen Tätigkeit und Verantwortung für Hunderttausende pflegebedürftiger Menschen gerecht zu werden. Hier bedürfe es aber der Unterstützung durch die Politik.

Was lernen wir aus der Studie? Aktuell bleibt festzuhalten, dass es dem Bereich der vollstationären Altenhilfe an einem einheitlichen Berufsbild sowie einer allgemein verbindlichen und geeigneten Qualifizierungsmaßnahme für Heimleitungen mangelt. »Wenn wir jedoch nicht in die Bildung der Verantwortungsträger investieren, werden wir uns auch weiterhin mit Pflegeskandalen beschäftigen müssen. Wir reden schließlich nicht über die private häusliche Pflegesituation, sondern über komplexe Wirtschaftsunternehmen im Gesundheitswesen«, so Dürrmann. Mit besser qualifizierten Leitungskräften dürften selbst unter den gegebenen Rahmenbedingungen deutliche Qualitätsverbesserungen in Heimen erwartet werden können. Darüber hinaus müssten die Heimaufsichten konsequenter die Eignung der leitenden Kollegen prüfen, wenn die minimalen Voraussetzungen der bisher geltenden Heimpersonalverordnung überhaupt eine Bedeutung haben sollen. Heute ist es oftmals so, dass die Träger der Pflegeheime über die berufliche Qualifikation entscheiden und sich die Heimleitungen aussuchen, die zu ihrem Unternehmen passen. Der Leitungs- oder Trägerebene mangelt es nicht selten an Kenntnissen über Gerontologie, Geriatrie und Psychiatrie – mit der Folge, dass Konzepte umgesetzt werden, die nicht dem Menschen angepasst sind. Es gehe nicht darum, immer neues Wissen zu generieren, neue Empfehlungen auszusprechen, sondern darum, das in den 1990er-Jahren entwickelte Fachwissen endlich in die Einrichtungen hineinzubringen und zu implementieren. Dürrmann: »Das gelingt aber nur mit einer hohen fachlichen Kompetenz.«

Ihm ist klar, dass sich die Pflegeeinrichtung an den Menschen anpassen muss, weil sich Demenzkranke nicht an die Einrichtung anpassen können. »Das ist ein großes Dilemma. Und wir sagen ganz deutlich: Wir brauchen Leitungskräfte, die die anspruchsvolle Balance, zum einen wirtschaftlich zu handeln, aber gleichzeitig auch die Bedürfnisse der Bewohner zu berücksichtigen, halten können«, resümiert Dürrmann.

Fazit: Viele Heimleiter in Deutschland sind schlecht ausgebildet und über die Abläufe in Pflegeeinrichtungen kaum im Bilde. Hinzu kommt, dass ihre Entscheidungskompetenzen äußerst begrenzt sind.

Keine verbindlichen Anforderungen an die Heimleiterqualifikation

Laut Dürrmann ist in der Altenpflege jedoch ein hohes Maß an Erfahrung im Leitungsbereich erforderlich, um dieses schwierige und komplexe Feld angemessen ausfüllen zu können. Deshalb sei die Aus- und Fortbildung ein zentraler Punkt für Heimleiter. Im Rahmen der Studie hat Dürrmann die Anbieter, bei denen die Heimleiterqualifikation erworben werden kann, weitgehend analysiert. Die Ergebnisse sind mehr als ernüchternd: »Unstrittig dürfte die Erkenntnis sein, dass es keinen abgesicherten und allgemein verbindlichen Rahmen für die Qualifikation zur Heimleitung gibt. Die Anbieter sind fast völlig frei in der Festlegung ihres Qualitätsangebotes.« Bei den Ausbildungsplänen sei »eine erstaunliche Unterschiedlichkeit, wenn nicht gar Beliebigkeit« zu konstatieren. »Ein verbindlicher Rahmenlehrplan, wie ihn 1981 die Bundesarbeitsgemeinschaft der Freien Wohlfahrtspflege verabschiedet hat, ist nicht existent. Es ist deshalb schlichtweg nicht erkennbar, dass mit den höchst unterschiedlichen Lehrstundenansätzen ein einheitlicher Kenntnisstand vermittelt, gesichert und weiterentwickelt wird. Da einige Bildungsträger zudem weder den Themen noch den übergeordneten Wissensgebieten eine Stundenangabe zuordnen, kann letztlich nur spekuliert werden, in welchem Umfang welches Thema im Unterricht eine Behandlung erfahren wird. In den Qualifikationen zur Heimleitung sind gerade die Wissens- und Fachgebiete unterrepräsentiert, die sich den seit

Jahren diskutierten Problemfeldern in den Heimen, die in einem direkten Zusammenhang mit der Pflege und Betreuung bzw. der Versorgung der Bewohner stehen, wie zum Beispiel Mangelernährung, freiheitsentziehende Maßnahmen, Mängel bei der Dokumentation des Pflegeprozesses usw., zuwenden«, heißt es in der Studie weiter.

Von 37 untersuchten Bildungseinrichtungen habe lediglich ein einziger Anbieter wirkliche Prüfungen für angehende Heimleiter durchgeführt, und daher verzeichne auch nur dieses Institut eine geringe Durchfallquote. Glaubt man der Studie, so können angehende Heimleiter bei allen anderen Fortbildungseinrichtungen gar nicht durchfallen. »Jeder bekommt seine Bescheinigung, weil er bezahlt«, kritisiert Peter Dürrmann. Auch sei keine Vergleichbarkeit der Leistungen möglich. Jeder Bildungsträger lege den Schwerpunkt auf andere Bildungsinhalte. »Und da müssen wir einfach feststellen: Es gibt keine einheitlichen Qualifikationen und damit auch kein einheitliches Berufsbild«, so Dürrmann. Und so sind im Zweifel auch unqualifizierte Heimleiter für alte Menschen mit den bekannten Problemen verantwortlich.

Wenn wir diese Aussagen auf die Spitze treiben, dann könnten auch »Sadomaso-Pflegemanager« in den Heimen ihr Unwesen treiben. Vielleicht tun sie es ja schon …

Und noch etwas bemängelt der Autor der Heimleiterstudie. Mit Inkrafttreten der Pflegeversicherung 1995 sei die Wahrnehmung entstanden, Pflegeheime seien betriebswirtschaftlich nicht auf dem Höhepunkt der Zeit. Man müsse wirtschaftlicher denken. So seien die Kosten in Pflegeheimen steil nach oben geschossen. Diese Entwicklung aber habe nicht mit der Qualitätsentwicklung Schritt halten können. Heute sei der betriebswirtschaftliche Aspekt zu sehr in den Fokus der Aus- und Fortbildung von Heimleitern gerückt. »Man weiß bei den Fortbildungsangeboten oft nicht: Werden die Leute qualifiziert, um eine eigene Supermarktfiliale zu leiten, einen Autokonzern, eine Spedition oder eine Pflegeeinrichtung?«, so Dürrmann.

Kann ein Heimleiter drei Heime leiten?

Die Frage, ob die Verantwortung eines Heimleiters in der stationären Altenpflege mehrere Einrichtungen umfassen kann, wird immer wieder diskutiert. Eine aktuelle Entscheidung des Bayerischen Verwaltungsgerichts Ansbach (AZ AN 4 K 06.01811) vom 5. Dezember 2006 gibt darüber Auskunft. Während eine Reihe von Trägern davon ausgeht, dass es möglich sein muss, als Heimleiter mehrere Einrichtungen zu verwalten, wird dies von der zuständigen Heimaufsicht in aller Regel nicht zugelassen.

In dem der Entscheidung zugrunde liegenden Fall wollte der Träger, eine kirchliche Körperschaft des öffentlichen Rechts (das Evangelisch-Lutherische Diakoniewerk), die eine Vielzahl stationärer Pflegeheime betreibt, drei Einrichtungen von einem Heimleiter führen lassen. Diese Heime lagen bis zu 70 Kilometer auseinander, für Fahrten zwischen den Einrichtungen hätte der Pflegemanager bis zu anderthalb Stunden benötigt. Die Heimaufsicht hatte diese Dreifachfunktion abgelehnt und bekam vor dem Verwaltungsgericht Ansbach recht.

Nach Ansicht des Gerichts fehle eine gesetzliche Regelung zur Beantwortung der Frage, ob ein Heimleiter für mehrere Einrichtungen zuständig sein kann oder nicht. Im Wesentlichen begründete es seine Entscheidung unter Bezug auf Paragraf 17 des Heimgesetzes (HeimG). Demnach kann die Heimaufsichtsbehörde unter anderem dann einschreiten, wenn dies zur Abwendung einer drohenden Beeinträchtigung oder Gefährdung des Wohls der Bewohnerinnen und Bewohner erforderlich ist.

In diesem Fall sei nicht in ausreichendem Maße gewährleistet gewesen, dass der Heimleiter die ihm obliegenden Aufgaben wahrnehmen konnte, so das Gericht. Dies stelle bereits dann einen Mangel im Sinne des Paragrafen 17 HeimG dar, da der Eintritt konkreter Missstände zu befürchten sei. Sie müssen also noch gar nicht eingetreten sein.

Der Gesetzgeber sei bei dem Erlass der heimrechtlichen Regelungen im »Normalfall« davon ausgegangen, dass ein Heimleiter nur für ein einziges Heim zuständig sei, argumentiert das Gericht weiter.

Auch Peter Dürrmann begrüßt das Urteil. Seiner Einschätzung nach braucht jede Einrichtung ab einer Größe von etwa 40 Bewohnern eine eigene Leitung. »Das Heimgesetz hat immer gesagt, dass der Heimleiter der Ansprechpartner für die Menschen ist, die in der Einrichtung leben«, so der Autor der Heimleiterstudie. Und genau das habe das Verwaltungsgericht in Ansbach hervorragend herausgearbeitet. Dürrmann weiter: »Heute können die Bewohner kaum noch sprechen, weil sie demenzkrank sind. Umso mehr braucht es jemanden, der beobachtet, wahrnimmt und zuhören kann. Oder begreift und sieht, was dort geschieht. Jemand, der da ist für das Personal, jemand, der da ist für die Angehörigen. Und das kann sich nicht reduzieren nur auf ein paar Stunden in der Woche, sondern das braucht und erfordert eine wesentlich stärkere Präsenz. Und zu meinen, dass man dann einem Heimleiter zumuten kann, für 300 bis 400 Menschen verantwortlich zu sein, an drei unterschiedlichen Standorten, die auch nur mit dem Auto erreichbar sind, also nicht auf der Straße gegenüberliegen – das ist für mich nicht mehr nachvollziehbar.«

Die Bekenntnisse eines engagierten Heimleiters

Viele Jahre lang arbeitete er als Hausleiter bei einem großen deutschen Pflegekonzern. In seiner Position exekutierte er ein menschenunwürdiges System. Auf Anweisung von oben stellte er Mitarbeiter ein und entließ sie – völlig willkürlich. So musste er vielfach exzellente Pflegekräfte schon vor Ablauf der Probezeit wieder auf die Straße setzen, wenn der Konzern wieder einmal die Gewinnspanne erhöhen wollte: Hire and fire je nach Bilanzlage. Er hat gelernt, dass es in der Altenpflege vor allem um Profitmaximierung geht, die Würde von pflegebedürftigen alten Menschen aber fast immer auf der Strecke bleibt. Vor wenigen Monaten hat er gekündigt. Inzwischen arbeitet er in einer kleinen Einrichtung in Baden-Württemberg. Dort sieht die Welt ganz anders aus: menschenwürdige Pflege durch zufriedenes und motiviertes Personal. Der Heimbetreiber macht dennoch ausreichend Gewinne. Es geht also auch anders. Mit uns konnte er nur unter Wahrung der Anonymität reden, weil er rechtliche Konsequenzen seitens seines ehemaligen Arbeitgebers befürchtete.

Frage: Herr S., Sie haben jahrelang als Heimleiter gearbeitet. Welche Erfahrungen haben Sie gemacht?

S.: Ich möchte Ihnen zunächst von verschiedenen Todesfällen berichten, die sich im Haus abgespielt haben. Da gab es einen sehr netten älteren Herrn, mit dem ich mich persönlich sehr gut verstanden habe. Der hatte unerwartet sehr starke Blutungen aus dem After. Aus Unkenntnis und mangels Fachkräften hat ihn das Personal einfach ins Bett gebracht, die Blutung wurde nicht gestoppt. Am nächsten Morgen lag er dann im Koma. Der gute Mann wurde dann noch ins Krankenhaus eingeliefert. Dort verstarb er.

Bei einer Bewohnerin musste alle paar Stunden der Schleim abgesaugt werden. Aus Zeitmangel wurde das versäumt. Die Bewohnerin ist daran erstickt.

Wir hatten einen Krebspatienten. Er war sehr starker Raucher, hatte Speiseröhrenkrebs und diverse andere Begleiterkrankungen. Morgens wurde er tot auf der Toilette sitzend gefunden. Er sah schlimm aus. Die Leichenstarre war bereits eingetreten. Das Nachtteam hat in der ganzen Nacht kein einziges Mal nach ihm geschaut. Dadurch erklärt sich auch die Leichenstarre, die ja erst nach längerer Zeit eintritt. Anschließend wurde die Pflegedokumentation entsprechend bearbeitet. Die Nachtbesetzung war sehr dünn. Da waren gerade mal drei bis vier Nachtschwestern in einem Haus mit sieben Etagen. Die mussten leichtere Pflegefälle vernachlässigen.

Dann hatte ich einen jungen Apalliker, einen Wachkomapatienten. Er wurde nach einem Herzstillstand wiederbelebt und kam daraufhin zu uns ins Pflegeheim. Der Mann war ständig total verschwitzt, weil er immer wieder Krämpfe hatte. Das Pflegepersonal hatte dann im tiefsten Winter das Zimmer gelüftet und für Durchzug gesorgt. Daraufhin hat er eine Lungenentzündung bekommen. Daran ist er dann gestorben. Als ich die Pflegekraft ins Gebet genommen habe, hat sie gekündigt. Aus meiner Sicht war das unvorstellbarer Leichtsinn.

Dann habe ich regelmäßig auch die Medikamente in den Stationszimmern überprüft. Dabei fand ich sogar unverkäufliche Musterpackungen. Das müssen Sie sich mal vorstellen. Die hatte der Apotheker an uns verkauft. Das hätte ja der Pflegedienstleitung auffallen müssen. Ich habe daraufhin den Apotheker angerufen. Er hat die Musterpackungen sofort zurückgenommen und sich tausendmal entschuldigt. Das sei ein Versehen gewesen. Aber ich bin – weil ich nur Stichprobenkontrollen gemacht habe und gleich Medikamente gefunden habe – davon ausgegangen, dass er die Mittel bewusst verkauft hat.

Dann hatten wir einen Fall, da verschwanden starke Psychopharmaka im Haus. Meine Pflegedienstleitung hat auf kurzem Dienstweg den Apotheker angerufen. Die fehlenden Medikamente waren ruck, zuck und natürlich ohne Rezept wieder im Haus.

Frage: Wo lagen die Probleme Ihrer Arbeit?

S.: Mit dem Personalplanungssystem muss der Hausleiter tagtäglich seine Belegungssituation und die Pflegestufenstruktur auf die Personalsituation abstimmen. Damit passt er tagtäglich die Belegungssituation und die Pflegestufenstruktur auf die Personalbesetzung an. Das heißt: Die belegten Betten und die Pflegestufen geben vor, wie viele Mitarbeiter der Heimleiter beschäftigen kann. Und bei uns war das sehr, sehr knapp gehalten. Ich sehe bei meinem jetzigen Träger den Unterschied in den Zahlen, in den Vorgaben, wie viel Personal ich pro Pflegestufe, dem sogenannten Pflegeschlüssel, einsetzen darf. Und der weicht erheblich von dem Schlüssel ab, den wir damals verwendet haben.

Frage: Also, Sie durften damals weit weniger Personal einstellen als jetzt?

S.: Das Personalplanungssystem ist ein System, das berechnet mir auf zwei Stellen hinter dem Komma, wie viel Kräfte ich am Tag einsetzen darf. Ich hatte ein sehr großes Pflegeheim mit einer hohen Mortalität. Und da hat man von mir erwartet, wenn ich ganz schnell mal mehrere Sterbefälle innerhalb weniger Tage hatte, dass ich dann sofort Personal entlasse. Viele kamen sehr, sehr krank zu einem relativ späten Zeitpunkt erst ins Haus, und dadurch wird die Verweildauer auch sehr kurz. Da wurde erwartet, dass ich einfach Personal einstelle und wieder feuere – einfach wie ich die Leute brauchte. Dass es sich dabei um Menschen mit Familie oder mit einer Lebensplanung handelte, das war völlig scheißegal.

Frage: Haben Sie das so akzeptiert, oder haben Sie sich mit der Geschäftsführung angelegt?

S.: Der November ist meiner Erfahrung nach ein sehr schwieriger Monat in der Altenheimbranche, mit einer hohen Mortalität. Es sind sehr viele Bewohner gestorben. Ich sollte mit einem Schlag sieben Mitarbeiter entlassen. Die wurden erst wenige Tage vorher eingestellt. Sie waren also noch in der Probezeit. Da habe ich mich gegenüber der Geschäftsführung geweigert und gesagt, ich werde auch wieder belegen. Ich habe mehrere Anmeldungen. In den nächsten Wochen werden zusätzliche Menschen hier ins Pflegeheim einziehen. Wir haben doch auch eine Verantwortung gegenüber unseren Mitarbeitern, wir können nicht einfach einstellen, einarbeiten und in der Probezeit entlassen. Wir versauen ihnen doch den Lebenslauf. Wie sieht das denn aus, wenn die Mitarbeiter nach zwei, drei Wochen wieder entlassen werden! Das wirft ein ganz schlechtes Bild auf die Leute, die sich nichts haben zuschulden kommen lassen. Und auch die Fachkraftquote, da lag ich bei 56 Prozent, da wurde mir erheblicher Druck von der Geschäftsleitung und deren Vertretern gemacht, ich sollte die Personalfachkraftquote auf die vorgeschriebenen 50 Prozent Mindestausstattung zurückfahren. Und obwohl es sich um genehmigte Mitarbeiter handelte, musste ich die Fachkräfte so weit reduzieren, dass ich gerade noch die Auflagen, die die Gesetze vorgeben, erfüllte. Dass darunter die Qualität leidet, ist ja völlig klar. Schichten konnten nur schwer mit Fachkräften abgedeckt werden. Sie haben Urlaub, und sie haben Krankheitsausfälle. Die examinierten Vertretungen während der Schicht waren sehr dünn.

Frage: Wie war die Arbeitsmoral in Ihrer Einrichtung?

S.: Sehr schlecht. Pflegekräfte sind mit der Situation und mit den Zuständen nicht klargekommen. Ihre Unterschriften in der Pflegedokumentation wurden gefälscht und nachgemacht.

Frage: Von wem?

S.: Im Hause gab es eine Dokumentationsbeauftragte. Zum Beispiel bei einem Bewohner in der Pflegestufe III waren eigentlich zwei Kräfte für die Pflege verantwortlich. Aufgrund des Personalmangels wurde in diesem Haus aber regelmäßig nur eine Pflegekraft eingeteilt. Die Unterschrift der zweiten Person wurde vielfach in der Pflegedokumentation nachgemacht, verfälscht.

Frage: Das ist Betrug!

S.: Das ist ein Irrsinn unseres Pflegeversicherungsgesetzes. Der Angehörige stellt den Antrag auf Höherstufung, weil sich der Gesundheitszustand verschlechtert hat. Das Personal muss während dieser Zeit Mehrarbeit leisten. Angenommen, Sie bekommen einen Bewohner mit Pflegestufe I ins Pflegeheim. Nach einem Schlaganfall mit anschließendem Krankenhausaufenthalt hat sich seine Situation aber deutlich verschlechtert, sodass er in absehbarer Zeit Pflegestufe III bekommt. Es vergeht eine relativ lange Zeit, bis der Antrag beim Medizinischen Dienst durch ist. Während dieser Zeit leistet das Personal Schwerstarbeit für eine niedrigere Pflegestufe, die bezahlt wird. Der Heimträger teilt auch nach der niedrigeren Pflegestufe das Personal ein, obwohl Mehrarbeit erforderlich ist. Jetzt kommt der springende Punkt: Sobald der Medizinische Dienst der Krankenversicherungen die Pflegestufe III genehmigt, wird rückwirkend von dem Tag der Antragstellung die Leistung ausgezahlt. Aber das Personal wurde nicht eingesetzt. Das ist ein Mehrertrag, den viele Heimbetreiber in Deutschland einfach so einkassieren. Das ist Abzocke.

Frage: Steckt dahinter System?

S.: Dokumente werden in Nacht-und-Nebel-Aktionen komplett neu geschrieben, wenn sich zum Beispiel die Heimaufsicht für einen speziellen Fall ankündigt oder wenn eine Begehung ansteht. Die Dokumentationsbeauftragten sind Spezialisten, die lange Zeit ausgebildet wurden. Sie kennen die Tricks und Formulierungen, wie man die höchstmögliche Pflegestufe erreichen kann und damit den Profit erhöht. Ich habe schnell erkannt, dass das Ganze nur auf Abzocke angelegt ist.

Frage: Bekommen das die Bewohner oder deren Angehörige mit?

S.: Bewohner werden eingeschüchtert. Ich habe das selbst erlebt, ich habe meinen Ohren nicht getraut. Sie sollen sich bei Prüfungen des Medizinischen Dienstes bewusst kränker darstellen, als sie eigentlich sind. Das wurde in meinem Beisein Bewohnern eingetrichtert. Ich habe nachher der Pflegedienstleitung gesagt: »Sie können den Bewohner doch nicht so unter Druck setzen. Das sind alte, hilfsbedürftige Menschen.« – »Das wird von uns erwartet, daran werden wir gemessen«, hieß es dann. Auch den Angehörigen wird gedroht. Sollten sie keinen Antrag auf Pflegestufenerhöhung stellen, dann würden gewisse Leistungen nicht mehr erbracht. Das ist gang und gäbe.

Frage: Haben Sie die Geschäftsleitung auf die Problematik aufmerksam gemacht?

S.: Als ich die Geschäftsführung auf die Missstände in meinem Haus hingewiesen habe, auf die Todesfälle, die Praktiken zur Höherstufung, da wurde mir gesagt: »Sie arrangieren sich, oder Sie fliegen.« Das war wörtlich. Das muss man sich mal vorstellen.

Frage: Wohin führt diese Terror- und Drohsystematik?

S.: Dass pflegebedürftige Menschen zum Beispiel nicht mehr auf die Toilette geführt werden und nachts doppelt gewindelt wird. Damit wird Personal und Arbeit gespart. Dass dabei die Menschenwürde auf der Strecke bleibt, ist klar. Der Mensch kriegt zwei Windeln übereinander, dadurch kann er eine größere Menge Urin oder Kot absondern, ohne dass das Bett so schnell beschmutzt wird. Und beim Wechsel zieht man die unterste raus und hat noch eine Schicht. Man spart einfach Zeit.

Frage: Wurde in Ihrer Einrichtung viel Geld verdient?

S.: Das kann man so sagen, ja. Und das wird an anderer Stelle wieder ausgegeben. Sie können sich nicht vorstellen, was da für Partys gefeiert werden. Ich erinnere mich noch gut an den fünfzigsten Geburtstag unseres Geschäftsführers. Der soll weit über 100 000 Euro gekostet haben. Da wurden Berge von Hummer, Kaviar und Austern aufgetischt – auf Kosten der Bewohner und des Personals. Unvorstellbar. Auf der anderen Seite sieht man diesen Pflegenotstand.

Frage: Wie werden die Gewinne erwirtschaftet?

S.: Nur eine kleine Handvoll führender Mitarbeiter haben den kompletten Einblick in die Zahlen. Mein persönlicher Eindruck ist, dass die großen Gewinne während der Bauphase erwirtschaftet wurden. Das heißt, es wurde eine Zeit lang sehr überstürzt und überhastet gebaut – an jeder Ecke ein Pflegeheim –, möglichst billig, mit ausländischen Firmen. Es wird möglichst teuer an einen Fonds verkauft und dann wieder auf lange Zeit zurückgemietet. Damit wird der ganz große Gewinn gemacht.

Frage: Also billig bauen, an einen Fonds teuer verkaufen und dann langfristig zurückmieten?

S.. Ja, 15, 20 Jahre wird der Mietvertrag gemacht, langfristig. Dem Mietvertrag selbst wird auch gar keine solche große Bedeutung beigemessen. Das schnelle Geld wird mit den »Preopeninggeldern«, also dem schnellen und teuren Verkauf der Immobilie, gemacht.

Frage: Wird auch an den Folgen schlechter Pflege viel Geld verdient?

S.: Krankenhäuser und Pflegeheime schieben sich ständig den schwarzen Peter hin und her. Es schiebt einer auf den anderen. Bewohner kommen immer wieder mit einem Dekubitus aus dem Krankenhaus zurück. Das muss ich wirklich sagen. Bei alten Menschen entsteht je nach Haut- und Ernährungszustand und Flüssigkeitsaufnahme innerhalb weniger Stunden ein Dekubitus, wenn keine Lagerung vorgenommen wird oder wenn die Hautpflege vernachlässigt wird. Und ich muss sagen, da wird natürlich im Pflegeheim mehr darauf geachtet.

Frage: Die Krankenhäuser sagen, das passiert in den Heimen?

S.: Ja, ganz genau, da wird ständig der schwarze Peter hin- und hergeschoben, im Endeffekt war es keiner. Sie wissen ja, Misserfolg ist ein Waisenkind, der Erfolg hat viele Väter.

Frage: Aber alle verdienen an diesem System?

S.: Ja, sicher, man verdient vor allem dann, wenn der Patient noch kränker zurückkommt. Dann bekommt man eine noch höhere Pflegestufe. Das ist die Quintessenz. Ein Beispiel, das ich selbst erlebt habe. Während eines Krankenhausaufenthalts bildete sich nachweislich bei einer Bewohnerin ein riesiges Druckgeschwür an der Ferse. Das Bein musste amputiert werden, weil der Dekubitus nachher nicht ausreichend behandelt wurde. Die Krankenhäuser verdienen an den Operationen, die Rettungsdienste an den Transporten und wir an der höheren Pflegestufe. Aber das ist leider Gottes keine Ausnahme.

Frage: Unter welchen Sachzwängen standen Sie als Heimleiter?

S.: Wenn der Patient vom Altersheim ins Krankenhaus kommt, gibt es einen Verlegungsbericht, also einen Aufnahmebogen, wo der Gesundheitszustand detailliert vom Krankenhaus aufgenommen wird. Wird der Patient vom Krankenhaus wieder ins Pflegeheim entlassen, gibt es einen Überleitungsbogen. Sodass genau nachvollzogen werden kann, wo der Dekubitus im Endeffekt entstanden ist. Und ich muss leider sagen, er entsteht sehr oft im Krankenhaus. Und der Zwang, unter dem Heimleiter leiden, ist die sehr prekäre Personalsituation. Es ist einfach ständig zu wenig Personal in den Häusern. Dieser Personalengpass macht den Hausleitern zu schaffen. Sie wissen teilweise nicht mehr, wie sie überhaupt die Schichten besetzen sollen. Es bauen sich enorme Überstunden auf, Resturlaube können nicht abgebaut werden, es ist ein Desaster. Überstunden dürfen nicht ausbezahlt werden, sollten abgefeiert werden – nur keiner weiß, wann und wie die Überstunden bei der Situation überhaupt abgefeiert werden können. Die Geschäftsführung macht ständig Druck, dass die Pflegestufenstruktur nicht stimme, also zu wenige Bewohner in Pflegestufe III seien. Sie müssen also höherstufen lassen.

Frage: Gab es solche Anweisungen schriftlich?

S.: Das kriegen Sie nicht, nein. Das kriegen Sie in einem Vieraugengespräch um die Ohren geschlagen – auf übelste Weise, kann ich Ihnen sagen. Dort wird mit Personal umgegangen wie mit dem letzten Abschaum. Das habe ich am eigenen Leib erlebt. Ein großes Problem ist auch der ständige Abbau von Küchen- und Reinigungspersonal in den Häusern. Die Leistungen werden sukzessive reduziert. Da gibt es zum Beispiel einen Reinigungsplan mit der Klausel »frei und zugängig«. Wenn zum Beispiel ein Stuhl im Pflegezimmer steht, wird nur um den Stuhl herumgeputzt. Das heißt »frei und zugängig«. In der Konsequenz müssen Sie von Ihrem eh schon knapp bemessenen Personal noch eine Altenpflegerin abstellen, die dann die Stühle hin und her rückt, den Nachttisch vorzieht. Sonst wird dort nicht geputzt. Eine Katastrophe. Von Hygiene kann da teilweise keine Rede mehr sein.

Frage: Wurden die Kontrollen der Heimaufsicht oder des Medizinischen Dienstes angemeldet?

S.: Das war gang und gäbe. Die Leiterin des Qualitätsmanagements hat einen guten Draht zur Heimaufsicht gehabt, die wusste stets Bescheid. Obwohl, wenn Sie nachschauen unter den entsprechenden Seiten des Ministeriums im Internet, werden Sie lesen können, dass solche Kontrollen angeblich unangemeldet kämen. Aber seltsamerweise kam da immer eine Warnung vorher. Sie wussten also immer Bescheid, wenn die kamen. Dann gab es großes Zähneklappern, dann ist die Panik ausgebrochen. Man hat wie wild das Haus gereinigt, man hat die Dokumentationen überarbeitet, auf Vordermann gebracht. Man hat die Missstände, die offenbar den Pflegeführungskräften sehr wohl bekannt waren, reduziert. Man hat versucht, für weitgehend ordentliche Zustände im Heim zu sorgen.

Frage: Kam da plötzlich zusätzliches Personal?

S.: Da wurden auch Leute aus dem Urlaub herbeigerufen oder diejenigen, die freihatten. Es wurde auch teilweise Personal von benachbarten Häusern geholt – das habe ich selbst gesehen –, und die haben dann Dokumentationen neu geschrieben. Und da wurde die ganze Nacht durchgeschrieben und geackert.

Frage: Und das ist den Kontrolleuren nie aufgefallen?

S.: Nein. Die Dokumentationsbeauftragten haben eine sehr große Routine darin. Denen ist das nicht aufgefallen.

Frage: Wo wird besonders gespart?

S.: An der Verpflegung. Ich weiß nicht, ob die zu marktgängigen Preisen angesetzt wird, weil das, was auf die Teller kommt, grauenhaft schmeckt. Im Gefängnis gäbe es da, glaube ich, einen Aufstand. Nur die alten Leute können sich halt nicht wehren. Es waren so kleine Portionen, dass vielfach die Leute nicht satt geworden sind. Und ich habe mit eigenen Augen gesehen, wie bei einer älteren Dame Essen angereicht wurde. Der Pfleger hat mich nicht gesehen. Ich habe ihn durch die offene Tür beobachten können. Er hat ihr zwei Löffel gereicht und ist dann aus dem Zimmer wieder raus. Da habe ich gesagt: »Das war aber relativ wenig Nahrung, die Sie der älteren Frau, der Frau Soundso, gegeben haben.« Da sagt er: »Mehr Zeit habe ich nicht.« Und da braucht man gar nicht erst zu fragen, wie viel Zeit da noch für den Bewohner an Betreuung oder Ansprache übrig bleibt. Es ist keine vorhanden.

Frage: Werden durch diesen Zeitmangel vielfach Sondenernährung oder Psychopharmaka als »pflegeerleichternde Maßnahmen« gegeben?

S.: Das ist gang und gäbe. Wobei ich erlebt habe, dass Psychopharmaka, stärkste Psychopharmaka, von verstorbenen Bewohnern in den Schränken der Wohnbereichsleitung gebunkert wurden. Also an jeder ärztlichen Anweisung vorbei und dann praktisch solch schwierigen, unruhigen Patienten nachts gegeben wurden, damit man die ruhig gestellt hat. Das müssen Sie sich mal vorstellen. Das ist menschenverachtend. Natürlich könnte man mit neuen Wohnformen, mit speziellen behüteten Bereichen den Einsatz von Psychopharmaka vielfach vermeiden oder auf ein Minimum reduzieren. Aber da tat sich unsere Geschäftsleitung sehr schwer. So etwas wird nicht genehmigt.

Zur Tagespflege übrigens hat sie sich auch geäußert: »Da kann ich kein Geld mit verdienen.« Das habe ich selbst gehört. An dieser Äußerung erkennen Sie die reine Gewinnorientierung des Trägers.

6 Die Kontrolleure

Not im Pflegeheim: Schönt der Medizinische Dienst die Lage?

Jahrelang wurde die Situation in deutschen Pflegeheimen heruntergespielt und verharmlost. Schon Anfang 1999 geisterten »Horrorgeschichten« über deutsche Pflegeheime durch die Presse. Schlagzeilen wie »Nur nicht alt werden« oder »Exitus durch Vernachlässigung« machten die Runde. Der »Presseservice Gesundheit« befragte damals Martina Sitte vom AOK-Bundesverband zu dieser Problematik. Sie räumte zwar ein, dass »einige Fälle von miserabler Pflege aufgedeckt wurden«, betonte aber ausdrücklich, dass »es sich hierbei um einige wenige schwarze Schafe« handle: »Die große Mehrheit der Pflegeeinrichtungen leistet eine gute Arbeit. Das liegt auch daran, dass wir bei der stationären Pflege in puncto Qualitätssicherung weiter sind als in anderen Bereichen der Sozialversicherung – obwohl die Pflegeversicherung im Vergleich zu den anderen noch sehr jung ist. Letztlich war die Qualitätssicherung ja auch der Auslöser dafür, dass Missstände ans Tageslicht gekommen sind.«

Bis heute aber, stellen wir fest, funktioniert die angesprochene Qualitätssicherung nicht. Missstände sind an der Tagesordnung und mutige Angehörige auf sich selbst gestellt, wie der nächste Fall belegt.

Kaffeekränzchen bei Doris Odelga und ihrer Mutter. Immer wieder holt die Tochter die pflegebedürftige Frau zum Kaffee nach Hause. Die alte Dame lebt in einem Pflegeheim, weil sie schwer dement ist und intensive Betreuung braucht. Lange Zeit war die Dreiundneunzigjährige in einer Einrichtung unter menschenunwürdigen Bedingungen untergebracht, erzählt die Tochter. Einmal entdeckte Doris Odelga bei ihrer Mutter eine Druckstelle, die schnell zu einem schmerzhaften offenen Geschwür, einem Dekubitus, hätte werden können. Sie ist davon überzeugt, dass ihre Mutter im Heim vernachlässigt wurde: »Meine Mutter gäbe es heute nicht mehr, wenn ich nicht nach ihr geschaut hätte. Sie wäre nicht mehr da.«

Sie zeigt uns die Medikamente, die ihre Mutter im Heim einnehmen musste, und breitet sie auf dem Küchentisch aus. Jetzt ist er voll – ein Sammelsurium aus Tropfen und Tabletten. Allein die Menge der Arznei, darunter auch starke Psychopharmaka, gibt zu schlimmsten Befürchtungen Anlass. Damit, sagt Doris Odelga, sei die alte Dame ruhig gestellt worden.

Deshalb hat sie für ihre Mutter eine neue Einrichtung gesucht und gefunden. Der Hausarzt dort verzichtete auf fast alle Medikamente. Sofort ging es Doris Odelgas Mutter wieder besser. Sie war glücklicher. »Und das kann ich nur allen sagen, die Angehörige haben in Heimen: Schaut da nach! Schaut nach euren Leuten! Die brauchen euch«, rät die Tochter dringend allen, deren Angehörige in Pflegeheimen leben. 3000 Euro im Monat für so eine Pflege seien Wucher. Von einer Qualitätssicherung in der Pflegeeinrichtung hat sie nichts bemerkt.

Alt werden in Deutschland – ein heikles Thema. Aber wie schlimm ist der Pflegenotstand in Deutschland wirklich? Die Mühlen der Politik mahlen bekanntermaßen langsam. Und wenn sie sich in Bewegung setzen, dann auch nicht immer effizient. 2002 trat das sogenannte Pflegequalitätssicherungsgesetz in Kraft. Es schreibt unter anderem vor, dass alle drei Jahre ein Bericht erstellt wird, der über den Stand der Pflege in Deutschland informieren soll. Erfahren wir, erfährt die Politik wirklich, wie es um die Pflege in Deutschland steht? Denn das müsste sie, um endlich Missstände abstellen zu können. Aber – Fehlanzeige. Der Bericht ist alles andere als eine Hilfe für die Betroffenen. Zuständig für die Kontrolle der Pflegequalität in Heimen ist unter anderem der Medizinische Dienst der Krankenkassen. Zum ersten Mal legte ihr Spitzenverband, der MDS, 2004 Zahlen über den Zustand in der Pflege vor.

In seinem Essener Büro blätterte MDS-Chef Peter Pick in seinem Bericht. Er präsentierte damals ein überraschendes Ergebnis. Nur in weniger als zehn Prozent aller Fälle sei die Pflege in Deutschland unangemessen. »In 90 Prozent der Fälle haben wir einen angemessenen Pflegezustand festgestellt«, sagte er vor den Kameras von »Report Mainz«, das 2004 über dieses Thema berichtete. Das bedeute, bei allen Qualitätsdefiziten, die man nach wie vor konstatieren müsse, könne man sagen, dass »die Mehrzahl der Pflegebedürftigen in Deutschland doch angemessen gepflegt« werde.

90 Prozent »angemessene Pflege« in Deutschland. Diese Zahl können wir nicht glauben, weil sie den zehntausenden Briefen und Zuschriften, die in den vergangenen Jahren bei uns eingetroffen sind, widerspricht. Allein die Zahlen in vielen Häusern sind erschreckend: Zwei Pflegekräfte müssen in der Frühschicht 30 Menschen »abfertigen«, in der Nacht versorgen ein bis zwei Angestellte teilweise 90 Pflegebedürftige und mehr. Zahlen, die man sich eigentlich nicht vorstellen kann. Doch sind sie in der gesamten Bundesrepublik gang und gäbe.

Ein Beispiel: Vor drei Jahren fasste Dagmar Ringle den Entschluss, in ihrem Leben etwas zu ändern. Sie bewarb sich als auszubildende Altenpflegerin. Nach mehreren Vorstellungsgesprächen wurde ihr von einem ortsansässigen Pflegeheim ein Job als Pflegehilfskraft angeboten. Selbstverständlich nahm sie die Stelle sofort an. Sie war 45 Jahre alt, als sie sich dieser »neuen Herausforderung« stellte. Dagmar Ringle hatte zwar keine Vorkenntnisse, konnte aber viel Lebenserfahrung in den neuen Job einbringen. Altenpflege war ein Herzenswunsch, den sie seit Kindertagen hatte. Hier ihr Erfahrungsbericht:

In der ersten Woche war ich zum Frühdienst eingeteilt. Der Dienst begann um sechs Uhr morgens. An den ersten drei Tagen wurde ich von drei verschiedenen Mitarbeitern eingearbeitet. Am vierten Tag sollte ich bereits alleine arbeiten. Es galt, zehn Bewohner bis acht Uhr gewaschen und aus dem Bett zu haben, da um acht Uhr das Frühstück kommt. Beginnen sollte ich mit den Bewohnern, die noch mobil waren und zum Frühstück in den Speisesaal gehen. Ausgerüstet mit dem Abwurfeimer, einer Waschschüssel und einem Wäschekorb, stürzte ich zu mir völlig fremden alten Menschen ins Zimmer, denen ich genauso fremd war, und führte die mir aufgetragene Arbeit durch. Es begann ein Marathon unter einem enormen Zeitdruck, der mich fast zu erdrücken schien. Und das Tag für Tag, als Hilfskraft ohne Kenntnisse, aber mit riesiger Angst, eine Notsituation nicht zu erkennen. Es gelang mir immer, pünktlich fertig zu werden, und so konnte ich dann den Bewohnern, die ihr Bett nicht mehr verlassen konnten, das Frühstück eingeben. Zum ersten Mal in meinem Leben machte ich die Erfahrung mit »in Kaffee oder Kakao getränkten« Frühstücksbroten. Die essen sich schneller. Es irritierte mich, und ich war entsetzt darüber. So ein Essen hatte ich selbst meinen Kindern nicht gegeben und hätte es selbst auch nicht essen wollen. Im Schnellverfahren bekamen die Bewohner ihr Essen eingeflößt, immerhin mussten Schränke aufgefüllt, Betten gemacht und Zimmer aufgeräumt werden. Zeit für die Bewohner blieb nur während der Pflege. Gespräche mit ihnen waren zeitlich begrenzt und konnten nie wirklich zu Ende geführt werden. Meine Dienste wechselten ständig, und ich lief sehr schnell in diesem routinierten Ablauf mit. In meinem Innersten fühlte ich mich nicht wohl und versuchte durch Gespräche mit der Stationsleitung oder Kolleginnen, meine Empfindungen darzustellen, ohne dabei zu bemerken, dass ich mich damit selber abschoss. Es herrschte ein rauer Umgangston – sowohl unter den Kollegen als auch teilweise den Bewohnern gegenüber. Stress regiert die Arbeit. So hatte ich mir das nicht vorgestellt. Das war doch keine Pflege!!! Die uns anvertrauten Bewohner waren diesem System völlig ausgeliefert. Glück hatten nur die, bei denen es noch Familie gab, die sich einbrachte und präsent sein konnte. Trotz dieser erschreckenden Arbeitssituation freute ich mich täglich auf die Bewohner, die mir viel zu schnell ans Herz gewachsen waren. Immer wieder versuchte ich mich selbst neu zu motivieren und hoffte, dass es eines Tages besser wird und der Druck nachlässt. Von den Bewohnern bekam ich immer häufiger positive Rückmeldungen (was natürlich zu Neid unter den Kollegen führte; schließlich war ich doch nur eine Hilfskraft), aber erhielt gleichzeitig auch Beschwerden über raue Umgangsformen mit ihnen. Ich hatte ihr Vertrauen gewonnen und glaubte, ihnen helfen zu können, wieder Freude am Leben zu finden. Die Station verfügte über 34 Betten. An den Wochenenden arbeiteten wir meistens nur zu dritt, und es war wie auf der Jagd. Die Arbeit in der Pflege gestaltete sich für mich immer mehr zu einer »schnellen Abfertigung«. Mit »Pflege« hatte das nicht wirklich etwas zu tun. Mir fiel auf, dass viele Bewohner aggressiv waren und sich zu wehren versuchten. Vergebens! Sie kamen nicht dagegen an. Immer wieder verglich ich den Preis, den die Bewohner für ihren Heimaufenthalt zahlten, mit dem, was sie dafür bekamen. Das Preis-Leistungs-Verhältnis stimmte nicht. Für einen lausigen Lohn wurde ich aus meiner Sicht wie eine Vollzeitkraft eingesetzt und war mit all der Verantwortung, die man mir aufgelastet hatte, völlig überfordert. Der Gedanke und die Erkenntnis, dass das nicht dem entspricht, was ich mir unter dem Beruf »Altenpflegerin« vorgestellt hatte, festigte sich im Laufe der Zeit immer mehr. Ich war mir plötzlich nicht mehr so sicher, ob ich mit meiner Berufswahl die richtige Entscheidung für mich getroffen hatte. Mit vielen Dingen, denen ich im Pflegealltag begegnete, konnte und wollte ich mich nicht identifizieren. Für die Interessen und Bedürfnisse der Bewohner fand kaum jemand Zeit. Vielmehr wurde der Fokus auf die Dokumentation gelegt.

Große Hektik brach aus, als sich der MDK zu einer Überprüfung angemeldet hatte. Immerhin hatte sich das Haus um ein Zertifikat beworben. Die Station musste auf Vordermann gebracht werden, die Akten wurden noch mal aktualisiert, und alles sollte nach außen hin glänzen.

Ich erinnere mich noch zu genau daran, dass bei einem Bewohner (Pflegestufe III) der Vorhang vom Fenster abgerissen war und er mindestens sechs Wochen lang der Sonne ausgesetzt war, da es keine Reinigungskraft hinbekommen hat, den Vorhang aufzuhängen. Plötzlich hing er wieder. Ebenso habe ich erlebt, dass bei einer Bewohnerin mindestens fünf Minuten lang kaltes Wasser aus der Dusche lief, bis die Temperatur des Wassers erreicht war, mit der die Bewohnerin geduscht werden konnte. Das Haus hat sein Zertifikat bekommen, und ich frage mich, mit welcher Rechtfertigung das geschah.

Die Aussage, dass 90 Prozent der Pflege in Deutschland angemessen seien, ist eine Verhöhnung der engagierten Pflegekräfte, die seit Jahren verzweifelt bemüht sind, ihre katastrophalen, ja zum Teil kriminellen Arbeitsbedingungen öffentlich zu machen. Es ist eine Verhöhnung desillusionierter Angehöriger, die zum Teil anonym versuchen, auf diese Situation hinzuweisen. Und es ist eine Verhöhnung der engagierten Mitarbeiter beim Medizinischen Dienst, denen natürlich solche Zustände trotz aller Verbrämung nicht verborgen bleiben.

Eine dieser engagierten Mitarbeiterinnen sitzt beim Medizinischen Dienst in Bayern. Dr. Ottilie Randzio ist die Ärztliche Leiterin Pflege. Überraschenderweise kritisierte auch sie den Bericht ihres eigenen Spitzenverbands. »Der Bericht vermittelt kein richtiges Bild aus meiner Sicht.« Man könne nicht sagen, dass 90 Prozent der Pflegebedürftigen angemessen gepflegt würden. Schon das Wort »angemessene Pflege« werde hier nicht richtig verwendet: »Unter dem Begriff ›angemessene Pflege‹ verbergen sich viele Bewohner, viele Pflegebedürftige, bei denen wir Defizite feststellen in der Vermeidung von Dekubitusgeschwüren, in der Vermeidung von Defiziten bei der Flüssigkeits- und Nahrungszufuhr«, erklärt Randzio. Und in der Tat finden sich dann auch Zahlen im Bericht, die sich so gar nicht mit den ominösen 90 Prozent vereinbaren lassen. Bei 41 Prozent der Bewohner wurden Mängel hinsichtlich der Ernährungs- und Flüssigkeitsversorgung festgestellt, bei 20 Prozent der Pflegebedürftigen bestanden Qualitätsdefizite in Bezug auf die Inkontinenzversorgung, 43 Prozent der Bewohner wiesen Versorgungsdefizite bei der Dekubitusprophylaxe und -therapie auf. Außerdem gab es bei der Versorgung von demenzkranken Bewohnern in 30 Prozent der Fälle Qualitätsmängel. Hier lauern potenzielle Gesundheitsgefahren.

Im Klartext: Es ist alles viel schlimmer. Vier von zehn Heimbewohnern bekommen nicht genügend zu essen und zu trinken, Untererernährung droht. Vier von zehn pflegebedürftigen Menschen laufen Gefahr, eine Druckstelle zu bekommen, und so weiter. Auch das sagt der MDS-Bericht. Dennoch werden diese Defizite als »angemessene Pflege« bezeichnet.

»90 Prozent angemessene Pflege« – diese Aussage geht selbst der bayerischen Sozialministerin Christa Stewens zu weit. Als erste Politikerin kritisierte sie auf dem Münchener Pflegestammtisch massiv das Zahlenwerk des MDS. »Selbst wenn das Ergebnis stimmen würde, würde ich sagen, zehn Prozent sind letztendlich auch zu viele Beanstandungen. Denn hinter zehn Prozent stecken jeweils auch immer Einzelschicksale. Ich möchte nicht bei den zehn Prozent sein, um es mal ganz ehrlich zu sagen.«

Der Bericht des MDS soll der Bundesregierung Zahlen und Fakten liefern, wie es um den Zustand der Pflegebranche in Deutschland bestellt ist. Fest steht: Je besser die Zahlen sind, desto weniger Handlungsbedarf hat die Politik.

Deshalb fragen wir uns: Wie kamen sie zustande? Wie seriös sind diese Zahlen? Uns gegenüber betonte Frau Stewens im Dezember 2004, dass ein Großteil der Überprüfungen des Medizinischen Dienstes angemeldet vorgenommen wurde: »Und ich halte von angemeldeten Kontrollen überhaupt nichts.« Daher sei der Bericht nach ihrer festen Überzeugung »das Papier nicht wert«, auf das er geschrieben wurde.

Hauptkritikpunkt der Ministerin ist also das Anmelden der Kontrollen. Außer im Freistaat Bayern kündigen sich die Medizinischen Dienste fast überall Tage im Voraus bei den Heimen an. Und was das heißt, erfahren wir von einem Insider, einem Altenheimkontrolleur, der aus Sorge um seinen Job anonym bleiben möchte. Auch in seinem Bundesland prüft der Medizinische Dienst vorwiegend angemeldet. »Wir werden sehr oft beschissen bei angemeldeten Kontrollen«, erzählt er uns. Die Pflegedokumentationen seien dann fast immer manipuliert worden. Es würden Eintragungen gemacht, die mit dem vorgefundenen Zustand der Bewohner nicht übereinstimmen.

Denn wo, außer in Pflegeeinrichtungen, gibt es angemeldete Überprüfungen? Bei der Fahrkartenkontrolle in der U-Bahn? Bei Kontrollen in Schlachthöfen, in denen Gammelfleisch lagert? Bei den Überprüfungen von Gaststätten durch das Gesundheitsamt? Bei der Steuerfahndung? Oder man stelle sich vor, die Drogenfahndung würde eine zuvor angekündigte Heroinrazzia durchführen! Wie naiv muss man eigentlich sein, um ernsthaft zu glauben, dass Kontrollen, die man vorher anmeldet, der Wahrheitsfindung dienen könnten? Oder geht es nur darum, irgendwie den gesetzlich vorgeschriebenen Auftrag zu erfüllen?

Allein die Tatsache, dass es politisch erlaubt ist, nach Vorankündigung zu kontrollieren, gibt ein klares Signal: Man verschließt vor der Realität die Augen!

Für Peter Pick zählen all diese Argumente nicht. Gebetsmühlenartig verteidigte der MDS-Funktionär 2004 angemeldete Kontrollen: »Wir wollen auch nicht alle Pflegeheime unter einen großen Verdacht stellen, dass alles schlecht läuft.« Denn dann müsse man mit unangemeldeten Prüfungen arbeiten. »Das wollen wir nicht, und das halten wir auch nicht für sinnvoll.«

Ottilie Randzio konnte diese Aussage kaum glauben. Auf einer Veranstaltung in München betonte sie, dass in Bayern seit Jahren alle Heime unangemeldet kontrolliert werden. Dabei ziehen Sozialministerium und Medizinischer Dienst an einem Strang. Seither habe sich die Pflegequalität deutlich verbessert. »Als wir angefangen haben, durchwegs unangemeldet zu prüfen, haben wir wesentlich häufiger eine defizitäre Pflege, also eine schlechte Pflege, Mangelpflege vorgefunden. In der Zwischenzeit finden wir das deutlich weniger vor«, zieht Randzio Bilanz. Im Klartext heißt das: Wer Missstände in Pflegeeinrichtungen sucht, findet sie auch – problemlos. Und erst wenn diese Übel bei der Wurzel gepackt worden sind, kann die Qualität in den Einrichtungen verbessert werden.

An Negativschlagzeilen haben Politik, Krankenkassen und Heimträger kein Interesse. Folglich versuchen sie die Missstände in den Einrichtungen herunterzuspielen. Der MDS-Bericht hat ihnen die passenden Zahlen dafür geliefert. Bayerns Sozialministerin Christa Stewens kritisierte dieses Vorgehen 2004: »Also, nach meiner festen Überzeugung ist der MDS-Bericht nicht seriös und auch nicht belastbar in seinen Aussagen. Ich halte es für wesentlich besser, wenn wir die Augen aufmachen, die Situation in der Pflege exakt beschreiben und danach gemeinsam nach Verbesserungen suchen.«

Doris Odelga ist eine Angehörige, die sich kümmert. Sie hat die Pflegemängel bei ihrer Mutter erkannt: Mängel, in der medikamentösen Versorgung und der Dekubitusprophylaxe. Geht man nach dem Bericht des MDS, dann handelt es sich womöglich auch hier um »angemessene Pflege«.

Angemeldete Kontrollen: Wie ein Heimleiter den MDK austrickst

Sein Herz schlägt für Schalke 04 und für alte Menschen. Helmut Wallrafen-Dreisow ist Fußballfan und Geschäftsführer einer städtischen Sozialholding in Mönchengladbach, zu der mehrere Pflegeheime gehören. Seine Begeisterung für den Ruhrpottclub ist leicht zu erklären, denn den Königsblauen wird große Volksnähe nachgesagt. Genau damit kann sich Helmut Wallrafen-Dreisow identifizieren. Der umgängliche Geschäftsmann, der gerne einen Dreitagebart trägt, hat daraus eine eigene Philosophie für seine Einrichtungen abgeleitet. Wallrafen-Dreisow steht für ehrliche, harte Arbeit und für die Nähe zu alten Menschen.

Diese Tugenden erwartet er auch von seinem Umfeld und seinen Angestellten.

Die Sozialholding Mönchengladbach beschäftigt insgesamt knapp 1100 Personen, davon rund 100 Auszubildende. 1995 wurde sie im Rahmen der Einführung der Pflegeversicherung privatisiert und in eine GmbH umgewandelt. Damit wurden alle städtischen Angebote aus den Bereichen Pflege und Altenhilfe zusammengefasst. »Entstanden ist ein Unternehmen, das unter einem Dach die wichtigsten sozialen Handlungsfelder schnell, flexibel und unbürokratisch organisiert«, heißt es im Internet. Alle Managementaufgaben werden in Mönchengladbach zentral von der Sozialholding wahrgenommen, die mehrere Tochterfirmen hat. Die größte davon ist die Altenheime GmbH mit sechs Einrichtungen und 631 Plätzen. »Alles wurde neu gebaut, modernisiert und umgebaut in kleingliedrige Wohngruppen«, erklärt Wallrafen-Dreisow. Weitere Unternehmenstöchter sind zum Beispiel die Ambulante Dienste GmbH, in der Tagespflege, Kurzzeitpflege, Essen auf Rädern gebündelt werden, und die Service GmbH. Letztere ist für die Verpflegung in den Heimen zuständig und stellt das hauswirtschaftliche Personal für die Einrichtungen.

Diese Unternehmenskonstruktion hat gewaltige Vorteile für das Management und letztlich auch für die alten Menschen. Denn die Geschäfte im Konzern sind umsatzsteuerfrei, da die Sozialholding als »Organschaft« gilt. »Das heißt, wir können den Kunden diesen Steuervorteil direkt weitergeben. Als städtische Gesellschaft sind wir nicht gewinnorientiert, sondern wir wollen bei einer hohen Qualität einfach zu günstigen Konditionen den Bürgern der Stadt Angebote machen«, erklärt Wallrafen-Dreisow.

Der Pflegemanager muss also keine astronomischen Profite aus dem Betrieb seiner Pflegeheime erwirtschaften. Ein großer Vorteil, denn Gewinnmaximierung würde letztendlich zulasten der Pflegequalität gehen. Daher ist er glücklich, dass hinter seiner Holding zu 100 Prozent die Stadt Mönchengladbach steht und er es nicht mit Aktionären zu tun hat, die auf hohe Renditen pochen.

Vor Kurzem bekam Wallrafen-Dreisow Post. Nachdem er den Brief des Medizinischen Dienstes in seinem Büro geöffnet hatte, musste er kurz nachdenken. Der MDK kündigte schriftlich eine Prüfung in einer seiner Einrichtungen an.

Jetzt muss man wissen, dass Wallrafen-Dreisows Pflegeheime zwar alle gut sind, aber ganz mängelfrei natürlich auch nicht. Dies lasse sich von keinem Heim in Deutschland behaupten. Der Geschäftsführer der Sozialholding Mönchengladbach ist sich aber sicher, dass vier seiner sechs Einrichtungen in einem Topzustand sind, wohingegen er zwei selbstkritisch als »nur« befriedigend einstuft. Die Pflege dort sei nicht schlecht, es fänden sich keine gravierenden Mängel, aber die Qualität entspreche einfach noch nicht seinen hohen Anforderungen. Genau in einem dieser Häuser jedoch möchte der Medizinische Dienst in zwei Wochen eine Stichprobenuntersuchung durchführen.

Das Haus, um das es geht, das städtische Altenheim im nordrhein-westfälischen Lürrip, ist ein modernes, fünfgeschossiges Betongebäude aus dem Jahr 1975 mit 152 Plätzen. »Das Pflegeheim ist ein riesiger Kasten, es gibt weite Wege, das Personal kennt sich kaum. Insgesamt ist das Haus baulich nicht optimal, es herrscht große Anonymität«, analysiert Wallrafen-Dreisow unverblümt die Defizite der Einrichtung.

»Am liebsten hätte ich nichts gemacht«, sagt Wallrafen-Dreisow. Das sei am ehrlichsten. Bei einer unangemeldeten Kontrolle im Lürriper Pflegeheim »hätte ich die Note drei plus gekriegt«.

Aber bis zur angekündigten Prüfung durch den Medizinischen Dienst bleibt ja noch eine Frist von zwei Wochen. Genug Zeit, um »noch einmal in die Einrichtung zu fahren und alles zu überprüfen«, sagt Wallrafen-Dreisow. Es sei, wie wenn man sonntags von guten Freunden Besuch bekomme. Da poliere man doch auch seine Wohnung auf Hochglanz, kaufe frisches Obst und stelle frische Blumen auf den Tisch. Und genau das mache er, wenn der Medizinische Dienst sein Kommen ankündige.

Der Pflegemanager ist davon überzeugt, dass er vom MDK eine deutlich bessere Zensur bekommen könnte, als lediglich eine Drei plus – seriös, völlig legal und innerhalb von nur zwei Wochen. Und das will er jetzt beweisen.

Wallrafen-Dreisow mobilisiert die sogenannte Projekt- und Qualitätsabteilung seines Konzerns und schickt sie in das Pflegeheim in Lürrip. Diese interne Kontrollgruppe checkt alle Einrichtungen der Sozialholding Mönchengladbach systematisch viermal pro Jahr, und zwar unangemeldet. Dabei richten die internen Prüfer ihr Augenmerk auf sämtliche Bewohner.

In Lürrip knöpfen sie sich insbesondere die Pflegedokumentationen vor. Daten aus der Vergangenheit wurden selbstverständlich nicht verändert. Aber Wallrafen-Dreisow wollte, dass diese Dokumentationen vom Moment der Prüfungsankündigung bis zur Kontrolle – und danach natürlich auch – professionell und vorbildlich geführt werden. Denn die Qualität einer jeden Einrichtung spiegelt sich normalerweise in diesen Papieren wider, wenn sie korrekt geführt werden. Pflegedokumentationen werden vom Personal regelmäßig erstellt. Darin sind unter anderem alle pflegerischen Leistungen und die verabreichten Medikamente vermerkt. Anhand dieser Listen überprüft der Medizinische Dienst die Pflegequalität des Heims und vergleicht sie mit dem Zustand der Bewohner.

Genau dieser Vergleich aber macht Wallrafen-Dreisow Sorgen, speziell im Haus in Lürrip. »Es passiert ja häufig, dass Personal, wenn es gestresst ist, mehr macht, als es in die Dokumentation einträgt. Es liegt aber auch immer die Gefahr nahe, wenn es keine vernünftigen, seriösen Kontrollen gibt, dass man was einträgt, was man nicht tut. Wie will ich dafür immer die Hand ins Feuer legen? Das kann ich gar nicht. Beide Effekte können passieren«, räumt Wallrafen-Dreisow ein.

Ein Standardeintrag sei zum Beispiel »Die Nacht war ruhig«. Das bedeute aber nicht, dass das Pflegepersonal nichts zu tun gehabt hätte. Gemäß seinen Aufgaben müsste es vielleicht viermal in der Nacht, abhängig vom Krankheitsbild, nach dem Bewohner schauen, viermal eine Leistung erbringen. Eigentlich müsste, so Wallrafen-Dreisow, das Personal viermal schreiben: »Habe mich davon überzeugt, das der alte Mensch schläft.« Dann könnte der Medizinische Dienst bei den Kontrollen die Leistung erkennen. Aber wenn das Pflegepersonal nur schreibe, die Nacht sei ruhig gewesen, dann gehe das nicht.

Umgekehrt gebe es »rebellische Alte«, bei denen Leistungen in die Dokumentation eingetragen würden, die gar nicht erbracht worden seien, weil die Mitarbeiter den Kontakt zu diesen Bewohnern scheuten. So definiert Wallrafen-Dreisow sein Spannungsfeld kurz vor einer Prüfung durch den Medizinischen Dienst.

In Lürrip waren die internen Prüfer der Sozialholding schnell auf Mängel, vor allem in den Pflegedokumentationen, gestoßen. Von diesem Moment an wurden nahezu alle Defizite unverzüglich beseitigt, die Pflegedokumentation vorbildlich geführt. Kostenpunkt der Aktion »MDK-Prüfung«: mehrere tausend Euro.

Und dann kreuzen die Prüfer des Medizinischen Dienstes auf. Wallrafen-Dreisow erzählt, dass bei ihnen schnell eine »positive Stimmung« geherrscht habe.

Nur wenige Wochen später trifft das Resultat der Kontrolle ein, wieder per Post. Helmut Wallrafen-Dreisow ist nicht sonderlich überrascht, als er das Schreiben liest. »Wir haben eine Zwei plus gekriegt in der Bewertung«, sagt er nicht ohne Stolz. Da sich der MDK bei seiner Prüfung aber im Wesentlichen nur auf die letzten 14 Tage konzentriert habe, also die Zeit zwischen Ankündigung der Prüfung und der Kontrolle selbst, sei dieses Ergebnis eigentlich zu erwarten gewesen. »Meine Kritik ist, die hätten nur etwas weiter zurückschauen müssen in den Unterlagen. Dann wäre das zwar auch noch befriedigend gewesen, aber nicht so positiv, wie es jetzt ist«, gibt Wallrafen-Dreisow unumwunden zu.

Die MDK-Prüfer hätten also insbesondere ihr Augenmerk auf den Zeitraum gerichtet, in dem Wallrafen-Dreisows interne Qualitätsbeauftragte das Heim auf Vordermann brachten. »Das finde ich nicht in Ordnung. Aus meiner Sicht müssten die systematisch, wenn die kommen, mindestens ein Jahr zurückgucken, stichprobenartig«, meint der Geschäftsführer. Zuerst habe er laut »Scheiße« gesagt, denn jetzt sei er in einem »Spannungsfeld« gefangen. Denn Wallrafen-Dreisow hat das MDK-Prüfergebnis ins Internet gestellt. Er sieht Probleme, dieses zu positive Resultat seinen Mitarbeitern zu vermitteln: »Wir haben gesehen, dass es noch einiges an Potenzialen gibt, was unsere Leute besser machen können und müssen. Wenn dann aber so ein Ergebnis kommt und wenn ich das veröffentliche nach draußen, dann veröffentliche ich es auch nach innen – dann sagen die Leute: Chef, was willst du denn, ist doch alles super bei uns! Was regst du dich auf hier – ist doch alles super!«

Und was sagt der Medizinische Dienst dazu? »Ich werde der Erste sein, der sich darüber beschwert, dass sich die MDK-Prüfer im Wesentlichen auf die letzten zwei Wochen konzentriert hatten«, sagt Wallrafen-Dreisow und schaut jetzt entschlossen-grimmig drein. Er will etwas bewegen in der Szene. Wallrafen-Dreisow ist Deutschlands erster Pflegemanager, dem die zu laxen Kontrollen sauer aufstoßen. Damit beschreitet er einen ungewöhnlichen Weg, den sich nur gute Einrichtungen leisten können. Der MDK Nordrhein spielt die Sache herunter. Auf unsere Anfrage teilt man uns schriftlich mit, dass die Pflegedokumentation »vom Prüftag an rückgerechnet für einen Zeitraum von drei Monaten geprüft« werde. So sei auch bei der Qualitätsprüfung am 8. März 2007 im städtischen Altenheim Lürrip in Mönchengladbach verfahren worden. Der Vorwurf aber, dass bei der Prüfung dieser Einrichtung nur zwei Wochen schwerpunktmäßig gecheckt wurden, wird mit dieser Antwort nicht entkräftet.

Wallrafen-Dreisow will jetzt noch einen Schritt weiter gehen. Denn der Fehler stecke im System. Und genau da setzt seine Kritik an. Als einer von ganz wenigen Pflegemanagern fordert er als Konsequenz aus seinem Fall »unangemeldete Kontrollen« durch den Medizinischen Dienst und die Heimaufsicht bundesweit: »Voraussetzung ist natürlich, dass von allen Medizinischen Diensten ein gleiches Muster zugrunde gelegt wird. Ich muss Äpfel mit Äpfeln vergleichen«, sagt er. Gleichzeitig plädiert Wallrafen-Dreisow für erheblich stärkere Sanktionen für Einrichtungen, die die Qualitätsnormen nicht erfüllen und bei denen Missstände Standard sind. Es könne ja nicht sein, dass der Kunde auf jeden Fall immer »volles Geld« zahlen müsse, der Träger aber nicht die »volle Qualität« liefere.

Die bislang erhobenen Sanktionen aufgrund der vom Medizinischen Dienst festgestellten Defizite in Pflegeeinrichtungen seien »ein Witz«, so Wallrafen-Dreisow. Die Situation von Heimträgern sei vergleichbar mit der von Ölreedern. Die Reinigung eines »Öltankers« koste bedeutend mehr als die verhängte Strafe, wenn man beim Verklappen erwischt werde. »Wer ist denn so bekloppt und macht das ordentlich?«, spottet Wallrafen-Dreisow. Betriebswirtschaftlich werde ein Reeder förmlich dazu gezwungen, die Meere zu »verseuchen«. Die Sanktionspraktiken der Pflegekassen würden den Heimen vergleichbar wenig Anlass bieten, wirklich gut zu arbeiten. Nur selten würden schlechte Einrichtungen so bestraft, dass es den Verantwortlichen wirklich wehtue. Deshalb ist er für schärfere Maßnahmen gegen die schwarzen Schafe in der Branche. »Da müsste richtig Knete bezahlt werden. Entweder ausgeschüttet an die Bewohner oder in einen Topf für Not leidende alte Menschen.«

Kritik übt er auch an der Politik. Die Volksvertreter hätten große Angst, für gute Qualität in Pflegeheimen mehr Geld ausgeben zu müssen. Viel mehr als das interessiere sie nicht. »Wenn man mit denen spricht, hat die Hälfte der Politiker noch nie ein Altenpflegeheim von innen gesehen. Wenn die es mit Heimleitern zu tun haben, dann höre ich immer wieder: Es geht nicht, geht nicht, ach, wie schwer, ach, wie schwer«, analysiert der Pflegemanager. Dann stelle er sich immer wieder die Frage, warum Politiker das Geschäft eigentlich machen.

Fazit: Innerhalb nur weniger Tage schaffte es ein Heimträger, seine Einrichtung und die Pflegedokumentation in einen Topzustand zu versetzen, nachdem eine Kontrolle durch den Medizinischen Dienst »drohte«. Dadurch bekam er eine gute Bewertung seitens des MDK, die ansonsten ohne vorheriges »Aufpolieren« wohl nur mäßig ausgefallen wäre. Helmut Wallrafen-Dreisow ist ein Vorreiter auf dem Weg zu mehr Transparenz.

Angst hat er keine mehr. Nicht vor dem MDK, bei dem man sich nach seinem »Outing« möglicherweise brüskiert fühlt und die Einrichtungen der Sozialholding vielleicht besonders kritisch unter die Lupe nimmt. Nicht vor anderen Heimträgern, die gerne weiter im Dunkel der Anonymität arbeiten möchten und ihn jetzt als Sonderling der Branche ausgrenzen könnten. Und schon gar nicht vor den »alten Menschen« und ihren Angehörigen, denn vor ihnen hat er nichts zu verbergen. Wer wolle, so Wallrafen-Dreisow, könne sich unangemeldet in seinen Einrichtungen umsehen.

Hier denkt der Pflegemanager anders als viele seiner Kollegen. Er fordert Transparenz und die Veröffentlichung von Prüfberichten, auch wenn das Ergebnis schlecht ausfallen sollte. Gleichzeitig aber will er erreichen, dass Heimaufsicht und Medizinischer Dienst unangemeldet kontrollieren.

Wallrafen-Dreisow ist gut gelaunt, und dies nicht nur wegen seines Experiments. Am Wochenende hat nämlich auch noch Schalke 04 in der Bundesliga gewonnen.

Warum die Praxis angemeldeter Kontrollen nicht aufgegeben wird

Im August 2007 erschien der zweite Prüfbericht des Medizinischen Dienstes. Wieder ist darin die Rede davon, dass der Pflegezustand bei 90 Prozent der Pflegeheimbewohner »angemessen« und nur bei 10 Prozent »unangemessen« sei.

Und wieder einmal wurden katastrophale Zustände in der Pflege offenbart, die allerdings geringfügig besser waren als 2004. Mehr als jeder dritte Pflegefall im Heim (34,4 Prozent) bekommt nicht genug zu essen und zu trinken. 35,5 Prozent der Bewohner werden demnach nicht häufig genug umgebettet und liegen sich wund. Bei 15,5 Prozent diagnostizierten die Prüfer keine angemessene Inkontinenzversorgung. Auch 30,3 Prozent der Demenzerkrankten würden nicht ausreichend betreut. Der MDS-Bericht fasst rund 8000 Qualitätsberichte des Medizinischen Dienstes der Krankenkassen der Jahre 2004 bis 2006 zusammen. Dafür wurde die Situation von mehr als 40000 Pflegebedürftigen in Heimen und zu Hause untersucht.

Wenngleich diese Zahlen bereits Anlass zur Besorgnis geben – die Realität ist wohl noch viel schlimmer. Denn immer basieren diese Angaben vorwiegend auf angemeldeten Kontrollen. Mit anderen Worten: Man hat nichts gelernt. Unser Verdacht verstärkt sich, dass man das wahre Ausmaß der Pflegekatastrophe nicht wissen will. Sie ist sowieso schon fürchterlich genug.

Wir haben im Verlauf unserer Nachforschungen nochmals sämtliche MDKs und den MDS angeschrieben. Ergebnis: In über 55 Prozent aller Fälle kündigen die Prüfer bei Stichprobenkontrollen ihr Kommen immer noch Tage im Voraus an. »Knapp 45 Prozent« der Kontrollen bundesweit seien unangemeldet, schreibt der MDS. Diese Zahlen hören sich eigentlich nicht schlecht an, geben aber ein verzerrtes Bild wieder. Denn beispielsweise der MDK Bayern kontrolliert mehr als die Medizinischen Dienste in anderen Bundesländern. Und im Freistaat finden Kontrollen, wie gesagt, ausschließlich unangemeldet statt.

So hatte Bayern 2005 eine Prüfquote von 34,7 Prozent, während in Sachsen gerade einmal 5,4 Prozent aller Einrichtungen untersucht wurden. Daher sind die Angaben der einzelnen MDKs in den verschiedenen Bundesländern wesentlich aussagekräftiger. Etwa Mecklenburg-Vorpommern. Dort werden im stationären Bereich 75 Prozent der Kontrollen vorher angekündigt. Die Begründungen dafür klingen immer noch so absurd wie Jahre zuvor: Angemeldete Kontrollen werden befürwortet, weil die jeweilige Einrichtung dadurch die Möglichkeit habe, »sich auf die Prüfung vorzubereiten und zusätzliche personelle Ressourcen zu schaffen, sodass die Prüfzeit in der Regel verkürzt werden kann und kompetente Ansprechpartner zur Verfügung stehen«. Der MDS ergänzt und glaubt, dass eine erfahrene Prüfkraft »die meisten Qualitätsmängel« auch dann erkenne, »wenn die Prüfungen angemeldet erfolgen«.

Übertragen auf eine Razzia bei einem Drogenkartell würde das Folgendes bedeuten: Die Dealer könnten schon vor Eintreffen der Polizei das Rauschgift verschwinden lassen. Der Pate und seine Gefolgschaft würden dann treuherzig beteuern, von nichts gewusst zu haben. Dadurch kann die Prüfzeit in der Tat erheblich verkürzt werden. Auch die Behauptung des Medizinischen Dienstes Mecklenburg-Vorpommern, dass sich »die Ergebnisse bezüglich an- oder unangemeldeter Kontrollen kaum unterscheiden«, halten wir für fragwürdig. Nehmen wir doch nur das Beispiel Gammelfleisch. Bei einer einige Tage zuvor angekündigten Kontrolle würden die Schlachtabfälle schnell noch zu Döner verarbeitet oder vernichtet werden. Im Verlauf der Überprüfung wären dann die Lager ordentlich mit Frischfleisch gefüllt. Mängel gäbe es selbstverständlich keine.

Immerhin: Einige Bundesländer denken jetzt um, wie zum Beispiel Rheinland-Pfalz. Dort wird inzwischen nur noch unangemeldet kontrolliert. Es stoße auf großes Unverständnis in der Öffentlichkeit, dass Kontrollen in der Regel angemeldet erfolgen. »Auch wenn praktische Gründe dafür sprechen mögen, finde ich das nicht mehr vermittelbar«, sagte Sozialministerin Malu Dreyer.

Der Fall »Pro Seniore«

Ein Beispiel: Beim wohl größten privaten Träger, »Pro Seniore«, werden nach Aussagen mehrerer Pflegekräfte Pflegedokumentationen sogar gefälscht, um die Einrichtung bei Kontrollen in einem besseren Licht erscheinen zu lassen. Darüber berichtete 2004 das ARD-Politmagazin »Report Mainz«.

Die Geschichte begann mit der Heimbewohnerin Theresia G. Die Neunundsiebzigährige, die in einem Ulmer Pflegeheim lebte, hatte dramatische Zeiten hinter sich und war ständig auf fremde Hilfe angewiesen. Ihre Tochter Gerlinde Mayer war aber gar nicht einverstanden mit den dortigen Zuständen: »Sie saß manches Mal am Tisch und hatte Kot unter den Fingernägeln.« Außerdem habe sie häufig verschmutzte Kleidung tragen müssen. »Man konnte den Speiseplan bei ihr auf der Kleidung ablesen«, schimpft Gerlinde Mayer.

Dieses Ulmer Heim gehört zur Pro-Seniore-Gruppe. Äußerlich macht die Residenz zwar einen gepflegten Eindruck, dennoch weiß Gerlinde Mayer von weiteren gravierenden Missständen zu berichten. Ihre Mutter sei dauernd gefesselt worden, sowohl im Rollstuhl als auch im Bett, und infolgedessen bewegungsunfähig gewesen. Das Pflegepersonal sei nie mit ihr gelaufen.

Verdeckt gedrehte Amateuraufnahmen aus dem Ulmer Pro-Seniore-Heim, die uns zugespielt wurden, bestätigen Gerlinde Mayers Aussagen. Fast alle alten Menschen sind festgebunden und somit zum Dahindämmern verurteilt. Menschen – abgestellt und alleingelassen. Es sind erschütternde Bilder. Zum Beispiel versucht eine am Rollstuhl angebundene Frau, »rauszukommen«, aber sie schafft es nicht. Für uns ist das ein klarer Verstoß gegen die Menschenwürde, das sind Menschenrechtsverletzungen, und das ist Freiheitsberaubung. Hinzu kommt die Trostlosigkeit dieses Flurs. Er wirkt, als ob hier Menschen endgelagert würden, von der Gesellschaft abgeschoben – im Wartesaal des Todes.

Am 16. März 2004 fanden bei Pro Seniore unangemeldete Kontrollen statt. Mitarbeiter des Medizinischen Dienstes der Krankenkassen und die Heimaufsichten prüften zeitgleich und unangemeldet alle Heime dieses Trägers in Baden-Württemberg. Das Ergebnis: In vielen Heimen wurden gravierende Mängel festgestellt. Uns liegt der Bescheid der Pflegekassen, der Pro Seniore zugestellt wurde, vor.

Auszüge:

- »In vier Einrichtungen wurden bei sieben Bewohnern die Wechseldruckmatratzen nicht korrekt auf das Körpergewicht der BewohnerInnen eingestellt.« Es droht also ein Dekubitus.
- »In vier Einrichtungen waren bei sechs BewohnerInnen Unklarheiten zu dem Thema Toilettengänge bzw. Kontinenztraining zu verzeichnen.«
- »In einer Einrichtung waren bei drei BewohnerInnen offene Wunden nicht verbunden.«
- »In acht Einrichtungen wurden bei 19 BewohnerInnen Verbandswechsel beobachtet, die nicht fach- und sachgerecht

durchgeführt wurden. In vier Fällen wurde ohne Handschuhe gearbeitet, 2× wurde keine Schutzschürze verwendet, 3× wurde der alte Verband wieder aufgelegt, nachdem die Wunde begutachtet worden war, in einem Fall wurde die Wunde nach Begutachtung nicht mehr verbunden, stattdessen eine Windel angelegt, 3× wurde der alte Verband in den offenen Mülleimer im Bewohnerzimmer geworfen, ohne dass danach der Müllbeutel gewechselt wurde ... 3× wurde vorher keine Händedesinfektion vorgenommen, in zwei dieser Fälle wurde anschließend mit unsterilen Handschuhen weitergearbeitet. In zwei Fällen erfolgte nach Abnahme des Verbandes keine Händedesinfektion. Einmal wurden die Handschuhe nach dem Verbandswechsel nicht entsorgt, sondern andere Gebrauchsgegenstände damit angefasst.«

- »In fünf Einrichtungen wurden bei 17 BewohnerInnen Pflegemaßnahmen beobachtet, die nicht sachgerecht waren. Im Einzelnen:
  - Hilfe beim Aufstehen durch an der Hose hochziehen. Nasse Netzhose und nasse Hose werden nicht gewechselt, saugende Unterlage wird auf Rollstuhlkissen gelegt.
  - Bewohnerin (hat Diabetes Mellitus Typ II) erhält um 11 Uhr Frühstück (1. Mahlzeit), da so viel Arbeit auf der Station sei, das Personal außerdem knapp.
  - Eine Bewohnerin ist nach Angabe morgens mit dem Rollstuhl, in dem sie fixiert war, die Treppe heruntergestürzt.
  - In einem Fall war kein Sitzkissen/Antidekubituskissen im Rollstuhl (Bewohnerin hatte Dekubitus 2. Grades am Steiß, 2. offene Stelle an rechter Gesäßhälfte,
  - In sechs Einrichtungen war bei neun BewohnerInnen mit Sondennahrung die Mundpflege mangelhaft.
  - In fünf Einrichtungen wurden bei sechs BewohnerInnen ungepflegte Fingernägel (lang und/oder verschmutzt) gesehen.«

Außerdem wurde Pro Seniore im selben Schreiben aufgefordert, unverzüglich sicherzustellen, »dass in der Nacht mindestens eine Pflegefachkraft je Einrichtung im Dienst ist«. Das lässt darauf schließen, dass das bis zu diesem Zeitpunkt nicht immer der Fall war. Zusätzlich habe man dafür zu sorgen, »dass unverzüglich und sachgerecht mit der Verwendung von freiheitsentziehenden Maßnahmen umgegangen wird« und »dass das Pflegepersonal angemessen, vor allem bezüglich der Anrede, mit den BewohnerInnen umgeht«. Mehrere pflegebedürftige Menschen waren offensichtlich geduzt worden. Außerdem seien Bedarfsmedikamente »ohne ärztliche Anordnung« verabreicht und Leistungen dokumentiert worden, die man gar nicht erbracht habe. So sei zum Beispiel ein Vorlagenwechsel dokumentiert worden, obwohl die Bewohnerin gar keine Vorlagen trug. Und vieles mehr.

Diese Auflistung von Missständen ist eine Bankrotterklärung für jedes Pflegeheim.

Seit Jahren ist Pro Seniore im Visier der AOK Baden-Württemberg. Die groß angelegte Kontrollaktion war eine logische Folge sich wiederholender Pflegedefizite. Der stellvertretende Vorstandsvorsitzende der AOK Baden-Württemberg, Christopher Hermann, meinte dahinter ein gewisses System zu erkennen. Eine Vermutung, die dadurch erhärtet werde, »dass Pro Seniore als Träger auch sehr unkooperativ« sei.

Das ist ein großes Problem, denn Pro Seniore ist ein Branchenriese. Auf seiner Internet-Homepage verspricht der Träger eine Pflege, die offensichtlich mit dieser Praxis und den Prüferergebnissen wenig gemein hat: »Seit 1977 stellen wir den Menschen in den Mittelpunkt unserer Arbeit. In bundesweit 106 Einrichtungen mit rund 17 000 Wohn- und Pflegeplätzen bieten wir qualifizierte Pflege, schaffen Qualität und Lebensfreude. Mit der Verbindung von Kompetenz und spürbarer Menschlichkeit haben wir das Vertrauen unserer Bewohner und auch ihrer Angehörigen gewonnen. Nicht zuletzt dieses Vertrauen stärkt uns in unserer Arbeit und motiviert uns, die an uns gestellten Aufgaben optimal zu lösen. Und darauf können Sie sich auch in der Zukunft verlassen. Unser größtes Ziel ist, dass sich die Bewohner in unseren Pro Seniore Einrichtungen körperlich und seelisch bestens ver- und umsorgt fühlen. Dass sie sich wohl fühlen – dass sie sich bei uns zu Hause fühlen.«

Die Wirklichkeit sah zumindest zum Zeitpunkt der Recherchen völlig anders aus. Ein Pflegeplatz bei Pro Seniore kostet in der Regel rund 3000 Euro pro Monat. Pro Seniore ist ein Wirtschaftsunternehmen mit entsprechend hohen Renditeerwartungen. Der Verdacht: Der Gewinn soll auf dem Rücken der alten Menschen oder auch auf dem Rücken des Pflegepersonals gesteigert werden. Um diesen Verdacht zu erhärten, gingen wir einem Vorwurf der AOK Baden-Württemberg, »dass Leistungen dokumentiert wurden, die gar nicht zutrafen«, weiter nach.

Wir treffen zwei Pro-Seniore-Pflegekräfte. Weil sie um ihren Arbeitsplatz fürchten, reden sie nur verdeckt mit uns. Doch sie bestätigen den Vorwurf. Das Personal werde gezwungen, Pflegeleistungen zu dokumentieren, die gar nicht erbracht worden seien. Mit diesem Trick könne Pro Seniore die Pflegekassen abzocken. Aus Angst vor einem Pflegedienstleiter »dokumentieren die meisten Kollegen Dinge, die sie nicht getan haben«, sagt eine Pflegekraft. Das Dokumentationssystem sehe bei drei Mitarbeitern hinterher genauso aus, »als wären sechs Mitarbeiter da gewesen«. Es sei genauso viel dokumentiert. Ein Unding.

Mit diesen Vorwürfen wurde Pro Seniore konfrontiert. Pressesprecher Peter Müller stellte sich damals den Fragen von »Report Mainz« in einer Einrichtung des Konzerns in Homburg an der Saar. Wir hatten den Eindruck, dass für dieses Gespräch alles auf Hochglanz poliert worden war. Zunächst dementierte Müller den Vorwurf, demzufolge Pflegedokumentationen geschönt, gefälscht oder manipuliert worden seien. Auf Nachfrage musste er aber einräumen, dass man für einzelne Mitarbeiter nie »die Hand ins Feuer legen« könne, denn: »Schwarze Schafe gibt es überall.«

Vieles aber sprach dafür, dass es sich nicht nur um einzelne »schwarze Schafe« handelte. Wie schon erwähnt, hatte auch die AOK Baden-Württemberg Unregelmäßigkeiten bei den Pro-Seniore-Pflegedokumentationen bemängelt. »Die Pflegedokumentationen sind nicht so ausgeführt, wie sie ausgeführt sein müssen. Sie sind zum Teil nicht plausibel, nicht nachvollziehbar. Und wir haben auch festgestellt, dass zum Teil Dinge eben nicht gemacht sein konnten, die dokumentiert worden sind. Das ist, wenn man es dann so auffasst, natürlich Betrug«, so Christopher Hermann.

Betrug und schwerwiegende Pflegemängel: Die Liste der Vorwürfe gegen Pro Seniore war lang. Die AOK dachte sogar daran, die Notbremse zu ziehen. »Wenn es dem Träger nicht gelingt, die Verstöße tatsächlich jetzt durchgängig zu beseitigen, wird es zu ernsten Konsequenzen kommen müssen, bis hin zur Schließung von einzelnen Einrichtungen«, so Hermann 2004.

Und heute? Wir fragen nach bei der AOK Baden-Württemberg. Im September 2007 erfahren wir: Pro Seniore habe »teilweise, auch mit Verspätung, die Umsetzung der von den Pflegekassen … geforderten Maßnahmen bestätigt«. Die kontrollierenden Heimaufsichten hätten danach »verschiedene Einrichtungen von Pro Seniore besucht« und die Umsetzung »im Großen und Ganzen« bestätigen können. Was heißt »im Großen und Ganzen«? Nichts Halbes und nichts Ganzes, übersetzen wir. Für die Verbraucher ist nach dieser Auskunft nicht geklärt, ob alle Missstände auf Dauer abgestellt wurden.

Im Juli 2006 geriet Pro Seniore abermals in das Visier der Kontrolleure, diesmal allerdings in Bayern. Medienberichten zufolge hatte der Medizinische Dienst aufgedeckt, dass in der »Pro-Seniore-Residenz« am Nürnberger Europaplatz Bewohner verwahrlost seien und nicht genug zu essen und zu trinken bekommen hätten. Daraufhin hatte die Stadt Nürnberg, so Presseberichte, einen sofortigen Aufnahmestopp gegen das Seniorenheim verhängt.

Wenige Tage später gab das bayerische Sozialministerium bekannt, dass diese Verfügung zwischenzeitlich aufgehoben worden sei. »Aufgrund von Einstellungen von Pflegekräften, der Beschäftigung von Pflegekräften von Zeitarbeitsfirmen, durch Zuordnungen von anderen Pro-Seniore-Einrichtungen in Bayern sowie durch Pflegekräfte des mobilen Teams von Pro Seniore hat sich die personelle Besetzung ausreichend verbessert«, ließ Ministerin Christa Stewens in einer Pressemitteilung verlauten.

Zwischenzeitlich aber wurden in Bayern alle zehn Einrichtungen der Pro-Seniore-Gruppe auf Veranlassung des Ministeriums überprüft. In einer konzertierten Aktion von Heimaufsichten und Medizinischem Dienst wurden 121 der über 1160 in den zehn Einrichtungen aktuell versorgten Bewohner begutachtet. Dies entspricht einer Stichprobengröße von über zehn Prozent. Dabei ergaben sich deutliche Unterschiede im Qualitätsniveau. »Dass nach dem vorläufigen MDK-Bericht bei sechs der zehn geprüften Einrichtungen die Ergebnisse im Bereich der Ernährung und Flüssigkeitsversorgung bedenklich waren, ist ein deutliches Alarmsignal. Für Pflegebedürftige ist – wie für alte Menschen überhaupt – in der aktuellen Hitzeperiode eine ausreichende Flüssigkeitsversorgung enorm wichtig«, erklärte Stewens im Sommer 2006. Und was sagt Pro Seniore dazu? Gegenüber der Dachauer Regionalausgabe der *Süddeutschen Zeitung* sagte Peter Müller, »er wisse gar nicht, welche Einrichtungen bemängelt worden seien«. Die Gespräche mit den Kontrolleuren seien allesamt »nicht dramatisch« verlaufen. »Es gab auch keine Vorwürfe irgendwelcher Art«. Die nun teilweise massive Kritik sei für Pro Seniore nicht nachvollziehbar. Das Unternehmen betreibe Qualitätsmanagement. Mängel oder Probleme könnten Mitarbeiter, Bewohner und Angehörige über die interne Beschwerde-Hotline melden. Dies sei nicht geschehen.

Und warum nicht? Mehrere Mitarbeiter haben uns unabhängig voneinander erzählt, dass sie persönliche Konsequenzen befürchten und daher lieber den Mund halten. Denn bei Pro Seniore herrsche ein »rigoroses Personalmanagement« und ein Klima der Angst.

Wie das aussieht, wird am Fall von Heike Hengl ersichtlich. Die Neununddreißigjährige arbeitete auf der Demenzstation des Nürnberger Pro-Seniore-Heims. Zeitungsberichten zufolge mussten dort zwei Pflegerinnen 22 zum Teil schwerst pflegebedürftige Menschen betreuen. Einen Monat nach den Vorfällen wurde sie in der Münchener *Abendzeitung* porträtiert. »Nachts waren wir sogar alleine«, sagte sie der Zeitung. Für Hilfe beim Essen und Trinken sei fast nie Zeit geblieben, »und wenn, dann ging's nur im Akkord«. Alte Leute seien aus Zeitgründen teilweise sogar »auf dem Klo geduscht« worden. In dem Artikel berichtete sie von den vielen erfolglosen Gesprächen mit der Heimleitung. Nach sechs Wochen habe sie eine Überlastungsanzeige gestellt: »Es war menschenunwürdige Pflege. Ich konnte nicht mehr in den Spiegel schauen.« Pro Seniore wies die Vorwürfe der Pflegerin im selben Zeitungsbericht zurück. »Je nach Situation reichen zwei Pfleger für eine Station mit 22 Bewohnern aus«, wurde Pro-Seniore-Sprecher Peter Müller zitiert. Dem Politmagazin »Monitor« sagte er: »Frau Hengl ist mit Dingen an die Öffentlichkeit getreten, die so nicht stimmen. Sie hat das Gros der anderen Mitarbeiter da in Misskredit gebracht, und das konnten wir so nicht dulden.«

Warum sie andere Mitarbeiter in Misskredit gebracht haben soll, verstehen wir nicht. Heike Hengl verlor ihre Arbeit. Inzwischen habe sie wieder eine neue Stelle, bei einem ambulanten Pflegedienst. »Ein toller Job«, schrieb die *Abendzeitung*. Die engagierte Frau hatte Glück. Und Pro Seniore war eine kritische Mitarbeiterin los.

Kurz vor Redaktionsschluss dieses Buches, im Januar 2008, erreichte uns noch ein Artikel der *Südwest-Presse*. Es ging wieder einmal um das oben beschriebene Pro-Seniore-Heim in Ulm. Die Nachricht schlug ein wie eine Bombe: Die Kranken- und Pflegekassen hätten die Verträge mit dem Ulmer Pflegeheim von Pro Seniore aufgrund von Pflegemängeln gekündigt. Vom 31. Oktober 2008 an werde nicht mehr der volle Pflegesatz bezahlt. Pro Seniore bereite Klagen vor, heißt es dort. Offensichtlich eskaliert der Streit, es geht in die nächste Runde.

Die Heimaufsichten

Wie die Medizinischen Dienste überprüfen auch die Heimaufsichtsbehörden Einrichtungen turnusmäßig (Regelüberwachungen) oder anlassbezogen (bei Hinweisen auf Missstände). Außerdem sollen sie Beratungen für Pflegebedürftige, von Pflegebedürftigkeit Bedrohte, Heimbewohner sowie deren Angehörige und Betreuer anbieten.

Die Zuständigkeit für die Heimaufsicht ist je nach Bundesland sehr unterschiedlich organisiert. Zum Teil sind die Heimaufsichtsbehörden direkt den obersten Landesbehörden unterstellt, wie im Saarland und in Berlin. In anderen Bundesländern sind die Landratsämter oder die Verwaltungen kreisfreier Städte dafür zuständig, wie zum Beispiel in Bayern. In Bayern gibt es insgesamt 96 Heimaufsichtsbehörden.

Das Heimgesetz definiert Mindeststandards, so etwa die Ausstattung mit Personal und bauliche Normen. Die Heimaufsicht hat diese zu kontrollieren und kann gegenüber dem Träger eines Heims Anordnungen erlassen, wenn festgestellte Mängel nicht beseitigt werden. Im Extremfall droht die Schließung von Häusern. Im August 2007 berichtete die *Frankfurter Rundschau* darüber, dass die hessische Heimaufsicht »drei Einrichtungen den Betrieb« untersagt habe, weil »sie ihre Patienten vernachlässigt« hätten.

Ein solch hartes Durchgreifen bei Missständen sei aber eher die Ausnahme, hören wir. Meistens würden bei Kontrollen so gut wie keine Defizite festgestellt.

Ein Beleg dafür ist ein Artikel vom März 2007 im *Westfälischen Volksblatt*. Demnach legte die Heimaufsicht im Kreis

Paderborn einen Pflegebericht für 47 Heime mit insgesamt 2096 Plätzen vor. Angeblich habe es dort »keine eklatanten Mängel oder Missstände gegeben«. Wird in Paderborn also besser gepflegt als im Rest der Republik? Oder drückt die Heimaufsicht in der Bischofsstadt schon mal ein Auge zu?

Im Durchschnitt werde dort jede Einrichtung einmal pro Jahr überprüft. Bei einer Kontrolle schaue sich die Aufsicht in der Regel unangemeldet einige Stunden lang alles an. »Grundsätzlich ist die Versorgung sichergestellt«, sagte Landrat Manfred Müller der *Neuen Westfälischen Paderborner Kreiszeitung*. Aber auch dort gebe es »Einzelfälle« von unzureichend versorgten Menschen. Bei Mängeln erhalte die betroffene Einrichtung einen Maßnahmenkatalog, der später nochmals überprüft werde. Außerdem komme die Heimaufsicht, wenn sich Angehörige beschwerten.

Konsequenzen hatte aber keine einzige Pflegeeinrichtung zu befürchten, nicht einmal in den angesprochenen »Einzelfällen«. Das geht aus dem Tätigkeitsbericht der Heimaufsicht hervor. Kein Wunder, denken wir: In der Heimaufsicht Paderborn arbeiten zwei Verwaltungskräfte und nur eine examinierte Altenpflegerin, also in der Mehrzahl fachfremde Personen. Wir fragen uns: Wie sollen Verwaltungskräfte die Situation in Pflegeeinrichtungen korrekt beurteilen?

Deshalb wenden wir uns an den zuständigen Medizinischen Dienst der Krankenversicherung Westfalen-Lippe, die zweite Kontrollinstanz. Kann es sein, dass in Paderborner Pflegeheimen fast alles in Ordnung ist. Wir erhalten eine überraschende Antwort:

»In all den Jahren, in denen in Westfalen-Lippe durch den MDK Qualitätsprüfungen durchgeführt werden, sind bisher erst eine geringe Anzahl von Einrichtungen in Paderborn geprüft worden. Bezogen auf diese zahlenmäßig nur geringe Anzahl der geprüften Einrichtungen eine Wertung/Einschätzung abzugeben, würde den Datenschutz der jeweiligen Einrichtung verletzen und sofort erkennen lassen, um welche Einrichtung es sich handelt. Ich bitte um Verständnis, dass wir dies zum Schutze der Einrichtungen nicht offenlegen können.«

Wir sind fassungslos: Die Heimaufsicht in Paderborn arbeitet mehrheitlich mit Verwaltungsangestellten und kommt, mit Ausnahme der ominösen Einzelfälle, zu einem Jubelergebnis für alle Heime nach dem Motto »Alles geprüft, alles in Ordnung«.

Und auch der MDK Westfalen-Lippe hat in Paderborn versagt: Es wurden kaum Einrichtungen überprüft. Dies ist nach mehr als zehn Jahren Pflegeversicherung ein ausgewachsener Skandal. Pflegebedürftigen und Angehörigen wird hier ein Qualitätsstandard vorgegaukelt, der fraglich ist oder nicht einmal zahlenmäßig (MDK) untermauert werden kann. Wenn der MDK hier vom Schutz »der Einrichtungen« spricht, muss man sich fragen, warum niemand den »Schutz« der alten Menschen einfordert.

Wir nehmen die Fährte auf und entdecken dabei, dass sehr viele Heimaufsichten auf Verwaltungskräfte setzen, wie zum Beispiel auch im niedersächsischen Wilhelmshaven. Dort verwendet die Behörde ein »Heimschau-Protokoll«, das genauso gut von der Bäckerinnung stammen könnte. Wir fanden es im Internet, veröffentlicht von einer geprüften Einrichtung. Mitarbeiter von Heimaufsichten in anderen Bundesländern mussten herzhaft lachen, als wir ihnen das Papier zeigten. Darin werden nur belanglose Fragen gestellt, zum Beispiel, ob Handläufe vorhanden sind oder ob die Einrichtung sauber ist. Vor allem die letzte Frage ist, wie bereits erläutert, schon deshalb absurd, weil das Heim angemeldet überprüft wurde, und vor derartigen Kontrollen schwärmen häufig vorab ganze Putztrupps in den Pflegeheimen aus. Die Frage nach der Sauberkeit müsste nur bei unangemeldeten Kontrollen gestellt werden. Ob es den alten Menschen »gut« oder »schlecht« geht, wird aus diesem Bogen nicht ersichtlich.

Dieter Kilian darf sich zwar »Chef der Heimaufsicht« in Wilhelmshaven nennen, er ist aber ein Einzelkämpfer, da er den Posten als 0,4-Stelle innehat. Das heißt: Neben seinem Job bei der Heimaufsicht muss er noch andere Aufgaben erledigen. Der Verwaltungsbeamte ist offiziell »Stadtamtsrat« und auch für die Altenhilfe und die Betreuungsstelle zuständig. Sein Abteilungsleiter vertritt ihn, wenn er krank ist oder Urlaub hat.

Insgesamt hat er sich um 27 Altenpflegeheime mit zusammen 1163 Plätzen, eine Tagespflegeeinrichtung mit 15 Plätzen, zwei Altenheime mit zusammen 158 Wohneinheiten sowie zwei Kurzzeitpflegeeinrichtungen mit insgesamt 20 Plätzen zu kümmern.

Früher arbeitete er im Bauverwaltungsamt, in der Gewerbeabteilung und als ABM-Koordinator. Er ist also ein Seiteneinsteiger in Sachen Pflege, aber einer mit viel Engagement. Er will alles richtig machen. Am späten Freitagnachmittag schreibt er uns noch eine E-Mail als Beleg, dass er »nicht wie viele Kolleginnen und Kollegen fluchtartig um halb eins das Büro« verlasse. Er selbst bezeichnet sich als »Workaholic«. »Das geht manchmal auch an die Substanz«, teilt er uns mit, sodass er von seiner Frau, einer examinierten Altenpflegerin, regelmäßig gefragt werde, ob er mit ihr oder seinem Job verheiratet sei. »Sie können sich vorstellen, dass sie des Öfteren mit der ›Heimaufsicht‹ Gespräche führt und mich immer wieder darauf hinweist, wie und was ich bei meinen Heimprüfungen noch anders gestalten kann und wo man genau hinschauen sollte«, schreibt uns Kilian.

Das oben angeführte Heimschau-Protokoll, das wir im Internet fanden, ist ihm offensichtlich selbst ziemlich peinlich, jedoch nicht wegzuleugnen. Standard sei es aber nicht. »Es wäre natürlich etwas mager und würde meinem Auftrag nicht gerecht«, sagt Kilian. Es sei nur »die Abrundung eines Bildes dieser Einrichtung in überwiegend baulicher Hinsicht«. 2005 und 2006 habe der MDK dort unangemeldet überprüft, aber keine »Pflegefehler« festgestellt. Aufgrund von »Beschwerden« sei er 2006 sogar zweimal unangemeldet dort gewesen. Der »Beschwerdetatbestand« habe sich auch in diesen Fällen nicht bewahrheitet. Kilian habe, so schreibt er, dann von seinem Recht Gebrauch gemacht, diese Einrichtung »aufgrund der Vorgeschichte und der nicht negativen Prüfergebnisse des Jahres 2005/2006 nicht mehr einer umfassenden heimrechtlichen Überprüfung im Jahre 2006 zu unterziehen«, sondern er habe dann »lediglich nur noch die baulichen Gegebenheiten und ein wenig mehr Dinge abgeprüft«. Ab dem 1. Oktober 2007 werde aber in Niedersachsen ein neuer, sehr umfangreicher Prüfbogen eingeführt.

Im weiteren Verlauf seines Schreibens gerät Kilian ins Schwärmen und schildert uns, was er zu leisten imstande ist. Wir sind überrascht, denn das, was er mit seiner knappen »halben« Stelle vorgibt zu machen, schaffen andere nicht einmal mit einem großen Personalstab.

Sein Leistungsnachweis: Bei den gesetzlich vorgesehenen Prüfungen der Heimaufsicht einmal pro Jahr werde jeweils die gesamte Einrichtung einer Prüfung in jeder Hinsicht unterzogen. Wichtig seien auch »Gespräche mit dem Heimbeirat/Heimfürsprecher, den Bewohnerinnen und Bewohnern (BW), so sie es denn möchten, Befragung des Personals (wenn sie es wollen), Inaugenscheinnahme der BW hinsichtlich des Ernährungszustands, Feststellung, ob eine ausgewogene Ernährung gereicht wird, Überprüfung der Einhaltung von Essensintervallen und der vorgeschriebenen Essens- und Trinkmengen, Überprüfung eventueller Fixierungen und das Vorliegen von Beschlüssen dafür, Überprüfung von Medikationsverordnungen und deren Ausführung, Überprüfung von Betäubungsmittel-(BTM-)Verordnungen (in Zusammenarbeit mit der Gesundheitsaufsicht) und Einhaltung der gesetzlichen Aufbewahrungsvorschriften und Handhabung dazu, Überprüfung von Taschengeldkonten der BW, ob dort nicht Missbrauch, durch wen auch immer, betrieben wird«. Weiter kontrolliert Kilian die Dienstpläne und ob beim Personal die Fachkraftquote (ständige Anwesenheit einer Fachkraft) eingehalten wird. Auch überprüfe er, ob es infolge der Pflege zu Dekubitalgeschwüren kommen könne und ob den Bewohnern ausreichend zu trinken gereicht werde.

Neben diesen jährlichen Überprüfungen gehe die Heimaufsicht Wilhelmshaven jeder Beschwerde beziehungsweise jedem Hinweis über eventuelle Missstände nach. »Diese Überprüfungen werden immer unvermutet zu allen möglichen Tageszeiten und auch an Wochenenden (Personalkontrollen) durchgeführt«, so der einzige Mitarbeiter der Heimaufsicht. Der Anteil dieser unvermuteten Überprüfungen habe sich in den letzten Jahren immer weiter erhöht. Adresse und Telefonnummer der Heimaufsicht hängen auch in jeder Einrichtung sichtbar aus. Das ist ihm wichtig. »Ganz aktuell war ich vorgestern erst wieder unvermutet in einer Einrichtung, weil sich eine Bewohnerin an mich gewandt hat«, betonte er.

Wie schon gesagt: Quantitativ ist die Tätigkeit von Dieter Kilian sehr beeindruckend. Und qualitativ? Hierzu nehmen wir uns den Tätigkeitsbericht vom Dezember 2005 vor, den die Heimaufsicht alle zwei Jahre veröffentlichen muss. Aus ihm wird ersichtlich, dass alle 62 Regelüberwachungen angemeldet durchgeführt wurden, nur die 18 anlassbezogenen Prüfungen fanden unangemeldet statt. Große Mängel fand Kilian aber nicht. Wahrscheinlich kann er das auch gar nicht, denn wenn er einen Skandal aufdecken würde, hätte er mit diesem Fall so viel zu tun, dass er vermutlich alle anderen Einrichtungen vernachlässigen müsste. Laut Tätigkeitsbericht verließen kein Bescheid und keine Anordnung die Behörde. Vielleicht sind ja die Heime in Wilhelmshaven besser als im Rest der Republik. Vielleicht aber liegt es auch an der Personalausstattung und der Qualifikation. Hilfe bekommt Kilian nur gelegentlich. Der Chef der Wilhelmshavener Heimaufsicht wird ab und zu von einer examinierten Kinderkrankenschwester des Gesundheitsamts Wilhelmshaven unterstützt, »die bei Bedarf ausgeliehen werden kann«.

Wenig Personal, aber viele Kontrollen: Irgendwie passt das nicht zusammen. Denn Städte oder Landkreise, die auf effiziente Prüfungen Wert legen, statten ihre Heimaufsichten personell besser aus. Politessen, die an Falschparker Strafzettel verteilen, gibt es ja auch mehr als genug. Dort aber, wo es um Menschen geht, wird am Personal gespart. Viele überlastete Pflegekräfte setzen große Hoffnungen in die Heimaufsichten. Häufig aber werden sie aus den oben genannten Gründen enttäuscht. Unsere Forderung: Heimaufsichten müssen fachlich wie personell so ausgestattet werden, dass sie qualifizierte und unabhängige Kontrollen durchführen können. Und: Sollten sie gravierende Missstände feststellen, muss es selbstverständlich auch Konsequenzen für die Pflegeeinrichtungen geben.

Zurück zu Dieter Kilian in Wilhelmshaven: »Sicherlich wäre es schön, wenn auch die Heimaufsicht Wilhelmshaven personell besser bestückt sein würde«, räumt er ein. Dies sei bis vor zweieinhalb Jahren auch der Fall gewesen: »In meinem Sachgebiet war meine direkte Vertreterin und Mitarbeiterin eine ausgebildete Ex-Altenpflegerin und Heimleiterin, die mir mit einem gewissen Prozentsatz neben ihren anderen Aufgaben zur Verfügung stand.« Leider habe sie die Stelle gewechselt, und ihr Posten sei nicht wieder besetzt worden. Auch das ist ein Signal an den engagierten Mitarbeiter der Heimaufsicht und an alle Einrichtungen. Man will das wahre Ausmaß der Missstände offensichtlich nicht wissen und sich mit Prüfungen zweifelhafter Qualität zufriedengeben.

Denn merkwürdig ist: Als wir den Tätigkeitsbericht der Jahre 2002 und 2003 überprüfen, stellen wir fest, dass es in Wilhelmshaven Missstände gab. Überraschenderweise hatte die Heimaufsicht sogar einen harten Kurs eingeschlagen. Damals allerdings arbeitete die ausgebildete Heimleiterin noch in der Behörde mit. So gab es unter anderem zwei Anordnungen gegen Einrichtungen, weil sie die Fachkraftquote nicht erfüllten, was dazu führte, dass eine dieser Einrichtungen zusätzliches Personal einstellte, während beim anderen Haus der Betreiber wechselte. In einem weiteren Fall hatte die Heimaufsicht einem Betreiber die Beschäftigung eines Heim- und Pflegedienstleiters untersagt, weil er »nicht zur Führung der Einrichtung geeignet« sei.

Was lernen wir daraus? Offensichtlich ist die Personalbesetzung einer Heimaufsicht entscheidend. Als eine ausgebildete Heimleiterin dort beschäftigt war, wurden Missstände aufgedeckt und beseitigt. Seit sie durch eine Kinderkrankenschwester ersetzt wurde, die »bei Bedarf« vom Gesundheitsamt ausgeliehen werden kann, gab es wie durch ein Wunder keine gravierenden Missstände mehr. Zumindest waren keine Anordnungen mehr erforderlich.

Es kommt uns so vor, als würde ein Amateurboxer gegen Wladimir Klitschko in den Ring steigen, wenn man nur das Kräfteverhältnis betrachtet. Wie will ein allein kämpfender Verwaltungsbeamter, der kein ausgebildeter Heimleiter ist, in Kooperation mit einer Kinderkrankenschwester gegen große Pflegekonzerne bestehen? Das ist nahezu unmöglich. Daher sind auch alle Angehörigen und gesetzlichen Betreuer aufgefordert, regelmäßig nach ihren pflegebedürftigen Verwandten zu schauen und sich bei Missständen zu wehren. Die Heimaufsichten sind in vielen Fällen personell und fachlich einfach überfordert.

Wie schlimm die Situation inzwischen ist, zeigen Briefe von Pflegekräften, die wir erhalten haben. Sie erleben die Heimaufsicht nicht als scharfe Kontrollbehörde, sondern als »zahnlosen Tiger«. Beispiel gefällig? Hier ist es:

Fällt es denn wirklich nicht auf, dass die dokumentierten Tätigkeiten gar nicht geleistet werden konnten? Wenn sich diese Damen und Herren mal die aktuellen Dienstpläne ansehen würden und dann noch die Relation zwischen Schichtbesetzung und Belegung eines Wohnbereichs untersuchen könnten, dann müsste ihnen eigentlich ein Licht aufgehen. Wenn man dann noch ungefähr eine halbe Stunde Zeit darauf verwenden würde, die geleisteten Verrichtungen mit Minutenwerten zu versehen und diese auf eine Schicht hochzurechnen und anschließend durch die Anzahl der anwesenden Mitarbeiter teilt, dann kommt man ganz schnell auf rechnerische Arbeitszeiten von mehr als 12 Stunden pro Schicht und Mitarbeiter. Ohne Pausen und ohne Nebentätigkeiten wie hauswirtschaftliche Versorgung oder sonstigen Dingen, die auch organisiert werden müssen, versteht sich. Dass dies offenbar noch niemals jemandem aufgefallen ist, lässt mich echt an der Qualifikation und Daseinsberechtigung des MDK und der zuständigen Heimaufsicht zweifeln.

Warum, fragen wir uns, fällt es den Kontrolleuren nicht auf, wenn dokumentierte Tätigkeiten gar nicht geleistet werden konnten?

Beispiel Bayern: Finden wir hier das gleiche Phänomen wie in Paderborn oder Wilhelmshaven? Sind die Heimaufsichten im Freistaat personell wie fachlich völlig unzureichend ausgestattet und daher den an sie gestellten Aufgaben nicht gewachsen?

Glaubt man Bayerns Sozialministerin Christa Stewens, so ist in ihrem Zuständigkeitsbereich alles besser. Sie ist die erste Ansprechpartnerin bei unserer Recherche. »Bei den Heimaufsichtsbehörden handelt es sich um ein multiprofessionelles Team, bei dem Verwaltungskräfte, Pflegefachkräfte, Sozialpädagogen und Ärzte zusammenwirken«, so Stewens. Jedes Teammitglied habe bei einer Heimnachschau unterschiedliche Themenschwerpunkte: »Die Verwaltungskräfte prüfen zum Beispiel die Einhaltung der Fachkraftquote oder die Dienstpläne der Einrichtungen, die Pflegefachkräfte begutachten unter anderem die Pflege der Heimbewohnerinnen und -bewohner und die Pflegedokumentation. Ärzte sind in der Regel mit Fragen der Hygiene in allen ihren Facetten befasst. Sozialpädagogen kommen insbesondere in den Einrichtungen der Behindertenhilfe zum Einsatz. Bei den Verwaltungskräften handelt es sich in der Regel um Beamte des gehobenen Dienstes der inneren Verwaltung oder vergleichbare Angestellte, bei den Pflegefachkräften um Gesundheits- und Krankenpfleger oder um Altenpfleger, bei den Ärzten um Fachärzte des öffentlichen Gesundheitswesens.« Bei der Vergabe der gesamten Heimaufsicht an die Kreisverwaltungsbehörden wurde in Bayern gemeinsam mit diesen Körperschaften der Bedarf an zusätzlichen Stellen beziehungsweise die Höhe des kommunalen Finanzausgleichs ermittelt. Frau Stewens: »Selbstverständlich ist es darüber hinaus jeder Kommune möglich, die Heimaufsicht mit mehr Stellen auszustatten, wie dies etwa im Fall der Landeshauptstadt München erfolgt ist.« Außerdem hätten alle Mitarbeiter der Heimaufsicht an den von der Staatsregierung entwickelten Fortbildungsmaßnahmen teilgenommen. Die Botschaft lautet also: In Bayern sind die Heimaufsichten ausreichend besetzt und die Mitarbeiter hoch qualifiziert.

Das wollen wir testen. Mit einem Dartpfeil werfen wir ungezielt auf eine Bayernkarte. Er bleibt in Regensburg stecken. Am Beispiel dieser Stadt werden wir nun überprüfen, ob die Heimaufsichten tatsächlich so gut ausgestattet sind, wie es uns die Ministerin glauben lassen will.

Im Internet finden wir den aktuellen Tätigkeitsbericht für die Zeit vom 1. Januar 2005 bis zum 31. Dezember 2006. Daraus geht hervor, dass die personelle Ausstattung der Regensburger Heimaufsicht bis Mai 2006 gerade einmal »1,2 Stellen« betrug und seit Juni 2006 eine zusätzliche Verwaltungsperson mit einem Stellenanteil von 0,2857 der Heimaufsicht zugeordnet wurde – eine magere Besetzung, die den Ausführungen der Ministerin nicht im Ansatz gerecht wird. Bei den Begehungen werde die Heimaufsicht zwar »durch sozialmedizinische Assistenten des Gesundheitsamtes« unterstützt. Ärzte dagegen stehen gar nur »im Bedarfsfall für Beratungen« zur Verfügung. Kann man hierbei von einem »multiprofessionellen Team« sprechen? So ist es nicht verwunderlich, dass der Bericht zu einem Urteil kommt, das Pflegebedürftige und ihre Angehörigen im Regen stehen lässt. »Über die vorhandene Betreuungs- und Pflegequalität in den Regensburger Einrichtungen lässt sich weiterhin keine pauschale und abschließende Beurteilung abgeben, da es sich bei Pflege, Betreuung und hauswirtschaftlicher Versorgung um komplexe personenbezogene Dienstleistungen handelt, die von sehr vielfältigen, vor allem auch zwischenmenschlichen Faktoren, und von der fachlichen Qualifikation der Mitarbeiter abhängig ist«, heißt es dort. Eine Bankrotterklärung. Artig stellt die Heimaufsicht den Einrichtungen dennoch einen Persilschein aus. Es gebe »keinerlei Hinweise auf erhebliche systemische Pflegeprobleme und Mängel in Regensburg«, wie sie in den Medien bundesweit beschrieben worden seien.

Wir haben den Eindruck gewonnen, dass viele Heimaufsichten zwar kleinere Defizite erkennen können und diese Mängel manches Mal sogar aufgreifen, aber wegen chronischer Unterbesetzung mit der Bewältigung struktureller Probleme überfordert sind.

Im Prinzip hängt es von der Situation der jeweiligen Kommune ab, wie professionell eine Heimaufsicht arbeiten kann. In einigen Städten, wie zum Beispiel München, sieht das zumindest auf dem Papier relativ gut aus. Dort haben sechs MitarbeiterInnen mehrjährige Berufserfahrung in der Pflege und in der

Leitung von Pflegeeinrichtungen. Alle Häuser in der bayerischen Landeshauptstadt werden aufgrund eines Stadtratsbeschlusses zweimal jährlich unangemeldet überprüft.

Meistens aber sind die Mitarbeiter von Heimaufsichten genauso überfordert wie die Pflegekräfte, deren Arbeit sie überprüfen müssen. In der Fachzeitschrift *A & A* des Berufsverbands Altenpflege berichtete ein Mitarbeiter einer Heimaufsicht vor einigen Jahren anonym, warum gute Einrichtungen bevorzugt würden. »Weniger zum Kontrollieren oder Beraten. Nein – zum Lernen«, sagte der Prüfer. Und weiter: »Sie brachten mir bei, was ich bisher nicht sehen konnte, erklärten ihre wirtschaftlichen Rahmenbedingungen.« Fachkräfte hätten ihm »die richtigen Pflegetechniken« gezeigt oder wie man eine »falsche Lagerung« erkenne. »Oft fühlte ich mich dabei wie ein griechischer Philosoph: ›Ich weiß, dass ich nichts weiß‹«, resümierte der Kontrolleur der Heimaufsicht.

Diese Situation ist absurd. Seit wann erklärt ein Schlachter den Kontrolleuren, was Gammelfleisch ist? Oder ist es vorstellbar, dass ein Schwarzfahrer einem Kontrolleur beibringt, was er überprüfen darf und was nicht?

Wer aber genauer hinschaut, erkennt in der schlechten Personalausstattung und der mangelhaften Qualifikation vieler Mitarbeiter ein System. Unser Verdacht: Die Politik, wozu ja bekanntermaßen auch Landräte und Bürgermeister gehören, hat kein Interesse an scharfen Kontrollen.

Im Jahr 2002 wurde in Bayern die Heimaufsicht von den Regierungen auf die Landkreise beziehungsweise die kreisfreien Städte verlagert. Deren Chefs sind Landräte oder Bürgermeister. Dies sei »eine wegweisende Weichenstellung für die Zukunft«, erklärte Sozialministerin Christa Stewens kurz nach der Entscheidung. Damit würden die Wege zwischen den Heimen und der Heimaufsichtsbehörde kürzer. Hilfsbedürftige Menschen könnten sich vor Ort rasch und unbürokratisch an kompetente Ansprechpartner wenden und ihre Sorgen vortragen. So weit die offizielle Variante.

Was die Ministerin nicht einschätzen konnte, war jedoch eine Interessenkollision der Landräte und Bürgermeister. Die kam 2002 durch eine Anfrage der Grünen im bayerischen Landtag zur Sprache, die sich mit der Unabhängigkeit der Heimaufsichten befasste. Uns liegt die Antwort des bayerischen Sozialministeriums an die Grünen-Abgeordnete Theresa Schopper vor. Ergebnis: Viele bayerische Landräte und Bürgermeister sind zugleich Vorsitzende in Wohlfahrtsverbänden wie dem Bayerischen Roten Kreuz (BRK), der Arbeiterwohlfahrt (AWO), dem Diakonischen Werk oder der Caritas, die auch Pflegeeinrichtungen betreiben. Damit haben wir es mit einer jener seltsamen Ämterkombinationen zu tun, wie sie in Bayern üblich zu sein scheinen.

Es mutet schon merkwürdig an, dass lokale und regionale Politgrößen quasi ihre eigenen Häuser kontrollieren dürfen. Was wiederum die Frage aufwirft, ob die Mitarbeiter der Heimaufsichten in den Landkreisen oder Städten immer ohne Weisung von oben ihrer Arbeit nachgehen können.

Und heute? Grundsätzlich seien die Ausführungen aus dem Jahr 2002 noch zutreffend, erklärte uns das bayerische Sozialministerium auf Anfrage, wenngleich auch »keine aktuellen Informationen über die Tätigkeiten von Landräten oder Oberbürgermeistern bzw. deren Stellvertretern in Wohlfahrtsverbänden vorliegen«. Es gebe zurzeit keine Erkenntnisse darüber, »die die Annahme rechtfertigen würden, dass die Heimaufsichtsbehörden dann mit einem anderen Maß messen, wenn ihr Chef im Vorstand zum Beispiel eines Wohlfahrtsverbandes ist«. Sozialministerin Christa Stewens räumt allerdings ein, dass die Problematik möglicher Interessenkollisionen weiterhin bestehe. »Aber ich denke schon, dass es dann auch eine hohe soziale Kontrolle durch die Menschen vor Ort gibt, die sehr nah am Oberbürgermeister oder Landrat dran sind. Landrat oder Bürgermeister sehen die Bürger bei Garten- oder Sommerfesten und sprechen sie ohne Berührungsängste an«, so die Ministerin. Sie betont, dass die »soziale Kontrolle vor Ort« eigentlich funktioniere. Auf die Frage, ob das ausreiche, antwortet sie: »Das wird nicht ganz ausreichen. Die Heimkontrollen durch die Landkreise und die kreisfreien Städte haben aber tatsächlich nicht immer die gewünschte Qualität, das ist richtig.« Sie habe jedoch keine Kenntnis davon, dass bestimmte Probleme in den Heimen unter den Teppich gekehrt würden. Dennoch sei die Qualität der Heimnachschauen nicht überall gleich.

Wie problematisch das werden kann, zeigte sich im Sommer 2007 im bayerischen Kelheim. Dort forderte die ÖDP Landrat Dr. Hubert Faltermeier auf, als Kreisvorsitzender des Bayerischen Roten Kreuzes (BRK) zurückzutreten. Sie begründete dies mit dem Interessenkonflikt, von dem der Landrat sowohl in seiner Zuständigkeit für die Belange der Heimaufsicht als auch für die der BRK-Heime betroffen sei. Laut *Mittelbayerischer Zeitung* habe er daraufhin mitgeteilt, dass er sich in die Heimaufsicht seines Amtes nicht einmische. »Die Heimaufsicht im Landratsamt Kelheim wird sehr gewissenhaft durchgeführt. Ich habe weder in der Vergangenheit Einfluss auf die Durchführung der Heimaufsicht genommen, noch werde ich dies in der Zukunft tun«, so Faltermeier. In den Fällen, in denen der Kreisausschuss mit Zuschussanträgen des BRK-Kreisverbands befasst gewesen sei, habe er an der Diskussion und Abstimmung nicht teilgenommen und die Sitzungsleitung jeweils einem Vertreter überlassen.

Ob der Landrat tatsächlich Einfluss auf die Heimaufsicht in Kelheim nimmt und dort BRK-Interessen vertritt, ist schwer zu beweisen. Fakt aber ist: Die Mitarbeiter der Heimaufsicht sind Dr. Faltermeier, der in seiner Funktion gleichzeitig auch die Position der Heimbetreiber vertreten muss, dienstaufsichtlich unterstellt. Davon hängen vor allem Stellenbesetzungen, Beförderungen und Bezahlung ab. Transparenz muss, wenn es um alte Menschen geht, Priorität vor Ämterhäufung haben. Wir fordern: Landräte müssen sich entscheiden – für die Politik oder den Vorsitz in einem Wohlfahrtsverband.

Es sei hier nur am Rande erwähnt, dass der Heimaufsicht auch in Kelheim keine relevanten Missstände aufgefallen sind. Im aktuellen Tätigkeitsbericht heißt es: »Zusammenfassend ist festzustellen, dass in allen Heimen gute bis sehr gute Arbeit geleistet wird, alle Heime bemüht sind und großen Wert darauf legen, dass es ihren Bewohnerinnen und Bewohnern gut geht.« Darunter fallen natürlich auch die BRK-Einrichtungen des Landrats.

Dem ist nur noch eines hinzuzufügen: In dem Tätigkeitsbericht für 2006 wird suggeriert, dass in Kelheim eine Heimaufsicht mit ungewöhnlich opulenter Personalbesetzung am Werk sei. »Zwei Verwaltungskräfte, eine Ärztin, ein Arzt und eine sozialmedizinische Assistentin der Gesundheitsabteilung sowie eine Diplom-Sozialpädagogin« seien dort beschäftigt. Also insgesamt sechs Stellen? Erst auf Nachfrage wird uns mitgeteilt, dass die Verwaltungsbeamten/angestellten nur zu 60 Prozent beziehungsweise 40 Prozent dort beschäftigt sind, die Sozialpädagogin zu fünf Prozent, die sozialmedizinische Assistentin zu 40 Prozent und die Ärzte jeweils zu zehn Prozent. Anstatt auf sechs volle kommen wir so nur auf 1,65 Stellen. Wir halten solche Angaben in Tätigkeitsberichten für eine Verbrauchertäuschung. Ein Schelm, der Böses dabei denkt.

Ein Pflegemanager fordert mehr Kontrollen und schärfere Konsequenzen

Missstände, die die Heimaufsicht aufdeckt, werden viel zu selten publik. Und sollte dies doch einmal der Fall sein, dann bleiben Konsequenzen aus. Betreiber guter Einrichtungen ärgern sich darüber. Einer von ihnen ist Gerd Peter, der Chef der »Münchenstift«, einer städtischen GmbH, und zuständig für 13 Münchener Senioreneinrichtungen. »Die Kontrolleure verhängen allenfalls einen Aufnahmestopp«, kritisiert der Pflegemanager. Aufnahmestopp bedeutet, dass alle Menschen, die im Heim unter den Missständen leiden, bleiben, es dürfen lediglich keine Neuzugänge aufgenommen werden. Heime würden nur deshalb nicht geschlossen werden, weil niemand die Frage beantworten könne: »Wohin mit den alten Menschen?« Außerdem seien in so großer Zahl »keine freien Plätze« in anderen Einrichtungen verfügbar.

Daher fordert Peter mehr Transparenz. »Mängelfreie Heime gibt es nicht«, sagt er. Ebenso gebe es noch zu viele Fälle von »Routinepflege«, aber auch von »gefährlicher Pflege«. Im Gegensatz zu den meisten Trägern scheut er sich nicht, die zusammengefassten Berichte der Heimkontrollen seiner Einrichtungen im Internet zu veröffentlichen – egal, wie gut oder schlecht sie sind.

Durch diese Art der Transparenz könnten zum Beispiel die Wohlfahrtsverbände, bei denen Landräte mit im Vorstand sitzen, einen Großteil der Vorwürfe in Bezug auf Interessenkollisionen mit den Heimaufsichten ausräumen. Sie veröffentlichen, wie fast alle anderen Einrichtungen auch, die Prüfberichte aber (noch) nicht. Darauf werden wir später zurückkommen.

Heute gilt Peter in der Branche als fortschrittlicher Pflegemanager, der die Zeichen der Zeit erkannt hat. In einem internen Brief forderte er zum Beispiel alle seine Mitarbeiter auf, ihre Arbeit so gut zu verrichten, dass die Bewohner in eine niedrigere Pflegestufe zurückversetzt werden könnten. Für seine Häuser bedeute das zwar finanzielle Einbußen, für die alten Menschen jedoch ein Mehr an Lebensqualität. Gerd Peter aber dachte nicht immer so. Holger Jenrich, Redaktionsleiter der Zeitschrift *Altenpflege*, schrieb auch über seine Vergangenheit. Er habe jahrelang einen Ruf »als harter Hund und unbelehrbarer Bürokrat« gehabt. »Selbstkritik« sei seine Sache nie gewesen. Peter habe »gebetsmühlenartig Missstände in seinen Häusern als bedauerliche Einzelfälle abgetan«, den Medien »Panikmache« vorgeworfen, Kritiker als »Nestbeschmutzer« abgetan, Betriebsräten und Gewerkschaften gezeigt, »wo der Hammer hängt«, und überhaupt den Eindruck vermittelt, »als sei in seinen Häusern alles in bester Ordnung«. Inzwischen hat sich der Pflegemanager offensichtlich verändert, eine Kehrtwende vollzogen – die wundersame Wandlung vom Saulus zum Paulus.

Der »harte Hund« gehe die Dinge immer noch mit der Sturheit an, die man manchmal brauche, »um Dinge zu bewegen«. »Ohne diese Sturheit hätte die Münchenstift nicht diese qualitative und wirtschaftliche Entwicklung genommen, und die erwähnten Fälle von gefährlicher Pflege sind – Gott sei Dank – immer noch Einzelfälle und zudem (immer noch) sehr bedauerlich«, entgegnet Peter. Er ist der Meinung, dass nur ein wirtschaftlich gesundes Haus auch ein gutes Haus werden oder bleiben kann.

»Ohne Kontrolle gibt es keine Qualität«, stellt Peter heute nüchtern fest. Und er besuchte sogar Pflegestationen seiner eigenen Häuser im Selbstversuch. Er testete Schnabelbecher und stellte fest, wie erniedrigend es ist, daraus trinken zu müssen. Er hält auch wenig von der in Heimen häufig praktizierten straffen Struktur des Alltags, die sich fast ausschließlich nach den Zwängen des Personals richtet und kaum auf die Bedürfnisse der Bewohner eingeht. Wer ausschlafen und spät frühstücken will, soll das in den Einrichtungen der Münchenstift können. Standardisiertes Wecken um sechs Uhr morgens gibt es nicht mehr. Das Heim müsse »die Fortsetzung des bisherigen Zuhauses werden«, fordert Peter. Die Lebensgewohnheiten müssten erhalten bleiben, denn sonst glauben Menschen, »ihr bisheriges Leben geht zu Ende wie ein schlechter Film«.

So ist die Münchenstift bereits heute in der Lage, mittels interner Prüfmethoden und Sicherungssysteme diese hohe Qualität zu ermöglichen. Dennoch würden Fehler begangen. »Gute Heime haben mit externen Prüfungen kein Problem«, sagt der

1,90-Meter-Mann selbstbewusst – ganz im Gegenteil: Er empfinde die Prüforgane nicht als »Belastung«, sondern als »Möglichkeit zur Weiterentwicklung«. Wer sich nicht in die Karten schauen lassen wolle, sehe das natürlich anders.

Auch darum müsse es in der Debatte um ein bayerisches Heimgesetz gehen. Bislang war das Paragrafenwerk bundeseinheitlich geregelt. Im Zuge der Föderalismusreform wurde es Ländersache. Damit werden in Deutschland demnächst 16 verschiedene Heimgesetze gültig – eine absurde und kaum mehr zu durchschauende Situation. In einigen Bundesländern wird es gute Heimaufsichten geben, in anderen schlechte.

Damit Bayern zu den »Guten« gehört, fordert Gerd Peter, »die Heimaufsichtsbehörden landesweit mit der Personalstärke auszustatten, die eine seriöse Kontrolle und Hilfestellung ermöglicht«. Das bedeute, dass Heimaufsichten über eine zahlenmäßig mindestens ebenso große Personalstärke verfügen wie die Münchener Behörde. Außerdem sollten sich die Aufsichten ausschließlich um die Qualität der Pflege kümmern: »Heimrecht darf nicht weiterhin mit Waffenrecht und Tierschutz oder dem Vollzug der Kampfhundverordnung in einer Hand verknüpft sein«, fordert der engagierte Chef der Münchenstift.

Die Heimaufsicht müsse seriös überprüfen können, ob Einrichtungen die erforderliche Fachkraftquote von 50 Prozent erfüllen, ob sie die notwendige Zahl gerontopsychiatrisch ausgebildeter Mitarbeiter vorweisen könne, ob möglicherweise weniger Personal beschäftigt werde, als mit den Kostenträgern vereinbart, und ob Bewohner vernachlässigt würden. Gerd Peter verlangt deshalb, dass Verstöße von Heimen, »die immer zulasten von hilflosen Menschen gehen«, in Zukunft rigoros geahndet werden.

Gute Heimträger wie er propagieren regelmäßige und unangemeldete Überprüfungen rund um die Uhr: »Warum finden die Kontrollen nur tagsüber und nicht auch nachts und am Wochenende statt? Da sind die Menschen doch genauso auf Betreuung angewiesen?« Werden die hohen Ansprüche, die tagsüber häufig gelten, auf Kosten der Versorgung in der Nacht erfüllt? Was bleibt vom Konzept biografieorientierter Pflege übrig, wenn ein Bewohner Nachtschwärmer ist?

Wo steht geschrieben, dass Bewohner in der Nacht nicht den gleichen Anspruch auf eine qualitativ hochwertige Versorgung und Betreuung haben wie am Tag?

Nächtliche Kontrollen in Heimen? Eine Rarität!

Keine Kontrollen in der Nacht? Wir können das kaum glauben. Deshalb recherchieren wir nochmals bei allen Medizinischen Diensten in Deutschland. Für die meisten MDKs antwortet deren Spitzenverband, der MDS: Der Medizinische Dienst habe das Recht, Prüfungen in der Nacht durchzuführen. Von der Möglichkeit der nächtlichen Prüfung werde aber »nur in gesondert gelagerten Einzelfällen Gebrauch gemacht«. Im Land Mecklenburg-Vorpommern sind das »Ausnahmefälle«. Nachts wurde insgesamt nur einmal geprüft, genauso häufig wie in Rheinland-Pfalz. Seit Inkrafttreten des Pflegequalitätssicherungsgesetzes 2002 hatte dort ebenfalls nur »eine Kontrolle in der Nacht« stattgefunden. Warum? Der MDK verweist auf das Gesetz. Demnach seien nächtliche Kontrollen nur erlaubt, »wenn und soweit das Ziel der Qualitätssicherung zu anderen Zeiten nicht erreicht werden kann«. Diese Begründung klingt einleuchtend, nach unseren Recherchen aber nicht mehr.

Ergebnis: Nachts sind die Pflegeheime nahezu rechtsfreie Räume, wie folgendes Beispiel einer Pflegehilfskraft belegt. Sie hatte uns angerufen und sich über die Überlastung in der Nacht beklagt.

»Wir sind fertig«, so begann Hilde F., die auf uns auch so wirkte, als sei sie nervlich am Ende. Zusammen mit einer Kollegin habe sie 225 pflegebedürftige Menschen in der Nacht zu betreuen. Hinzu kommen 40 Bewohner, die in Wohnbereichen leben. Für sie haben die Pflegerinnen Rufbereitschaft. Problematisch seien vor allem die 40 Bewohner. Die bräuchten zwar keine Pflege, aber bei ihnen bestehe erhöhte Sturzgefahr. »Wenn sie rufen, müssen wir sofort rennen, denn diese Bewohner beschweren sich sofort, die haben Geld.« Mehrfach habe sie deshalb schon andere Senioren auf der Station nackt liegen gelassen, wenn sie von einem der 40 gerufen worden sei. Sie hat also klare Prioritäten gesetzt: Die Gruppe von Bewohnern, die den Pflegekräften Ärger machen kann, wird trotzdem bevorzugt. Täglich fragt sich Hilde F., wie sie ihre Arbeit schaffen soll. Als sie ihren Vorgesetzten einmal ihre Überlastung meldete, hieß es nur: »Wenn Sie überfordert sind, dann sind Sie hier fehl am Platz!« Solche Aussagen sorgen auch in dieser Einrichtung für einen hohen Krankenstand.

Und der verschärft die Situation erneut. Fällt eine Pflegekraft aus, müssen die anderen auch deren Arbeit zusätzlich erledigen. Offiziell! In Wahrheit ist das aber gar nicht zu schaffen. Zusätzliches Personal in der Nacht bewilligt der Heimträger nicht. Warum auch? Es wird ja sowieso fast nie kontrolliert.

Hilde F. ist kein Einzelfall. Auch eine andere Pflegerin hat uns detailliert aufgeschrieben, wie ihre Nacht aussieht. Sie ist verplant bis auf die letzte Minute. Da bleibt keine Zeit für Notfälle. In ihrer Einrichtung ist sie für 72 Bewohner zuständig, allein. Vor jedem Nachtdienst betet sie, dass nichts passiert. Das Protokoll einer Nacht:

19:30 Uhr: Übergabegespräch mit der Spätschicht im 2. Stock
19:45 Uhr: Übergabegespräch mit der Spätschicht im 1. Stock
Alle weiteren Angaben sind nach folgendem Schema gegliedert: Uhrzeit / Station / Bewohner [Name geändert], Alter, physischer/psychischer Zustand / durchgeführte Arbeiten)

20.00 Uhr / 2. Stock / Herr B., 65 Jahre, nach Apoplexie (Hirninfarkt) gehbehindert, sitzt im Rollstuhl, Inkontinenz, trockener Alkoholiker, neigt zu verbalen Aggressionen / ins Bett bringen, wickeln (hat meistens Kot in der Windel, muss daher auch gewaschen werden)

20.15 Uhr / Erdgeschoss / Tagpiepser aus den Stationen mitnehmen zum Aufladen im Büro, Nachtpiepser mitnehmen; Heimeingangs- sowie Speisesaaltüre schließen

20.20 Uhr / 2. Stock / Frau S., 78 Jahre, Diabetes, Asthma / Augentropfen geben, nebenbei kleiner »Ratsch«

20.25 Uhr / 2. Stock / Frau D., 77 Jahre, nach Apoplexie gehbehindert, sitzt im Rollstuhl / läutet, will Schlaftablette, die verabreicht wird. Seitenlagerung vornehmen

20.30 Uhr / 2. Stock / Frau K., 86 Jahre, Pflegefall, Dauerinfusion, Apoplexie, Hirntumor, Schweißausbrüche, liegt im Sterben / Mundpflege mit Stäbchen, verschwitztes Nachthemd wechseln, Seitenlagerung vornehmen

20.40 Uhr / 2. Stock / Frau L., 92 Jahre, gehbehindert / läutet, will Schlaftablette, auf Toilette führen, zu Bett bringen, zu trinken geben

Danach: Dasselbe Zimmer / Frau E., 90 Jahre, schwerer Pflegefall, Demenz, Diabetes, sehr steif / nach Stuhlgang waschen und wickeln, zu trinken geben, Seitenlagerung vornehmen

20.55 Uhr / 2. Stock / Frau X., 82 Jahre, Apoplexie, Durchblutungsstörungen, Diabetes, gehbehindert / läutet seit 10 Minuten, will aus Bett geholt und zum Fernsehen (bis 22.30 Uhr) in Sessel gesetzt werden

21.00 Uhr / 1. Stock / Herr C., 83 Jahre, Pflegefall, Apoplexie, 1 Bein amputiert, motorische Unruhe, desorientiert / hat – wie fast jeden Abend – die Windel ausgezogen, Bett etc. mit Kot verschmiert; Bett neu beziehen, waschen und wickeln, frisch anziehen, Seitenlagerung vornehmen; Fernseher ausschalten

21.20 Uhr / 1. Stock / Frau R., 84 Jahre, schwerer Pflegefall, Apoplexie, geistig hochgradig verwirrt, leidet an Angstzuständen, sehr unruhig / hat Windel heruntergerissen, Kleidung, Bett etc. mit Kot beschmiert; Oberbett und Durchzug wechseln, Bewohnerin waschen und wickeln (erschwert durch deren Größe und Gewicht, macht sich aus Angst steif), frisch anziehen, zu trinken geben, Seitenlagerung vornehmen

21.45 Uhr / 2. Stock / Frau N., 76 Jahre, schwerer Pflegefall, multiple Sklerose, sehr spastisch, sitzt im Rollstuhl, sehr depressiv, leidet an Verfolgungswahn / läutet, will zu Bett, waschen und wickeln nach sehr flüssigem Stuhlgang; verlangt jede Nacht, das Zimmer abzusperren

22.00 Uhr / 2. Stock / Herr G., 83 Jahre, schwerer Pflegefall, nach 2 Schlaganfällen Hemiplegie [starke Lähmung einer Körperseite], sehr spastisch, Beine bis zum Bauch angezogen, starke Schmerzen bei jeder Bewegung, ständig flüssiger Stuhl, PEG-Magensonde, nach Krankenhausaufenthalt leichter Dekubitus an der Ferse / Infusionsbesteck von Sonde abnehmen, Sonde mit Kamillentee durchspülen, waschen und wickeln, Seitenlagerung vornehmen

Danach: Dasselbe Zimmer / Herr H., Pflegefall, trockener Alkoholiker, Leberzirrhose, Körpergewicht ca. 130 kg / hat häufig Stuhlgang, waschen und wickeln, trinkt viel und muss daher öfter gewickelt werden

22.30 Uhr / 2. Stock / Frau X., 82 Jahre, Apoplexie, Durchblutungsstörungen, Diabetes, gehbehindert / ins Bett bringen, wickeln

22.40 Uhr / 2. Stock / Frau P., 92 Jahre, Apoplexie, PEG-Magensonde, kaum ansprechbar, verkrampft sich sehr, klammert sich überall fest / wickeln, Seitenlagerung vornehmen

22.50 Uhr / 2. Stock / Herr I., 88 Jahre, Demenz, Alzheimer, verschmiert regelmäßig Bett, Kleidung, Boden, Bad mit Kot, manchmal aggressiv / abgestöpselten Dauerkatheter ablassen, Eintragung in Blatt, waschen, Verschmutzungen entfernen, Bett neu beziehen, wickeln und frisch anziehen, zu trinken geben, Seitenlagerung vornehmen

23.05 Uhr / 1. Stock / Herr E., 85 Jahre, schwerer Pflegefall, Apoplexie, Dauerkatheter, rapide fortschreitender psychischer Verfall / nach Stuhlgang waschen und wickeln, Seitenlagerung vornehmen

23.15 Uhr / 2. Stock / Frau K., 86 Jahre, Pflegefall, Dauerinfusion, Dauerkatheter, Apoplexie, Hirntumor, Schweißausbrüche, liegt im Sterben / nachschauen, Infusion kontrollieren, verschwitztes Gesicht frisch machen, Mund befeuchten, auf andere Seite lagern

23.25 Uhr / 1. Stock / Frau O., 88 Jahre, Demenz, desorientiert und geistig verwirrt / läuft im Haus umher, will zur Schule, beruhige sie, bringe sie wieder zu Bett

23.30 Uhr / 1. Stock / Herr A., 64 Jahre, schwerer Pflegefall, Apoplexie, taubstumm, stur und aggressiv, schlägt zu, wenn etwas nicht nach seinem Kopf geht / darf trotz meines Zeitdrucks nur langsam gewickelt werden, wird sonst handgreiflich, zu trinken geben

23.40 Uhr / 1. Stock / Herr C., 83 Jahre, Pflegefall, Apoplexie, 1 Bein amputiert, Dauerkatheter, motorische Unruhe, desorientiert / nachschauen, hat sich ausgezogen, alles mit Kot verschmiert; waschen, Bettzeug und Kleidung wechseln, wickeln; bin geschafft, weil alles sehr schnell gehen muss

23.55 Uhr / 1. Stock / Frau R., 84 Jahre / schwerer Pflegefall, Apoplexie, geistig hochgradig verwirrt, leidet an Angstzuständen, sehr unruhig / nachschauen, alles in Ordnung, erneute Seitenlagerung

00.00 Uhr / 1. Stock / Frau M., 85 Jahre, Apoplexie, geistig verwirrt / nach Stuhlgang waschen, wickeln, Seitenlagerung vornehmen

Danach: Dasselbe Zimmer / Frau T., 91 Jahre, schwerer Pflegefall, Hemiplegie nach Apoplexie, Dauerkatheter / Kontrolle auf Stuhlgang, zu trinken geben, Seitenlagerung vornehmen

00.15 Uhr / 2. Stock / Frau Y., 84 Jahre, Herzinsuffizienz, Diabetes, Parkinson / läutet seit 10 Minuten, möchte Rücken gekratzt und Fersen eingecremt haben, wickeln, trinkt 2 Becher Radler oder Limo

00.30 Uhr / 2. Stock / Frau L., 92 Jahre, gehbehindert / läutet, möchte auf Toilette geführt werden, danach zu trinken geben

Danach: Dasselbe Zimmer / Frau E., 90 Jahre, schwerer Pflegefall, Demenz, Diabetes, sehr steif / wickeln, Seitenlagerung vornehmen

00.40 Uhr / 1. Stock / Frau J., 77 Jahre, schwerer Pflegefall, Hemiplegie nach Apoplexie, geistig verwirrt / wickeln, zu trinken geben, schmerzende Fersen eincremen und auf Kissen frei lagern

00.45 Uhr / 1. Stock / Frau B., 82 Jahre, zerebrale Durchblutungsstörungen, geistig verwirrt / läuft angezogen auf dem Gang umher, ins Zimmer führen, ausziehen, wickeln, zu Bett bringen, zu trinken geben

01.00 Uhr / 1. Stock / Frau H., 88 Jahre, ausgeprägte Osteoporose, nach Oberschenkelhalsbruch vor drei Monaten gehunfähig / Windeleinlage wechseln, zu trinken geben

01.05 Uhr / 1. Stock / Frau U., 89 Jahre, Demenz / wickeln, zu trinken geben

01.10 Uhr / 1. Stock / Frau H., 88 Jahre, ausgeprägte Osteoporose, nach Oberschenkelhalsbruch vor 3 Monaten gehunfähig / läutet, will auf Nachtstuhl gesetzt werden, versucht, mir eine Unterhaltung aufzudrängen, jammert über den Zeitmangel des Pflegepersonals, ich beruhige sie

01.15 Uhr / 1. Stock / Herr D., 87 Jahre, Pflegefall, Apoplexie, Parkinson, desorientiert / läutet, hat mit Kot etwas herumgeschmiert, waschen und wickeln, zu trinken geben

01.25 Uhr / 2. Stock / Frau F., 77 Jahre, schwerer Pflegefall, nach 2 Schlaganfällen bewegungseingeschränkt, Herzinsuffizienz, Diabetes, Körpergewicht ca. 120 kg / nach Stuhlgang waschen und wickeln, trinkt viel, Seitenlagerung vornehmen

Danach: Dasselbe Zimmer / Frau V., Alzheimer, sehr ängstlich, schreit beim Wickeln, klammert sich überall fest / hat wie so oft Windel heruntergerissen, Kot verschmiert; waschen und wickeln, Verunreinigungen entfernen, Bett beziehen, Kleidung wechseln; Seitenlagerung vornehmen

01.40 Uhr / 1. Stock / Herr D., 87 Jahre, Pflegefall, Apoplexie, Parkinson, desorientiert / hat Windel heruntergerissen, sich selbst und teilweise Bett mit Kot beschmiert, waschen, Bettzeug und Kleidung wechseln, wickeln

01.55 Uhr / 1. Stock / Frau H., 88 Jahre, ausgeprägte Osteoporose, nach Oberschenkelhalsbruch vor 3 Monaten gehunfähig / läutet seit 5 Minuten, Einlage wechseln, zu trinken geben

02.00 Uhr / 1. Stock / Frau J., 77 Jahre, schwerer Pflegefall, Hemiplegie nach Apoplexie, geistig verwirrt / Einlage wechseln, zu trinken geben

02.05 Uhr / 1. Stock / Frau U., 89 Jahre, Demenz / Einlage wechseln, zu trinken geben

02.10 Uhr / 1. Stock / Herr F., 66 Jahre, starker Alkoholiker und Raucher / läutet, fühlt sich schlecht, Kamillentee geben, beruhigendes Zureden

02.20 Uhr / 1. Stock / Frau Q., 93 Jahre, schwerer Pflegefall, Herzinsuffizienz, Oberschenkelhalsfraktur links / Einlage wechseln, Tee geben, Einfuhr aufs Blatt schreiben, Seitenlagerung vornehmen

02.25 Uhr / 1. Stock / Frau A., 96 Jahre, geistig verwirrt nach Apoplexie / wickeln, zu trinken geben

02.30 Uhr / 1. Stock / Frau C., 77 Jahre, Apoplexie, leicht desorientiert / läutet, hat Herzschmerzen, was ca. 2–3-mal pro Woche vorkommt, lt. Verordnung 5 Tropfen »Haldol« verabreichen, schläft anschließend ruhig

02.35 Uhr / Mache 5 bis 10 Minuten Pause, lege die angeschwollenen Beine hoch

02.45 Uhr / 1. Stock / Rundgang

02.53 Uhr // Frau F., 77 Jahre, schwerer Pflegefall, nach 2 Schlaganfällen bewegungseingeschränkt, Herzinsuffizienz, Diabetes, Körpergewicht ca. 120 kg – Frau L., 92 Jahre, gehbehindert – Frau Y., 84 Jahre, Diabetes, Parkinson – Frau G., 66 Jahre, Apoplexie, Epilepsie, senile Demenz / Rundgang, dabei Seitenlagerung, auf Toilette führen, wickeln, zu trinken geben, wickeln

03.05 Uhr / falls keine besonderen Vorkommnisse, die o. a. 34 Personen im 1. und 2. Stock je nach Fall nochmals auf die Toilette führen, wickeln, Urin aus Dauerkatheter ablassen bzw. Bettschüssel geben; bei Bedarf zu trinken geben, Seitenlagerung vornehmen

05.25 Uhr / Heim aufsperren, Lichter in den Gängen einschalten, Nachtpiepser ins Büro zum Aufladen, Tagpiepser auf Station bringen

05.30 Uhr / 2. Stock / Herr B., 65 Jahre, Hirninfarkt, nach Apoplexie gehbehindert, sitzt im Rollstuhl, Inkontinenz, trockener Alkoholiker, neigt zu verbalen Aggressionen / wickeln, anziehen, aus Bett helfen, in Rollstuhl setzen und zum Tisch fahren, Bett machen und lüften

05.45 Uhr / 1. + 2. Stock / Übergabe

Um sechs Uhr endet die Schicht.

Wer möchte mit dieser Pflegekraft tauschen? Wer möchte diesen Job machen, unter diesen Bedingungen? Freiwillig? Fast niemand.

Pflegekräfte stehen des Nachts häufig mit einem Bein im Gefängnis. Denn sie können nicht überall helfen, wo sie helfen müssten. Immer wieder machen sie aufgrund ihrer Überlastung traumatische Momente durch. Ein Beispiel: Die Nachtwache eines Heimes war für über 50 Bewohner allein verantwortlich. Dann passierte ein Unglück. Seither steht sie unter Schock. Bis heute kann sie nicht ruhig schlafen, immer wieder wacht sie schweißgebadet auf. Sie erlebte ein Szenario, das sich täglich wiederholen kann: Ein Bewohner ist gestürzt. Die Pflegerin muss den Notarzt rufen. Während sie auf die Mediziner wartet, klingeln fünf weitere Menschen nach ihr. Jedes Klingeln ist ein Hilferuf. Jetzt hat sie ein Problem: Bleibt sie bei der verunfallten Person, oder schaut sie nach den klingelnden Bewohnern? Eine schwierige Entscheidung, denn sie kann sich ja nicht zerreißen. Sie bleibt, denn dem gestürzten Bewohner geht es nicht gut. Jetzt kann sie nur noch hoffen, dass sich zwischenzeitlich kein weiterer schwerer Notfall ereignet hat.

Die gestürzte Person wird wenig später ins Krankenhaus eingeliefert. Erst jetzt kann sich die Pflegerin um die anderen Menschen kümmern. Sie muss gefühlsmäßig entscheiden, zu wem sie zuerst geht. Im ersten Zimmer wollte eine alte Frau etwas zu trinken. Sie atmet auf: »Gott sei Dank nichts Schlimmes.« Im zweiten Zimmer aber ist ein Bewohner bereits gestorben. Auch er hatte nach der Pflegerin geklingelt. Wieder muss sie den Notarzt rufen. Ohne dass er die Hintergründe kennt, bekommt sie von dem Notarzt einen Vorwurf zu hören, der bis heute in ihrem Gedächtnis eingebrannt ist: »Wenn Sie schneller in das

Zimmer gekommen wären, würde der Mann noch leben!« Mit diesen Worten sei sie nie fertig geworden, erzählte sie uns.

Da nachts in Pflegeheimen so gut wie keine Kontrollen stattfinden, wird eine für Pflegekräfte hochbrisante Thematik aus der Diskussion über den »Pflegenotstand« in Deutschland herausgehalten. Uns liegen zahlreiche Erfahrungsberichte von Nachtwachen vor. Ergebnis: Viel zu oft kommt es hier zu gefährlicher Pflege.

Am besten erkennen das die Notärzte, denn ihnen bleibt nachts das Elend in den Einrichtungen nicht verborgen. Einer von ihnen berichtete uns über seine Erfahrungen. Auch er möchte nicht mit seinem Namen genannt werden. Der Mediziner wurde in eine Pflegeeinrichtung gerufen. Leider habe die Pflegekraft so schlecht Deutsch gesprochen, dass er zunächst den Eingang gar nicht gefunden habe. Die Nachtwache war allein. In einem Zimmer lag eine alte Frau tot im Bett. Die Leichenstarre hatte bereits eingesetzt. Die Bewohnerin musste schon Stunden vorher verstorben sein. Die Schwester daneben sei kreidebleich gewesen. Überall habe es geblinkt: Zeichen dafür, dass zu diesem Zeitpunkt noch weitere Bewohner nach Hilfe riefen.

»Dann habe ich mir die Akte kommen lassen«, erzählte der Notarzt. Er fand heraus, dass die Verstorbene keine unmittelbaren Verwandten mehr hatte. Er habe in die verzweifelten Augen der Pflegerin geschaut und dann aus dem Fall ein Herzversagen gemacht. »Was hätte ich denn tun sollen?« Die alte Frau werde nicht mehr lebendig, und er habe ja gesehen, wie die Pflegekraft litt. »Diese Schwester muss man nicht vor Gericht bringen«, sagte er. Die schlafe die nächsten Wochen sowieso nicht mehr.

Andere Pflegekräfte kennen inzwischen die Problematik in der Nacht. Nicht alle lassen sich auf diesen Wahnsinn ein, wie dieses Schreiben belegt:

Als examinierte Schwester hatte ich mich als Dauernachtwache beworben. Als ich gestern zum Vorstellungsgespräch kam, wurde mir mitgeteilt, eine Nachtwache sei zuständig für 62 Menschen, davon 31 auf einer geschlossenen Station. Ich bin entsetzt und habe meine Bewerbung zurückgezogen.

So sollten eigentlich viel mehr Pflegekräfte reagieren. Weil nämlich diese Missstände erst dann beseitigt werden könnten, wenn niemand mehr bereit wäre, nachts unter diesen Bedingungen zu arbeiten.

Weil viele gute Pflegekräfte eine solch anstrengende Tätigkeit ablehnen, kommen immer mehr Personen zu diesem Job, die eigentlich gar keine Qualifikation dafür mitbringen: Nachtwachen, die nicht teamfähig sind, die sich nur schlecht auf Deutsch verständigen können oder auch Alkoholprobleme haben. Das aber sind nur zusätzliche negative Fakten, die nicht von der Tatsache ablenken dürfen, dass unter diesen Bedingungen jede Pflegekraft in der Nacht mit enormen Schwierigkeiten zu kämpfen hat.

Diese Problematik ist ein Dauerthema – nicht in der Öffentlichkeit, aber unter Fachleuten. Die Pflegekassen wissen davon, der Medizinische Dienst weiß es, die Heimaufsichten wissen es, die Sozialhilfeträger wissen es, und die Politik weiß es auch – seit Jahren. So behauptete zum Beispiel schon 1997 die Regierung von Oberbayern in einem Brief, der uns vorliegt: »Bei der Zahl von 51 Pflegebedürftigen muss aufgrund der personellen Vorgaben durch die Kostenträger die Anwesenheit von nur einer Fachkraft pro Nacht als noch ausreichend bezeichnet werden.« Ein Jahr später schrieb der Bezirkstagspräsident im bayerischen Oberfranken, dass bei korrekter Anwendung der zwischen den Kostenträgern und der Wohlfahrtspflege vereinbarten Personalschlüssel »die Hilfe zur Pflege im notwendigen Umfang sichergestellt« werden könne. Bis heute hat sich an dieser Einstellung kaum etwas geändert, wie folgendes Beispiel belegt. Die Innere Mission München (IMM) veröffentlichte im August 2003 eine Pressemitteilung bezüglich ihrer Alten- und Pflegeheime, worin vollmundig verkündet wurde, dass die meisten der rund 500 Bewohner »sehr zufrieden« mit der Versorgung und Pflege seien. Das sei mittels einer Bewohnerbefragung ermittelt worden. 73 Prozent der Menschen würden sich in den Häusern »wohl bis sehr wohl« fühlen und 66 Prozent die pflegerischen Leistungen mit »sehr gut« oder »gut« beurteilen. Im selben Schreiben aber räumt die IMM auch ein, dass die alten Menschen nicht in allen Punkten zufrieden gewesen seien. »Bei der Frage nach der ›Reaktionszeit auf das Klingeln‹ sind immerhin drei Prozent nicht zufrieden, sechs Prozent geben nur ein Befriedigend, während die beiden besten Noten nur von 56 Prozent vergeben wurden.« Anlass zum Nachdenken für die Innere Mission: »Wenn es jemandem in der Nacht nicht gut geht, sind fünf Minuten sicherlich subjektiv viel«, sagte der für Altenhilfe zuständige IMM-

Abteilungsleiter Gerhard Prölß. Berücksichtigen müsse man dabei jedoch, dass in dieser Zeit unter Umständen jedoch nur zwei Pflegekräfte für 150 Leute zuständig seien. Prölß: »Und da kann die Nachtwache dann nicht gleich springen, wenn sie gerade jemand anderen versorgt.« Eine solche Aussage bezeichnen wir als »Offenbarungseid«. Zwei Pflegekräfte im Nachtdienst für 150 Menschen – was hat das mit hoher Qualität zu tun?

Zwei Nachtwachen für 150 Menschen sind also nach den von den Kostenträgern gesetzten Rahmenbedingungen offensichtlich noch ausreichend. In einer fatalen Argumentationsspirale schieben sich die Beteiligten die Verantwortung gegenseitig zu. Die Heime sagen, dass die Kostenträger nicht mehr Personal bezahlen würden. So betonen zum Beispiel die Wohlfahrtsverbände immer wieder, dass sie angesichts der von den Kostenträgern diktierten Voraussetzungen eine optimale Pflege leisten würden. Indirekt fordern sie zwar schon mehr Personal, weil es fachlich nötig wäre, aber dem Kostenträger, dem »Anwalt und Partner der Pflegebedürftigen«, will man es so deutlich auch nicht zu verstehen geben. Und so bleibt alles beim Alten – schon seit vielen Jahren. Es ist ein Agreement des Schweigens, denn alle wissen Bescheid. Und dann werden alte Menschen mit Psychopharmaka ruhig gestellt, gefesselt und vernachlässigt. Das ist die fatale Kette. »Ein schicksalhafter Verlauf«, sagen viele. Wir nennen es programmierten Notstand. Natürlich muss eine Pflegekraft unter diesen Bedingungen ruhig stellen, weil es sonst gar nicht geht. Natürlich müssen die alten Menschen gewindelt werden, sonst geht es ja gar nicht. Natürlich müssen alte Menschen fixiert werden, sonst geht es ja gar nicht. Und weil es nicht geht und weil alle es wissen, relativiert man natürlich die Mängel. Und dann hört man Erklärungen wie: »Mit einer Windel können pflegebedürftige Menschen nachts durchschlafen.« Man meint eigentlich: Die Nachtwache hat sowieso keine Zeit, mit ihnen auf die Toilette zu gehen.

Warum stellt der Medizinische Dienst diese Missstände durch Kontrollen nicht ab? Warum wird nachts so gut wie nicht geprüft? Weil der MDK weiß, was ihn dort erwartet. Wenn Mitarbeiter der Heimaufsicht oder des Medizinischen Dienstes eine solche Nachtbesetzung inspizieren, dann müssten sie eigentlich bleiben und mithelfen, denn sonst könnten auch sie sich strafbar machen, meinen wir. Der Tatbestand: unterlassene Hilfeleistung.

Eigentlich müsste man nur die Notärzte und Rettungsdienste intensiv befragen, was sie in der Nacht erleben. Dann hätte man genügend Material, um die wahre Situation zu dokumentieren. Aber auch sie schweigen vielfach.

Analog gilt die Problematik für Kontrollen am Wochenende. Seit 2002 wurden zum Beispiel an Samstagen und Sonntagen in Rheinland-Pfalz insgesamt nur zwei Überprüfungen durchgeführt.

7 Pflegenotstand im Krankenhaus

Pflegeheime müssten im Vergleich zu Kliniken bei schlechter Pflege viel zu selten mit Konsequenzen rechnen, kritisierte der SPD-Gesundheitsexperte Karl Lauterbach in einer Diskussionsrunde des Fernsehsenders Phoenix im Oktober 2007: »Jedes Krankenhaus, das die Qualität eines schlechten Pflegeheims hätte, müsste sofort schließen.« Pflegeheime dagegen dürften vielfach weiterarbeiten.

Aber: Auch in deutschen Kliniken liegt etliches im Argen. Es gibt sehr viele Institutionen und Funktionäre, die davon leben, dass sich nichts bewegt. Jeder Dekubitus, jeder Oberschenkelhalsbruch, der infolge schlechter Vorsorge entsteht, ist ein Wirtschaftsfaktor und sichert Arbeitsplätze im Krankenhaus. Die medizinische Versorgung eines schweren Druckgeschwürs kann bis zu 30000 Euro kosten. Das ist mehr, als eine Pflegekraft im Jahr verdient. Viel zu selten wird hier auf Prävention gesetzt.

Die Behandlung eines Oberschenkelhalsbruchs schlägt mit etwa 10000 Euro zu Buche. Hüftprotektoren, die präventiv solche Brüche verhindern helfen könnten, würden nur einen Bruchteil der Kosten verursachen.

Das leere Bett im Pflegeheim wird während des Krankenhausaufenthalts von den Pflegekassen zu einem großen Teil weiterbezahlt. Außerdem wird dem Patienten im Anschluss daran häufig

eine höhere Pflegestufe zugeteilt. Das heißt, seine Pflegebedürftigkeit hat sich nicht verringert – im Gegenteil. Unserer Ansicht nach ist das neben unterlassener Hilfeleistung und Körperverletzung auch noch Geldverschwendung. Es wäre die selbstverständliche Aufgabe der Krankenkassen, hier zu kontrollieren, was mit den Beiträgen ihrer Mitglieder geschieht.

Jeder weiß inzwischen, dass beispielsweise auch unzählige Menschen mit Dekubitus aus den Krankenhäusern entlassen werden. Alle schweigen und decken sich gegenseitig: Pflegeheime, Krankenhäuser, Rettungsdienste und Ärzte. Besonders pervers wird es, wenn sich Heimträger und Krankenhäuser gegenseitig die Schuld an der Entstehung der Druckgeschwüre zuschieben. Während in den Krankenhäusern inoffiziell die Ansicht vertreten wird, Dekubitalgeschwüre entstünden in den Heimen, behauptet man dort das Gegenteil. Das Interesse der Krankenkassen an Regressforderungen hält sich in Grenzen. Eine ethische Katastrophe und ein volkswirtschaftlicher Irrsinn! Milliardensummen werden jährlich für die Behandlung von Pflegefehlern verschwendet. Und niemand ist dafür verantwortlich!

Warum sich auch in Krankenhäusern Pflegefehler häufen, belegt eine Studie des Deutschen Instituts für Pflegeforschung, die im Juli 2007 veröffentlicht wurde. Dabei wurden leitende Pflegekräfte zu ihren beruflichen Erfahrungen befragt, heraus kamen ernüchternde Angaben aus 263 von insgesamt 2140 deutschen

Kliniken. Zwischen 1995 und 2005 wurden 48000 Vollzeitstellen im Pflegebereich abgebaut, eine Kürzung um 13,5 Prozent. Die Zahl der Patienten erhöhte sich aber im gleichen Zeitraum um fünf Prozent. Die Folge: Heute muss eine Pflegekraft 59 Menschen betreuen, 1995 waren es nur 48. Wie in einer Pflegeeinrichtung führt eine höhere Arbeitsbelastung der Pflegekräfte auch zu beunruhigenden Zuständen im Krankenhaus: Frisch operierte Patienten können oft nicht mehr angemessen versorgt, Pflegebedürftige nicht mehr ausreichend betreut werden, und die Patientensicherheit ist langfristig nicht mehr gewährleistet. Gegenüber »Report Mainz« äußerte sich der Direktor des Instituts für angewandte Pflegeforschung (DIP), Professor Frank Weidner: »Wir halten diese Entwicklung nicht mehr für verantwortbar, auch so, wie sie jetzt schon ist. Denn der Umbau der Krankenhäuser läuft zurzeit eindeutig auf Kosten des Pflegepersonals – und damit auch auf Kosten der Patienten.« So nehme die Zahl riskanter Situationen zu. Der Personalmangel treffe vor allem die älteren Patienten. Die Krankenschwestern kommen laut DIP seltener dazu, sie umzulagern und aus den Betten zu nehmen. Das Risiko: gefährliche Druckgeschwüre.

Im Oktober 2007 schlug auch die Deutsche Krankenhausgesellschaft (DKG) Alarm. »Wir sind in Not, wir brauchen Hilfe«, sagte DKG-Hauptgeschäftsführer Georg Baum im *Handelsblatt*. Die rund 2100 Krankenhäuser in Deutschland sähen wegen massiv steigender Kosten und politisch erzwungener Sparmaßnahmen die Versorgung ihrer jährlich 17 Millionen Patienten in Gefahr. Einnahmen und Kosten klafften immer weiter auseinander. Die Patienten bekämen dies schon heute in Form geringerer Zuwendung zu spüren. Wohin soll das noch führen?

Zweiter Teil

Die Pflegelobby

8 Die Geburtsstunde der Pflegeversicherung

Es war die große Stunde des Norbert Blüm. 1995 wurde die Pflegeversicherung in Deutschland eingeführt, die fünfte Säule unseres Sozialsystems. Kranke und alte Menschen sollten mit Respekt behandelt, vom Rand in die Mitte der Gesellschaft zurückgeholt werden. Nach zwanzigjährigen, äußerst kontrovers geführten Diskussionen und Debatten boxte der damalige Arbeits- und Sozialminister die neue, umlagenfinanzierte Versicherung gegen den erbitterten Widerstand der Wirtschaft durch.

Zum Ausgleich dafür, dass die Arbeitgeber die Pflegebeiträge zur Hälfte mitfinanzieren, hatte der Buß- und Bettag als Feiertag ausgedient. Nur in Sachsen wurde er beibehalten. Dafür aber müssen die abhängig Beschäftigten dort einen höheren Beitrag zur Pflegeversicherung als im restlichen Bundesgebiet zahlen. Das Bundesverfassungsgericht hielt dies im Gesamtkontext der Einführung der Pflegeversicherung für zumutbar.

Es gibt einen einfachen Grund dafür, dass die christliberale Regierung 1995 auf das Solidarsystem und nicht auf private Vorsorge setzte: Viele pflegebedürftige Menschen benötigten Soforthilfe. Denn schon damals kostete die Heimbetreuung mehr, als die meisten Senioren an Rente erhielten. Daher waren rund zwei Drittel aller Pflegebedürftigen im Heim auf Sozialhilfe angewiesen, wodurch wiederum die Kommunen in Finanznöte gerieten. 20 Milliarden Mark, so das Wochenmagazin *Die Zeit*, mussten allein die Städte und Gemeinden für die Unterbringung pflegebedürftiger alter Menschen in Einrichtungen aufbringen. Der Zuschuss, den die Pflegeversicherung zahlte, sollte also in erster Linie die Sozialämter entlasten, hatte also nur vordergründig die bessere Versorgung der Hilfsbedürftigen zum Zweck. Zunächst ging das Konzept auf. Doch seit einigen Jahren steigt die Zahl der Heimbewohner wieder an, bei denen Rente plus Pflegegeld die Kosten nicht mehr decken.

Seit 1999 zehrt die Pflegeversicherung von ihren Rücklagen. Ein Grund ist die hohe Arbeitslosigkeit: Wer keinen Job hat, kann auch nichts mehr in die Versicherung einzahlen. Vor allem die Pflegeverbände forderten angesichts dieser Lage, die Beiträge zu erhöhen.

Die neue Versicherung erwies sich dennoch als Jobmaschine. Kaum eine Branche verzeichnete in den vergangenen Jahren solche Zuwächse wie der Pflegemarkt. Tausende Dienste und stationäre Einrichtungen kämpfen um die Milliarden aus dem Topf.

Gleichwohl litt die Pflegeversicherung unter Geburtsfehlern: Zum Beispiel wurde die rapide anwachsende Zahl demenziell erkrankter Menschen nur unzureichend berücksichtigt. Auch die Finanzierung der häuslichen Pflege geriet von Beginn an ins Hintertreffen. So bekommen in Heimen lebende Bewohner in der ersten Stufe 1023 Euro von der Pflegeversicherung, ambulante Dienste dagegen nur 384 Euro. Angehörige und Nachbarn, die ihren Angehörigen zu Hause pflegen, müssen sich gar mit 205 Euro bescheiden. Viele halten diesen Schlüssel für ungerecht. Das im Gesetz postulierte Ziel der Stärkung der ambulanten Pflege wurde also von den ersten Tagen an konterkariert. Und obwohl mehr Geld in die stationäre Pflege gepumpt wurde, sind die Leistungen in Heimen offensichtlich nicht besser, wie die Berichte des Medizinischen Dienstes belegen.

Von Anfang an war daher klar, dass die Pflegeversicherung reformiert werden musste. Von 2002 bis August 2003 tagte auf Initiative der Bundesregierung die »Kommission für die Nachhaltigkeit in der Finanzierung der Sozialen Sicherungssysteme«, die unter ihrer griffigeren Bezeichnung »Rürup-Kommission« bekannt werden sollte. Das Gremium gelangte unter anderem zu dem Ergebnis, dass die Leistungen in der stationären Pflege und der professionellen ambulanten Pflege in den Pflegestufen I und II finanziell gleichgestellt werden sollen.

Die sogenannte »Herzog-Kommission«, das von der Union eingesetzte Pendant zur Rürup-Kommission, legte im September 2003 ihre Erkenntnisse vor. Auch sie bemängelt, dass die Pflegeversicherung gegenwärtig in den Pflegestufen I und II im Fall der stationären Pflege deutlich höhere Zuschüsse als bei der häuslichen Pflege gewähre. »Diese Regelung kann dazu führen, dass Pflegebedürftige stationär versorgt werden, obwohl eine häusliche Pflege möglich wäre«, heißt es im Gutachten. Ein solcher Effekt widerspreche dem Grundsatz »ambulant vor stationär«.

Die Kommissionsberichte führten zunächst dazu, dass die rotgrüne Bundesregierung 2004 den großen Wurf wagen wollte. »Wer zu Hause gepflegt wird, soll höhere Leistungen erhalten. Massive Einbußen sind hingegen für pflegebedürftige Heimbewohner der Stufen I und II vorgesehen«, meldete *Die Welt* am 30. Dezember 2003 unter Bezugnahme auf die Planungen der Bundesregierung. Mit dieser gravierenden Veränderung hätte die Politik einen Schritt in die richtige Richtung gehen können.

Zehn Monate später aber waren alle guten Ansätze schon wieder vom Tisch. Die *Süddeutsche Zeitung* kritisierte, dass das rot-grüne Regierungsbündnis eine Pflegereform verabschiedet habe, »die keine ist und deshalb auch nicht so heißt«. Das Paragrafenwerk trägt den zwar seltsamen, gleichwohl ehrlichen Namen »Kinderberücksichtigungsgesetz«. Dieses Gesetz orientiere sich allein an der Vorgabe des Bundesverfassungsgerichts, wonach Kinderlose und Eltern in der Pflegeversicherung unterschiedlich behandelt werden müssen. Als Tiger gestartet, als Bettvorleger gelandet, nennt man so etwas.

Wie kommt es dazu, dass von ehrgeizigen politischen Zielen am Ende kaum noch etwas übrig bleibt? Verantwortlich dafür ist einerseits die Politik, die auf Wählerstimmen schielt und sich scheut, dem Wahlvolk zusätzliche Belastungen aufzubürden, andererseits agiert im Hintergrund eine mächtige Pflegelobby.

9 Wer ist die Pflegelobby?

Zu den relevanten politischen Lobbyisten im Pflegebereich gehören die Wohlfahrtsverbände (also Caritas, Rotes Kreuz, Diakonie, Paritätischer Wohlfahrtsverband AWO), private Leistungsanbieterverbände (zum Beispiel der Bundesverband Privater Anbieter Sozialer Dienste [bpa]), soziale Pflegekassen, kommunale Spitzenverbände (etwa der Sozialverband Deutschland), Berufsverbände, Bundesländer, Wissenschaft, Gewerkschaften, Sozialverbände und kommunale Heimträger. In einer bislang unveröffentlichten Magisterarbeit der Universität Mainz kam Johannes Bentrup (2006) zu dem Schluss, dass »Wohlfahrtsverbände in der Pflegepolitik die einflussreichsten Organisationen sind«. Auch der bpa bündelt als Interessenvertreter privater Träger eine enorme Machtfülle.

Nach dieser Untersuchung stehen Wohlfahrtsverbände in enger Verbindung sowohl zu privaten Leistungsanbietern als auch zu kommunalen Spitzenverbänden. Sie bilden gemeinsam mit den Pflegekassen das Zentrum des Kommunikationsnetzwerks. Gewerkschaften haben traditionell gute Kontakte zur AWO und SPD. Die Union pflegt intensive Beziehungen zu den Sozialverbänden und den kirchlichen Wohlfahrtsverbänden. FDP und private Krankenversicherung stehen ihrerseits in regem Austausch.

Wie aber spielen Verbände und Politik zusammen? Welchen Einfluss hat die Pflegelobby? Das wollen wir am Beispiel der gescheiterten Pflegereform 2004 durchspielen.

10 Das »Kinderberücksichtigungsgesetz« oder: Was 2004 eine Pflegereform hätte werden sollen

»Eine umfassende Reform der Pflegeversicherung noch in diesem Jahr ist wohl endgültig vom Tisch«, resignierte *Die Welt* im Januar 2004, nachdem sie noch einen Monat zuvor über den geplanten großen Wurf der Bundesregierung berichtet hatte. Bundeskanzler Gerhard Schröder habe sie mit dem Hinweis gestoppt, »dass für die Bürger die Grenze der Belastung erreicht« sei. Wie es zu diesem »Basta« gekommen war, hat Johannes Bentrup in seiner wissenschaftlichen Arbeit untersucht. Ihm ist es gelungen, Verflechtungen zwischen Politik und Verbänden aufzudecken. Außerdem sammelte er bemerkenswerte Einschätzungen der Protagonisten. So heißt es in der Studie:

»Petra Selg [2004 pflegepolitische Sprecherin von Bündnis 90/Die Grünen] schildert: ›Es war ein Dienstag, eine Fraktionssitzung. Um 15 Uhr hatten wir Fraktionssitzung, und da habe ich eine SMS von der Kollegin aus der SPD-Fraktion erhalten, dass der Kanzler die Reform der Pflegeversicherung gestoppt hat… Daraufhin habe ich Ulla Schmidt angerufen, zu der ich auch einen guten Draht habe, und die hat dann gesagt: …›Der Kanzler hat es gestoppt…‹

Erika Lotz [2004 Sprecherin der Arbeitsgruppe Gesundheit und Soziale Sicherung der SPD-Fraktion] erläutert, dass der Kanzler dagegen gewesen ist, aber auch in der SPD-Fraktion zu diesem Zeitpunkt keine Mehrheit bestand…

Ein weiterer hochrangiger Experte aus einem Ministerium sagt, ihm sei aus glaubhaften Quellen versichert worden, dass sich verschiedene Akteure im Kanzleramt gegen diesen Vorschlag [das heißt die Reform der Pflegeversicherung] ausgesprochen hätten: Wohlfahrtsverbände, Kommunen, SPD-Fraktionsmitglieder sowie die BMFSFJ-Ministerin [Bundesministerium für Familie, Senioren, Frauen und Jugend] Renate Schmidt… Viele Experten (SPD, CDU, FDP, Grüne, MDS sowie ein Anonymer) bestätigen, dass vor allem die kommunalen Spitzenverbände und Wohlfahrtsverbände gegen den Gesetzesentwurf argumentiert hätten. Darüber, wie bedeutsam der Einfluss gewesen ist, äußern sie sich nicht. Zwei Experten von Wohlfahrtsverbänden (AWO, BAGFW [Bundesarbeitsgemeinschaft der Freien Wohlfahrtspflege]) sagen, dass sie Druck gegen den Gesetzesvorschlag ausgeübt hätten …

Bei einer Differenzierung, welche Aspekte des Gesetzesvorhabens Widerstand auslösten, sind die Experten einhellig der Meinung, dass die geplante Angleichung der Pflegesachleistungsbeträge der beiden Versorgungsformen und damit die Absenkung der stationären Sachleistungsbeträge ausschlaggebend gewesen sind. Der BAGFW-Experte verurteilt zwar nicht generell eine Absenkung, diese dürfe jedoch nicht sehr hoch sein, und es müsse einen Bestandsschutz für die zu diesem Zeitpunkt bereits in Pflegeheimen Lebenden geben. Im Gesetz habe das gefehlt …

Die beiden Abgeordneten der damaligen Regierungsfraktionen legen hingegen Wert darauf, dass im damaligen Gesetzesvorschlag ein umfassender Bestandsschutz vorgesehen war. Erika Lotz erklärte die Widerstände in der SPD-Fraktion mit der geplanten Absenkung …

Ob und welche Akteure Einfluss auf des Kanzlers Entscheidung hatten, drang nicht an die Öffentlichkeit.«

DIE COMEDIANS VON STATION II

Mehrere Experten bestätigten Johannes Bentrup, dass der Gesetzesentwurf im Bundeskanzleramt gestoppt worden sei, obwohl ihn das Bundesgesundheitsministerium befürwortet habe. Auch der im Oktober 2007 vorgelegte Gesetzesentwurf zur Reform der Pflegeversicherung bevorzugt nach wie vor die stationäre Pflege. Zwar sollen die ambulanten Sachleistungsbeträge in Pflegestufe I bis 2012 auf 450 Euro angehoben werden. Im stationären Bereich bezahlt die Pflegekasse für dieselbe Pflegestufe pro Bewohner aber immer noch 1023 Euro, also mehr als das Doppelte. Ähnlich verhält es sich mit Pflegestufe II. Die Politik steckt also in die ambulante Pflege etwas mehr Geld, tastet aber die stationären Pflegesätze nicht an. Somit kann die Heimlobby einen vollen Erfolg verbuchen. In einer Pressemitteilung im September 2007 verkündet der mächtige Bundesverband Privater Anbieter Sozialer Dienste e.V. (bpa) in Person seines Präsidenten Bernd Meurer triumphierend: »Kürzungen bei den Leistungsbeträgen für die stationäre Pflege sind endgültig vom Tisch – und das ist gut so.«

11 Lobbyarbeit im Namen Gottes

Die Machtposition der Wohlfahrtsverbände zeigt sich am besten in ihren Lobbypapieren. Uns liegt ein Schreiben des Caritasverbandes der Diözese Würzburg vom Juni 2006 vor. Mit einer »Wunschliste« wenden sich die Caritaslobbyisten nicht etwa an den Weihnachtsmann, sondern direkt an Bayerns Sozialministerin Christa Stewens. Wir möchten an dieser Stelle betonen, dass dieses Papier echt ist und keinem Satiremagazin entnommen wurde. Die Caritaslobbyisten zitieren darin verschiedene Einrichtungsleiter, die sich über »unangemeldete Kontrollen« beklagen. Auszüge:

Es wäre für den Ablauf der Prüfungen sinnvoll, wenn man einen Tag vor der Heimbegehung eine Information erhalten würde, dass am nächsten Tag eine Heimbegehung stattfinden würde. Somit wäre gewährleistet, dass Termine rechtzeitig abgesagt werden können und die Einrichtung durch die Prüfung nicht vollständig blockiert wäre. Heimleitung und Pflegedienstleitung haben meist einen vollen Terminkalender beziehungsweise sind auch immer wieder außer Haus, und dies erschwert natürlich jede Prüfung, und aufwendige Nacharbeiten sind die Folge.

Analog hierzu müsste der Wunschzettel der Polizei an Bankräuber lauten: »Wir fänden es nett, wenn Sie den Einbruch am Tag vorher ankündigen würden, damit auch genügend Streifenpolizisten zu Ihrer Festnahme bereitstehen.«

Wir bitten um eine Überschaubarkeit der Prüfer, da zum Teil sechs bis acht Prüfpersonen vor Ort erscheinen und prüfen, im Gegensatz dazu unsererseits nur von zwei bis drei Personen qualifizierte Auskünfte erteilt werden können. Nebenbei muss die Versorgung der uns anvertrauten Bewohner selbstverständlich weiter erfolgen.

Hierzu erübrigt sich jeglicher Kommentar.

Für uns wäre sinnvoll, wenn die Prüfung … festen Richtlinien folgt und eine klare Vereinbarung darüber besteht, welche Dokumente und Unterlagen vorzulegen sind.

Ein frommer Wunsch. Welcher Schüler würde nicht gerne vorab einen Blick auf die Aufgaben für seine Klausuren werfen?

Aus arbeitsrechtlichen und persönlichen Gründen sollte eine Prüfung nicht dazu führen, dass die Einrichtungsleitung Mitarbeiter länger als gesetzlich zulässig dienstverpflichten muss.

Sollen künftig Drogenrazzien nach acht Stunden abgebrochen werden, nur weil der Dealer Feierabend machen möchte?

Die Dreistigkeit dieser Forderungen verschlägt einem die Sprache. Welche Macht müssen die Verbände haben, dass sich die Ministerin persönlich damit beschäftigt. Vielleicht sollte der TSV 1860 München per »Wunschzettel« vom Finanzministerium Geld fordern, um durch den Erwerb des Teams vom FC Bayern endlich wieder in die Erste Bundesliga aufzusteigen.

Wie geht man mit solchen Lobbypapieren um? Das wollten wir im Sommer 2007 von Sozialministerin Christa Stewens wissen. Sie finde die Form originell, denn: »Wer gibt denn nicht gerne Wunschlisten ab?« Inhaltlich stoße »eine derartige Forderung natürlich auf Unverständnis«. Schließlich bestehe die Anweisung, Heimnachschauen in Bayern grundsätzlich unangemeldet durchzuführen, bereits seit dem Jahr 2002. Nach »fast vier Jahren bewährter Praxis eine Abkehr von diesem Prinzip zu fordern«, sei eine rückwärts gerichtete Diskussion, die an der Realität vorbeigehe. Ihr Haus und sie selbstverständlich auch ständen »in ständigem Austausch mit den Verbänden der Leistungserbringer und den Einrichtungsträgern« zu diesem, aber auch vielen anderen Themen. »Ein Dialog ist mir sehr wichtig«, so Stewens. Denn nur mit der konstruktiven Kraft eines offenen – und dort, wo es nötig ist, kritischen – Dialogs könne am Ende des Gesetzgebungsverfahrens ein von einem breiten Konsens getragenes Regelungswerk stehen.

Immerhin: Die Lobbyisten akzeptierten die klare Ablehnung ihrer Forderungen durch die Ministerin. »Bislang ist mir kein Schreiben des Caritasverbandes Würzburg in dieser Angelegenheit mehr bekannt geworden«, so Frau Stewens. Sie räumt jedoch ein, dass die größte Lobbymacht bei den Trägern liege: »Ich würde mir wünschen, dass die Lobby der bedürftigen alten Menschen größer wäre.«

Der »Runde Tisch Pflege«

Das Expertengremium »Runder Tisch Pflege« wurde im Herbst 2003 von Gesundheitsministerin Ulla Schmidt und der damaligen Familienministerin Renate Schmidt eingesetzt mit dem Ziel, die Lebenssituation hilfs- und pflegebedürftiger Menschen in Deutschland zu verbessern. Zwei Jahre lang berieten sogenannte Experten über bessere Pflegestandards, verpulverten dabei viel Geld und produzierten letztlich jedoch nur heiße Luft und vollkommen unverbindliche Empfehlungen. So wurde unter anderem eine »Charta« für pflegebedürftige Menschen erarbeitet. Sie definiert auf 22 Seiten und in acht Artikeln ausführlich Menschenrechte, die eigentlich jedem – auch pflegebedürftigen – Menschen im Grundgesetz bereits zugesichert sind. So wird ihnen beispielsweise das Recht zugestanden, ihren Tagesablauf selbstbestimmt zu gestalten, oder auch, vor Vernachlässigungen geschützt zu werden. Eigentlich Selbstverständlichkeiten.

Dennoch waren die Proteste der Träger von Heimen und ambulanten Diensten gegen den Entwurf der Charta Anfang 2005 groß. »Die in der Charta vorgesehenen zusätzlichen Leistungsverpflichtungen« seien »so nicht tragbar« und damit »nicht konsensfähig«, entrüstete sich der Bundesverband Ambulante Dienste und Stationäre Einrichtungen e.V. Die »zusätzlich geforderten Pflichten« würden »die Leistungserbringer einseitig belasten«. Der Verband verlangte: »Sollen zugunsten wünschenswerter Qualitätsvorstellungen zusätzliche Leistungsverpflichtungen geschaffen werden, muss die Charta dies zumindest deutlich machen und die Leistungen unter den Vorbehalt einer angemessenen Vergütung stellen.« Auch andere Trägerorganisationen beklagten sich. »Die Charta ist ein Pflichtenkatalog überwiegend einseitig zulasten der Einrichtungen«, meldete sich Michael Schulz, Bundesgeschäftsführer des Verbandes Deutscher Alten- und Behindertenhilfe, in *care konkret* zu Wort. In derselben Fachzeitschrift wird Marie-Luise Müller, die Präsidentin des Deutschen Pflegerats, zitiert: »Es kann nicht sein, dass Patientenrechte unter diesen Rahmenbedingungen einklagbar werden und Pflegende womöglich unverschuldet zur Rechenschaft gezogen werden.«

Eigentlich dürfte es nach unserem Dafürhalten doch kein Problem sein, die Verbindlichkeit der Charta zu akzeptieren, wenn schon nichts Aufregendes drinsteht. Wenn man die Leitbilder und die Versprechungen in den Hochglanzprospekten der verschiedenen Heimträger liest und die rechtsgültigen Unterschriften unter den Versorgungsverträgen mit den Pflegekassen ernst nimmt, dann müssten die wesentlichen Forderungen der Charta doch bereits längst im Heimalltag verankert sein. In München erklärte 2005 die Diakonie, dass in ihren Häusern eine »hochklassige« Pflege geleistet wird – also kaum noch zu steigern ist. Nach den Berichten der Medizinischen Dienste bewegen sich die Zufriedenheitswerte der Pflegebedürftigen und ihrer Angehörigen mit über 90 Prozent auf einem sehr hohen Niveau. Diese Werte wurden in Rheinland-Pfalz mit 98 Prozent (*care konkret* vom 15. April 2005) sogar noch übertroffen. Laut ihren Selbstdarstellungen gewährleistet die überwiegende Zahl der Heime also eine nahezu optimale Pflege. Und laut Bekunden der meisten Heim-, Kostenträger und der Politik handelt es sich bei den aufgedeckten Missständen doch »nur um bedauerliche Einzelfälle und ein paar schwarze Schafe«. Warum dann diese Aufregung?

Dieser Frage ging Johannes Bentrup in seiner bereits erwähnten Studie nach. Im Ergebnis fand er sich auf einem Markt der

Eitelkeiten wieder. Am »Runden Tisch« wurde zwar über die Verbesserung der Situation pflegebedürftiger Menschen gesprochen, offensichtlich aber überwogen eigene Befindlichkeiten. Vor allem die großen Verbände schienen das Arbeitsplenum als Vehikel zu sehen, das der Durchsetzung der Eigeninteressen zu dienen hatte. Sein Resümee:

»Nach Ansicht des BAGFW-Geschäftsführers wurde der Runde Tisch auf Druck der Leistungserbringer ins Leben gerufen und hat nur den Zweck, dass ›die Beteiligten sich ein bisschen abreagieren und sich selbst beruhigen können und die Politik sagen kann: Ja, wir haben was gemacht!‹ Die DRK-Expertin legt den Schwerpunkt ihrer Kritik auf die Vorbestimmtheit des als Diskussions- und Arbeitsforums bezeichneten Runden Tischs: ›Mit den einleitenden Worten [war] im Grunde schon festgelegt ..., was da als Ergebnis herauskommen sollte.‹ Ergebnis der Charta der Rechte für hilfs- und pflegebedürftige Menschen sollte sein, ›dass nur die Leistungserbringer praktisch aufgefordert werden, sich an bestimmte Dinge zu halten‹. Diesen Kritikpunkt trägt auch der DW-Experte [Diakonisches Werk Deutschlands] vor, der sagt, dass auch in den ausgearbeiteten Dokumenten des Runden Tisches stehe, dass ›man einseitig die Anforderungen an die Einrichtungsträger gestellt hat‹ ... Es zeigt sich also, dass Wohlfahrtsverbände generell den Charakter des Runden Tisches kritisieren. Ihrer Meinung nach müssen primär die strukturellen und finanziellen Probleme in der Pflegeversorgung und der SPV [Sozialen Pflegeversicherung] thematisiert werden. In diesem Sinne sagte die BMGS-Expertin [Bundesministerium für Gesundheit und Soziale Sicherung]: ›Die meisten wollten lieber über die Reform der Pflegeversicherung reden und dazu ihre Forderungen formulieren, statt über Empfehlungen zu diskutieren, wie unter den gesetzlichen Rahmenbedingungen die Qualität der Pflege verbessert werden kann.‹«

Und genau in diesem Punkt entlarven sich die Wohlfahrtsverbände. Im Ergebnisprotokoll zur ersten Sitzung der Arbeitsgruppe des Runden Tisches, die sich mit der Verbesserung der Pflege in stationären Einrichtungen beschäftigte, heißt es: »Aufgrund der aus ihrer Sicht zunehmend erschwerten finanziellen Rahmenbedingungen sieht die Freie Wohlfahrtspflege in der Verbreitung guter Praxisbeispiele keine ausreichende Strategie zur Verbesserung der Qualität in der stationären Betreuung und

Pflege. In Zukunft seien maßgebliche Qualitätsverbesserungen nicht ohne eine Anhebung der Leistungspauschalen der Pflegeversicherung zu realisieren.« Andere Auffassungen wie die, dass »nach bisherigem Erkenntnisstand mehr Geld nicht gleich auch eine Steigerung an Qualität« bewirke, konnten die mächtige Wohlfahrtslobby nicht überzeugen. Auch der Vorschlag, einmal kritisch zu hinterfragen, warum sich unter den gegebenen Rahmenbedingungen Einrichtungen erheblich unterscheiden, fand offensichtlich keine Zustimmung. »Angesichts dieses Zielkonflikts wurde angeregt, primär über inhaltliche Fragen zu reden«, heißt es im Ergebnisprotokoll im Dezember 2003.

In den verschiedenen Arbeitsgruppen saßen Akteure, die sich und ihre Argumente seit Jahren kannten. Man konnte sich des Eindrucks nicht erwehren, dass sehr viele dieser Teilnehmer und Teilnehmerinnen den Pflegealltag schon lange nicht mehr in der Praxis miterlebt hatten und weit weg von der täglichen Realität agierten. Es ist ein Skandal, dass die Arbeitsgruppe, die sich mit der Verbesserung der Qualität in der stationären Pflege beschäftigte, nur längst bekannte Forderungen in einem Positionspapier zusammenfasste und diese dann als unverbindliche Empfehlungen an Heim-, Kostenträger und Politik verkaufte! So »empfahl« der Runde Tisch zum Beispiel, »durch eine Verbesserung der vielfach als defizitär wahrgenommenen Ess- und Trinkkultur, in Heimen mehr Lebensqualität zu schaffen«. Empfehlungen über Empfehlungen, die eigentlich in einer zivilisierten mitteleuropäischen Gesellschaft »selbstverständlich« sein müssten – vor allem für kirchliche Träger!

Was haben Heimbetreiber zu befürchten, wenn sie auf diese Empfehlungen nicht eingehen? Einige Träger betonen immer wieder, dass sie aufgrund der Rahmenbedingungen nicht in der Lage seien, bessere Pflege zu leisten. Hat sich jemals ein Heimbetreiber bei der Politik wegen schlechter Pflege selbst angezeigt? In Deutschland wird doch niemand gezwungen, ein Pflegeheim zu betreiben!

Schnell entstand bei einigen Teilnehmern der Eindruck, dass vor allem die Heimträgerverbände den »Runden Tisch Pflege« ohne große Ergebnisse im Sande verlaufen lassen wollten. Durch die vorgezogene Bundestagswahl 2005 schöpften die Lobbyisten, so die Recherchen von Johannes Bentrup, Hoffnung, dieses Ziel zu erreichen:

»Experteneinschätzungen deuten darauf hin, dass die Wohlfahrtsverbände den Wahlkampfhinweis nutzten, um ihren generellen Unmut über den Runden Tisch auszudrücken. Sowohl ihr Vorgehen als auch die Aufregung, die sie im pflegepolitischen Netzwerk verursachten, zeigen, dass sie bedeutende Akteure in der Pflegepolitik sind. Der Unmut über den Charakter des Runden Tisches, nämlich systemimmanente Verbesserungspotenziale zu suchen, scheint dazu geführt zu haben, dass die einflussreichen Organisationen (Wohlfahrt, kommunale Spitzenverbände, bpa) zeitweise versuchten, das aus unterschiedlichen Experten bestehende Gremium »Runder Tisch Pflege« auf Eis zu legen – damit hätte die Möglichkeit bestanden, dass eine neue Bundesregierung dessen Ergebnisse gar nicht aufgreift. Die Leistungserbringer waren gleichwohl bereit, am Runden Tisch mitzuarbeiten und damit systemimmanente Potenziale aufzudecken, obwohl sie der Meinung sind, dass vor allem strukturelle und finanzielle Defizite auf der pflegepolitischen Tagesordnung stehen sollten. Die Fraktionssprecher kamen von sich aus nicht auf den Runden Tisch zu sprechen; auf Nachfrage hatten sie keine differenzierte Meinung zu diesem Prozess. Das zeigt, dass der Runde Tisch von den Abgeordneten hauptsächlich als Arbeitsgremium wahrgenommen wurde, von dem nicht erwartet wird, dass es die politische Gestaltung nennenswert beeinflusst.«

Insider sprechen davon, dass der »Runde Tisch Pflege« 1,5 Millionen Euro gekostet habe. Es wurde viel gestritten, die Politik war mäßig interessiert, und herausgekommen ist fast nichts. Das ist Pflegepolitik in Deutschland.

12 »Prävention vor Rehabilitation vor Pflege«

Im Sozialgesetzbuch wurde der Grundsatz »Prävention vor Rehabilitation« vor Pflege festgeschrieben. Viele bezeichnen ihn als das »Herzstück« der Pflegereform. Hans Peter Tews, Vorstandsmitglied im Kuratorium Deutsche Altershilfe, hatte schon 1995 in einem Aufsatz konstatiert, dass die Rechtsgrundlagen im Sozialgesetzbuch »ausreichend« für eine umfangreichere ambulante geriatrische Rehabilitation sind. Zur gleichen Einschätzung kommen auch Professor Wolf D. Oswald und Andreas Ackermann vom Institut für Psychogerontologie der Universität Erlangen in einem Fachartikel. Nach dem Sozialgesetzbuch habe auch der »Pflegeheimbewohner ein Anrecht auf rehabilitative Leistungen«. Der Gesetzgeber sehe vor, »Rehabilitation nicht nur zur Überwindung von Erkrankungen oder Behinderung, sondern auch zur Vermeidung der Verschlimmerung bereits bestehender Pflegebedürftigkeit durchzuführen«.

Dennoch wurde der Grundsatz nur unzureichend umgesetzt. »Prävention vor Rehabilitation vor Pflege« ist bis heute eher die Ausnahme als die Regel. Anreize für Pflegekräfte und für pflegende Angehörige fehlen. Wer bei alten Menschen mithilfe von Krankengymnastik oder Ergotherapie wieder möglichst viele Fähigkeiten aktiviert, hat zwar gute Arbeit geleistet, paradoxerweise aber ein finanzielles Problem. Die Verbesserung des Gesundheitszustands, mehr Selbstständigkeit und die Vermeidung von Pflegebedürftigkeit bedeuten nach heutiger Logik der Pflegekassen immer noch, dass die alten Menschen dann in eine niedrigere Pflegestufe eingruppiert werden und damit weniger Geld bekommen. Schlechte Pflege wird also finanziell belohnt, gute Pflege bestraft.

Auch die Chance der Zusammenlegung von Kranken- und Pflegeversicherung wurde bei der Einführung der Pflegeversicherung vertan. Der Gedanke, die Pflege unter das Dach der Krankenversicherung zu stellen, hätte allen Beteiligten viel Verwaltungsaufwand, Kompetenzstreitigkeiten und Konkurrenzkampf erspart.

Was sich daraus folgern lässt, das zeigt eine Untersuchung des Lehrstuhls für Gesundheitsökonomie der Europa-Fachhochschule Fresenius im hessischen Idstein aus dem Jahr 2004. Professor Jens Jessen hatte festgestellt, dass der Rehabilitationssektor »seit Jahren ausgehungert« werde: »Eine Gesellschaft, die auf Humankapital angewiesen ist, kann sich jedoch auf Dauer unnötige Produktionsausfälle, Milliarden Lohnersatzleistungen und vorgezogene Rentenzahlungen nicht leisten, die eine Folge fehlender Rehabilitationsangebote sind.« Um die Unterversorgung zu beseitigen, forderte er deshalb »eine Vernetzung der Sektoren im Gesundheitswesen«. Im Falle einer Krankheit solle die Akutversorgung im ambulanten Bereich oder, wenn nötig, im Krankenhaus erfolgen. Bei einem chronischen Verlauf einer Krankheit werde der Patient dann aus dem teuren Akutbereich in die ambulante Rehabilitation mit sekundärer oder tertiärer Prävention übernommen. »Eine Stärkung des Rehabilitationsbereichs führt zu Kosteneinsparungen, die nicht nur die Kranken- und die Pflegeversicherung, sondern auch die Rentenversicherung finanziell entlasten«, so Jessen. Er kritisiert, dass die Krankenkassen die Rehabilitation von Pflegebedürftigen finanzieren. Denn eigentlich habe nur die Pflegeversicherung ein Interesse daran, mit Rehabilitationsmaßnahmen den Pflegebedarf ihrer Klienten zu senken. Jessen: »Die Übergänge von Pflegestufe I in die Pflegestufen II oder III ließe sich durch Rehamaßnahmen vermeiden oder zumindest zeitlich verzögern.«

Im Klartext: Durch Rehabilitationsmaßnahmen könnte die Pflegekasse viel Geld sparen, weil sich der Gesundheitszustand der Menschen in der Regel verbessert. Nicht aber die Krankenkasse! Sie muss die Rehabilitation bezahlen und hat deshalb, wenn man es von einer engstirnigen, tunnelblickartigen Bürokratenwarte aus betrachtet, nur zusätzliche Kosten. Einen Anreiz, mehr für Rehabilitation zu tun, hätte daher nur die Pflegekasse. Sie entscheidet aber nicht über die Bewilligung solcher Maßnahmen, weil sie sie nicht verantwortet.

Es drängt sich zwangsläufig der Eindruck auf, dass im jetzigen System niemand an das große Ganze denkt. Dabei hatte der Geschäftsführer des AOK-Bundesverbandes, Hans-Jürgen Ahrens, schon vor Einführung der Pflegeversicherung gefordert, dass der Rehabilitationsbereich der Pflegeversicherung zugeschrieben werden müsse: Ahrens hatte in der Fachzeitschrift *Altenpflege* im Juli 1994 die Planungen kritisiert, denen zufolge dieser Bereich »in der Verantwortung der Krankenversicherung« bleiben solle. Nach damaliger Meinung der AOK solle Rehabilitationsmaßnahmen derjenige Träger zahlen, der auch die wirtschaftlichen Vorteile habe – also die Pflegeversicherung. In der renommierten Fachzeitung *Geriatrie Praxis* wird im selben Jahr die zweischneidige Position des AOK-Bundesverbandes zitiert. Einerseits, heißt es in dem Artikel, begrüße die Kasse den gesetzlichen Grundsatz Rehabilitation vor Pflege, andererseits werde »die AOK die Rehabilitationsbemühungen nicht fördern«. Der Grundsatz »Rehabilitation vor Pflege« könne nur dann Wirklichkeit werden, wenn damit eine Neuorientierung im System der gesetzlichen Krankenversicherung verbunden sei. Die zynische Bilanz: »Die AOK wird um den Preis ihres Überlebens gezwungen sein, eine möglichst restriktive Leistungsgewährung im Rehabilitationsbereich zu fahren.« Aus diesem Offenbarungseid von 1994 wird ersichtlich, warum sich in dieser Frage bis heute nichts zum Positiven verändert hat.

Zwar ist auch den Krankenkassen klar, dass ein verstärktes Angebot an geriatrischer Rehabilitation dazu beitragen könnte, Häufigkeit und Schwere von Pflegebedürftigkeit zu vermindern – eine Erkenntnis, die auf der Hand liegt. Dennoch wurde sie bewusst ignoriert, weil sie mit Geldausgeben verbunden ist. 1997 räumte der stellvertretende Verwaltungsratsvorsitzende des AOK-Bundesverbandes, Peter Kirch, in der *Süddeutschen Zeitung* ein: »Da wir uns alle darüber einig sind, dass Beitragsneutralität angesichts der gesamtwirtschaftlichen Lage unabdingbar ist, stehen wir vor einem Problem.«

Beispiele:

1998: In der Diabetikerversorgung werden pro Jahr »rund 2,5 Milliarden Mark verschwendet, denn die Kranken werden nicht gut genug behandelt und erleiden deswegen Folgeschäden, deren Behandlung diese Summe verschlingt«, berichtete die *Frankfurter Rundschau*. Bei einer frühzeitigeren, hochwertigeren und vernetzteren Versorgung der Patienten ließen sich diese Kosten deutlich senken: »Die Diabetikerversorgung ist kein Kostenproblem, sondern ein Qualitätsproblem.« Diese Feststellung von Professor J.-Matthias Graf von Schulenburg, Direktor des Instituts für Versicherungsbetriebslehre der Universität Hannover, war das Resümee des Diabetikertags in Kassel. Die Hauptursache sei eine verfehlte Gesundheitspolitik. »Man wartet, bis das Kind in den Brunnen gefallen ist, bevor man etwas bezahlt«, so der Internist und Diabetologe Matthias Frank. »Die Prävention wurde aus den Kassensatzungen gestrichen«, so die *Rundschau*. Das sei »kurzsichtig und schwachsinnig«, schimpfte Hellmut Mehnert von der Deutschen Diabetiker Union. Damit hätten sich die Verantwortlichen selbst ein Bein gestellt, denn die Behandlung der Folgeschäden – allein für Beinamputationen inklusive Reha werden jährlich etwa eine halbe Milliarde Mark aufgewendet – koste letztlich mehr als jede gute Prävention. Ein richtig geschulter, informierter und betreuter Diabetiker verursache jährliche Kosten von – damals – 1500 bis 2000 Mark (ohne Krankenhaus), ein nicht geschulter dagegen 15000 bis 17000 Mark, rechnete Ulla Gastes vom Bundesvorstand des Deutschen Diabetiker Bundes vor.

2002: Im *Münchener Merkur* wurde die Pflegedienstleiterin Christina S. zitiert, die sich über den Umgang der Krankenkassen mit der Dekubitusprophylaxe ärgerte. Es sei »einfach schockierend«. Denn für die Vorsorge etwa mit Einreibungen bekämen die ambulanten Pflegedienste nichts mehr erstattet. Liege sich der Pflegebedürftige aber wund, zahle die Kasse die Behandlung – allerdings nur bei schwereren Dekubitalgeschwüren. Sei die Wunde dank intensiver und teurer Behandlung dann verheilt, werde die Zahlung wieder gestrichen. »Der Patient leidet darunter«, empörte sich die Pflegedienstleiterin. Harold Engel von der AOK sagte damals, keine Kasse würde Prophylaxe als unnütz ansehen. »Aber es gibt keine Berechnung, dass Vorbeugung Geld spart.« Man müsse für die Krankenhäuser zahlen, egal, ob sie voll oder leer seien, »auch wenn ich mir eine bessere Prophylaxe menschlich wünschen würde«. Ehrlich, aber zynisch.

Eigentlich müsste die Verweigerung von aktivierender und rehabilitativer Pflege als unterlassene Hilfeleistung und Körperverletzung gewertet werden. Denn häufig erleiden Senioren durch dieses Unterlassen irreparable Schäden.

2004: Pflegestammtisch in München. Zu Gast war Norbert Matscheko, Beiratsmitglied des Vereins »Initiative chronische Wunden« (ICW), in dem sich Ärzte und Pflegende zusammengeschlossen haben, um die Situation für Menschen mit chronischen Wunden zu verbessern. Matscheko erklärte, wie viel Wissen über die Verhinderung eines Druckgeschwürs existiert. Es gebe zwar einen verbindlichen nationalen Expertenstandard, doch nur in 20 Prozent der Heime, Pflegedienste und Krankenhäuser seien die Informationen angekommen. Die Ursache sei die Arbeitsbelastung der Pflegekräfte. Sie müssten sich ihr Wissen in der Freizeit aneignen. Das aber sei zu viel verlangt. Würde man alle schon jetzt vorhandenen Kenntnisse und Erfahrungen in der Vorbeugung und Therapie von chronischen Wunden »konsequent und überall« nutzen, könnten mit den heute verfügbaren Mitteln bis zu 1,5 Milliarden Euro an Kosten eingespart werden, so Matscheko. Eine riesige Summe.

2005: Das Institut für Psychogerontologie der Universität Erlangen-Nürnberg legt die Ergebnisse des Forschungsprojekts »Selbstständigkeit im höheren Lebensalter für Pflegeheimbewohner (SimA-P)« vor, das im Auftrag des Bundesgesundheitsministeriums durchgeführt wurde. Professor Wolf D. Oswald und Dr. Andreas Ackermann wollten durch ein kognitives und körperliches Aktivierungsprogramm zeigen, dass zielgerichtetes Training bei dementen Pflegeheimbewohnern das Voranschreiten der Krankheit zu bremsen vermag. Ohne entsprechende Maßnahmen werde sich die Alterskrankheit unaufhörlich verschlimmern. »Die von uns ein Jahr lang trainierten Bewohner sind nicht nur auf demselben Niveau geblieben, ihre Gesundheit hat sich zum Teil sogar verbessert«, so Oswald. Und es gab weitere positive Nebeneffekte, die die Wissenschaftler überraschten. Auch die multiplen Stürze der Pflegeheimbewohner halbierten sich. All diese Ergebnisse bedeuten eine Erhöhung der Lebensqualität der Heimbewohner und eine merkliche Entlastung der Pflegekräfte. Außerdem hätten die Kassen dadurch die große Chance, viel Geld zu sparen. Allein wenn es gelinge, eine Höherstufung in der Pflegeversicherung um ein halbes Jahr oder ein Jahr hinauszuzögern, habe das schon Effekte in Millionenhöhe, wurde von Professor Oswald errechnet. »Wenn es durch entsprechende Präventionsmaßnahmen wie zum Beispiel durch unser SimA-Projekt –

das übrigens in Österreich flächendeckend in der Zwischenzeit eingesetzt wird – gelingt, den Einzug ins Pflegeheim um nur einen Monat für alle hinauszögern, dann könnte man schon eine Dreiviertelmilliarde Euro sparen. Wenn man das um sechs Monate hinauszögern könnte, dann wären das fast vier Milliarden Euro pro Jahr«, so Oswald. Demgegenüber entstünden zwar Kosten für die Ausbildung der Trainer, die Durchführung solcher Kurse und die flächendeckende Implementierung der Präventionsmaßnahmen. Doch diese Kosten seien »Peanuts« im Vergleich zum Sparpotenzial.

2007: Die Auswertung der Datenbank »Geriatrie in Bayern« belegt eindrucksvoll den Erfolg von Rehamaßnahmen. »82 Prozent der Patienten leben ein halbes Jahr nach der Entlassung aus einer geriatrischen Rehabilitationsbehandlung noch in einer Privatwohnung«, sagte Sozialministerin Christa Stewens in der Fachzeitschrift *care konkret.* Ohne Rehamaßnahmen wären viele von ihnen wahrscheinlich längst im Heim. Gezieltes Training befähige sie wieder, ihren Alltag eigenständig und selbstbestimmt zu gestalten. »Pflegebedürftigkeit wird vermieden und die Lebensqualität hochbetagter Menschen verbessert«, erklärte die Ministerin.

Uns ist keine einzige Stimme bekannt, die Rehabilitationsmaßnahmen kritisieren würde. Alle Erkenntnisse liegen vor. Warum setzt die Politik dennoch nur zögerlich auf Rehabilitation? Professor Oswald meint, Deutschland sei noch nicht reif für Präventionsmaßnahmen. Der Gedanke, dass die gesamte Gesellschaft immer älter werde und immer mehr Menschen irgendwann einmal in die Demenz rutschen, habe sich noch nicht in den Köpfen festgesetzt. Daraus ergebe sich aber eine ungeheure Brisanz für die Zukunft. »Wir werden auch einen extremen Mangel an Pflegepersonal bekommen, insbesondere bei pflegenden Angehörigen«, warnt der Wissenschaftler.

Fazit: Eine Zusammenlegung von Pflege- und Krankenversicherung wäre sinnvoll. Denn oft lehnen die Krankenkassen relativ günstige Rehabilitationen für Heimbewohner, die von der Pflegekasse wahrscheinlich bewilligt worden wären, ab. Häufige Folge: Alte Menschen werden pflegebedürftiger und damit für die Pflegekasse erheblich teurer. Die Krankenversicherung spart also relativ kleine Geldbeträge, die Pflegeversicherung hat erheblich höhere Zusatzkosten. Wenn das kein Irrsinn ist! Doch bis heute wirtschaften die beiden Versicherungen munter nebeneinander her und machen sich gegenseitig Konkurrenz. Daran wird auch die Reform der Pflegeversicherung wenig ändern. Obwohl im Sozialgesetzbuch ein Rechtsanspruch auf Rehabilitation festgeschrieben wurde, befürchten Experten wie Professor Wolf D. Oswald eine Flut von Sozialgerichtsprozessen, in denen Patienten ihr Recht einklagen müssen. »Die beste Lösung wäre wohl, wenn bereits vor einer Pflegeeinstufung die Frage nach Rehabilitationsmöglichkeiten geprüft würde«, so der Wissenschaftler.

Eine Veränderung soll die Pflegereform bewirken. Im Gesetzesentwurf ist ein einmaliger finanzieller Anreiz von 1536 Euro vorgesehen, wenn es Einrichtungen mittels aktivierender und rehabilitativer Bemühungen gelingt, Menschen zu einer niedrigeren Pflegestufe zu verhelfen. Zu wenig, meinen Experten. »Durch einen einmaligen Geldbetrag von 1536 Euro wird für einen Heimträger kein Anreiz geschaffen, einen Bewohner in eine niedrigere Stufe zu bringen, da der Mehrwert einer höheren Stufe einen deutlich höheren Anreiz darstellt«, erklärte Professor Wolf D. Oswald in seiner Funktion als Präsident des Dachverbandes der Gerontologischen und Geriatrischen Wissenschaftlichen Gesellschaften Deutschlands (DVGG). Das Vermeiden einer Höherstufung durch aktivierende Maßnahmen müsse sich für den Träger lohnen, das heißt lukrativer sein als die Höherstufung. »Wenn ich das Sagen hätte, würde ich diesen Punkt wesentlich radikaler gestalten. Die Häuser müssten den größten Anreiz bekommen, wenn sie ihre Bewohner aktiv halten, und den geringsten, wenn sie dies nicht tun«, fordert der Geriater. Dies würde auch zu einer verbesserten Ausbildung des Personals beitragen und ebenfalls zu einer – beispielsweise – vermehrten Anstellung von Ergotherapeuten. Auch in diesem Punkt gibt es kein Erkenntnis-, sondern lediglich ein massives Umsetzungsproblem.

13 Pflegeversicherung pervers: Warum demenziell erkrankte Menschen einen neuen Pflegebegriff brauchen

Drei Jahre nach Einführung der Pflegeversicherung meldete sich das Kuratorium Deutsche Altershilfe (KDA), das Konzepte und Modelle für die Altenhilfe entwickelt. Das KDA steht unter der Schirmherrschaft von Bundespräsident Horst Köhler. Anlass für die Gründung 1962 waren, so steht es auf der Internetseite, die »als unzureichend empfundene Versorgung älterer Menschen und vor allem die defizitäre Situation der Heime mit ihrem Charakter von Verwahranstalten«. Das KDA ist auch politisch aktiv, wirkt in fast allen Arbeitsgruppen der Bundesregierung mit und hat deshalb einen gewaltigen politischen Einfluss. 1998 erklärte der damalige KDA-Vorsitzende Professor Dr. Günther Buhlmann auf einer Vollversammlung in Köln, dass altersverwirrte Menschen mit Unruhe- und Angstzuständen, Orientierungslosigkeit und dem Drang zum Weglaufen »vielfach einen höheren Betreuungsbedarf als Pflegebedürftige mit körperlichen Handicaps« hätten, und deckte damit wahrscheinlich die größte Schwäche der Pflegeversicherung auf. Die wahre Pflegebedürftigkeit der sich stetig erhöhenden Zahl altersverwirrter Menschen wurde von der Blüm'schen Versicherung nicht oder nicht ausreichend erfasst.

Das Kuratorium begrüßte seinerzeit, dass auch »die neue Bundesregierung hier offensichtlich Handlungsbedarf« sehe. »Sie will laut Koalitionsvereinbarung ›prüfen‹, wie die Betreuung Demenzkranker bei der Feststellung der Pflegebedürftigkeit berücksichtigt werden kann«, berichtete die Fachzeitschrift *Pro Alter* 1998. Schon damals also war man in Politikerkreisen über dieses Problem im Bilde.

Im Jahr 2000 war die Überprüfung noch immer nicht abgeschlossen. Ein Wissenschaftlerteam der Universität Leipzig hatte alte Menschen im Rahmen einer Langzeitstudie untersucht, deren Ergebnis Astrid Sonntag in der ARD vorstellte: Ein Drittel der an Demenz erkrankten Menschen sei in der Pflegeversicherung zu niedrig eingestuft, was die Wissenschaftler als klare Benachteiligung altersverwirrter Personen ansahen.

Doch der Reihe nach. Gutachter des MDK müssen den Pflegebedarf der Senioren feststellen und bewerten. In der Regel besuchen sie die alten Menschen zu Hause. Die Empfehlung des Gutachters entscheidet letztendlich darüber, ob und wie viel Geld bezahlt wird. Ein Beispiel: Eine Frau erklärt dem MDK-Gutachter, dass sie ihren dementen Ehemann rund um die Uhr betreuen muss. Dazu gehören zum Beispiel regelmäßiges Waschen, Baden und Rasieren. Diese Tätigkeiten erkennt der MDK an. Der ständige Drang des an Demenz erkrankten alten Mannes, vor allem nachts wegzulaufen, wird aber nicht berücksichtigt. Für nächtliches Beruhigen gibt es kein Geld von der Pflegekasse. »Es ist zweifelsohne eine Benachteiligung der dementen Menschen, dass der allgemeine Beaufsichtigungsbedarf nicht einbezogen wird. Will man dies ändern, so muss der Gesetzgeber hier entsprechende Veränderungen im Pflegeversicherungsgesetz vornehmen«, erklärte Peter Pick vom Spitzenverband der Medizinischen Dienste der Krankenkassen (MDS) damals.

Fazit: Auch bei offensichtlich vorliegender Desorientierung darf der Medizinische Dienst den sogenannten allgemeinen Beaufsichtigungsbedarf nicht berücksichtigen. Dabei gibt es kaum eine größere Aufgabe, als rund um die Uhr für einen alten, verwirrten Menschen da zu sein. Demente Menschen werden also von der Pflegeversicherung nicht korrekt erfasst.

Da knirscht es gewaltig im System. Daher forderte der Pressesprecher des AOK-Bundesverbandes, Udo Barske, im Jahr 2000 »eine andere gesetzliche Grundlage« für den Umgang mit den Problemen der Demenzkranken. Christa Nickels, damals Parlamentarische Staatssekretärin im Bundesgesundheitsministerium, räumte ein: »Das ist schon ein Geburtsfehler der Pflegeversicherung gewesen, den Sie aber nicht aus den Angeln heben können, wenn man sich in dem Kontext, in dem Korsett dieser Pflegeversicherung bewegt.« Auch der »Vater« der Pflegeversicherung, Norbert Blüm, forderte, dass die »Beaufsichtigung« alter Menschen stärker berücksichtigt werden solle. Fünf Jahre nach Einführung der Pflegeversicherung waren sich Experten und Politiker einig wie selten. Damals wäre sogar das Geld für solche Hilfsmaßnahmen vorhanden gewesen. Auf fast zehn Milliarden Mark belief sich 2000 das Polster der Pflegeversicherung – fünf Milliarden mehr als gesetzlich vorgeschrieben. Aber nichts passierte.

Sieben Jahre später ging dann Bayern als Vorreiter in die Offensive. Zwölf Jahre nach Einführung der Pflegeversicherung stellte Sozialministerin Christa Stewens einen überarbeiteten »Pflegebedürftigkeitsbegriff« zur Diskussion. Er sollte auch demenziell erkrankte Menschen in die Pflegeversicherung einbinden. »Erstmalig ist es damit möglich, auch den allgemeinen Aufsichts- und Betreuungsaufwand einer Person zu berücksichtigen«, sagte Frau Stewens im März 2007. Die Ministerin beauftragte den MDK Bayern mit diesem Forschungsvorhaben, das von der Ludwig-Maximilians-Universität München evaluiert wurde. Dennoch verschwand dieser sinnvolle Vorschlag in der Versenkung. Es ging wie so oft ums Geld und um fadenscheinige Argumente. Stewens: »Ich bin anderer Meinung als die Bundesgesundheitsministerin Ulla Schmidt, die meint, wir sollten jetzt erst einmal die Pflegeversicherungsreform im Bereich der Finanzierung auf den Weg bringen und uns erst dann, Ende 2008, Gedanken machen über einen neuen Pflegebegriff, der weggeht von der stark verrichtungsbezogenen Pflege.«

Der gesunde Menschenverstand sagt: Es wäre ratsamer, zunächst einmal zu definieren, was gute Pflege leisten soll. Danach kann man darüber diskutieren, was die Politik finanzieren will und kann. Die umgekehrte Reihenfolge macht wenig Sinn. Der TÜV schreibt Autobesitzern ja auch vor, welche Sicherheitsstandards Pkws erfüllen müssen. Die Kosten spielen dabei zunächst einmal keine Rolle.

Auch Wissenschaftler unterstützen in diesem Punkt die Haltung von Christa Stewens. Der Gerontologe Professor Wolf D. Oswald hält die bayerische Initiative bezüglich der Neudefinition des Pflegebedürftigkeitsbegriffs für »einen Schritt in die richtige Richtung«. Seiner Ansicht nach hätte die Bundesregierung vor der Reform der Pflegeversicherung den Pflegebegriff neu definieren müssen. Er dürfe sich nicht nur an den Alltagsfunktionen »satt und sauber« orientieren, sondern er müsse zudem die »soziale Teilhabe« mit einschließen und damit auch die Demenzpatienten stärker berücksichtigen. »Wenn man aber die ›soziale Teilhabe‹ in den Mittelpunkt des Pflegebedürftigkeitsbegriffs stellt, dann würde dies zwangsläufig zu einer Erhöhung der Kosten führen«, so Oswald. Das sei möglicherweise der politische Grund dafür gewesen, die Neudefinition des Pflegebegriffs auf die lange Bank zu schieben.

Uns liegen interne Protokolle und Dokumente vor, die belegen, wie die Neudefinition des Pflegebegriffs durch das Bundesgesundheitsministerium unter Einbeziehung der Krankenkassen und des Medizinischen Dienstes zunächst bis Ende 2008 verschoben wurde. Es handelt sich hierbei um eine Chronologie politischen Scheiterns – zulasten altersverwirrter Menschen:

11. November 2005: Im Koalitionsvertrag vereinbaren die beiden Unionsparteien und die SPD, dass es »mittelfristig« einer Überarbeitung des Pflegebedürftigkeitsbegriffs bedürfe. Die aktuellen Erkenntnisse der Pflegewissenschaften sollen dabei berücksichtigt werden.

2. August 2006: Gesprächstermin im Bundesgesundheitsministerium. Am Tisch sitzen Gesundheitsstaatssekretär Dr. Klaus Theo Schröder, die Vorstandsvorsitzende des Verbandes der Angestelltenkrankenkassen, Dr. Doris Pfeiffer, und der damalige stellvertretende Vorstandsvorsitzende des AOK-Bundesverbandes, Johann-Magnus Freiherr von Stackelberg. Die Runde diskutiert über die bayerische Initiative zur Neuentwicklung eines Pflegebegriffs, ein hochbrisantes Thema. In einer vertraulichen Mitteilung wird festgehalten: Der Staatssekretär habe erhebliche Bedenken geltend gemacht, »zum jetzigen Zeitpunkt die Diskussion über einen neuen Pflegebegriff zu eröffnen. Aus seiner Sicht bedarf es dazu einer sehr grundsätzlich wissenschaftlichen Aufarbeitung, die das BMG [das Bundesgesundheitsministerium] veranlasst, den jetzigen Pflegebegriff zumindest in der für Sommer 2007 anstehenden Pflegereform noch nicht zu thematisieren. Dies soll vielmehr erst gegen Ende der Legislaturperiode geschehen. Dies entspricht auch den Intentionen der Spitzenverbände der Pflegekassen.«

Mit anderen Worten: Obwohl sich seit vielen Jahren Wissenschaftler und Politiker einig sind, dass Demenzpatienten eine bessere Unterstützung brauchen, vertagen Politik und Pflegekassen die längst fällige Diskussion um den neuen Pflegebegriff und setzen ihn wieder einmal auf die berühmt-berüchtigte Warteliste – ungeachtet der Tatsache, dass die Akteure elf Jahre lang Zeit dazu hatten.

August 2006: Im selben Monat sprach Staatssekretär Schröder auch mit MDS-Chef Peter Pick: Uns liegt die interne Beratungsunterlage exklusiv vor. Darin heißt es: Der Staatssekretär habe deutlich gemacht, dass die vom bayerischen Sozialministerium »eventuell geplante« Diskussion über den Pflegebegriff aus Sicht des BMG »zur Unzeit« komme. Dies habe er auch Frau Dr. Pfeiffer und Herrn von Stackelberg mitgeteilt.

September 2006: In einem Brief erteilt Schröder den Spitzenverbänden der Pflegekassen den Auftrag, »einen Vorschlag für einen neuen Pflegebegriff und für ein neues Begutachtungsverfahren zu entwickeln«. Als Abschlusstermin für das Projekt wird der 30. November 2008 vorgegeben.

Oktober 2007: Das Bundesgesundheitsministerium legt einen Gesetzesentwurf zur Reform der Pflegeversicherung vor. Darin heißt es: Die Politik wolle zwar den Betreuungs- und Beaufsichtigungsbedarf dementer Menschen besser berücksichtigen, jedoch »ohne die Pflegeversicherung finanziell zu überfordern«. Jetzt wird auch verständlich, warum Staatssekretär Schröder und das Bundesgesundheitsministerium darauf drängten, die Definition des »Pflegebedürftigkeitsbegriffs« zeitlich nach hinten zu schieben und warum der bayerische Vorschlag kaum Beachtung fand. Offensichtlich befürchten die Politiker höhere finanzielle Ausgaben. Werden Demenzpatienten und ihre Angehörigen die Argumente der Politik verstehen? Wir glauben nicht.

Die entscheidende Frage, ob demenziell erkrankte Menschen im Sinne der Pflegeversicherung bedürftig sind, wurde also vertagt. Schon deshalb kann dieses Gesetz keine »große Reform« mehr werden, obwohl zum Beispiel Gesundheitsministerin Ulla Schmidt noch im März 2007 in einem Interview genau das ankündigte.

Um nicht zu sehr in die Kritik zu geraten, machte die Politik demenziell erkrankten Senioren kleine Zugeständnisse. Künftig sollen für die Betreuung »altersverwirrter Menschen« bis zu 200 Euro monatlich zusätzlich bezahlt werden.

Wie wenig das ist, verdeutlicht das Beispiel der neunundachtzigjährigen Ingeborg F. Sie leidet an schwerer Altersdemenz, ist völlig unselbstständig. Wenn sie niemand daran erinnern würde, vergäße sie sogar zu essen, zu trinken und würde über kurz oder lang verhungern oder verdursten. Ein ambulanter Dienst betreut sie dreimal täglich. Die Pflegekosten aber muss Frau F. selbst tragen, denn sie ist in Pflegestufe 0: Der MDK hat nämlich bei ihrer Einstufung keine körperlichen Gebrechen festgestellt.

Nach dem vorliegenden Gesetzesentwurf könnte sie maximal 200 Euro im Monat bekommen: für Extraleistungen wie zum

Beispiel Spazierengehen oder Malen. Immerhin etwas. Wenn sich die alte Dame jetzt zum Beispiel nach einem Sturz ein Bein brechen würde, könnte sie von der Pflegekasse mit einem Betrag von maximal 1400 Euro im Monat unterstützt werden und bekäme dann aufgrund ihrer Demenzerkrankung noch bis zu 200 Euro dazu. Die Differenz von 1400 Euro im Monat, also der Betrag, den die Kasse für die Pflegestufe bezahlt, bleibt bestehen. Demente Personen werden also weiterhin eklatant benachteiligt.

Professor Dr. Oswald, der Präsident des Dachverbandes der Gerontologischen und Geriatrischen Wissenschaftlichen Gesellschaften, äußert in einer Stellungnahme zum Gesetzesentwurf im September 2007 genau zu diesem Punkt seine Skepsis: »Ohne Überprüfung des Pflegebedürftigkeitsbegriffes, der dann nicht mehr nur von ›satt und sauber‹ ausgeht, besteht die Gefahr, dass künftig mehr Patienten in Pflegestufe 0 eingestuft werden, da sie ja auch damit den Betreuungsbetrag von monatlich 200 Euro erhalten können. Für die Angehörigen führt dies zu einer Verschlechterung gegenüber einer Einstufung in Pflegestufe I. Der Betreuungsbetrag reicht weder für eine professionelle Rund-um-die-Uhr-Versorgung aus, noch können pflegende Angehörige sich damit täglich eine stundenweise Auszeit durch externe Helfer finanzieren.«

Die von Anfang an kritisierte ungerechte Behandlung altersverwirrter Menschen ist auch nach der Reform nicht beseitigt. Es wird womöglich etwas mehr Geld in das System gepumpt, an die Strukturen aber haben sich die Politiker nicht herangewagt. Die jetzt vorgesehenen 200 Euro können die Probleme von Frau F. kaum lösen. Ihre Angehörigen müssen sie weiter rund um die Uhr betreuen.

14 Warum dürfen die Prüfberichte des Medizinischen Dienstes nicht veröffentlicht werden?

Rankings sind »in« in Deutschland. Aufgelistet und bewertet werden die besten Ärzte, die besten Fonds, die besten Universitäten, die besten Hotels, die besten Banken, die besten Golfplätze und die besten Autos. Bevor sich beispielsweise ein Kunde für einen neuen Nobelflitzer entscheidet, will er zuerst einmal wissen, wie schnell der Wagen ist, wie zuverlässig, und natürlich interessiert ihn auch das Preis-Leistungs-Verhältnis. Über all das kann sich der Verbraucher problemlos in einschlägigen Magazinen, Tages- oder Fachzeitschriften informieren.

Die Konkurrenz unter den Autobauern ist groß. Wer bei diesen Vergleichen gut abschneidet, hat exzellente Marktchancen, während Hersteller von Autos mit größeren Defiziten unter Druck geraten. Sie müssen entweder ihre Produkte verbessern oder diese im schlimmsten Fall vom Markt nehmen. Denn wer möchte schon zum Beispiel ein Cabrio kaufen, bei dem das Dach undicht ist, wenn man für das gleiche Geld auch ein hochwertiges »Oben-ohne«-Modell bekommt? Oder: Durch wen würde man sich seine Rückenschmerzen operativ beheben lassen? Durch einen Arzt, der diesen Eingriff nur einmal jährlich vornimmt, oder doch lieber durch einen Spezialisten, der diese Operationsmethode im vergangenen Jahr fünfzig Mal erfolgreich durchgeführt hat? Die Antwort ist eindeutig. Man würde auch kein Zimmer in einem Hotel buchen, in dem vor Kurzem Kakerlaken gesichtet wurden. Man würde eine Bank meiden, wenn bekannt wäre, dass der Zweigstellenleiter mit dem Geld von Kunden eine Luxusvilla in Südspanien baut und auf Kosten der Sparer Golf spielt, und man würde sich auch nie bei einem Investmentfonds einkaufen, der kurz vor der Pleite steht. Rankings schaffen Transparenz, indem sie verschiedene Produkte miteinander vergleichen. Nur gute Produkte oder Dienstleistungen profitieren von solchen Vergleichen. Wie der Teufel das Weihwasser meidet, so werden schlecht eingestufte Produkte von den Kunden gemieden.

Als wir im Internet nach einer Rangordnung von Pflegeheimen suchen, sind wir überrascht. Eine solche Bewertung gibt es nämlich überraschenderweise nicht in Deutschland. Ausgerechnet dort, wo Milliardensummen über die Pflegekassen verteilt werden, fehlt es an Transparenz.

Doch der Reihe nach. Wo sind pflegebedürftige Menschen optimal untergebracht? Welches Heim verfügt über besondere Fachkompetenzen oder innovative Konzepte, wenn alte Menschen an Demenz erkrankt sind oder sich nach einem Sturz den Oberschenkelhals gebrochen haben? Konkrete Fragen nach der Qualität bleiben für zahlreiche Heimplatzsuchende unbeantwortet.

Mehrmals pro Woche gehen bei uns Anfragen besorgter Angehöriger ein, die sich nach solchen Dingen erkundigen. Für einen Pflegeexperten ist das normal. Aber wenn ein Journalist innerhalb eines halben Jahres zum dutzendsten Mal die Frage beantworten soll, ob es sich bei der Einrichtung, in die Oma gehen soll, um eine gute oder eine schlechte handle, dann wirft das ein schlechtes Bild auf die Transparenz der ganzen Branche. Es zeigt die Orientierungslosigkeit und die Verzweiflung vieler Menschen.

Auch Hannelore Ley musste für ihre neunzigjährige Mutter einen Pflegeheimplatz suchen. Es gab es keinen anderen Ausweg, denn die alte Dame leidet an leichter Altersdemenz. Quälende Fragen beschäftigten die Tochter rund um die Uhr. Welches Heim passt zu ihrer Mutter? Wo ist sie gut aufgehoben? Drei Monate lang tingelte Frau Ley von Einrichtung zu Einrichtung und hatte Kontakt zu adrett gekleideten Pflegemanagern, die auch Versicherungen hätten verkaufen können und teure Krawatten trugen. Die Eingangs- und Büroräume der Einrichtungen, die sie sah, waren auf Hochglanz poliert, wirkten modern und ansprechend. Aber hinter die Kulissen des Pflegebetriebs konnte Hannelore Ley keinen Blick werfen. Deshalb fühlte sie sich bei den meisten Heimen unsicher. »Ich war total verzweifelt und suchte die Stecknadel im Heuhaufen«, fasst sie ihre Gemütsverfassung in Worte.

Was ist eine gute, was ist eine schlechte Einrichtung? Klare Kriterien dazu hätte sich Hannelore Ley gewünscht: Wie gerne hätte sie Heime miteinander verglichen, zuerst im Internet und dann vor Ort. Im Netz findet sie zwar problemlos Hotels mit Spa-Bereich, diversen Aromasaunen, Ayurveda-Therapie, Massagen und sonstigem Schnickschnack, aber keine qualitativ hochwertige Pflegeeinrichtung, die ihrer Mutter im Alltag hilft, beim Waschen oder wenn sie einmal wegläuft.

Hannelore Ley hat nur einen Wunsch: Wenn sie ihre Mutter schon ins Heim geben muss, dann soll es ihr dort auch gut gehen.

Die mühsame Suche nach einem guten Pflegeheim

Fast alle Heimplatzsuchenden in Deutschland sind in Sorge, Angehörige in Hände zu geben, die sich nicht ordentlich um die alten Menschen kümmern. Deshalb begeben wir uns auf eine schwierige Rechercheresise. Am Ende der Tour werden wir dann hoffentlich die Frage beantworten können, was ein gutes und was ein schlechtes Heim ist.

Unsere Suche beginnt im Internet. Auf der Homepage (www.aok-pflegenavigator.de) finden wir umfangreiche Online-Informationen. Im Pflegenavigator der Allgemeinen Ortskrankenkassen sind weit über 8000 Heime registriert. Über die Internetseite lassen sich Angebote der vollstationären, der Kurzzeit- sowie der Tages- und Nachtpflege im ganzen Bundesgebiet recherchieren. Der Pflegenavigator liefert Informationen über Pflegeeinrichtungen in der näheren Umgebung oder über Heime in einem bestimmten Postleitzahlenbereich. Er bietet einen allgemeinen Überblick über Häuser, deren Lage, Preise und sonstige Rahmenbedingungen. Außerdem wird aufgeschlüsselt, mit welchen Leistungen der Pflegekasse Pflegebedürftige und ihre Angehörigen rechnen können und welche Kosten sie selbst übernehmen müssen.

Ist der Pflegenavigator also ein Schritt hin zu mehr Transparenz in der Pflege, stärkt er die Verbrauchersouveränität? Nach unserer Einschätzung ist er derzeit das hilfreichste Instrument für Pflegebedürftige und deren Angehörige, um sich am Markt zu orientieren. Er bietet eine gute Übersicht. Schon die ist für die häufig überforderten Angehörigen ein kleiner Lichtblick im Dschungel der Angebote. Auf der Suche nach einem guten Heim aber hilft uns der Pflegenavigator nicht weiter. Denn auch schlechte Einrichtungen könnten ihn als Werbeplattform nutzen, schwarze Schafe könnten auch falsche Daten ins Netz stellen. Und genau hier liegt das Problem. »Der AOK-Bundesverband übernimmt keinerlei Gewähr für die Aktualität, Korrektheit, Vollständigkeit oder Qualität der bereitgestellten Informationen, welche von den Pflegeheimen eingestellt worden sind. Hierfür sind die jeweiligen Pflegeheime selbst verantwortlich«, heißt es im Internet unter der Überschrift »Haftungsbeschränkungen«. Das bedeutetet mit anderen Worten: Die AOK kann nicht mit Bestimmtheit ausschließen, dass Heimplatzsuchende getäuscht werden.

Deshalb wenden wir uns an den Medizinischen Dienst der Krankenkassen in Rheinland-Pfalz. In einem Gewerbegebiet in Alzey hat der MDK seine Büros. Im ersten Stock des Gebäudes sitzt Ursula Weibler-Villalobos, Leitende Ärztin des Medizinischen Dienstes. Von ihr erfahren wir, dass der MDK vom Gesetzgeber den Auftrag hat, die Qualität in Heimen zu prüfen. Rund 800 Einrichtungen gibt es in Rheinland-Pfalz, 200 von ihnen werden jährlich von Kontrolleuren unter die Lupe genommen. Die Prüfer richten ihr Augenmerk in erster Linie auf die Qualität der Pflege und stellen zunächst einmal selbstverständlich klingende Fragen wie: Bekommen alte Menschen genügend zu essen und zu trinken? Wie gut ist die Dekubitusprophylaxe?

Seit dem Jahr 2000 veröffentlicht der MDK Rheinland-Pfalz einen zusammenfassenden Jahresbericht. In diesen Report fließen Daten von guten und von schlechten Einrichtungen ein. Die Zahlen geben Auskunft über die durchschnittliche Pflegequalität in Rheinland-Pfalz. Einen Rückschluss auf einzelne Einrichtungen lassen sie allerdings nicht zu.

Der MDK Rheinland-Pfalz will das jetzt ändern. Auf nur einer DIN-A4-Seite fasst er das Ergebnis jeder einzelnen Kontrolle zusammen. Im Fachjargon heißt dieses Papier »Einrichtungsbezogener Qualitätsbericht«, kurz »EQB«, der allen geprüften Heimen ausgehändigt wird. Damit können selbst Laien auf den ersten Blick erkennen, welche Einrichtung qualitativ hochwertig ist und wo es erhebliche Defizite gibt.

Das hört sich banal und selbstverständlich an. In der Pflegeszene aber hat der »Einrichtungsbezogene Qualitätsbericht« für erheblichen Wirbel gesorgt, wovon an anderer Stelle noch die Rede sein wird.

Im Internet finden wir ein Pflegeheim, das diesen Qualitätsbericht für alle Menschen zugänglich macht: das »Haus Abendfrieden« in Bad Neuenahr. Das Heim wirbt auf seiner Homepage, es sei »als eine der besten stationären Einrichtungen in Rheinland-Pfalz anerkannt« worden. Das Haus habe hervorragende Ergebnisse erzielt, vom Medizinischen Dienst bestätigt. Das interessiert uns. Deshalb fahren wir nach Bad Neuenahr. In einer Jugendstilvilla finden wir das Pflegeheim, zentral und idyllisch gelegen, unmittelbar an der Ahrpromenade. Nur wenige hundert Meter entfernt verläuft die Fußgängerzone, die auch von Rollstuhlfahrern problemlos zu erreichen ist. Die Lage des Heimes hat noch einen Vorteil. Arztpraxen, Krankengymnasten und Masseure sind in unmittelbarer Nähe. Heimleiterin Gabriele Fuhrmann begleitet uns durch das Haus. Wir haben einen guten Eindruck, dürfen alles sehen. Niemand wird hier fixiert, die Bewohner wirken ausgeglichen und zufrieden.

Auch Gabriele Fuhrmann ist glücklich. Seit ihr der »Einrich-

tungsbezogene Qualitätsbericht« vorliegt, ist ihr Haus quasi zertifiziert. Die Heimleiterin setzt das Dokument als Marketinginstrument ein. Verunsicherte Angehörige bekommen damit Informationen, die wirklich weiterhelfen. Für Hannelore Ley endete hier die Suche nach einer guten Einrichtung. Ihre Mutter gehört nun zu den Bewohnern des »Hauses Abendfrieden« – natürlich in einem Einzelzimmer. Die alte Dame fühlt sich dort »pudelwohl«.

Aber was ist mit den anderen Einrichtungen? Veröffentlichen auch sie ihre Prüfberichte? Das wollen wir genau wissen und fragen in verschiedenen Pflegeheimen »undercover« mit einer Legende nach. Wir geben uns als Angehörige aus, suchen einen Heimplatz für unseren an Demenz erkrankten Vater. Die Familie sei nicht mehr in der Lage, daheim eine sichere Pflege zu gewährleisten. Einen Tag lang testen wir diverse Einrichtungen in Rheinland-Pfalz.

Das Ergebnis ist erschreckend. In nahezu allen Häusern handeln unsere Ansprechpartner zunächst die finanziellen Dinge ab, erst dann geht es um die Qualität der Einrichtung. Allein diese Reihenfolge erweckt Misstrauen.

In Sachen Qualität werden uns dann zwar mit blumigen Worten die Vorzüge der Einrichtung angepriesen, belegt werden können die Aussagen aber nicht. Als wir im Verlaufe des Gesprächs nach dem »Einrichtungsbezogenen Qualitätsbericht« fragen, rettet man sich in Ausflüchte. Immer wieder hören wir Standardausreden wie »So etwas geben wir nicht aus der Hand« oder »Das sind interne Sachen, das kommt nicht nach außen«. In anderen Einrichtungen beteuert man, diesen Bericht gar nicht zu kennen: »So etwas haben wir leider nicht. Wir haben es hier auch noch nie gesehen.« Was eine glatte Lüge ist. Wir lernen: Daten und Prüfberichte über einzelne Einrichtungen existieren. Sie werden aber größtenteils verzweifelten Menschen, die einen Heimplatz suchen, vorenthalten.

Das ist ein Skandal. Für pflegebedürftige Menschen ist dieser Zustand vergleichbar mit einem Glücksspiel. So kann beispielsweise ein Zocker beim Roulette auf »Rot« oder »Schwarz« setzen. Er gewinnt, wenn die Kugel in ein rotes oder ein schwarzes Feld fällt, und darf nochmals spielen, wenn die Kugel auf der »0« landet. Dieses Spiel ist vergleichbar mit der Suche nach einer geeigneten Pflegeeinrichtung. Es gibt nur einen Unterschied: Angehörige und alte Menschen sind keine Zocker. Im Gegenteil, sie suchen nach Sicherheit, seriöser Pflege und Geborgenheit. Wenn man ihnen die vorliegenden Daten des Medizinischen Dienstes vorenthält, zwingt man sie zum Lotteriespiel. In ihrer Not müssen sie sich irgendwann einmal entscheiden – für ein gutes oder für ein schlechtes Heim. Die »0« steht für biederen Durchschnitt, also für Einrichtungen, in der alte Menschen nicht wirklich glücklich werden können.

Die Gesetzeslage

Der MDK Rheinland-Pfalz würde die »Einrichtungsbezogenen Qualitätsberichte« gerne veröffentlichen, aber er darf es nicht. Nur wenn Heime und deren Träger zustimmen, können Pflegebedürftige die Dokumente einsehen.

Entscheidend ist hier das Sozialgesetzbuch XI, das sogenannte Pflegegesetz. Unter Paragraph 115 ist geregelt, dass der Medizinische Dienst Prüfberichte nur an einen kleinen, exklusiven Kreis weitergeben darf. Dazu gehören die Pflegekassen, die Heimaufsichten und die kontrollierten Einrichtungen selbst.

Obwohl sie von schlechter Pflege am eigenen Leib betroffen sind und teilweise sogar misshandelt werden, haben Pflegebedürftige keinen Zugang zu den Exklusivinformationen. Mehr noch: Das Gesetz verpflichtet den MDK, sein Wissen für sich zu behalten. Laut Gesetz sind die Prüfer zur »Verschwiegenheit« verpflichtet. Das ist mit gesundem Menschenverstand nicht nachzuvollziehen.

Auch in Kreisen der Justiz stößt der Paragraph 115 nicht auf einhellige Zustimmung. Ein Kritiker ist Dr. Siegfried Wiesner, ehemaliger Präsident des Landessozialgerichts Mecklenburg-Vorpommern und Herausgeber eines wichtigen Kommentars zum Sozialgesetzbuch XI. Die Schweigeklausel hält er für »ungerecht«. Die Unterschlagung wichtiger Prüfinformationen sei, so sagt der Jurist, eine »Hintansetzung der Individualinteressen des Heimbewohners und der Angehörigen«. Der einstige Sozialrichter spricht von »Geheimniskrämerei«, die er auf das Schärfste anprangert: »Durch diese Vorschrift wird eine qualitativ schlechte Einrichtung geradezu wettbewerbswidrig geschützt, und es wird die Chance vertan, dass sich durch eine größere Öffentlichkeit hier etwas zum Besseren ändert.« Diese

Argumentation biete eine Erklärung dafür, warum schlechte Heime gar kein Interesse daran haben könnten, ihre Prüfberichte zu veröffentlichen. Denn wer würde seine Angehörigen in Einrichtungen schicken, in denen Missstände wie ständige Fixierungen, Unterernährung und Druckgeschwüre an der Tagesordnung sind?

Siegfried Wiesner jedenfalls vertritt einen eindeutigen Standpunkt: Er fordert die Änderung des Gesetzes. Im selben Atemzug allerdings betont er auch, wie schwierig das ist. Denn hier treffen mehrere Lobbygruppen aufeinander: zum einen die Lobby der Heimbewohner, die eigentlich gar keine Lobby ist, weil sich die alten Menschen nicht wehren können; zum anderen die Lobby der Angehörigen und der gesetzlichen Betreuer, die sehr schwach ist, weil sie vielfach eigene Belange wahrzunehmen versucht; und drittens die Lobby der Heime, die sich in den Pflegeverbänden bündelt. Sie ist sehr mächtig und verfolgt nicht unerhebliche wirtschaftliche Interessen. Mit ihrem Einfluss ist die Heimlobby in der Lage, auch sinnvolle Regelungen auf die lange Bank schieben. »Sie können mit dieser Vorschrift offensichtlich gut leben und haben auch kein Interesse daran, sie zu ändern«, bedauert Siegfried Wiesner.

Die Arbeit der Pflegelobby und ihr Einfluss auf die Politik

Unsere Recherche beginnt im Dezember 2004 mit einer »kleinen Anfrage« an die Bundesregierung. Die FDP-Abgeordneten Daniel Bahr und Rainer Brüderle wollen wissen, ob »durch eine Offenlegung der Qualitätsergebnisse des MDK die Ergebnisqualität der Pflege« verbessert werde. Die Politiker erhalten nur eine ausweichende Antwort. Es sei »angesichts fehlender Erfahrungswerte« zwar nicht zu »belegen«, es sei »aber zu vermuten«, dass die Qualität besser werde.

Das war 2004. Drei Jahre später werden die Prüfberichte des Medizinischen Dienstes immer noch nicht veröffentlicht, obwohl inzwischen fast alle Ländersozialministerien die Frage, die Bahr und Brüderle damals stellten, mit einem »Ja« beantworten. Das haben wir in einer bundesweiten Umfrage in den Ministerien eruiert. Warum also wird das Gesetz nicht geändert, obwohl heute nahezu alle von uns angesprochenen Politiker davon überzeugt sind, dass eine Veröffentlichung von Prüfberichten zu mehr Qualität in der Pflege führen würde? Ein wichtiger Grund: der vehemente Widerstand der mächtigen Pflegelobby.

Vorreiter Rheinland-Pfalz: Prüfberichte auf einer DIN-A4-Seite

Im April 2005 stellte der MDK dem Landespflegeausschuss sein Konzept zur Veröffentlichung von »Einrichtungsbezogenen Qualitätsberichten« vor.

Der Landespflegeausschuss ist ein kompliziertes Konstrukt, dem unter anderen Vertreter der Pflegekassen, des zuständigen Sozialministeriums und der Pflegeverbände angehören. Vor allem zwei Verbände vertreten die Interessen der Heime. Die Wohlfahrtsverbände bündeln sich in der »Liga«, einer Arbeitsgemeinschaft von Arbeiterwohlfahrt, Diakonie, Caritas, Paritätischem Wohlfahrtsverband und Deutschem Rotem Kreuz. Auch der Bundesverband Privater Anbieter Sozialer Dienste (bpa) spielt eine gewichtige Rolle. Liga und bpa gehören zu den größten Pflegelobbyisten in Rheinland-Pfalz.

Kurz nach der Präsentation des Konzepts durch den MDK Rheinland-Pfalz stimmten die Verbände reflexartig gegen die Veröffentlichung von Prüfberichten. Darüber berichtete der bpa in seinem Mitgliedermagazin. In der Ausgabe vom April/Mai 2005 heißt es: »Was aus Sicht des MDK ein ›entscheidender Schritt zu mehr Transparenz über die Qualität von Pflegeeinrichtungen‹ zu sein scheint, dem sind sowohl wettbewerbsrechtliche als auch erhebliche inhaltliche Bedenken am Prüfansatz des MDK sowie den daraus resultierenden Ergebnissen entgegenzusetzen.«

Auch die Liga der Spitzenverbände der Freien Wohlfahrtspflege in Rheinland-Pfalz machte gegen die MDK-Initiative Stimmung. Am 6. Februar 2006 beschwerten sich die Funktionäre bei der rheinland-pfälzischen Sozialministerin. Der Hintergrund ihres schriftlichen Protestes: Malu Dreyer sollte offensichtlich davon überzeugt werden, »Einrichtungsbezogene Qualitätsberichte« politisch doch noch zu verhindern. Zitat aus dem Schreiben: »Im Einvernehmen mit der überwiegenden Zahl ihrer mitgliedschaftlich verbundenen Träger vertreten die Spitzenverbände der Freien Wohlfahrtspflege die Auffassung, dass diese [»Einrichtungsbezogenen Qualitätsberichte«] nicht das geeignete Instrument dafür sind, die Leistungsqualität der Pflegeeinrichtungen in einer wirklich patientenorientierten Weise darzustellen.«

Warum ist zum Beispiel die Liga in Rheinland-Pfalz gegen die Veröffentlichung einrichtungsbezogener Qualitätsberichte? Auf unsere schriftliche Anfrage erhalten wir zur Antwort, dass der Bericht nur einen Teil der Qualität in Pflegeeinrichtungen abdecke, durch die Prozentwerte eine Scheingenauigkeit vermittle und die einseitige Sichtweise einer von den Pflegekassen beauftragten Prüfinstitution wiedergegeben werde. Mit ihrer Kritik haben die Verbände in gewisser Hinsicht womöglich sogar recht. Natürlich müssen die MDK-Prüfberichte weiterentwickelt werden. Im Sinne der Transparenz aber und im Sinne der Bewohner gibt es derzeit keine Alternative. Denn das, was die Liga vorschlägt, ist aus unserer Sicht vollkommen absurd: Sie fordert allen Ernstes »freiwillige Qualitätsberichte«:

»Dabei werden nicht nur Leistungen benannt, sondern auch die Ergebnisse interner und externer Überprüfungen (auch selbst initiierter) aufgeführt. Ein berechtigter Kritikpunkt ist sicherlich, dass die Gefahr einer ›geschönten‹ Darstellung besteht. Durch die Veröffentlichung und damit Überprüfbarkeit der Aussagen besteht hier jedoch zumindest ein gewisses Korrektiv«, teilte uns die Liga schriftlich mit.

Eine großartige Idee, ganz im Sinne der Verbände. Denn die Freiwilligkeit hat bislang in Deutschland fast nie funktioniert. Man denke nur an die freiwillige Selbstverpflichtung der Automobilindustrie in Sachen CO_2-Ausstoß. Wurden dadurch umweltfreundlichere Autos produziert? Natürlich nicht. Hochkonjunktur haben Sprit fressende Staatskarossen, in denen sich unsere Spitzenpolitiker gerne chauffieren lassen, oder sportliche Flitzer als Statussymbole junger Spitzenverdiener. Ergebnis: CO_2 wird nach wie vor in großen Mengen in die Luft geblasen. Oder man erinnere sich nur an die freiwillige Selbstverpflichtung der Gastronomie zum Nichtraucherschutz. Auch hier haben die Lobbyisten ganze Arbeit geleistet. Die Drogenbeauftragte der Bundesregierung, Sabine Bätzing, forderte genervt gesetzliche Regelungen, da der »Weg in die Freiwilligkeit gescheitert« sei. Diese Liste ließe sich beliebig lange fortsetzen.

Folglich fällt der Glaube daran, dass »freiwillige Qualitätsberichte« mehr Transparenz für Pflegebedürftige und deren Angehörige schaffen können, äußerst schwer. Sie sind eine Erfindung der Pflegeverbände, um Zeit zu gewinnen – Zeit zum Nichtstun.

Freiwillig können Einrichtungen übrigens schon heute ihre MDK-Prüfberichte veröffentlichen. Sie müssen es nur wollen. Weil die Pflegeverbände die Bekanntgabe »Einrichtungsbezogener Qualitätsberichte« jedoch verhindern, machen sie sich mitschuldig. Vielfach sind den Funktionären die schlechten Einrichtungen sogar bekannt. Warum »outet« niemand die Problemfälle? Die Folge: Mit ihrer Blockadehaltung in Sachen Transparenz verhindern Liga und bpa Qualitätsfortschritte und Wettbewerb in der Pflege.

Deshalb muss man dringend über »Einrichtungsbezogene Qualitätsberichte«, wie sie der MDK vorschlägt, diskutieren. Auch die Politik. Wie denkt sie darüber? Das wollten wir von der rheinland-pfälzischen Sozialministerin Malu Dreyer wissen und erhielten Folgendes zur Antwort:

»Im Interesse des Verbraucherschutzes wäre es wünschenswert, wenn die Prüfergebnisse in geeigneter Form zugänglich gemacht werden könnten. Hierdurch könnte die Transparenz der Qualität von Pflege und Betreuung erhöht werden … Darüber hinaus würden auch Dienste und Einrichtungen hiervon profitieren, die auf hohe Qualität in der Pflege Wert legen … Die Veröffentlichung müsste in einer Form erfolgen, die auch sicherstellt, dass die Darstellung für den Verbraucher verständlich ist. Darüber hinaus darf für die Dienste und Einrichtungen kein Wettbewerbsnachteil dadurch entstehen, dass Einzelne noch nicht geprüft sind oder kein aktueller Bericht vorliegt, der einen objektiven Vergleich zulässt.«

Im Klartext heißt das: Veröffentlichung ja, aber nur dann, wenn kein Träger dadurch benachteiligt wird.

Aus diesem Statement folgern wir, dass wohl noch viel Wasser den Rhein hinunterfließen wird, bis sich in dieser Frage eine Lösung abzeichnet. Irgendwie können wir uns des Gefühls nicht erwehren, dass die Pflegelobbyisten auch in diesem Falle massiv Druck ausüben.

Warum die Wohlfahrtsverbände in Bayern gegen die Veröffentlichung von MDK-Prüfberichten sind

Im Freistaat hat der Medizinische Dienst ein ähnliches Projekt aufgelegt und mit den gleichen Problemen zu kämpfen. Der MDK in Bayern will nicht nur die Veröffentlichung von Prüfberichten forcieren, er will sogar noch einen Schritt weiter gehen als die Kollegen in Rheinland-Pfalz. Ziel ist ein Ranking, also eine Rangfolge aller Pflegeheime. Von der besten bis hin zur schlechtesten Einrichtung soll jeder Heimplatzsuchende auf einen Blick erkennen können, wie gut die Qualität eines Hauses ist.

Dr. Ottilie Randzio, Ärztliche Leiterin des MDK, hat dafür im Auftrag der Pflegekassen einen sogenannten Wirksamkeitstest entwickelt, mit dem ein Vergleich der Heime möglich ist. Eine ziemlich gute Idee. 2004 wurden deshalb alle Häuser in Bayern aufgefordert, sich freiwillig an dieser Prüfung zu beteiligen: Dabei wurden über 1000 Pflegeeinrichtungen befragt, ganze 26 haben geantwortet – ein erschreckendes Ergebnis. Wollen sich Pflegeheime untereinander nicht vergleichen lassen? Ottilie Randzio sagt Nein. Denn: »Es gab durchaus mehr Einrichtungen, die daran teilnehmen wollten.«

Warum haben sie es dann nicht getan? Diese Frage macht uns neugierig. Wir beginnen unsere Nachforschungen mit einer Telefonumfrage in mehreren bayerischen Heimen und erfahren somit schnell, warum nur rund zwei Prozent aller Einrichtungen bei dieser Wirksamkeitsprüfung des MDK mitgemacht haben. Ein Heimleiter, der nicht genannt werden möchte, faxt uns ein entscheidendes Dokument, das er im August 2005 erhalten hatte. Absender ist die LAGFW, die Landesarbeitsgemeinschaft der Freien Wohlfahrtspflege in Bayern, das Pendant zur Liga in Rheinland-Pfalz.

In dem Schreiben heißt es: »Die Mitgliederversammlung der Landesarbeitsgemeinschaft der Freien Wohlfahrtspflege hat am 21. 07. 2005 beschlossen, ihren Mitgliedseinrichtungen nochmals nachdrücklich von der freiwilligen Teilnahme an Wirtschaftlichkeits- und Wirksamkeitsprüfungen abzuraten, da wesentliche Fragen und Kritikpunkte an der Prüfmethodik noch ungeklärt sind und mit jeder teilnehmenden Einrichtung die Verhandlungsposition der Pflegekassen gestärkt wird. Die Teilnahme an den Prüfungen kann nicht nur negative Konsequenzen für die einzelne Einrichtung haben, sondern schwächt die Position der Freien Wohlfahrtspflege in Bayern insgesamt.«

Dies ist ein eindeutiger Aufruf zum Boykott, mit einem ganz eigennützigen Hintergrund. Selten werden die Motive so klar geäußert wie in diesem Schreiben. Die Freie Wohlfahrtspflege in Bayern sorgt sich offensichtlich um ihren Einfluss und um ihre Macht. In der LAGFW versammeln sich unter anderem Arbeiterwohlfahrt, Deutscher Caritasverband, Paritätischer Wohlfahrtsverband und das Diakonische Werk. Wer aber kümmert sich um die Interessen der alten Menschen? Sie sind in diesem Schreiben mit keinem Wort erwähnt. Gerade ihre Position könnte sich durch ein Ranking verbessern. Stattdessen geht es wieder einmal um die »Prüfmethodik«, es geht ums Geld, um Macht, um die »Verhandlungsposition der Pflegekassen« und um die »Position der Freien Wohlfahrtspflege in Bayern insgesamt«. Hier werden eindeutig die Prioritäten vertauscht.

Warum sind die Träger gegen solche Wirksamkeitsprüfungen? Mit dieser Frage im Gepäck fahren wir zu Wilfried Mück, dem Verwaltungsdirektor des Bayerischen Caritasverbandes und Präsidenten der Arbeitsgemeinschaft der Freien Wohlfahrtspflege im Freistaat. Sein Büro ist im ersten Stock einer schönen Villa in der Münchener City. Von ihm hören wir ein neues, sehr überraschendes Argument. Wir konnten es kaum glauben, aber angeblich geht es vor allem darum, dass der MDK nach nur vier Qualitätsstufen beurteile, während die LAGFW sechs befürworte. Das Interview im Wortlaut wurde von »Report Mainz« veröffentlicht:

Mück: Wir halten es für wesentlich sinnvoller, hier nach dem Schulnotensystem von eins bis sechs zu verfahren und dass quasi die beste Einrichtung die Note Eins bekommt.

Frage: Haben wir Sie richtig verstanden? Der zentrale Unterschied zwischen der Position des MDK und Ihrer ist der, dass der MDK Schulnoten von Eins bis Vier vergeben möchte …

Mück: … eine grobe Differenzierung …

Frage: … und Sie Schulnoten von Eins bis Sechs. Und das ist für Sie Grund genug, die Prüfungen abzulehnen?«

Mück: Wir wollen eine differenzierte Darstellung des Ergebnisses und keine grobe.

Frage: Aber das ist für Sie Grund genug, Wirksamkeitsprüfungen abzulehnen?
Mück: Das sind mit die Gründe.
Frage: Sie wollen also noch etwas Zeit gewinnen?
Mück: Wir wollen noch etwas Zeit gewinnen.

Zeit, die alte Menschen nicht haben. Wir fahren zum »Haus an der Hofwiese« im bayerischen Kösching. Inge Frauenknecht ist eine resolute Frau. Sie spricht Bayerisch aus Überzeugung und hat ein großes Herz für die Bewohner ihres Hauses. Ihr Motto: Nicht in die Betten, sondern aus den Betten pflegen. Jeden Morgen gibt es in ihrem Pflegeheim ein großes Frühstücksbuffet, wie in einem guten Hotel. Die Bewohner können essen, was sie mögen. Einmal in der Woche wird am Abend sogar Weißbier ausgeschenkt, das in Bayern als Grundnahrungsmittel gilt, gerade im hohen Alter.

Besonders beliebt ist die Kegelgruppe, immer freitags nach dem Frühstück. Hier treten die Bewohner untereinander in einen sportlichen Wettstreit. Rollstuhlfahrer rollen einen Basketball und versuchen die »neun Kegel« umzuwerfen, genau so wie demente Bewohner oder Pflegebedürftige mit anderen Gebrechen. Die alten Menschen haben einen Riesenspaß, sind aber auch mit dem nötigen Ehrgeiz bei der Sache. Denn immerhin geht es um einen Piccolo.

Hier sind die alten Menschen aktiv. Angst haben sie nicht – die Bewohner nicht vor den Pflegekräften und die Pflegekräfte nicht vor der Heimleitung. Es geht also auch anders.

Das »Haus an der Hofwiese« gehört zu den 26 vom MDK geprüften Einrichtungen. Es steht also mit 25 anderen Heimen direkt im Wettbewerb. Für Inge Frauenknecht ist dieser Konkurrenzkampf »eine riesige Motivation«. Von der MDK-Wirksamkeitsprüfung hat ihre Einrichtung profitiert. Sie war damals schon gut, heute sei sie noch besser, erzählt sie stolz im schönsten bayerischen Dialekt. Damit sei das Haus zukunftsfest, lobt Ottilie Randzio vom Medizinischen Dienst. Für andere Einrichtungen sieht sie, auch aufgrund der Blockadehaltung der Verbände, schwarz: »Wir haben jetzt schon sehr viele Einrichtungen, die nicht mehr voll belegt sind, und sobald der Wettbewerb kommt, können sich langfristig nur noch die halten und positionieren, die auch ihre gute Qualität nachweisen können.« Gute Qualität kann durch eine Veröffentlichung der MDK-Prüfberichte belegt werden. Und in dieser Hinsicht vertritt auch Bayerns Sozialministerin Christa Stewens eine eindeutige Position. Sie fordert ausdrücklich die Veröffentlichung der Prüfberichte: »Im Rahmen der nun anstehenden Reform der Pflegeversicherung werde ich mich mit Nachdruck dafür einsetzen, dass die rechtlichen Voraussetzungen für eine Veröffentlichung der Prüfergebnisse geschaffen werden«, erklärte sie uns auf Anfrage. Parteiübergreifende Unterstützung erhält Stewens vom SPD-Gesundheitsexperten Karl Lauterbach, der ebenfalls in wesentlichen Punkten die Positionen des MDK befürwortet. In der ARD fordert er »den Vergleich der Einrichtungen«, möchte aber auch Zwang auf Heime ausüben, die ihre Prüfberichte unter Verschluss halten. »Es muss eine Pflicht geben zu veröffentlichen. Und die Heime, die nicht veröffentlichen, sollten von der Pflegekasse auch kein Geld bekommen.«

Anfang Dezember 2007 reagierte überraschend auch der Bayerische Caritasverband: »Wir haben nichts zu verbergen. Die Kontrollen können rund um die Uhr in die Heime kommen. Fachlich gute und menschlich einfühlsame Pflege muss viel mehr an die Öffentlichkeit gehen, um den Menschen, die Angst vor dem Heim zu nehmen«, sagte der sozialpolitische Referent der Caritas, Bernd Hein (München). Die Caritas plädiere auch dafür, die Prüfergebnisse der Kontrollinstanzen zu veröffentlichen.

Man könne sie zum Beispiel ins Internet stellen, im Schaukasten aushängen, den Heimbewohnern oder Angehörigen zur Verfügung stellen und der Presse geben. Allerdings müssten die Berichte um Teile vermindert werden, die datenschutzrechtlich nicht zulässig seien. So dürften keine Rückschlüsse auf einzelne Personen möglich sein. Außerdem solle das jeweilige Heim die Berichte in einem Begleitschreiben aus seiner Sicht kommentieren. Wenn es mit den Kontrollen Unstimmigkeiten über Bewertungen gegeben habe, dann sollte man das natürlich vorher klären, damit es für die Leser keine Missverständnisse gebe. Leere Worte oder tatsächlich ein Umdenken? Die Wohlfahrtsverbände nicht nur in Bayern stehen jetzt auf dem Prüfstand.

Der Macht der Pflegelobby: Eine Chronologie

Seit Jahren fordern Pflegeverbände von der Politik, dass mehr Geld in das System gepumpt wird. Immer wenn von einem neuen Pflegeskandal die Rede ist, ertönt reflexartig der Ruf nach besserer finanzieller Ausstattung. Doch niemand will öffentlich erklären, warum bei Durchschnittskosten von 3000 Euro pro Bewohner alte Menschen fixiert, mit Psychopharmaka ruhig gestellt werden, verhungern oder verdursten. Wie der Teufel das Weihwasser scheuen viele Heimbetreiber Leistungs- und Kostentransparenz. Die Ergebnisse der Heimprüfungen durch den Medizinischen Dienst bleiben unter Verschluss. Konsequenzen für die Verantwortlichen gibt es so gut wie keine. Besonders perfide ist das Verhalten einiger Heimbosse, die Phantompersonal mit den Kostenträgern abrechnen und damit abzocken, aber gleichzeitig über Personalmangel klagen. Warum bleibt eine solche Profitgier folgenlos?

Wir haben die Aussagen der relevanten Pflegelobbyisten zu dieser Frage gesammelt und wie Teile eines Puzzles zusammengefügt. Am Ende entsteht das Bild eines Pflegekartells, bestehend aus Politikern, Kassen- und Verbandsfunktionären. Eine sehr effektive Interessengruppe.

19. Juni 2007: Die Bundesregierung verkündet in einem Eckpunktepapier, dass die MDK-Prüfberichte »in verständlicher Sprache aufbereitet und veröffentlicht« werden sollen. Damit werde Transparenz hinsichtlich der qualitativen Leistungsfähigkeit der Einrichtungen für den Bürger geschaffen.

20. Juni 2007: Der riesige Lobbyapparat der mächtigen Pflegeverbände läuft an. Über eine Pressekampagne wollen sie die Veröffentlichung der Prüfberichte doch noch verhindern oder abschwächen. So gaben die Bundesarbeitsgemeinschaft der Freien Wohlfahrtspflege e.V. (BAGFW) und der Bundesverband Privater Anbieter Sozialer Dienste e.V. (bpa), die nach eigenen Angaben über zwei Drittel aller Pflegeeinrichtungen in Deutschland vertreten und damit ein großes Machtpotenzial auf sich vereinen, bereits am Tag nach Veröffentlichung des Eckpunktepapiers, am 20. Juni 2007, eine gemeinsame Pressemitteilung heraus. Unverblümt und direkt widersprechen sie den Vorstellungen der Bundesregierung. Die Prüfberichte des Medizinischen Dienstes der Krankenkassen würden sich »in keiner Weise für eine öffentliche Qualitätsberichterstattung« eignen und sich ausschließlich an Pflegekassen und Pflegeeinrichtungen wenden. »Es fehlen in diesen Berichten wesentliche Informationen, die für Verbraucher und Kunden von Bedeutung sind. Sie sind zu schematisch, häufig ausufernd lang und geben einseitig die Sicht des MDK wieder«, heißt es in der Pressemitteilung. Daher lehnen BAGFW und bpa die Veröffentlichung der vom MDK erstellten Prüfberichte ab.

Transparenz ist für die meisten Verbände offensichtlich immer noch ein rotes Tuch. Gegenüber der *Frankfurter Rundschau* weist BAGFW-Geschäftsführer, Werner Ballhausen, diesen »Vorwurf weit von sich«.

Dabei sollte man doch glauben, wer nichts zu verbergen hat, kann auch seine MDK-Prüfberichte veröffentlichen!

»Um die Einrichtungen untereinander vergleichen zu können«, bedürfe es allgemein anerkannter Kriterien, behaupten BAGFW und bpa in der Pressemitteilung. Sie wollen diese »Bewertungskriterien unter Beteiligung der Selbstverwaltung« entwickeln und gemeinsam mit den erforderlichen Rahmenbedingungen umsetzen. Mit anderen Worten: Die Träger wollen in Verbindung mit Pflegekassen und Medizinischem Dienst in Zukunft selbst entscheiden, wie ihre Arbeit geprüft wird und welche Ergebnisse an die Öffentlichkeit gelangen. Das ist kein Aprilscherz!

Übertragen auf Alkoholkontrollen auf Deutschlands Straßen hieße das: Die Brauereien wollen mit Biertrinkern und der Polizei gemeinsam definieren, ab wann ein Autofahrer betrunken ist, und Kriterien für die Prüfungen festlegen. Also zum Beispiel keine Alkoholkontrollen während des Münchener Oktoberfestes.

21. Juni 2007: Der bpa vermeldet einen »überraschenden Konsens« mit dem Medizinischen Dienst der Krankenkassen und zitiert dabei auch Peter Pick, den Geschäftsführer des Medizinischen Dienstes der Spitzenverbände der Krankenkassen (MDS). Er soll gesagt haben, dass der MDK »nie dafür plädiert« habe, die Prüfberichte zu veröffentlichen.

Der Oberfunktionär des MDS soll also gegen eine Position sein, für die die Medizinischen Dienste lange Jahre kämpften?

Handelt es sich hier um Satire, Wahrheit oder eine gezielte Falschmeldung?

22. Juni 2007: Nur wenige Stunden nach dieser Pressemitteilung dementiert Peter Pick die Behauptungen des Lobbyverbandes. Der MDS begrüße die »geplante Veröffentlichung von MDK-Prüfberichten«, wohingegen die Darstellung des bpa falsch sei. »Es kann nicht sein, dass wir uns von den Pflegeheimbetreibern und ihren Verbänden Kriterien und Inhalte der Prüfungen und der Veröffentlichungen vorschreiben lassen.« Die Entscheidungsverantwortung für die Kriterien der Prüfung und Veröffentlichung müsse bei den Medizinischen Diensten und den Pflegekassen bleiben. Andernfalls entstehe eine Situation, als wolle die Waschmittelindustrie den Warentestern vorschreiben, an welchen Kriterien die Qualität ihrer Produkte zu messen sei. Das könne nicht Ziel von Verbraucherschutz sein, betonte Pick: »Wenn der bpa seine Forderung nach Transparenz wirklich ernst meinen würde, hätte er längst Qualitätsberichte auf freiwilliger Basis veröffentlichen können.«

Juli 2007: Die Sozialholding Mönchengladbach, der Bundesverband der Verbraucherzentralen, die Medizinischen Dienste, Heimträger und Bewohnerverbände fordern gemeinsam, dass die Qualität der Heime offengelegt wird. Damit unterstützt die bundesweite Kampagne »Transparenz durch Dialog« ausdrücklich die Bekanntgabe von MDK-Prüfberichten, wie sie im Eckpunktepapier der Bundesregierung vorgesehen ist. »Der Gesetzgeber sei auch angehalten, den Heimbetreibern nicht allzu viele Mitspracherechte darüber einzuräumen, welche Prüfergebnisse veröffentlicht werden«, schrieb der *Tagesspiegel* über die Forderungen des Bündnisses. »Offenheit« sei das wirksamste Mittel gegen »schwarze Schafe« in der Branche, kommentierte Helmut Wallrafen-Dreisow, Geschäftsführer der Sozialholding Mönchengladbach und einer der Initiatoren der Kampagne. Er veröffentlicht die MDK-Prüfberichte und im vergangenen Jahr sogar den »bundesweit ersten Qualitätsbericht für Altenheime«, der auf mehr als 100 Seiten die wichtigsten Qualitätsmerkmale beinhaltet. Zugleich wird in dem Papier darauf hingewiesen, wo Verbesserungsbereiche liegen und welche Schritte zu deren Optimierung unternommen werden. Das Dokument wird von Politik, Verbraucherschützern und Verbänden gelobt und gilt als beispielhaft für die gesamte Branche. Es geht also auch anders.

Juli 2007: Ulla Schmidt übernimmt Positionen der Pflegelobby. In einem Interview mit der Fachzeitschrift *care konkret* äußert sich die Bundesgesundheitsministerin zur Veröffentlichung von MDK-Prüfberichten: »Einrichtungsträger und Pflegekassen tragen jeder in seinem Bereich Verantwortung für die Pflegequalität. Wo es sinnvoll ist, sollte diese Verantwortung auch gemeinsam getragen werden, zum Beispiel bei der Festlegung der Form und der Kriterien der veröffentlichten Ergebnisse.« Das bedeutet nichts anderes, als dass die Prüfberichte des MDK nach Absprache mit den Heimen veröffentlicht werden sollen – »Transparenz light« also. Warum hat die Ministerin der Pflegelobby nachgegeben? Diese Frage beantwortete sie uns nicht. Auch zur Problematik, dass »die geprüften Einrichtungen letztlich mitentscheiden können, was veröffentlicht wird und was nicht«, wollte sie sich nicht äußern. Unsere Fragen wurden nur mit Allgemeinplätzen beantwortet:

»In der Reform der Pflegeversicherung soll der vielfach erhobenen Forderung nach mehr Transparenz und Vergleichbarkeit von Qualitätsprüfungen des Medizinischen Dienstes der Krankenkassen in weitestmöglicher Form Rechnung getragen werden. Für die pflegebedürftigen Menschen und ihre Angehörigen sind verständliche, umfassende, nachprüfbare, übersichtliche und zuverlässige Angaben zur Qualität in den Einrichtungen zu gewährleisten, die sie als Verbraucher in die Lage versetzen, vorhandene Angebote zu vergleichen und selbstbestimmt eine Entscheidung zu treffen. Dabei sind für die Pflegebedürftigen und ihre Angehörigen insbesondere auch Informationen über Aspekte der Ergebnis- und Lebensqualität in den Einrichtungen von Bedeutung. Gemeinsam zu regeln ist, in welcher Form und nach welchen Kriterien die Veröffentlichung vorzunehmen ist. Die Informationen sollen für jedermann ohne großen Aufwand kostenfrei zugänglich sein.«

Mit welchen Konsequenzen müsste wohl ein Verbraucherminister rechnen, der so ein Verfahren im Zusammenhang mit Gammelfleisch vorschlagen würde? Wenn die Händler Form und Kriterien der Prüfungen mitbestimmen dürften, dann gäbe es zwar nie wieder einen Gammelfleischskandal, aber dafür massenhaft verdorbenes Fleisch auf den Tellern der Verbraucher. Dies wäre das politische Ende für den Minister.

Oktober 2007: Das Bundesgesundheitsministerium veröffentlicht den Gesetzesentwurf zur Reform der Pflegeversicherung. Bis zum 30. September 2008 sollen die an der Pflege beteiligten Verbände und Organisationen selbst regeln, in welcher Form sie die Prüfberichte des MDK veröffentlichen. Kommt eine Einigung bis dahin nicht zustande, soll eine Schiedsstelle bis 31. Dezember 2008 die Kriterien festlegen.

Damit hat sich die Pflegelobby durchgesetzt. Einerseits hat sie Zeit gewonnen, andererseits dürfen die Heimbosse in der Frage, was publik gemacht werden muss, mitreden.

Fazit: Der Schutz der Heimbetreiber vor Unannehmlichkeiten hat anscheinend Vorrang vor dem Recht alter Menschen auf Schutz und Unversehrtheit. Pflegebedürftige Senioren und ihre Angehörigen brauchen unbedingt eine Stimme, die sie in der Berliner Politik vertritt.

Dass sich derzeit ausgerechnet ein erfolgreicher Pflegemanager für diesen Job empfiehlt, spricht für sich. In einem offenen Brief stellt sich Gerd Peter auf die Seite der Bedürftigen und damit gegen den Pflegekompromiss:

Es kommt ja nicht von ungefähr, dass es mit der Sozialholding Mönchengladbach und mit der Münchenstift ausgerechnet zwei Kommunale sind, die sich bei der Frage Transparenz, die ja letztlich heißt, wir haben nichts zu verbergen, klar und eindeutig positioniert haben!

Es kann deshalb kein Verständnis für Träger geben, die zwar in erheblichem Maße Gelder der Sozialhilfe entgegennehmen, aber sich weigern offenzulegen, wie viel sie einnehmen, wo das Geld hinfließt und was letztlich übrig bleibt.

Und wir alle wissen, dass der Betrieb von Pflegeeinrichtungen Geld abwirft.

Gleichzeitig muss das ewige Gejammere, wir haben zu wenig Geld, aufhören.

In diesem System ist genügend Geld, wenn das im Altenheim verdiente Geld auch nur im Altenheim ausgegeben wird!

Mittlerweile veröffentlichen wir neben unseren jährlichen Qualitätsberichten auch die Ergebnisse von Heimaufsichts- und MDK-Kontrollen im Internet.

Das tun wir deshalb, damit die Leute sehen, auf was sie sich bei uns einlassen und dass eben nicht alles nur gut und in Ordnung ist. Die Kunden sind erfahren genug, um ebendies zu wissen.

Wo der Mann recht hat, hat er recht. Deutschland bräuchte mehr Pflegebosse mit seiner Einstellung. Nur wenn sich mehr Heimleiter oder Geschäftsführer mit dieser oder einer ähnlichen Position an die Öffentlichkeit trauen, kann sich etwas verändern. Irgendwann einmal. Vielleicht.

Wer überall die Finger »drin hat«, kann keine Faust mehr ballen: Interview mit dem pflegepolitischen Sprecher der Unionsfraktion im Bundestag, Willi Zylajew

Frage: Herr Zylajew, Sie waren bis Dezember 2002 stellvertretender Geschäftsführer des Caritasverbandes im Rhein-Erft-Kreis und sind heute pflegepolitischer Sprecher der Unionsfraktion. Welchen Einfluss hat Ihre damalige Tätigkeit auf Ihre heutige Arbeit?

Zylajew: Von meiner Zivildienstzeit bis zum heutigen Tag war ich immer auch mit der Situation von älteren und pflegebedürftigen Menschen befasst – persönlich, politisch und beruflich. Ich habe dabei viele Erfahrungen gesammelt am Pflegebett, in der direkten Betreuung, in der Verwaltung und Leitung von Diensten und Einrichtungen für pflegebedürftige Menschen, sowie der politischen Gestaltung in Stadt, Kreis, Landschaftsverband, Land und Bund. Diese Tätigkeiten und Erfahrungen – gute und schlechte – haben großen Einfluss auf meine heutige Tätigkeit. Ich weiß, wovon ich rede, kenne Stärken und Schwächen der Pflegelandschaft, weiß um die Erwartungen der älteren Menschen, ihrer Familien und unserer Gesellschaft, bin mir der weit überwiegenden Qualitäten der Mitarbeiterinnen und Mitarbeiter in der Pflege bewusst, kenne die guten und schlechten Seiten der Trägerstrukturen, verstehe die betriebs- und volkswirtschaftlichen Gegebenheiten der Pflege in der Vergangenheit und der Zukunft, sehe die gesellschaftlichen und politischen Chancen und Hindernisse zur Sicherstellung einer guten und besseren Versorgung von Menschen die auf pflegerische Hilfe lebenslang oder vorübergehend angewiesen sind, ich überschaue die unterschiedlichsten Erwartungen der Menschen an »die Pflege« weitgehend.

Frage: Nimmt die Lobby der Wohlfahrtsverbände Einfluss auf Sie?

Zylajew: Natürlich versuchen beteiligte Kräfte im Pflegewesen ständig Einfluss zu nehmen auf meine Tätigkeit. Ministerialbürokraten, Kranken- und Pflegekassen, Verwaltungsleute in Stadt, Kreis und Land, MDS/MDK, die Heimaufsicht, Gewerkschaften, Berufsverbände, private Träger, kommunale Träger, Wohlfahrtsverbände, Pflegewissenschaftler usw.

Frage: Fühlen Sie sich als Lobbyist der Wohlfahrtsverbände?

Zylajew: Nein. Ich fühle mich als Lobbyist von älteren Menschen, pflegebedürftigen Menschen und ihren Familien, den guten und redlichen Mitarbeiterinnen und Mitarbeitern in der Pflege und verantwortungsbewussten Trägern.

Frage: Wie beurteilen Sie den Gesetzesentwurf zur Reform der Pflegeversicherung?

Zylajew: Es ist ein Schritt, ein längst notwendiger Schritt in die richtige Richtung. Wir können nun zumindest teilweise die Versäumnisse der rot-grünen Regierung von 1998 bis 2005 ausgleichen. In diesen Jahren der Kanzlerschaft von Herrn Schröder wurden weder Pflegesätze erhöht noch dementen Menschen spürbare Leistungen gewährt, Pflegezeiten gesetzlich verankert, MDK-Bearbeitungszeiten vorgegeben oder dergleichen.

Frage: Welche Kritik haben Sie daran?

Zylajew: Die finanzielle Unterstützung von dementen Menschen müsste höher ausfallen, sollte auch für stationäre Hilfe gewährt werden. Die Entwicklung neuer Wohn- und Betreuungsformen könnte noch etwas heftiger ausfallen. Die notwendige Entbürokratisierung gelingt nicht recht. Die Umstellung von Struktur- und Prozess-Qualitätsprüfungen auf Prüfungen der Ergebnisqualität ist unzureichend.

Frage: Inwieweit wurde der Gesetzesentwurf durch die Pflegelobby gesteuert?

Zylajew: Falls Sie mit der Pflegelobby die Leistungserbringer (Träger, Berufsverbände der Pflegekräfte, Gewerkschaften usw.) meinen, haben diese den Gesetzesentwurf nicht gesteuert. Diese Kräfte wurden durch den wirksam inszenierten Bericht des MDS zur Qualität der Pflege in Deutschland planmäßig »mundtot« gemacht. Gesteuert wurde der Gesetzesentwurf durch pflegefremde Leistungsbezieher des Pflegewesens,

Bürokratie, Pflegekassen, MDK und Kontrollinstanzen wie die Heimaufsicht.

Frage: Ist das Ergebnis des Gesetzesentwurfs ein »Diktat des Geldes«, das für Pflegebedürftige und Pflegekräfte zu wenig verändert?

Zylajew: Ja, aber mehr ist in dieser Koalition nicht erreichbar.

Frage: Welche Bedeutung messen Sie dem Gesetzesentwurf bei?

Zylajew: Der in dieser Zeit mögliche Schritt zur Sicherung und Verbesserung der Pflege im Land.

Frage: Schon vor Einführung der Pflegeversicherung wurde in internen Runden bei Norbert Blüm unter anderem »die Veröffentlichung von Qualitätsberichten erörtert und verworfen«. Warum?

Zylajew: Es ist richtig, ich habe schon 1994 und 1995 als CDAler und im Pflegesektor beruflich Tätiger an Gesprächen in der damaligen »Ministeriumskaserne« in Bonn teilgenommen. Richtig ist auch: Seinerzeit wurde über die Veröffentlichungspflicht von Prüfberichten gesprochen, der Gedanke wurde verworfen, weil *niemand* aus Pflegewissenschaft, Verbänden und Praxis einen gangbaren und zielführenden Vorschlag zur Umsetzung des Gedankens zur Hand hatte beziehungsweise seine zeitnahe Entwicklung in Aussicht stellen konnte.

Frage: Im September 2007 sagten Sie *Der Zeit*, dass man damals Qualitätsberichte veröffentlichen wollte, aber nicht konnte. Schurkenhaft geführte Pflegeheime hätten wundgelegene Patienten abgewiesen, während andere sich aller Sorgenfälle angenommen hätten und dafür bei Qualitätskontrollen mit schlechten Noten bestraft worden seien, weil man ihnen den Zustand der Patienten anlastete. Haben Sie das so gesagt?

Zylajew: Es stimmt. In der ersten Hälfte der neunziger Jahre des letzten Jahrhunderts wurden nach meiner Beobachtung gelegentlich von einigen Trägern Heimaufnahmen vom pflegerischen Zustand der Bewohnerinnen und Bewohner abhängig gemacht. Konkret wurden von einigen Einrichtungen »unproblematischere« Pflegebedürftige eher aufgenommen als andere, die zum Beispiel mit Druckgeschwüren aus der häuslichen Versorgung oder in der letzten Lebensphase aus bestimmten Krankenhäusern in die stationäre Versorgung wechseln wollten. Zu dieser Zeit waren die Wartelistenplätze oft höher als die Zahl der Heimplätze.

Frage: Sollten Ihrer Ansicht nach die MDK-Prüfberichte heute veröffentlicht werden?

Zylajew: Die Veröffentlichung der derzeitigen MDK-Berichte macht aus meiner Sicht keinen Sinn. Vielmehr bedarf es zur verbesserten Information interessierter Personen der Erstellung eines Heimprofils mit den Punkten »Pflegequalität«, »Qualität der medizinischen Versorgung«, »Ernährung«, »soziokulturelle Dienste« und der jeweiligen Zuordnung der Berichtsergebnisse von MDK und Heimaufsicht – dies dann öffentlich.

Frage: Wie beurteilen Sie den im Gesetzesentwurf formulierten Vorschlag, dass die Pflegeverbände selbst mitbestimmen sollen, wie ihre Einrichtungen geprüft und welche Ergebnisse veröffentlicht werden?

Zylajew: Anhand der eben vorgestellten Grobstruktur sollte die Feinstruktur natürlich unter Beteiligung der Pflegeverbände erstellt werden. Allerdings kann es nicht von der Einrichtung mitbestimmt werden, welche Ergebnisse (insbesondere unerfreuliche) veröffentlicht werden. Es ist aber auch nicht hinnehmbar, dass allein der MDK Prüfungsmodalitäten, Prüfungsergebnisse und Ergebnisveröffentlichungen festlegt. Dazu ist bisher die Qualität der Prüfungen unzureichend.

Gestatten Sie mir zu dem letztgenannten Bereich noch einige Anmerkungen, die ich nur aus eigenen Erfahrungen und unmittelbarem Beisein – ohne dass ich mich in der Funktion als MdB vorgestellt habe – erlauben kann:

1. Manche Prüferinnen und Prüfer des MDK sind mit den ihnen anvertrauten Aufgaben fachlich und menschlich überfordert. Dies gilt insbesondere bei den Einstufungen von Pflegebedürftigen im häuslichen Umfeld. Die Fort- und Weiterbildung sowie die Erstellung eines Qualitätssiegels für den MDK-Bereich wären sinnvoll und erstrebenswert.
2. Die Prüfungsstruktur insgesamt sollte überdacht werden. Mir erscheinen vier unangemeldete jährliche Kontrollen jeder Einrichtung mit einem geringeren Aufwand der Prüfungen zur Struktur- und Prozessqualität, zugunsten einer stichprobenartigen Prüfung der Ergebnisqualität, sinnvoller. Ich glaube, hierdurch würden die positiven Kräfte in Einrichtungen und Diensten deutlich in ihrem guten und verlässlichen Tun gestärkt. Weniger qualifizierte und verläss-

liche Leistungsträger würden mit dieser Methode schneller erkannt werden.
3. Die rechtlichen und verwaltungstechnischen Möglichkeiten zur Schließung eines Pflegedienstes oder einer Einrichtung müssten vor diesem Hintergrund deutlich gestärkt werden.

Wer spricht hier? Ein Lobbyist oder ein Pflegepolitiker? Dieses Interview hätte nahezu deckungsgleich ein Interessenvertreter der Wohlfahrtsverbände oder des bpa geben können. Wo bleiben die Bedürfnisse der alten Menschen und ihrer Angehörigen, die einen Heimplatz suchen? Äußert sich so ein Politiker, der die Argumente aller Lobbyisten sorgfältig abgewogen hat?

Und was ist mit anderen Politikern? Bundesgesundheitsministerin Ulla Schmidt zum Beispiel ist Mitglied der Arbeiterwohlfahrt, genauso wie ihre parlamentarische Staatssekretärin, Marion Caspers-Merk, die darüber hinaus noch Beiträge an das Rote Kreuz zahlt. AWO und Rotes Kreuz sind auch Träger von Pflegeeinrichtungen. Da »pflegebedürftige Menschen« keine Lobbyvertretung haben, kommen ihre Interessen immer wieder zu kurz. Nur ein kollektiver Aufschrei aller »Bedürftigen« könnte hier etwas ändern. Das Problem ist nur: Vielfach sind sie dazu nicht mehr in der Lage.

So stehen Politiker wie Willi Zylajew für das Versagen der deutschen Pflegepolitik. Schon 1995 war klar, dass ohne mehr Transparenz schlechte Heime geschützt werden. Zwölf Jahre später haben es dieselben Akteure immer noch nicht geschafft, eine Lösung für dieses Problem zu finden. Wenn es bessere Möglichkeiten als die Prüfberichte des MDK gegeben hätte, hätte man sie im vergangenen Jahrzehnt entwickeln können und müssen. Warum haben die Heimträger in den vergangenen zwölf Jahren die Prüfberichte des MDK kaum kritisiert? Auch wenn sie noch nicht optimal sind – alte Menschen und ihre Angehörigen brauchen Transparenz, und zwar sofort! Wir können es uns nicht mehr leisten, dass der Schutz der (schlechten!) Pflegeheime Priorität vor der Veröffentlichungspflicht hat.

Übrigens: Zylajew hat seinen Job beim Caritasverband nicht für sein Bundestagsmandat aufgegeben. Auf seiner Internetseite vermeldet er: »Für die Zeit meiner Mitgliedschaft im Bundestag bin ich beurlaubt.«

Der »Fall« Meurer

Er ist nicht nur Präsident des Bundesverbands Privater Anbieter Sozialer Dienste e.V. (bpa), sondern auch Träger eines Pflegeheims. Bernd Meurers Haus steht in der rheinland-pfälzischen Provinz in einem kleinen Örtchen namens Katzenelnbogen. Dort gibt es eine Burg, einen Dönerladen und ein mondän wirkendes Pflegeheim mit einem italienischen Brunnen vor dem Eingangstor. Bernd Meurer ist einer der größten Arbeitgeber im Ort. In seinem Heim leben rund 100 pflegebedürftige Menschen. Neben den Hauswirtschafts- und Verwaltungskräften werden sie von mehr als 38 Vollzeitkräften, zwei Auszubildenden, zwei Zivildienstleistenden, zwei Mitarbeitern im freiwilligen sozialen Jahr und zwei Hartz-IV-Empfängern betreut. Das »Seniorencentrum Katzenelnbogen« beschäftigt mehr Menschen, als in den rheinland-pfälzischen Personalanhaltszahlen gefordert werden. Dennoch erhebt ein Brancheninsider schwere Vorwürfe gegen Meurer und die Arbeit im Seniorencentrum.

Der Verdacht: Der Informant erzählt uns eine Geschichte, die wir kaum glauben konnten. Meurer, der als bpa-Präsident in der Debatte um die Reform der Pflegeversicherung seit Jahren vehement gegen die Veröffentlichung von MDK-Prüfberichten wettert, habe ein persönliches Interesse daran, dass die Ergebnisse der Kontrollen nicht an die Öffentlichkeit kämen. Im Haus des mächtigen Pflegefunktionärs in Katzenelnbogen habe der Medizinische Dienst »gravierende Missstände« und »Dekubitalgeschwüre« festgestellt und der Einrichtung »gefährliche Pflege« attestiert. Gegen den Prüfbericht habe Meurer juristische Schritte eingeleitet und die Klage erst zurückgezogen, als der MDK das Heim erneut unangemeldet überprüft und dabei wieder Defizite aufgedeckt habe. Der Informant wirft dem bpa-Präsidenten vor, »Lobbyarbeit in eigener Sache« zu betreiben. Er habe »Pflegemängel zu verbergen« und versuche deshalb politisch die »Veröffentlichung von MDK-Prüfberichten« zu verhindern. Ein schwerer Vorwurf, dem wir nachgehen.

Der Sachverhalt: Am 31. Juli 2006 hatte der Medizinische Dienst der Krankenkassen in Rheinland-Pfalz die Einrichtung in Katzenelnbogen überprüft. Meurer betont, dass dies »auf Wunsch und Initiative der Heimleitung« geschehen sei. Das

Haus habe »die Beratungskompetenz des MDK nutzen« wollen, da sich die Einrichtung zu diesem Zeitpunkt mit der Überarbeitung der Struktur, Prozess- und Ergebnisqualität beschäftigte. Das Prüfergebnis war aber gar nicht im Sinne des Pflegefunktionärs ausgefallen. Zwei von 96 Bewohnern litten an einem Dekubitus. Der MDK habe tatsächlich von »gefährlicher Pflege« gesprochen, so wie es unser Informant berichtete.

Meurer dagegen hatte sich vom MDK ungerecht behandelt gefühlt und den Prüfbericht und die Einschätzungen der MDK-Prüfer vor allem zu den Druckgeschwüren kritisiert. Schriftlich teilte er uns mit, dass in einem Fall »die Hautdefekte sechs Wochen später gänzlich abgeheilt« seien. Im zweiten Fall, dem eines multimorbiden zweiundneunzigjährigen Mannes, der aus dem Krankenhaus bereits mit einem Dekubitus dritten Grades in das Seniorencentrum Katzenelnbogen gekommen sei und damals im Sterben lag, sei die Entstehung weiterer Dekubitalgeschwüre nicht zu verhindern gewesen. Meurer: »Selbstverständlich sollte in jeder Einrichtung jeder neu entstehende Dekubitus kritisch hinterfragt und seine Entstehung in der Einrichtung reflektiert, vor allem aber vermieden werden. Es ist allerdings, das ist aus medizinischer und pflegewissenschaftlicher Sicht unbestritten, bei alten, schwerwiegend erkrankten Menschen auch im besten Pflegeheim nicht in allen Fällen möglich, ihre Entstehung zu verhindern.«

Das ist zwar richtig, aber vor allem in einem der vier Wohnbereiche in Katzenelnbogen habe es »bei der Pflegeplanung und der Dokumentation teilweise Defizite« gegeben, räumt Meurer ein. Maßnahmen zur Beseitigung der Mängel wie zum Beispiel Coaching der Führungsebene durch externe Berater, Überarbeitung des Risikomanagements und Schulung der Mitarbeiter seien daraufhin sofort angeordnet worden.

»Trotz Fehlern und Versäumnissen, die wir ohne Wenn und Aber eingestehen, erschienen unserem Pflegeteam mehrere vom MDK in seinem Prüfbericht getroffene Feststellungen unzutreffend«, erklärt Meurer. Daher gab er ein Gutachten beim Institut für Pflegewissenschaft an der Universität Witten/Herdecke in Auftrag. Das Ergebnis dieses Papiers, das uns vorliegt, deckt sich im Wesentlichen mit seiner Einschätzung.

»Keinesfalls lassen aber die mir vorliegenden Dokumente den Schluss zu, dass der Schutz der Patienten in der Einrichtung nicht sichergestellt sei. Wie von der MDK-Mitarbeiterin in der Stellungnahme vom 27. 10. 2006 … zutreffend festgestellt wird, ist der ›Einsatz einer Antidekubitusmatratze keine Gewähr für die Nichtentstehung eines Dekubitus‹. Dies sollte bei der Beurteilung auch berücksichtigt werden … Abschließend sei noch hinzugefügt, dass die vorliegenden Dokumente, Form und Ausführlichkeit der Dokumentation sowie die dokumentierte Pflege und die Leitung der Einrichtung, soweit ich dies aus den bisherigen Telefonaten und den Unterlagen beurteilen kann, durchaus vertrauenswürdig erscheinen, dass von einer Behebung der festgestellten Mängel wie von der Leitung der Einrichtung angegeben, ausgegangen werden kann«, so der Gutachter der Universität.

Problematisch erscheint uns, dass der Wissenschaftler seine Expertise vom Schreibtisch aus erstellte und die Pflegeeinrichtung kein einziges Mal in Augenschein nahm. »In Bezug auf die festgestellten Fakten gab es keine unterschiedlichen Positionen zwischen dem MDK und unserer Einrichtung. Lediglich in der Bewertung und Interpretation der Beschreibungen und Fakten kam es zu unterschiedlichen Auffassungen. Um dies zu beurteilen, bedarf es fachlicher Kompetenz bzw. wissenschaftlicher Distanz, ein Besuch der Einrichtung war dafür aber nicht erforderlich«, rechtfertigt Meurer dieses Vorgehen.

Dieses Gutachten war Teil der Klagebegründung gegen den MDK. Ein Widerspruch gegen den Prüfbescheid war nicht möglich.

März 2007: Nur wenige Wochen nach der Klageerhebung überprüft der Medizinische Dienst erneut die Einrichtung in Katzenelnbogen, diesmal unangemeldet. Bei der Kontrolle wurden sechs Bewohner untersucht, die, so Meurer, »aus pflegerischer Hinsicht die größte Herausforderung darstellten«. Der Prüfbericht der zweiten Prüfung bestätigte dem Seniorencentrum zwar ein sehr gutes Ernährungsmanagement und eine hohe Bewohnerzufriedenheit, aber »in einem von sechs Fällen erneut deutliche Defizite«.

Auf der letzten Seite dieses Prüfberichts zieht der MDK ein komprimiertes Gesamtfazit: »Insgesamt ist zu erkennen, dass die Verantwortlichen der Einrichtung intensiv an der Abstellung der Mängel arbeiten und schon deutliche Verbesserungen erreicht haben, allerdings greifen die Instrumente noch nicht flächendeckend.« Meurer erklärt dazu, dass es sich dabei um »Defizite der Pflegedokumentation« gehandelt habe.

Dieser Bericht blieb nicht ohne Wirkung. Der bpa-Chef kündigte einer verantwortlichen Pflegefachkraft. Trotz intensiver Schulungen und praktischer Begleitung habe sie »den an sie gestellten Erwartungen nicht gerecht werden« können. »Eine lückenhafte Pflegedokumentation führt in der MDK-Bewertung häufig zum Vorwurf der gefährlichen Pflege mit weitreichenden Konsequenzen für den Träger der Einrichtung«, begründet Meurer die Maßnahme.

Und plötzlich zieht er auch die Klage gegen den MDK bezüglich des ersten Prüfberichts zurück. Pflegekassen und Heimleitung hätten wieder »zu einer konstruktiven und kooperativen Zusammenarbeit« zurückgefunden.

Die Beurteilung: Wird in Meurers Heim tatsächlich »gefährliche Pflege« betrieben, wie der MDK behauptet? Zur Klärung dieser Frage fahren wir nach Katzenelnbogen. Zusammen mit Bernd Meurer, der Heimleiterin Ellen Meuer und der Pflegedienstleitung besichtigen wir die Einrichtung. Um es gleich vorweg zu sagen: Das Seniorencentrum ist eines der besten Häuser, die wir im Verlauf unserer Recherchen kennengelernt hatten. Biografieorientiertes Arbeiten mit demenziell erkrankten Menschen, ausreichend Personal und zufriedene Heimbewohner gehören zum Standard auf allen Etagen. Hierhin würden wir auch unsere Eltern mit einem guten Gefühl geben.

»Aber auch in einer vorbildlichen Einrichtung passieren täglich Fehler«, räumt Bernd Meurer jetzt ein. Das ist menschlich und normal, meinen wir. Entscheidend ist, wie eine Einrichtung damit verfährt.

Hier gibt es zwei Ansätze: Die ebenfalls vorbildlich geführte Sozialholding Mönchengladbach zum Beispiel geht offen mit solchen Problemen um. Alle MDK-Prüfberichte werden veröffentlicht – egal, ob sie gut oder schlecht sind. Uns gegenüber zitiert Bernd Meurer ein Beispiel der Sozialholding, das er im Internet fand:

»Im Jahr 2004 lag ein Prüfungsschwerpunkt auf den Fällen mit Dekubitusgefährdung und manifesten Dekubitusgeschwüren. Im ersten Quartal wurden 46 Fälle mit entsprechenden Risiken und dokumentierten Dekubitalgeschwüren überprüft. In einer Einrichtung wurden systematische Mängel im Umgang mit diesem Risiko festgestellt. Es wurde ein umfangreicher Aktionsplan zur Beseitigung der Mängel durch die Geschäftsleitung angeordnet.«

Einige Träger können also offensichtlich völlig transparent über Defizite reden – und das im harten Pflegewettbewerb. Andere behaupten, dass es ihnen schade, wie zum Beispiel Bernd Meurer. Er hat sich dazu entschlossen, den kritischen MDK-Prüfbericht nicht zu veröffentlichen. Ohne unsere Recherchen wäre nie darüber diskutiert worden. Warum eigentlich? Schriftlich teilt uns der bpa-Chef mit:

Der Prüfbericht des MDK basiert weitgehend auf einem pflegetheoretischen Ansatz. Hier steht nicht die Lebenssituation des Pflegebedürftigen im Mittelpunkt, sondern die theoretische Herleitung und lückenlose Dokumentation des Pflegeprozesses. Abweichungen werden vom MDK als Mängel oder sogar potenzielle Gefährdung eingestuft, auch wenn in der Praxis alle Bewohnerinnen und Bewohner menschlich betreut und qualitativ gut gepflegt werden. Insofern trifft der MDK-Bericht mit seinem defizitorientierten Ansatz keine ganzheitliche Aussage zum Leistungsangebot der Einrichtungen und der Lebensqualität der Bewohnerinnen und Bewohner. Er ist deshalb auch kein geeignetes Instrument, um eine an den Bedürfnissen der Verbraucher orientierte umfassende Information, was übrigens auch von führenden MDK-Vertretern nicht bestritten wird, zu schaffen. Darüber hinaus verliert der Prüfbericht bei einer Prüfungsdichte von zukünftig drei Jahren sehr schnell an Aktualität. Längst abgestellte Defizite könnten im Bericht nicht korrigiert werden, neu auftauchende Mängel würden nicht berücksichtigt. Ich bin ausdrücklich dafür, dass in die Pflegeheimlandschaft in Deutschland so bald als möglich umfassende Transparenz und Offenheit einzieht. Jeder Mensch, der einen Heimplatz sucht, sollte die Möglichkeit erhalten, die Qualität einzelner Einrichtungen vergleichen zu können. Ein transparentes, faires System der Vergleichbarkeit, das die gebotene Lebensqualität eines Heimes widerspiegelt, würde einerseits die Zufriedenheit und Sicherheit für Bewohner und Angehörige erhöhen, anderseits verhindern, dass gute Heime in einen Rechtfertigungszwang geraten würden, wegen schlechter Heime, mit denen sie gar nichts zu haben und auch nichts zu tun haben wollen. Nicht zuletzt würde der so entstehende Wettbewerb bei schlechten Häusern den Druck zur Veränderung erhöhen und insgesamt die Qualität der Pflege in Deutschland verbessern.

Ein solches System der Vergleichbarkeit gibt es aber noch nicht in Deutschland. Die Forderung nach mehr Transparenz fällt leicht, wenn man die derzeit einzig praktizierbare Möglichkeit der Veröffentlichung der MDK-Prüfberichte verwirft. Natürlich können diese Untersuchungsergebnisse mängelbehaftet sein, wie Bernd Meurer behauptet. Aber wissen wir es wirklich? Vorgelegt wurden sie uns auch beim konkreten Beispiel in Katzenelnbogen nicht! Daher mussten wir uns auf die Aussagen des bpa-Chefs verlassen. Ein Gegencheck beim Medizinischen Dienst war ebenso erfolglos. Bei der derzeitigen Gesetzeslage dürfe der MDK zu konkreten Berichten keine Auskunft erteilen, geschweige denn sie herausgeben.

Bei ihrer Suche nach einem Pflegeheim sind unerfahrene Angehörige und Betroffene daher häufig ratlos. Sie müssen sich auf den ersten Eindruck verlassen, wenn sie vielleicht einmal durch das Pflegeheim ihrer Wahl geführt werden, bevor sie Mutter oder Vater dort einziehen lassen. Gerade Laien können die Defizite nicht sofort erkennen.

Fazit: Im Sinne der Transparenz müssen alle Prüfberichte des MDK sofort im Internet veröffentlicht werden, bis ein geeigneteres Verfahren entwickelt wurde. Dann wäre im Sinne pflegebedürftiger Menschen eine offene Diskussion auch über ihre Schwächen möglich. Bernd Meurer, der im Übrigen eine vorbildliche Einrichtung führt, wäre glaubhafter, wenn er auch mit schlechten Prüfergebnissen nicht hinter dem Berg hielte. 2008 will er einen eigenen Qualitätsbericht entwickeln und der Öffentlichkeit zugänglich machen. Nur – damit kann er bestimmen, welche Informationen publiziert werden und welche nicht. Und daher ist auch diese Maßnahme unzureichend. Meurer müsste als Verbandschef öffentlich fordern, dass »schlechte Heime« geschlossen werden, und diese Einrichtungen aus seiner Organisation ausschließen. Bislang zahlt ein Betreiber eines 100-Betten-Hauses rund 4500 Euro Jahresbeitrag an den Verband, haben unsere Recherchen ergeben. Das wären 45 000 Euro jährlich weniger, wenn der bpa zehn Einrichtungen kündigen würde. Werden schlechte Heime deshalb von den Verbandsbossen geschützt?

Mit mehr Transparenz könnte der bpa-Chef eine Vorbildfunktion einnehmen und sich auch vom Verdacht befreien, er mache Lobbyarbeit gegen die Veröffentlichung von MDK-Prüfberichten zum Schutz seiner eigenen Einrichtung.

Dritter Teil

Die Profiteure der Pflegeversicherung

15 Sinnlose Noteinsätze: Wie Ärzte pflegebedürftige Menschen unnötig ins Krankenhaus schicken

Für viele ältere, aber vor allem demente Menschen ist es ein Albtraum, ins Krankenhaus eingeliefert zu werden. Schon der Transport im Rettungswagen ist anstrengend, die fremde Umgebung beunruhigt. Demente Menschen werden dann häufig fixiert und ruhig gestellt.

Diese »Einweisungen« führen zu einer immensen Belastung nicht nur der Betroffenen selbst, sondern auch des schon überstrapazierten Klinikpersonals. Gerade Menschen mit Demenz entwickeln unter anderem aufgrund der fremden, angstauslösenden Umgebung und mangels fester Bezugspersonen beispielsweise massive Ess- und Trinkstörungen.

Einig sind sich alle Experten in einem Punkt: Überflüssige Krankentransporte müssen verhindert werden.

Unsere Recherchen aber haben ergeben, dass das derzeitige System pflegebedürftigen Menschen viel zu häufig und unnötig die Last der ständigen Hin-und-Herfahrerei aufbürdet. Sinnlose Transporte vom Heim ins Krankenhaus und zurück sind an der Tagesordnung, obwohl sie vermieden werden könnten. Die Krankenkassen zahlen Millionen jährlich dafür und unterstützen so ein menschenverachtendes System. Auch Notärzte und Rettungssanitäter benennen die Problematik meistens nicht offen. Hinter vorgehaltener Hand hören wir immer wieder, dass alte Menschen im Pflegeheim zu wenig trinken. »Alle zwei Wochen fahren wir eine Frau völlig ausgetrocknet ins Krankenhaus«, berichtet ein Rettungsassistent. Immer bleibe sie nur einen Tag in der Klinik, dann komme sie wieder zurück. Die Pflegeeinrichtungen, in denen solche Missstände vorkommen, sind Notärzten und Rettungsdiensten bekannt. Sie schweigen, weil solche Aufträge den Arbeitgebern viel Geld einbringen und die Krankenwagen damit besser ausgelastet sind. Wenn sie die Pflegeheime wegen der ausgetrockneten Menschen kritisieren würden, würden die Aufträge sofort an die Konkurrenz gehen, befürchten sie. Wir haben einen Notarzt gefunden, der Klartext redet.

Doch der Reihe nach. Im November 2005 berichtete das ARD-Politmagazin »Report Mainz« über den Rosenheimer Notarzt Paul Schmidmayr und zwei Rettungsassistenten. Sie waren zufällig in einem Altenpflegeheim im Einsatz, als ihnen ein weiterer Notfall gemeldet wurde. In derselben Einrichtung war eine alte Frau gestürzt. Hatte sie sich den Oberschenkelhals gebrochen oder sich sonst eine Verletzung zugezogen? Alles musste schnell gehen. Schmidmayr und seine Kollegen rannten mit dem Notfallequipment in der Hand los, durch lange Flure, die ihnen endlos vorkamen. Dann über viele Treppenstufen hinauf in die zweite Etage. Außer Atem kam das Team bei der Patientin an. Routiniert untersuchte Schmidmayr die alte Frau. Der Notarzt leistete Erste Hilfe und entschied sich nach kurzer Überlegung, sie ins Krankenhaus einzuweisen. Dort sollte sie gründlich untersucht werden. Denn Schmidmayr hatte ein großes Problem: Er kannte die alte Frau nicht so gut wie ihr Hausarzt. »Aus Sicherheitsgründen sehe ich mich gezwungen, Sie ins Krankenhaus mitzunehmen, um nichts zu übersehen. Sie sind doch einverstanden?«, fragte er die alte Frau. Sie nickte. Paul Schmidmayr wusste, dass der Transport ins Krankenhaus möglicherweise überflüssig war. Trotz aller Belastungen für die alte Dame entschloss er sich dazu, denn er war mit ihrer Krankengeschichte nicht vertraut. Ein Notarzt muss nun einmal alle Risiken ausschließen. »Das kommt immer wieder vor, dass dann im Krankenhaus gesagt wird, wir haben praktisch einen Pflegefall bekommen. Aber ich kann hier einfach keine definitive Entscheidung treffen«, so der Notarzt. Der einzige Mediziner, der die gesamte Krankengeschichte der gestürzten Frau kannte, war der Hausarzt. Nur er hätte ihr möglicherweise den beschwerlichen Transport ins Krankenhaus ersparen können. Aber der Hausarzt war für das Pflegepersonal nicht zu erreichen – weder in der Praxis noch privat. Daraufhin wurde der Rettungsdienst verständigt. Unsere Recherchen haben ergeben, dass solche Fälle an der Tagesordnung sind. Heimleiter und Pflegekräfte weisen uns häufig auf das Problem hin.

Und was ist mit der alten Dame in Rosenheim passiert? Schon wenige Stunden nach ihrer Einlieferung wurde die gestürzte Frau wieder zurück ins Pflegeheim verlegt, in einem anderen Rettungswagen. Allein dieser unnötige Transport kostete mehrere hundert Euro. Das ist Geldverschwendung, die alte Menschen auch noch unnötig belastet. Und was sagen die Hausärzte dazu? Der ARD-Filmbericht traf die Rosenheimer Mediziner mitten ins Mark. Nur wenige Tage nach der Ausstrahlung reagierte deren Lobby. Das »Forum Rosenheimer Hausärzte in Stadt und Land« (FROH) verteilte eine Stellungnahme unter anderem an die lokale Presse, Ärzteverbände und das bayerische Sozialministerium. Tenor des Schreibens: Bei dem Fernsehbeitrag habe es sich um ein »getürktes Machwerk« gehandelt. Des Weiteren wurde unterstellt, das Fernsehteam habe »Filmgagen« an die Protagonisten bezahlt. Belege für diese absurden Behauptungen wurden nicht geliefert. Hausärzte, die sich solcher Methoden bedienen, machen sich unserer Meinung nach selbst angreifbar. Die Mediziner kritisierten sogar, dass der Notarzt, der sich gerade im Pflegeheim im Einsatz befand, die alte Frau untersucht hatte. Er habe gar einen ungerechtfertigten »Notarzteinsatz« aus diesem Fall gemacht. Sollte er sie einfach liegen lassen, obwohl er zufällig in der Nähe war?

Der Ärztliche Leiter Rettungsdienst in Rosenheim, Dr. Michael Bayeff-Filoff, wies sofort alle Unterstellungen schriftlich zurück. Der Einsatz sei völlig »korrekt« im Rahmen der »gültigen Vorgaben« abgelaufen. »Jeder zufällig anwesende oder auf einen Notfallort hingewiesene Arzt ist zur Hilfe verpflichtet«, so Bayeff-Filoff. Deshalb werde »der offizielle Notfalleinsatz des Rettungsdienstes nicht automatisch zum Notarzteinsatz upgegradet«. Ein Notarzteinsatz sei nicht abgerechnet worden. Und weiter: »Es liegt auf der Hand, dass häufig ein den Patienten langfristig betreuender Hausarzt, insbesondere durch detaillierte Kenntnis der persönlichen Hintergründe, Notfallereignisse ohne eine Krankenhauseinweisung behandeln kann. Ist dieser jedoch nicht zu erreichen, bleibt dem hinzugerufenen öffentlich-rechtlichen Rettungsdienst oft nur die Möglichkeit einer stationären Einweisung oder zumindest ambulanten Betreuung über die nächsten Stunden in einer klinischen Notaufnahme. Diese

Vorgehensweise ist unter den derzeit bestehenden Vorgaben im Gesundheitswesen nicht zu ändern und politisch sehr wohl bekannt.« Mit anderen Worten: Auch Notärzte beklagen das menschenunwürdige System und fühlen sich dabei von der Politik im Stich gelassen.

Kurz nach dieser Stellungnahme ruderten die Rosenheimer Hausärzte plötzlich öffentlich zurück. Im *Oberbayerischen Volksblatt* gestand FROH-Sprecher Dr. Bernhard Kofler den wahren Grund für die Entrüstung ein: »Wir waren ziemlich sauer, weil uns in dem Beitrag vorgeworfen wurde, wir seien schlecht erreichbar.« Auch Notarzt Paul Schmidmayr kommt im selben Artikel erstmals zu Wort und verstärkt seine Kritik: »Tatsache ist, dass wir vor allem an Wochenenden große Probleme haben, den behandelnden Hausarzt zu erwischen.« Und was ihn an der Kritik der Hausärzte besonders geärgert habe, sei: »Ich kenne alle Kollegen, die gegen meinen Auftritt in der ARD zu Felde gezogen sind, persönlich. Da hat sich keiner bei mir gemeldet.« Mehr ist dem nicht hinzuzufügen.

Eine dringende Notwendigkeit: Heimärzte

Es ist keine besondere Kreativität vonnöten, um eine ganz einfache Lösung für dieses Problem zu finden. Warum beschäftigt man Mediziner nicht direkt im Heim? Sie könnten sich rund um die Uhr um die Bewohner kümmern und in Notfällen schnell die richtige Entscheidung treffen. Unnötige Krankenhaustransporte könnten so verhindert werden, den Krankenkassen blieben beträchtliche Kosten erspart, und den Bewohnern in Pflegeeinrichtungen würde eine weitaus höhere Lebensqualität zuteil. Diese Idee hat etwas für sich. Denn es gäbe nur Gewinner. Und wenn es keinen Verlierer gibt, kann doch eigentlich auch niemand dagegen sein. Oder doch? Wir recherchieren.

Schon nach wenigen Telefonaten müssen wir erkennen, dass unsere Überlegungen nicht innovativ sind. Bereits 1992 wurden sie in einer Dissertation der Universität Köln diskutiert. Autorin war Renate Beckmann. Ihr Thema: »Untersuchungen zur ärztlichen Betreuung Pflegebedürftiger – Modellpraxis in einem Alten- und Pflegeheim«. Bereits vor 18 Jahren hatte sie gravierende Fehlentwicklungen im Pflegesystem ausgemacht:

»Bekannt ist die suboptimale, wenn nicht gar unzureichende Qualität der ärztlichen Behandlung in vielen Heimen für ältere Menschen. Selbst wenn die Gesundheitsprognosen von chronisch kranken/pflegebedürftigen und sterbenden Menschen die Ärzte nicht schrecken, so ist es oft der verbundene Zeit- und Kostenaufwand. Weder kassenärztliche Vereinigung noch gesetzliche Krankenkassen haben es bisher als ihre ureigene Angelegenheit betrachtet, einen höheren Qualitätsstandard ärztlicher Behandlung in den Heimen durchzusetzen.« Die Dissertation hat eine existierende kassenärztliche Modellpraxis in den Räumen eines Alten- und Pflegeheims zum Thema: »Den Bewohnern bleibt die freie Arztwahl erhalten. Nehmen sie die Modellpraxis in Anspruch, so können sie die Sprechstunden nutzen. Die Ärztinnen der Modellpraxis führen regelmäßige Visiten auf den Pflegestationen durch, sie stellen einen Bereitschaftsdienst. Krankenhauseinweisungen sind vergleichsweise selten.«

Schon vor Jahren also waren die Probleme bekannt, über die sich die Rosenheimer Hausärzte jetzt so vehement aufregten. Alte Menschen müssten seltener ins Krankenhaus eingeliefert werden, wenn Ärzte, die sie kennen, ständig für sie da sind. So einfach ist das. In ihrer Dissertation machte Renate Beckmann damals eine einfache Rechnung auf: »Vorteile für die Krankenkassen lassen sich errechnen und sind nicht von der Hand zu weisen: Teure Krankenhauseinweisungen unterbleiben, Wegestrecken für die ÄrztInnen fallen nicht an, eine wirtschaftliche Verschreibungspraxis für Medikamente ist durchgesetzt.«

Mit anderen Worten: Bereits 1992 wurden die Vorteile von Ärzten in Pflegeeinrichtungen wissenschaftlich aufgearbeitet. Sie müssten also allen Einrichtungen, Krankenkassen und auch der Politik bekannt sein. Dennoch hat sich bis heute wenig verändert. Einige Modellprojekte wurden aufgelegt, viele neue Studien in Auftrag gegeben. Die Ergebnisse sind in der Tendenz nahezu deckungsgleich mit den Resultaten der Beckmann-Dissertation aus dem Jahr 1992.

Im Spätsommer 2005 veröffentlichte der Vincenz Verlag eine *Studie zur ärztlichen Versorgung in Pflegeheimen*. Autoren waren die frühere Gesundheitsministerin Ursula Lehr, die ehemalige Bundesseniorenministerin Hannelore Rönsch, die Pflegewissenschaftlerin Christina Bienstein und der Epidemiologe

Johannes Hallauer. Sie wollten wissen, wie es um die ärztliche Versorgung der mehr als 600 000 Menschen, die in Heimen leben, bestellt ist. Die Studie ruft zum Handeln auf. Von den bundesweit angeschriebenen 8775 Heimen antworteten ganze 782. Gerade einmal 8,9 Prozent gaben Auskünfte zu diesem hochbrisanten Thema. Diese Rücklaufquote ist ein Indiz für die katastrophale medizinische Versorgung in vielen Pflegeheimen. Daher birgt die Studie eine Menge Zündstoff. Sie betrifft zwar nur knapp mehr als 65 000 Pflegefälle in der Bundesrepublik. Aber man muss befürchten, dass hier nur von der medizinischen Versorgung der Menschen gesprochen wird, denen es besser geht. Die Ergebnisse sind erschreckend. Nur acht der 782 Heime werden ausschließlich durch angestellte Heimärzte versorgt. Das sind gerade einmal 1,02 Prozent. Weitere zwölf Einrichtungen werden zum Teil von Medizinern in der Einrichtung betreut.

Was aber machen die Bewohner in Einrichtungen, in denen es keinen Heimarzt gibt? Immerhin: »Alle Heime werden durch Allgemeinärzte erreicht«, heißt es in der Studie. Mehr oder weniger gut. Zwei Prozent der Einrichtungen gaben an, dass die Hausärzte lediglich vier bis neun Mal vor Ort seien, 26 Prozent der Einrichtungen vermeldeten 10 bis 49 Besuche im Jahr. Und das bei multimorbiden Patienten, die unter Mobilitätseinschränkungen, Inkontinenzproblemen, mangelnder Zahn- und Mundgesundheit, Demenz, Depressionen, Seh- und Hörproblemen leiden – ein Skandal.

Noch schlimmer ist die Situation bei der fachärztlichen Versorgung. Bezüglich dieses Bereichs erfahren wir, dass viele Mediziner gar nicht in die Pflegeheime gehen, sondern verlangen, dass die Bewohner zu ihnen kommen. Eine großartige Idee, denn das schafften laut Studie selbstständig nur 3,3 Prozent und weitere 15,8 Prozent in Begleitung. Konkret heißt das, dass für über 80 Prozent der Bewohner ein Praxisbesuch unmöglich war. Und dann fragt man sich noch, warum die Rettungsdienste und Notärzte so häufig in die Pflegeheime gerufen werden und alte Menschen sinnlos hin- und hertransportiert werden. Ein echter Aufreger, der schon jahrelang bekannt ist. 38,2 Prozent der Heime gaben an, dass im gesamten Untersuchungszeitraum von zwölf Monaten kein einziger Gynäkologe in der Einrichtung war, obwohl der Frauenanteil bei rund 80 Prozent liegt. Bei den Urologen sieht es nicht viel besser aus: So leiden 72,8 Prozent der Bewohner an Harninkontinenz. Dennoch blieben in 18 Prozent der Heime die Mediziner fern. Oder noch besser die Orthopäden: Obwohl die meisten Bewohner in ihrer Mobilität eingeschränkt sind, hat sich in 56 Prozent der Heime in zwölf Monaten kein Orthopäde blicken lassen. 26 Prozent der Einrichtungen wurden nicht von Internisten besucht, 15 Prozent der Heime hatten keine Versorgung durch Neurologen, 24 Prozent wurden nicht von Psychiatern betreut, 32 Prozent blieben ohne augenärztliche Besuche. Bei 36 Prozent wurde kein Besuch eines Hals-Nasen-Ohren-Arztes vermerkt, und 10 Prozent der Heime waren zahnarztfrei. Zahlen, die man vielleicht in einem Pflegeheim im afrikanischen Simbabwe erwartet hätte. Wir sind aber in Deutschland, einem – vermeintlich – zivilisierten mitteleuropäischen Wohlfahrtsstaat, der seinen Namen, wie hier offensichtlich belegt, nicht verdient. Hier sei noch einmal der Knut-Vergleich herangezogen: Man stelle sich vor, dass der Eisbär im Berliner Zoo Probleme mit dem Hören oder Sehen, mit Herz, Kreislauf und Atmung, mit den Zähnen, der Verdauung und der Mobilität hätte, und kein Tierarzt wäre vor Ort. Die Boulevardpresse würde diesen Missstand anprangern, wochenlang, so lange, bis der Bär eine First-Class-Versorgung bekäme. Politiker würden dem kranken Bären beistehen und wären stolz auf jedes Foto, das sie zusammen mit dem Knuddeltier zeigen würde, weil das gut für die Publicity wäre. Deshalb würden Politiker für eine bessere medizinische Versorgung bei Tieren eintreten. Bei alten Menschen regt sich fast niemand darüber auf. Politikerfotos im Kreise von Pflegebedürftigen wirken nicht sexy genug. Daher ist die derzeitige medizinische Versorgung in vielen Einrichtungen überspitzt formuliert eine Katastrophe, während Tiere vielfach besser wegkommen. »Sozialverträgliches Frühableben« durch mangelhafte medizinische Versorgung. Gehört das zum Standard in vielen Pflegeheimen, nur weil alte Menschen nicht die nötige ärztliche Betreuung bekommen? Fakt ist, so unsere Recherchen: In gut geführten Einrichtungen leben die Bewohner teilweise noch über sechs Jahre, in anderen Häusern nur wenige Monate. Dieser Vergleich öffnet uns die Augen. In der Zeitschrift *Dr. Mabuse* sagte Ursula Lehr im Oktober 2006 zu der Studie: »Die Mängel bei den medizinischen Standards in Heimen müssen uns wachrütteln.« In der Praxis aber ist das Gegenteil der Fall: Sinnvolle Projekte werden blockiert und boykottiert.

Der Alltag einer Allgemeinmedizinerin: Interview mit der Hausärztin Dr. Jutta Holland-Cunz

Frage: Wie lange haben Sie in Alten- und Pflegeheimen gearbeitet?

Holland-Cunz: Ich arbeite seit über 20 Jahren im niedergelassenen Bereich und betreue seit der Eröffnung eines Pflegeheimes hier in der Nähe Patienten dort, und das sind ungefähr 11 Jahre.

Frage: Was charakterisiert Ihre Arbeit in Pflegeeinrichtungen?

Holland-Cunz: Die Arbeit ist problematisch, weil das Personal dort sehr uneins ist. Ich habe den Eindruck, dass dort viel gemobbt wird. Die Heimleitung versucht die Angestellten unter Druck zu setzen, indem man die einzelnen PflegerInnen gegeneinander ausspielt. Das heißt: Derjenige, der für eine Station verantwortlich ist, bekommt auch die ganze Verantwortung. Ihm werden auch Fehler angelastet, die von den übrigen Pflegepersonen verursacht werden. Deshalb versucht derjenige natürlich, sich möglichst den Rücken freizuhalten, und gibt den Druck, den er von oben bekommt, weiter. Und dafür sind natürlich auch Hausärzte bestens geeignet. Wenn irgendwo ein Problem auftritt – ob es die Verdauung ist oder das Essen oder die Ausscheidung, Druckstellen vom Lagern –, dann wird das auf die Ärzte abgewälzt. Man versucht, sich den Rücken freizuhalten und die Probleme zu verlagern.

Frage: Warum haben Hausärzte wenig Interesse, in Alten- und Pflegeheime zu gehen?

Holland-Cunz: Weil es sehr arbeitsaufwendig ist. Das Pflegepersonal ist nicht bereit, von sich aus eigenständig etwas umzusetzen. Das heißt, sie verlangen für alles eine detaillierte Anweisung, die möglichst auch schriftlich gegeben werden muss. Und das ist unglaublich zeitintensiv. Und ich muss wirklich sagen: Das ist eine unzumutbare Belastung in Anbetracht dessen, dass wir sehr schlecht und pauschaliert bezahlt werden. Wir bekommen in jedem Fall, auch für diese alten Leute, nur eine Fallpauschale pro Quartal. Und das ist egal, ob ich so eine Person einmal besuche oder 10 oder 20 Mal und mit den damit verbundenen Verwaltungsaufgaben belastet werde. Die sind halt in Alten- und Pflegeheimen sehr, sehr, sehr aufwendig.

Frage: Welchen Einfluss spielen die Honorare, die Ärzte bekommen? Warum kommen Fachärzte nur selten in Pflegeeinrichtungen?

Holland-Cunz: Fachärzte sind in Bezug auf ihre Hausbesuche sehr reglementiert. Hausärzte haben ein wesentlich größeres Kontingent an Hausbesuchen, wohingegen Fachärzte da nur eine sehr geringe Anzahl zur Verfügung haben. Das führt natürlich dazu, dass Fachärzte mitnichten Interesse daran haben, einen Hausbesuch durchzuführen. Und insbesondere in solchen Einrichtungen, die sehr zeitaufwendig sind.

Frage: Als Hausärztin müssen Sie Ihre Patienten nicht immer sofort ins Krankenhaus einweisen, weil Sie die gesamte Krankengeschichte kennen. Sie sparen also den Kassen Geld, zum Beispiel indem Sie unnötige Krankenhaustransporte verhindern …

Holland-Cunz: Ja. Aber das interessiert doch keine Kasse! Die Kasse interessiert nicht, was ich ihnen im stationären Bereich erspare. Das spielt überhaupt keine Rolle. Ich persönlich darf nichts kosten. Ich darf nur das ausgeben, was mir zur Verfügung steht. Ich bekomme eine Betreuungspauschale beziehungsweise eine Patientenpauschale – mehr nicht! Egal, was ich da mache. Ob ich umfangreich betreue oder wenig betreue. Umfangreiche Betreuung ist für mich persönlich vollkommen unrentabel. Ich werde ja nicht nach meiner Leistung bezahlt, sondern ich werde am Fall bezahlt. Wegen dieser Fallpauschalen muss ich eine bestimmte Fallzahl absolvieren, damit ich überleben kann.

Frage: Haben Sie da manchmal ein schlechtes Gewissen?

Holland-Cunz: Ein schlechtes Gewissen habe ich schon, ja, das stimmt. Weil ich finde, die Leute leiden halt sehr darunter, dass sie Opfer dieser Verwaltungsgeschichten werden. Das heißt, die ganze Zuwendung, die man ihnen entgegenbringen will, wird einem zeitlich praktisch gekappt, indem man in ein Schwesternzimmer abgeführt wird, um dort Hunderttausende von Formularen auszufüllen. Und das finde ich schon schade.

Frage: In den Pflegeheimen leben gerade die alten Menschen, die multimorbid sind. Sie haben viele verschiedene Krankheiten. Es ist der Personenkreis, der ärztliche Hilfe am dringendsten benötigt, aber am wenigsten bekommt?

Holland-Cunz: Ja, das stimmt.

Frage: Ist das ein lebensgefährlicher Konflikt?

Holland-Cunz: Es stimmt einen schon sehr bedenklich, wenn man sich überlegt, dass die liebsten Fälle in Alten- und Pflegeheimen die Leute der Pflegestufe III sind. Weil damit am meisten kassiert wird und man diese Menschen eigentlich nur noch verwalten muss. Das heißt, man ist sehr daran interessiert, die Leute in diese Pflegestufe zu bekommen, das muss ich wirklich sagen. Und sie sind am angenehmsten, wenn sie eigentlich nicht mehr bei Verstand sind. Da müssen nur noch die Protokolle ausgefüllt werden. Das ist sehr einfach, wenig zeitaufwendig und lukrativ. Es wird auch sehr darauf gedrängt, dass diese Menschen am Leben erhalten werden. Das habe ich persönlich konkret in einem Fall erlebt. Ich habe versucht, die Angehörigen dazu zu überreden, eine parenterale Sonde abzulehnen. Das ist eine Magensonde, die von außen in den Magen gelegt wird, um Essen zuzuführen mittels einer mechanischen Vorrichtung. Da braucht man nur noch Nahrung anzuhängen, die über 24 Stunden getriggert eingeflößt wird. Es ist sehr einfach zu handhaben und hält halt den Menschen am Leben. Und ich muss wirklich sagen, damals wurde vom Pflegepersonal so lange auf die Angehörigen eingeredet, bis die gesagt haben, sie wollen es dann doch. Obwohl der Mensch selber geistig überhaupt nichts mehr davon mitbekommen hat. Er hat dann auch, dank dieser Zufuhr noch zwei Jahre lang gelebt und ist dann gestorben. Welchen Sinn das gemacht hat, ist mir bis heute noch nicht klar.

Frage: Was vermuten Sie?

Holland-Cunz: Das war im Sinne der Einrichtung, denn diese Leute bringen ja sehr viel Geld. Die machen sehr wenig Arbeit, und der Profit ist halt sehr groß, weil damit solche Pflegeeinrichtungen auch leben. Sie werden in jedem Heim viele dieser Fälle finden, weil ja dank dieser Sonden heute sehr viele Leute am Leben erhalten werden können. Obwohl mit Sicherheit niemand mit so einer Sonde ernährt werden will.

Frage: Was können Hausärzte gegen solche Fehlentwicklungen im System tun?

Holland-Cunz: Fast nichts. Sehr viele Ärzte fürchten, dass sie Patienten verlieren. In dem Ort des Alters- und Pflegeheimes existieren sechs niedergelassene Allgemeinmediziner, die alle Patienten in diesem Pflegeheim betreuen. Und das ist natürlich ein schönes Zubrot, wenn ich diese Menschen direkt vor der Haustüre habe. Ich lege diese Leute alle auf einen Termin und absolviere die Arbeit innerhalb einer Stunde. Wenn ich sehe, dass für alte Menschen die höchsten Fallpauschalen bezahlt werden, habe ich natürlich da ein gutes Zubrot.

Frage: Aber das ist ja ein Widerspruch. Auf der einen Seite wollen die Ärzte ungern in Pflegeheime gehen wegen der schlechten Honorierung, auf der anderen Seite ist es ein gutes Zubrot?

Holland-Cunz: Gut, das liegt daran, dass ich in meinem Fall einen sehr langen Anfahrtsweg habe und ich nicht eine Masse Patienten dort betreue, sondern lediglich zwei oder drei. Dann ist es selbstverständlich viel zu aufwendig. Weil ich ja dann für jedes Problem extra hinfahren muss.

Frage: Wie lang ist der Anfahrtsweg?

Holland-Cunz: Bei mir sind es elf Kilometer. Das ist vom Zeitaufwand zu weit, und außerdem wird ab einer bestimmten Kilometerzahl kein Wegegeld mehr bezahlt. Das ist auch pauschaliert, denn ich darf Hausbesuche nur in einem Umkreis von fünf Kilometern machen, die mir dann mit einer entsprechenden Wegepauschale honoriert werden. Alles, was darüber hinausgeht, ist mein Privatvergnügen. Und deswegen lohnt es sich nur bei Masse und Nähe.

Frage: Würde es da nicht Sinn machen, Ärzte direkt im Pflegeheim anzustellen?

Holland-Cunz: Ärzte im Heim bedrohen die niedergelassenen Ärzte der entsprechenden Gemeinden.

Frage: Und deshalb, denken Sie, sind die Ärzte gegen solch ein Projekt?

Holland-Cunz: Die werden auch immer dagegen schießen, weil ihnen dadurch ja alte Leute, die ein relativ hohes Budget haben, verloren gehen.

Frage: Ist das nicht auch eine ethische Frage?

Holland-Cunz: Wo ist denn die Ethik in unserer Gesellschaft? Ich glaube, da wird dieser Berufsstand überschätzt. Letztendlich sind wir wirtschaftlich arbeitende Kleinunternehmen, die gucken müssen, dass sie überleben. Und ich glaube, wenn es ums Überleben geht, bleibt letztlich jede Ethik auf der Strecke.

Frage: Also überspitzt gesagt, ist es den Ärzten ziemlich egal, in der Breite gesehen, ob alte Menschen etwas früher versterben oder nicht?

Holland-Cunz: Es ist mittlerweile vollkommen egal geworden, was aus dem Einzelfall wird. Es ist einfach egal. Geld regiert die Welt. Und alte Leute sind nun leider Gottes die, die am wenigsten haben. Die bleiben dann auf der Strecke. Ob das in Altenpflegeheimen oder in Kliniken ist oder im ambulanten Bereich, spielt dabei gar keine Rolle mehr. Ich bin froh, dass ich in ein paar Jahren aufhören kann zu arbeiten. Es hat mich sehr demoralisiert. Ich arbeite seit 25 Jahren, und ich muss wirklich sagen, es ist schlimm, was aus diesem Berufsstand geworden ist. Es ist einfach nur traurig und bedrückend.

Frage: Ärzte könnten alten Menschen auf einfache Art und Weise helfen, aber man tut es nicht?

Holland-Cunz: Das Problem ist dabei, dass einfach die Zuwendung auf der Strecke geblieben ist. Die persönliche Zuwendung und die Zeit. Die wird weder honoriert, noch ist die in dieser Gesellschaft als irgendetwas Erstrebenswertes anerkannt. Man muss einfach sagen, dass die nächstfolgende Ärztegeneration, die jetzt ausgebildet wird, auch verlernt oder nicht mehr beigebracht bekommt, dass eigentlich das persönliche Miteinander beziehungsweise die Zuwendung des Mediziners an einen kranken Menschen wesentlich wichtiger ist als die rein medizinische Behandlung.

Frage: Werden junge Menschen – aus Ihrer Sicht – ärztlich besser versorgt werden als alte?

Holland-Cunz: Die werden mit Sicherheit ärztlich nicht besser versorgt, sondern haben weniger Ansprüche als alte Menschen. Pflegebedürftige wollen nicht nur medizinisch behandelt werden, sondern sie wollen auch, dass man sich mit ihnen persönlich beschäftigt. Und das ist heute nicht mehr gefragt oder nicht mehr gewollt. Gewollt ist eine technisch optimale medizinische Versorgung, allerdings kein persönliches Engagement.

Frage: Und was bedeutet das jetzt für alte Menschen in Pflegeheimen?

Holland-Cunz: Es werden sich immer Ärzte finden, die das Ganze aus rein wirtschaftlichen Gesichtspunkten rational kostengünstig und kosteneffektiv abhandeln. Das heißt, es gibt Kollegen von mir, die in einem absoluten Hauruckstil diese Behandlungen absolvieren. Ich selbst habe Hausärzte erlebt, die gehen gar nicht mehr in die Zimmer rein, sondern sitzen nur noch in Schwesternzimmern. Dort blättern sie nur noch in den Akten der alten Menschen und handeln Fälle ab. Und so ist man in zehn Minuten mit zehn Leuten fertig. Etwas engagiertere Kollegen rasen im Hauruckstil mit einer Pflegekraft durch die Zimmer. Wo die Leute zu nichts mehr in der Lage sind, als Guten Tag und Auf Wiedersehen zu sagen. Also im Prinzip der Stil einer stationären Behandlung in einem Krankenhaus.

Frage: Kann man da noch von einer angemessenen ärztlichen Versorgung sprechen?

Holland-Cunz: Meiner Meinung nach kann man das in Deutschland überhaupt nicht mehr. Es gibt keine angemessene medizinische Versorgung mehr.

Ein jahrelanger Kampf um den Heimarzt

Auf dem Münchener Pflegestammtisch treffen wir Jürgen Salzhuber, Geschäftsführer der Arbeiterwohlfahrt in Munchen und zuständig für neun Einrichtungen. Der engagierte Pflegemanager hat jahrelang für einen Arzt im Heim gekämpft. Inzwischen wurde ihm der Mediziner von der AOK Bayern und der Kassenärztlichen Vereinigung bewilligt, aber lediglich für eine Einrichtung.

Im Heim in der Gravelottestraße ist der »Arzt im Heim« beschäftigt. »160 Bewohner pro Jahr kommen in den Genuss dieser einzigartigen medizinischen Betreuung«, so Salzhuber. Er ist von dem Projekt überzeugt, spricht von einem »richtigen Schritt«. Der Arzt im Heim bringe einerseits eine erhebliche Verbesserung bei der Versorgungsqualität der Bewohner und andererseits für die Kassen eine kräftige wirtschaftliche Entlastung. Diese liege bei etwa 200 000 Euro pro Jahr, so Salzhuber. Dagegen betrügen die Kosten für die Arztstelle 70 000 Euro jährlich. Nach Adam Riese können allein in diesem Pflegeheim 130 000 Euro jährlich gespart werden – Geld, das bislang verschwendet wird. Wir sehen es als eine erste Bestätigung der Richtigkeit aller vorliegenden wissenschaftlichen Studien.

7,9 Krankheitsdiagnosen haben alte Menschen im Heim. Das hat eine Untersuchung der AWO München ergeben. Die Heimbewohner seien älter und auch kränker als in früheren Jahren. »Multimorbid« nennt man das im Fachjargon. Inkontinenz, Diabetes, Schlaganfall, Bluthochdruck, Orientierungsstörungen und Altersverwirrtheit sind die häufigsten Diagnosen. Lange Jahre hatte Salzhuber sich bemüht, einen Arzt im Heim zu etablieren. Doch der Gegenwind aller Interessengruppen war enorm, die Finanzierung schwierig. Salzhuber war auf sich gestellt. Zunächst wollte niemand für die Kosten des Arztes aufkommen, obwohl die Dissertation von Renate Beckmann schon 1992 große Einsparpotenziale, vor allem für die Kassen, aufzeigte. Erst als das Spendenhilfswerk der *Süddeutschen Zeitung*, »Adventskalender für gute Werke«, den Heimarzt für die ersten Jahre zahlte, konnte das Projekt realisiert werden.

Salzhubers Kampf begann 2003. In einer internen Sitzung des Gesundheitsbeirats der Stadt München stellte er seinen Plan, einen Arzt in der Einrichtung fest zu installieren, einem Gremium, bestehend aus Politikern, Kassenvertretern und Ärzten, vor. Vor der hochkarätigen Runde erläuterte er die Münchener Situation in der Pflege alter Menschen, die sich »hart an der Kriminalitätsgrenze« bewege. »Da war viel Widerstand gegen das Arztmodell«, erinnerte sich Salzhuber. Deshalb habe er in verschiedenen Ausschüssen massiv gefordert, den Bewohnern ein Anrecht auf eine bessere Krankenversorgung zu gewähren. Im Heim würden die kranken Menschen nämlich zur Hälfte von Hilfskräften gepflegt. Da sei es ganz normal, dass das Personal überfordert sei und immer wieder nach dem Arzt rufe. Hier reiche es nicht mehr aus, wenn der Hausarzt in seiner Praxis sitze und ab und zu mal vorbeikomme. Sei der Hausarzt im Notfall nicht erreichbar, müsse nämlich der Bereitschaftsdienst gerufen werden. Und der weise dann die Patienten meist sofort ins Krankenhaus ein. »Wenn Sie das in der Praxis sehen, dann ist das für die Bewohner extrem belastend«, erklärt Salzhuber. Er geht sogar noch einen Schritt weiter. Ohne Mediziner im Heim werde »den Bewohnern die nötige ärztliche Versorgung entzogen«. Schon rechtlich sei das nicht zulässig. Auf die Frage, warum das Modell »Arzt im Heim« nicht auf alle Einrichtungen ausgeweitet werde, antwortet Salzhuber: »Die Ärzte befürchten finanzielle Einschnitte.« Wenn niedergelassene Doktoren Patienten an einen Heimarzt abgeben müssten, würden sie zunächst Kunden verlieren und damit eine wichtige Einkommensquelle. Salzhuber: »Und wenn Sie in München von gut 6000 stationären Betten ausgehen, fallen natürlich einige tausend versorgte Patienten raus.« Deshalb seien die Ärzte von dieser Idee gar nicht begeistert, auch wenn es für die alten Menschen die beste Lösung wäre.

Treffen Salzhubers Bemerkungen zu, so machen sich die Mediziner mitschuldig an einem menschenunwürdigen System, das von der Kassenärztlichen Vereinigung gestützt würde. Jürgen Salzhuber hat erlebt, wie deren Funktionäre die Problematik regelmäßig herunterspielten. »Es wird halt immer wieder anders dargestellt«, resigniert er. Die Ärztelobby mache Umfragen bei den Pflegeheimen und komme zum Ergebnis, dass die medizinische Versorgung der Heime insgesamt zufriedenstellend sei. Salzhuber kann diese Auffassung nicht teilen – aus eigener Erfahrung. Er schwärmt von seinem Arzt. Denn er sei ein sehr guter Mediziner. So mache er sich nicht nur für die betagten Patienten bezahlt. »Wir können nachweisen, dass die Bewohner bei einem fest angestellten Heimarzt am wenigsten im Krankenhaus sind«, so Salzhuber. Und sei ein Aufenthalt im Hospital unumgänglich, dann falle dieser kürzer aus als in vergleichbaren Einrichtungen ohne »Arzt im Heim«. Denn die Patienten könnten, so der Chef der AWO München, relativ schnell wieder ins Pflegeheim zurückgeschickt werden. Der Heimarzt garantiere eine kontinuierliche Überwachung und Weiterbehandlung. »Durch die Krankenhausaufenthalte kommt es zudem zu doppelten Kosten: Bei uns zahlt die Pflegekasse die Heimkosten weiter, und die Krankenkasse übernimmt die Krankenhausbehandlung.« Aufgrund kürzerer Liegezeiten im Hospital könnten die Kassen hier viel Geld sparen.

Immer wieder fordern Träger, Politik und Verbände eine Erhöhung der Beiträge zur Pflegeversicherung. Warum aber werden Einsparpotenziale nicht genutzt?

Ein weiteres Beispiel: In einer Pflegeeinrichtung der AWO München werden die Medikamente Verstorbener gesammelt und neu ausgegeben. Eine logische und denkbar einfache Maßnahme, die leicht umzusetzen wäre. »Nachdem ja ungefähr 70 Prozent der im Heim verordneten Medikamente gleich sind, bietet sich hier grundsätzlich ein relativ großes Einsparungspotenzial«, erklärt uns Jürgen Salzhuber. Was wäre, wenn das bundesweit umgesetzt würde?

Ergebnis unserer Recherchen: Arbeitet ein qualifizierter Arzt im Pflegeheim, so müssen weniger Menschen ins Krankenhaus eingewiesen werden. Bei denjenigen, die doch dort behandelt werden müssen, werden signifikant niedrigere Aufenthaltszeiten festgestellt. Den Menschen geht es dadurch besser. Und auch die Kassen profitieren von diesem System. Einsparpotenziale wären en masse vorhanden: Weniger Transporte zwischen Pflegeheim und Krankenhaus, Medikamente verstorbener Patienten können an andere Bedürftige verteilt werden. Es gibt keine Argumente gegen den Arzt im Heim. Für fünf der neun AWO-Heime fordert Salzhuber diese Lösung. Für die restlichen vier könnte er mit einer Arztpraxis leben, die im Hause untergebracht ist. In Berlin wird diese Lösung beispielhaft umgesetzt.

Das Berliner Projekt

Irmgard Landgraf ist Hausärztin. Neben ihrer normalen Sprechstunde hat sie Bereitschaftsdienst in einem Pflegeheim. Dafür wird sie von der Krankenkasse zusätzlich entlohnt. Bei Notfällen ist sie erreichbar, nicht der Rettungsdienst. Als wir sie besuchen, klingelt das Telefon in ihrer Praxis. Eine Pflegerin meldet einen Notfall im Heim. »Ich komme gleich. Legen Sie den Oberkörper ein bisschen hoch, geben Sie ihr Sauerstoff«, ordnet sie an. Zusammen mit ihrer Assistentin rennt sie in den dritten Stock des Heims, alle Patienten in ihrem Wartezimmer werden von der Sprechstundenhilfe vertröstet. Denn eine alte Frau hat Schmerzen in der Brust, Verdacht auf Herzinfarkt. Alles muss jetzt schnell gehen. Deshalb ist die Arztpraxis von Irmgard Landgraf auch im Pflegeheim eingerichtet worden. Sie kennt alle Bewohner und deren Krankengeschichten. Die Medizinerin führt jetzt die gleichen Untersuchungen durch wie ein Notarzt. Obwohl das EKG in diesem Fall nicht ganz in Ordnung ist, schickt sie die alte Dame nicht ins Krankenhaus. »Ein anderer Arzt hätte sicherlich noch weitere Kontrollen machen lassen müssen. Und das unter stationären Bedingungen«, erzählt Irmgard Landgraf. Sie ist sich sicher, dass auch der beste Notarzt ihre Patientin in ein Hospital hätte bringen lassen. Dort hätte man sie mindestens 24 Stunden überwachen müssen. Die Hausärztin aber weiß, dass die Patientin bereits mehrere Schlaganfälle erlitten hat und ihr EKG immer so aussieht. Sie kennt die gesamte Krankengeschichte. Deshalb kann Frau Landgraf die Therapie im Heim beginnen und ihrer Patientin den Transport ins Krankenhaus ersparen – ohne sie zu gefährden.

Seit 1998 arbeiten 38 Berliner Pflegeheime nach diesem Prinzip. Warum wurde dieses Modell gerade in der Bundeshauptstadt entwickelt? Krankenheime und Krankenhäuser für chronisch Kranke gab es in Berlin seit den 1970er-Jahren – ein Sondermodell. Mit Einführung der Pflegeversicherung wurden diese Einrichtungen in stationäre Pflegeeinrichtungen umgewandelt. Die Befürchtung damals: Ein Versorgungsangebot für Schwerkranke könnte wegfallen. Sorge machte man sich um die Menschen, bei denen eine rein pflegerische Betreuung nicht ausreicht, eine akut-stationäre Krankenbehandlung aber nicht erforderlich ist. Man befürchtete eine dramatische Zunahme von Krankenhauseinweisungen. Vor diesem Hintergrund einigten sich die Berliner AOK, die IKK Brandenburg und Berlin, die Kassenärztliche Vereinigung Berlin, die Krankenhausgesellschaft Berlin und der Verband der Privatkrankenanstalten Berlin-Brandenburg auf das sogenannte Berliner Projekt. Ambulante medizinische und stationäre pflegerische Versorgung sollten effektiv verzahnt werden. Gleichzeitig wollte man Gelder sparen. Diese Anforderungen waren die Basis für das 1998 gestartete Projekt. Um den Anreiz für die teilnehmenden Einrichtungen zu erhöhen, gaben die Projektbeteiligten einen Zielwert von 4213 Euro pro Jahr und Bewohner vor. Damit sollten die Ausgaben für die ärztliche Behandlung (medizinische Grundversorgung), die therapeutische Betreuung, die Arzneimittelversorgung, die Versorgung mit ausgewählten Hilfsmitteln, die Krankenhausbehandlung und die Fahrtkosten abgedeckt werden. Weiter wurde ein Anreizsystem in das Modell eingebaut. Unterschreiten Einrichtungen den Zielwert, so können sie an der Ersparnis partizipieren. Bei Überschreitung erfolgen sogenannte Audits, in denen die Ursachen analysiert und Möglichkeiten zum Abbau der Mehrkosten gesucht werden. War zunächst der Zielwert für alle Einrichtungen gleich hoch angesetzt, so kam es in der Folge zu differenzierteren Betrachtungen. Es wurde gefragt, wie krank die Patienten wirklich sind und wie hoch deren Versorgungsintensität ist. Die medizinische und pflegerische Betreuung stationärer Pflegeeinrichtungen realisiert der eine Teil der Häuser durch angestellte Ärzte, die mit einer Ermächtigung an der ambulanten Versorgung teilnehmen, während der andere Teil mit niedergelassenen Ärzten kooperiert. In beiden Fällen gelten hohe Qualitätsanforderungen. So ist unter anderem die Erreichbarkeit rund um die Uhr zu gewährleisten, auch an Wochenenden und Feiertagen.

Für Hausärztin Irmgard Landgraf ist das Berliner Projekt wegweisend und der Erfolg für alte Menschen messbar: »Es muss niemand ins Krankenhaus wegen einer hoch fieberhaften Infektion. Es muss niemand ins Krankenhaus, weil er eine Lungenentzündung hat oder weil die Beine geschwollen sind. Es muss niemand ins Krankenhaus, der epileptische Anfälle bekommt.« Aber nicht nur die Patienten profitieren von diesem Projekt, auch die Beitragszahler. Bei einer konsequenten Umsetzung des Berliner Projekts gibt es nur Gewinner. Insgesamt konnten 2002 4,6 Millionen Euro gespart werden, 2003 waren es 3,9 Millionen, 2004 3,4 Millionen und 2005 2,8 Millionen Euro. Im Wesentlichen wird bei Krankenhausausgaben und den Fahrtkosten gespart. Die Anzahl der Krankenhauseinweisungen in den teilnehmenden Einrichtungen ist um mehr als die Hälfte geringer als in den Berliner Einrichtungen, die nicht an dem Projekt teilnehmen.

Infolgedessen machen auch die Krankenhauskosten im Projekt pro Tag und Bewohner rund 57 Prozent weniger aus. Ähnlich verhält es sich mit den Fahrtkosten in den teilnehmenden Einrichtungen, die ebenfalls um mehr als 50 Prozent pro Tag und Bewohner niedriger sind als diejenigen der nicht an dem Projekt beteiligten Einrichtungen. Bislang machen in Berlin nur 38 Einrichtungen an dem Projekt mit. Nicht auszudenken, welche Gelder plötzlich im Pflegesystem vorhanden wären, wenn sämtliche 278 Berliner Pflegeheime oder sogar alle Heime bundesweit nach dieser Systematik arbeiten würden. Der ehemalige Vorstandsvorsitzende der AOK Berlin, Rolf Dieter Müller, hat seine Hochrechnungen auf ganz Deutschland übertragen. Seine Schätzung verriet er im Herbst 2005 dem ARD-Politmagazin »Report Mainz«. Bundesweit könnten die Kassen rund 300 Millionen Euro jährlich sparen. »Ich bin davon überzeugt, dass man das übertragen kann. Dass vor allen Dingen an dieser Stelle die Schnittstellen zwischen der Pflegeversicherung und der Krankenversicherung reduziert werden können. Und vor allen Dingen, dass man die knapper werdenden Gelder sinnvoller einsetzen kann, als sie in der Vergangenheit eingesetzt worden sind«, so Müller. Nochmals: 300 Millionen Euro jährlich könnten gespart werden, bei gleichzeitiger massiver Verbesserung der Lebensqualität alter Menschen. Das ist eine Drei mit acht Nullen. Mit dem Geld könnte so viel Personal eingestellt werden, dass der akute Mangel an Beschäftigten in Pflegeheimen vermutlich in den Griff zu bekommen wäre. Den alten Menschen würde eine bessere Pflege zuteil werden, und die Mitarbeiter wären motivierter, weil es die permanente Überlastung nicht mehr gäbe. Es entstünde eine Win-win-Situation.

300 Millionen Euro Sparpotenzial – das reizt auch die Politik. Als erstes Flächenland wollte Bayern im Spätherbst 2005 das Berliner Projekt aufgreifen. Die Sozialministerin im Freistaat, Christa Stewens, äußerte sich damals gegenüber »Report Mainz«: »Vom Grundsatz her kann man sagen, dass sich das Berliner Modell sehr erfolgreich etabliert hat und dass es durchaus so weit ist, dass man es flächendeckend in Bayern auch einführen kann.«

Ein lobenswerter Ansatz, fanden wir. Aber was ist daraus geworden?

Warum die Kassenärztliche Vereinigung Bayern Hausarztprojekte hinauszögert

Es begann mit einem Wortungetüm: »Geriatrischer Praxisverbund« hieß das Projekt. Konzipiert worden war es von der Kassenärztlichen Vereinigung Bayerns für ein Heim des städtischen Trägers »Münchenstift« in der Tauernstraße. Das Projekt sollte regelmäßige, tägliche Arztbesuche sowie schnelle Akuthilfe für die Bewohner dieser Einrichtung sichern, ein Praxisverbund von

14 niedergelassenen Ärzten sollte in regelmäßigem Wechsel die medizinische Betreuung der Patienten übernehmen. Eigentlich eine sehr gute Idee. Auch hier sollten überflüssige Krankenhauseinweisungen verhindert werden, im Sinne der Bewohner und der Finanzlage der Kassen. Das 2003 initiierte Projekt startete Erfolg versprechend. Und warum ist es bereits zwei Jahre später wieder gescheitert? Es sei zu endlosen Streitereien unter den Ärzten gekommen, erzählt uns ein Beteiligter. Vor allem sei es dabei um die Honorierung gegangen. Denn obwohl durch weniger Krankenhauseinweisungen im Topf der Krankenhausausgaben gespart werde, bedeute das noch lange nicht, dass dann für die niedergelassenen Ärzte eine gerechte Entlohnung »drin sei«. Gerade im mit Ärzten überversorgten München sei das ein Problem. Deshalb seien die Kassenärztlichen Vereinigungen Bayerns (KVB) wenig geneigt, den Kollegen im Heim die Möglichkeit zu verschaffen, ihre Leistungen für die Bewohner mit den Kassen abzurechnen. Denn alle Ärzte würden aus einem Topf bezahlt. Wenn jetzt auch noch viele Heimärzte am Tropf der KVB hingen, könnte das Einkommen der bereits zugelassenen Ärzte geschmälert werden. »Und das wollen die Kassenfunktionäre nicht«, so unser Informant.

Jürgen Treusch hat genau das erlebt. Er gehörte zu den 14 Hausärzten, die als Angehörige des »Geriatrischen Praxisverbunds« abwechselnd die medizinische Betreuung von Pflegeheimbewohnern übernehmen sollten. In Notfällen waren er und seine Kollegen zwar nicht rund um die Uhr, immerhin aber von morgens bis abends erreichbar. Das Hausarztmodell führte zu einer Verringerung der Krankenhauseinweisungen um rund 20 Prozent. Gegenüber »Report Mainz« schimpfte Treusch auf die KVB, die für die Finanzierung des Projekts zuständig war. Das Honorar sei »ungerecht verteilt worden«. Für Notfälle am Abend oder in der Nacht bekämen die Ärzte gerade einmal 10 Euro. »Das ist nicht tragbar. Das kann man von uns nicht verlangen«, so Treusch. Die Kassenärztliche Vereinigung dagegen behauptet, »Vergütungsprobleme« seien für das Scheitern des Projekts »nicht ausschlaggebend gewesen«. Es habe »widerstreitende Interessen« und »hinderliche rechtliche Regelungen« gegeben, schreibt der Chef der KVB, Dr. Axel Munte, an einen Landtagsabgeordneten, der sich Sorgen um die ärztliche Versorgung alter Menschen in Pflegeheimen machte. »Ich habe das Thema erst kürzlich zur Chefsache gemacht und werde mich selbst um die Umsetzung unserer Konzepte kümmern«, so Munte 2005.

Offensichtlich traute Bayerns Sozialministerin weder Munte noch dessen Versprechen. Nur wenige Tage nach diesem Schreiben schaltete sich Christa Stewens in die Debatte ein und setzte die KVB unter »ministerialen Druck«. In einem für eine Politikerin ungewöhnlich scharfen Brief an KVB-Chef Axel Munte wies Christa Stewens am 16. September 2005 eindringlich auf den Sicherstellungsauftrag der Kassenärztlichen Vereinigung zur ärztlichen Behandlung der Heimbewohnerinnen und Heimbewohner hin. Sie bezweifelte damals, dass Menschen eine ihnen zustehende ärztliche Versorgung erhalten. Auszug aus dem Brief der Ministerin:

Umso mehr beunruhigt mich der aktuelle Stillstand bei der Durchführung des »Geriatrischen Praxisverbundes« – eines Projektes, das die KVB im Rahmen ihres Sicherstellungsauftrages für die ärztliche Versorgung in Altenpflegeheimen konzipiert und nach eingehender inhaltlicher Vorbereitung seit Januar 2003 in dem von der Münchenstift GmbH getragenen ›Haus an der Tauernstraße‹ durchgeführt hat... Seit Beginn der letzten Legislaturperiode bitte ich Sie, sich in dieser Angelegenheit selbst einzubringen und eine Qualitätsoffensive in diesem wichtigen Bereich der ärztlichen Versorgung hilfebedürftiger Mitbürger zu starten. Es wurde mir zwar berichtet, dass mit dem »Geriatrischen Praxisverbund« einige Erfolge, wie beispielsweise die Verringerung vermeidbarer Krankenhauseinweisungen... eingetreten sind, die KVB aber große Probleme bei der weiteren Durchsetzung des Lösungsansatzes »Geriatrischer Praxisverbund« infolge des komplexen Zusammenspiels unterschiedlicher Organisationsformen sieht. Ich weise nochmals eindringlich auf den Sicherstellungsauftrag der KVB zur ärztlichen Behandlung der Heimbewohnerinnen und Heimbewohner hin...

Sehr geehrter Herr Dr. Munte, ich erwarte in dieser Angelegenheit noch in diesem Jahr ernst zu nehmende Anstrengungen der KVB. Dabei können sicher die beim Modellversuch »Geriatrischer Praxisverbund« gemachten Erfahrungen für die Etablierung eines neuen Konzepts zur Optimierung der ärztlichen Versorgung in Altenpflegeheimen genutzt werden. Eine weitere Verzögerung bei der Realisierung einer bayerischen Lösung lässt sich bei der Brisanz dieses Themas nicht mehr ver-

treten. Meine dringende Bitte um ein weiteres Engagement der KVB ist in gleicher Weise verbunden mit der Erwartung, dass sich alle Kassen in Bayern an dem künftigen Projekt beteiligen und sich nicht unter dem Vorwand einer nicht angemessenen Pauschale oder einer unzureichenden Teilnahme ihrer jeweiligen Mitglieder der Mitverantwortung entziehen. Ich glaube auch, dass die Öffentlichkeit keinerlei Verständnis für ein ›Verantwortungs-Pingpong‹ hat, unabhängig davon, wer hier den ersten Aufschlag macht. Das Problem muss gelöst werden. Weiter habe ich keinerlei Verständnis für öffentliche Auseinandersetzungen über eine angeblich unzureichende Vergütung der Heimbesuche. Nach der Änderung der Vergütung… ist die Vergütung für Heimbesuche jedenfalls so ausreichend, dass man sich nicht mehr darüber in der Öffentlichkeit streiten muss, ganz zu schweigen vom Aufruf zu einer überhöhten Abrechnung und zum zivilen Ungehorsam zulasten der alten Menschen.

Dies war eine für eine Politikerin selten klare Kriegserklärung an die Ärztefunktionäre. Gegenüber der ARD legte Stewens nochmals nach: »Nach meiner Überzeugung ist die Kassenärztliche Vereinigung Bayerns hier ihrem Sicherstellungsauftrag nicht nachgekommen.« Ein harter Vorwurf. Trifft er zu, so wären die Mediziner mitverantwortlich für das Leid und das Sterben pflegebedürftiger Menschen. Wie reagierte die Ärztelobby darauf? Der Vorstand der Kassenärztlichen Vereinigung, Munte, gab sich 2005 gegenüber »Report Mainz« zerknirscht und gestand ein, dass die Ministerin ein solches Projekt schon seit vier bis fünf Jahren bei ihm angefordert habe. Frau Stewens habe zu Recht bemängelt, dass die KVB »da nicht weit genug gekommen« sei.

Das bedeutet, anders ausgedrückt, dass die Ärztefunktionäre das Arztprojekt bereits vier bis fünf Jahre verzögern konnten. Wurde der dringende Wunsch der Ministerin nach diesem Brandbrief umgesetzt? Nein. Anstatt sofort auf ihre Angriffe zu reagieren, griffen die Funktionäre nochmals zu einem Trick, der ihnen wieder eine längere Verschnaufpause einbrachte. Obwohl sie zuvor all die Jahre Gelegenheit dazu gehabt hatten, starteten die KVB-Experten zunächst einmal eine Umfrage in bayerischen Pflegeeinrichtungen. Man wollte erst einmal klären, wie groß der Bedarf an Hausarztmodellen in Heimen war – eine Masche, die häufig dann eingesetzt wird, wenn man an der bisherigen Praxis eigentlich nichts verändern möchte.

Und das Wunder geschah. »Die Antworten sind erfreulicherweise nicht so gravierend wie diese Fälle, die oft in der Presse stehen«, sagte Munte gegenüber »Report Mainz«, obwohl damals noch gar nicht alle Antworten sämtlicher 1200 bayerischen Pflegeeinrichtungen eingegangen waren. Ein Großteil der Heime sei medizinisch optimal versorgt. Die Botschaft also war: Fast alles geprüft, fast alles in Ordnung.

Für viele Bewohner im Münchenstift-Heim in der Tauernstraße war jetzt aber gar nichts mehr in Ordnung. Sie waren beunruhigt und sauer über das Scheitern des »Geriatrischen Praxisverbundes«. Patienten, wie Irmgard N., fürchteten sich jetzt wieder vor überflüssigen Einweisungen ins Krankenhaus und vor tagelangen strapaziösen Untersuchungen, wie sie sie vor Beginn des Projekts schon über sich hatten ergehen lassen müssen. »Aber ja, ich habe Angst«, bestätigte uns Irmgard N. Sie steht stellvertretend für viele Patientinnen und Patienten, die in Pflegeheimen leben und sich nicht mehr wehren können.

Gerd Peter ist Geschäftsführer des Münchenstifts. Er machte damals öffentlich die Ärztevertreter für das Scheitern des Projekts mitverantwortlich. Die ärztliche Versorgung im Heim sei unzureichend. Man habe einen Rückschritt gemacht. »Und ich möchte, dass der bald beseitigt wird«, so Peter.

Und plötzlich geriet auch Axel Munte unter Druck. Im November 2005 kündigte der KVB-Chef im *Bayerischen Ärzteblatt* an, dass man »nun kein neues Modellprojekt starten« wolle. »Nein, wir werden alle uns vom Gesetzgeber zugestandenen Möglichkeiten voll ausschöpfen, um ein bayernweites Rahmenkonzept zu entwickeln.« Ein vollmundiges Versprechen.

Zwei Jahre später fragen wir erneut bei der KVB nach, was denn daraus geworden sei. Per E-Mail erhalten wir mehrere Pressemitteilungen, die auf die Aktivitäten der KVB Bezug nehmen. Wir erfahren, dass sowohl die AOK als auch die KVB in der Zwischenzeit eigene Arztmodelle entwickelt hätten. Diese sollen jetzt »synchronisiert« werden. Davon, dass die Projekte flächendeckend angeboten werden, lesen wir nichts. So war beispielsweise im März 2007 ein »abgestimmtes Vorgehen bei ärztlicher Versorgung in Münchener Pflegeheimen« zwischen der AOK Bayern, Direktion München, und der Kassenärztlichen Vereinigung vereinbart worden: »In den Praxisverbünden der KVB betreuen Haus- und Fachärzte im Schnitt vier Pflegeeinrichtungen. Die Pflegenetze der AOK werden in Zusammenarbeit mit dem Bayerischen Hausärzteverband aufgebaut und bestehen im Schnitt aus etwa zehn Pflegeeinrichtungen, rund 25 Hausärzten und ein bis drei Krankenhäusern. In beiden Konzepten übernehmen die Hausärzte die Koordination der erforderlichen Leistungen und sind als feste Ansprechpartner für ihre Patienten im Pflegeheim nahezu rund um die Uhr verfügbar. Die freie Arztwahl der Versicherten bleibt dabei erhalten.« Das liest sich doch eigentlich zunächst einmal ganz gut. Doch von einer flächendeckenden bayernweiten Versorgung sind die Funktionäre noch weit entfernt. Wäre die Lösung mit dem »Arzt im Heim« nicht schneller und einfacher umzusetzen?

Im April 2007 berichtete die *Süddeutsche Zeitung* erneut über AWO-Geschäftsführer Jürgen Salzhuber. Er soll in einer gemeinsamen Sitzung des Sozial- und Gesundheitsausschusses von einem »Skandal« gesprochen haben, »dass sich Krankenkassen und die Kassenärztliche Vereinigung Bayerns (KVB) weigerten, die medizinische Versorgung der immer älteren und kränkeren Bewohner effizient zu verbessern. In München sei das Arztmodell nach Berliner Vorbild für… weitere Heime notwendig«. Weiter heißt es im selben Artikel: »Doch obwohl sich die Stadt mit Sozialreferent Friedrich Graffe an der Spitze immer wieder darum bemüht und dabei den gesamten Stadtrat hinter sich hat, ist der Widerstand außerordentlich zäh. Die KVB hält eine Ausdehnung des Modells für ›nicht zulässig‹ und verweist auf eigene Verbesserungsbemühungen, die bislang allerdings nur schwer vorankamen und den Erfolgsnachweis schuldig blieben. Auch die AOK Bayern versucht sich mit einem eigenen ›Pflegenetz‹ und hält den fest angestellten Arzt für ›kein zukunftsfähiges und realistisches‹ Modell… Bei der KVB beiße sogar Sozialministerin Christa Stewens auf Granit, die hinter dem Arztmodell stehe, sagte Sozialreferent Graffe. Er will aber trotz des Widerstands nicht lockerlassen.« Nochmals: Die Debatte ist deshalb so absurd, weil der Arzt in Salzhubers Pflegeheim den Bewohnern belastende Klinikeinweisungen erspart, gleichzeitig aber die medizinische Versorgung durch regelmäßige Visiten und Kenntnis der Krankengeschichte verbessert. Und den Kassen spart er in der Summe Kosten von rund 130 000 Euro pro Jahr – nur für dieses eine Heim.

Noch am selben Tag reagierte die KVB auf diesen Artikel und wies in einer Pressemitteilung Salzhubers Vorwürfe entrüstet zurück, diesmal zusammen mit dem BKK-Landesverband Bayern, der die KVB bei diesem Projekt unterstützt. Laut Bekunden der Kassenärztlichen Vereinigung und der Krankenkasse würden Praxisverbünde »ärztliche Versorgung in Pflegeheimen auf hohem Niveau« garantieren. Die Zusammenarbeit von verschiedenen Haus- und Fachärzten sei der »Königsweg in der medizinischen Versorgung von alten und kranken Menschen in Pflegeheimen«, heißt es dort. Auf diesem Wege könne eine flächendeckende Versorgung von Pflegebedürftigen zu den Tages- und Abendstunden gewährleistet und die Versorgungsqualität vor Ort verbessert werden. Da die beteiligten Ärzte in freier Praxis tätig seien, befänden sie sich in keinem Abhängigkeitsverhältnis gegenüber dem Heimträger. »Daher können sie auch bei der Aufdeckung etwaiger Missstände im Heim mitwirken. Dies kann ein angestellter Arzt im Heim allein nicht erreichen. Auch für die Bewohner des AWO-Heimes in der Gravelottestraße stehen die betreuenden und niedergelassenen Haus- und Fachärzte seit Jahren ständig zur Verfügung – auch außerhalb der Sprechzeiten eines angestellten Arztes«, heißt es in der gemeinsamen Pressemitteilung.

Eine Debatte wie diese wäre eigentlich schon längst überflüssig. Denn das, was in diesen Pressemitteilungen quasi als neu verkauft wird, ist, wie bereits ausgeführt, seit vielen Jahren aus wissenschaftlichen Studien bekannt. Egal, ob »Arzt im Heim« oder »Praxisverbund« – alte Menschen brauchen dringend Hilfe von Haus- und Fachärzten. Was die Kassenärztliche Vereinigung hier bislang zuwege gebracht hat, ist beschämend. Marketing und Öffentlichkeitsarbeit laufen hervorragend, die Umsetzung der Projekte eher schleppend. So werden im letzten Absatz derselben Pressemitteilung die Zahlen der Misserfolgsbilanz präsentiert: Seit Anfang 2006 wurden ganze »22 Praxisverbünde« durch die Initiative der KVB gegründet – in München, Oberbayern, Oberfranken, Mittelfranken, der Oberpfalz und in Schwaben. 158 Haus- und Fachärzte betreuen insgesamt 68 Pflegeeinrichtungen. Das sind gerade einmal etwas mehr als fünf Prozent der 1200 Einrichtungen in Bayern. Und auch wenn weitere »Praxisverbünde« geplant sind – steigert die KVB das Tempo nicht, könnte es noch rund 20 Jahre dauern, bis alle Pflegeheime in den Genuss des Projekts kommen. Dann aber leben viele Senioren, die schon heute dringend auf ein funktionierendes »Arztmodell« angewiesen wären, nicht mehr. Eine zynische Kalkulation.

Als wir Philipp Hausbeck, den Experten der Kassenärztlichen Vereinigung, damit konfrontieren, erleben wir eine Überraschung. Für ihn ist das Projekt ein Erfolg. Auf die Frage, warum bisher nur 68 von rund 1200 Pflegeeinrichtungen über einen solchen Praxisverbund verfügen, antwortet er: »Zum einen ist dies nur der Anfang, wir werden weiter ausbauen. Zum anderen können wir dieses Modell niemandem aufzwingen.« Deshalb werde es natürlich vor allem dort umgesetzt, wo für die ärztliche Versorgung konkreter Verbesserungsbedarf bestehe und die Heime das Konzept unterstützten. »Wenn es nach uns ginge, könnten wir Praxisverbünde überall gründen«, erklärt Hausbeck. Um so etwas aufzubauen, seien etliche Gespräche bei den Ärzten nötig, das Einverständnis des Heimes müsse eingeholt werden, und umfangreiche Infoveranstaltungen seien erforderlich. Hausbeck: »Ich gebe Ihnen recht, da ist noch Luft nach oben. Ganz klar.«

Pflegebedürftige haben nicht die Zeit, die sich die Funktionäre der Kassenärztlichen Vereinigung offensichtlich nehmen. Alte Menschen brauchen flächendeckend medizinische Fachkompetenz in den Heimen. Und zwar noch heute! Wir können es kaum glauben, dass in einem mitteleuropäischen Wohlfahrtsstaat nicht jede Möglichkeit genutzt wird, um angesichts knapper Kassen Geldverschwendung zu vermeiden. Und wenn dies sogar zum Wohle des Patienten geschehen kann, dann darf es eigentlich kein langes Zögern geben. Das Berliner Projekt muss endlich umgesetzt werden. Und: Pflegeheimen, die keine ausreichende medizinische Betreuung alter Menschen gewährleisten können, müsste eigentlich der Versorgungsvertrag entzogen werden.

16 Die Zukunft: Leben in tristen Alten-Ghettos?

Ist in Deutschland ein Altern in Würde möglich? Wir haben diese Frage oft gestellt, und ebenso oft mussten wir beklemmende Antworten geben. Skandalöse Zustände in Pflegeheimen, störrische Krankenkassen, üble Abzocker auf dem Pflegemarkt. Aber wie wird die Pflegesituation in der Zukunft aussehen – in 20 bis 30 Jahren?

Unsere Recherchen beginnen im Hier und Heute. Sepp Ostermeier leidet seit zehn Jahren an Altersdemenz. Der neunundsechzigjährige Münchener braucht Betreuung rund um die Uhr. Seine Ehefrau Heidi hat seine Pflege daheim übernommen. Sie muss immer für ihn da sein. Nicht nur beim Essen verhält sich Herr Ostermeier wie ein kleines Kind. Denn nachdem er den Teller leer gegessen hat, leckt er ihn mit der Zunge ab, auch wenn Besuch da ist. »Und dann schaut er dementsprechend aus«, sagt seine Frau Heidi. Natürlich ist das für sie ärgerlich, weil sie seine Kleidung schon wieder waschen muss. Aber die resolute Frau lässt sich nichts anmerken, weil sie weiß, wie schwer die Erkrankung ihres Mannes ist. Aufgrund der Demenz vergisst er fast alles, sogar den Gang zur Toilette. Deshalb trägt er Windeln. Nach dem Essen löst der altersverwirrte Mann »Bingo-Rätsel« aus der Zeitung, stundenlang, immer dieselben. Er ist zwar dement, betreibt dieses Spiel aber mit großer Leidenschaft. Danach schaut er gerne Fernsehen. Vor allem den Bayerischen Rundfunk. Manchmal erkennt er sogar ein Bauwerk in einer Stadt im Freistaat, dann freut er sich. So geht es Tag für Tag. Trotz seiner schweren Erkrankung kann sich Sepp Ostermeier stets der liebevollen Zuwendung seiner Frau Heidi gewiss sein. Er soll auf gar keinen Fall ins Heim. Von Pflegeeinrichtungen hält sie gar nichts. Heidi Ostermeiers Tante lebte nämlich in einer von ihnen. »Das Heim blitzte vor Sauberkeit«, sagt Heidi Ostermeier, »aber kein Funken Menschlichkeit war da, kein Funken Menschlichkeit. Und deshalb gebe ich ihn nie, nie weg!«

Diese Entscheidung aber hat einen hohen Preis. Seit ihr Mann dement geworden ist, hat Heidi Ostermeier lange Arbeitstage. Sie beginnen morgens um sechs Uhr. Sepp Ostermeier muss gewaschen werden. Er genießt die Anwesenheit seiner Frau. Als wir ihn dabei fragen, ob er nicht doch in ein Heim gehen wolle, wird er plötzlich ganz ernst: »Nein, ich will lieber daheim bleiben.« Diesen Wunsch will ihm Heidi Ostermeier erfüllen. Aber: Trotz Pflegestufe reicht das Geld zur Pflege daheim nicht aus. Die Pflegeversicherung sichert eben nur einen Teil der Kosten ab. Und genau hier wird es eng für Heidi Ostermeier. Obwohl ihr Mann eine Rund-um-die-Uhr-Betreuung benötigt, muss sie arbeiten gehen. Sie braucht das Geld. Inzwischen ist es 7.30 Uhr. Ihren Mann bringt sie in eine der wenigen Münchener Tagespflegestätten, in der Sepp Ostermeier glücklicherweise untergekommen ist.

Um 9 Uhr steht Heidi Ostermeier bereits hinter der Käsetheke eines Supermarkts. Sie ist selbstständige Produktberaterin, verdient rund 100 Euro brutto pro Tag. Davon gehen fast 20 Euro für die Tagesstätte ihres Mannes ab. Heute hat er dort eine Maltherapie gemacht. Das Hantieren mit Buntstiften in der Gruppe war ein großer Spaß für ihn, wie für ein kleines Kind. Von dem Geld, das Frau Ostermeier verdient, bleibt also kaum etwas übrig. Sie kann es sich nicht leisten, ihren Mann jeden Tag in eine Tagesstätte zu geben. Und wenn sie Pech hat und infolge des Stresses einmal zusammenbricht wie viele Angehörige in Deutschland, dann bleibt am Ende doch nur das Heim.

Doch immer weniger Menschen werden in der Zukunft bereit und in der Lage sein, wie Frau Ostermeier ihre Angehörigen zu pflegen. Das hat der Freiburger Professor Thomas Klie herausgefunden. Der Wissenschaftler, ein international anerkannter Altersforscher, sorgte mit seiner 2004 veröffentlichten Studie für einigen Wirbel in der Pflegeszene. »Die heute Vierzig- bis Sechzigjährigen werden in der Zukunft nicht mehr bereit sein, allein die Pflege ihrer Angehörigen zu übernehmen«, prognostizierte er damals in der ARD. Das seien nur noch etwa 13 Prozent gegenüber 70 Prozent heute. Mit anderen Worten: Nur noch 13 von 100 Menschen werden künftig ihre alten Angehörigen zu Hause betreuen, derzeit sind es noch 70 von 100. »Und sie werden eine höhere Bereitschaft haben, ihre Angehörigen ins Heim zu geben beziehungsweise auch selber ins Heim zu ziehen«, so der Professor der Fachhochschule Freiburg.

Die Zahlen belegen, dass sich demnächst ein großes Problem in Deutschland auftürmen wird. Etwa 600 000 Menschen leben schon heute in Deutschlands Pflegeheimen. 2050 werden es womöglich 1,5 Millionen sein, mehr als doppelt so viele. In absehbarer Zukunft ist eine Zuspitzung der katastrophalen Zustände in vielen großen Heimen zu befürchten. In der Stadt Kassel hat Professor Klie für seine Studie rund 1500 Menschen repräsentativ befragt und Szenarien für die Zukunft entwickelt. Ein Ergebnis der Studie: Machen wir in der Altenpflege weiter wie bisher, sei »langfristig mit einer Entwicklung zu rechnen, die alle Beteiligten überfordert und auch für die Qualität der Pflege nur das Schlimmste erwarten lässt«. Klie glaubt, dass sich die Zahl der Heimplätze in den nächsten Jahrzehnten drastisch erhöht: »Und hier hat man zum Teil Befürchtungen, dass eine Art Macdonaldisierung der Pflege eintritt, dass wir im Franchising-Verfahren Großheime haben, die von ganz anderen Konzernen gesteuert werden, als wir sie heute kennen. Und da kann man in Sorge sein, ob diese Heime denn wirklich dem Prinzip der Lebensqualität und Menschenwürde im Wesentlichen verpflichtet sind oder nicht.«

Das heißt, große Konzerne könnten bald die Pflegeszene beherrschen. Dann bestimmt der Profit die Lebensqualität im Heim.

»Profite. Die werden bereits in der Bauphase gemacht«, bestätigt unser Informant. Auch er will nicht genannt werden, denn er arbeitet nach wie vor in der Pflegebranche. Als wir ihn treffen, raucht er, trinkt einen Kaffee und wirkt nachdenklich. Er war als gesamtverantwortlicher Heimleiter bei einem privaten Träger beschäftigt und aufgrund dessen in der Lage, uns Einblicke in die Gewinn- und Verlustrechnung zu geben. Näher dürfen wir seinen beruflichen Hintergrund nicht beschreiben. Er hat die Abzocke auf Kosten der alten Menschen am eigenen Leib erlebt.

Doch der Reihe nach. Vor dem Bau des Pflegeheims wurden alle Kosten, die anfallen können, in einer so genannten Baukostenplanung, der Investitionskostenplanung, erfasst. Diese dient dem Pflegekonzern (dem Geschäftsführer oder einer entsprechend spezialisierten Firma, die damit beauftragt wurde) als Grundlage für Verhandlungen mit den Sozialhilfeträgern. Denn für Pflegeeinrichtungen gelten ja andere Gesetze als für am Markt agierende Wirtschaftsunternehmen. In der Regel kommt es zu mehreren Verhandlungen – so lange, bis eine Schiedsstelle eingeschaltet wird und die Sozialhilfeträger die errechnete

Summe aus der Baukostenplanung genehmigen, die in den Investitionskostenanteil einfließt und dem Pflegeheim über diesen refinanziert wird.

In der Einrichtung, in der er arbeitete, sei aber schon beim Bau an allem gespart worden – auch am Material und an der Sicherheit. »Dadurch wurden die Baukosten nach unten gedrückt«, sagt er. Am Ende hätten die Kosten sogar deutlich unter den kalkulierten Zahlen aus der Baukostenplanung gelegen. Das bedeutet: Die Errichtung der Pflegeeinrichtung erwies sich als günstiger, als es die offiziellen Planungen vorsahen. Die Sozialhilfeträger haben dadurch deutlich höhere Kosten auf Dauer (der Investitionskostenanteil ist nicht zeitlich begrenzt) zu erstatten, als für den Bau und die sonstigen Investitionen tatsächlich erforderlich wären. Die Differenz haben sich Eigentümer, Bauherr und Generalunternehmer in die eigene Tasche gesteckt. Das ist Betrug.

Überträgt man dieses Szenario auf einen Autokauf, dann ginge das so: Ein Sachverständiger erklärt dem Autokäufer, was ein Ferrari kostet. Der Autokäufer wendet sich an die Sozialhilfeträger. Diese rücken nach langen Verhandlungen den Betrag zum Erwerb seines roten Flitzers heraus. Der Autokäufer erwirbt jetzt zwar die Karosserie des Ferrari, um den Schein zu wahren, baut jedoch nur einen kleinen Golf-Motor ein. Nachdem nun aber ein Ferrari-Motor eine Kleinigkeit mehr kostet als ein Golf-Antrieb, kann sich der Autokäufer einen nicht unerheblichen Differenzbetrag in die eigene Tasche stecken. Kein schlechtes Geschäft, oder? Diese Masche funktioniert aber leider nur bei Pflegeheimen.

Bereits kurz nach Inbetriebnahme zeigten sich deutliche Baumängel, beispielsweise gab es Probleme mit der Dachisolierung. Allein hier war durch ungeeignete Materialien und unausgebildete, dafür aber billige Arbeitskräfte möglichst viel gespart worden: laut Kostenvoranschlag rund 60 000 Euro.

So werden Profite maximiert. »Tatsächlich brauchten wir zirka 13 Euro Investitionsfolgekosten je Bewohner und Tag, um das Haus zu refinanzieren, verhandelt aber haben wir 20 Euro je Bewohner. Das war eine Gewinnspanne von sieben Euro pro Tag und pro Bewohner«, so unser Informant. Bei 160 Bewohnern im Pflegeheim klingeln auf diese Weise mal eben rund 400 000 Euro jährlich mehr in der Kasse, ohne dass ein Bewohner besser gepflegt worden wäre. So einfach ist das. Ein betrügerischer Konzernlenker kann sich damit das Konto aufpolieren. Weniger lukrativ ist das für die Bewohner. Denn sie müssen mit den monatlichen Heimkosten ihren Teil der überhöhten Investitionskosten bezahlen. Geschädigt sind auch die Sozialhilfeträger und damit der Steuerzahler.

Warum wird hier nicht schärfer kontrolliert? Natürlich gibt es eine Menge ehrlicher und seriöser Einrichtungen. Aber viele kriminelle Pflegeheimträger kooperieren mit Baufirmen und legen immer wieder gefälschte Rechnungen vor. Manchmal, so unser Informant, werden aber auch gar keine Belege von den Sozialhilfeträgern verlangt. Fachlich kompetente Kontrollen sind hier womöglich gar nicht erwünscht, weil sie analog zur Dopingproblematik ein flächendeckendes System demaskieren könnten. Bürgermeister und Landräte, so die Wahrnehmung unseres Informanten, brüsten sich häufig mit »ihren Pflegeheimen«, sie haben sich damit ein Denkmal gesetzt. Pflegeheime sind wichtige Gewerbesteuerzahler und schaffen Arbeitsplätze. Skandale in Häusern, Missstände oder gar »abzockende Betreiber« könne sich die kommunale Politik aus Imagegründen nicht leisten – der ganze Ort käme in Verruf. Hier muss sich dringend etwas ändern. Landkreise und Bezirke dürfen sich nicht über den Tisch ziehen lassen.

Die Abzocke im Unternehmen unseres Informanten ging aber noch weiter: Wie in einem Wirtschaftskrimi gründete der Pflegekonzern Firmen, Unterfirmen und transferierte die Gelder von Konto zu Konto. Dieses Finanzgebaren ist allenfalls für Wirtschaftsexperten durchschaubar.

1. Der Pflegekonzern, in dem unser Informant arbeitete, gründete mehrere Subfirmen. Eine ist für die Beschaffung zuständig, eine andere für Einrichtung, Möbel und so weiter. »Diese Unterfirmen bekommen natürlich am Markt sehr gute Einkaufspreise, weil sie große Stückzahlen abnehmen. Sie verkaufen dann das, was sie für die Firma in großen Stückzahlen eingekauft haben, an die Firma mit einem Gewinnaufschlag weiter. Dieser beträgt 20 bis 40 Prozent. Sie machen also einen Gewinn«, erklärt unser Informant. Bei den Pflegesatzverhandlungen werden vielfach die überhöhten Preise inklusive Gewinnaufschlag refinanziert.
   Dann werde noch eine Cateringfirma gegründet. Sie decke

den ganzen Bereich Küche und Reinigung ab. Hier laufe das Spiel analog. Die Einkaufstarife können wieder gedrückt werden. Die Mitarbeiter des Subunternehmens werden dann über die Cateringfirma an die Einrichtung quasi verpachtet. Das Pflegeheim zahlt eine relativ hohe Pacht für die Mitarbeiter – dass sie tätig werden. Diese wiederum bekommen aber einen viel niedrigeren Lohn vom Subunternehmer. Und wieder werden Gewinne gemacht. Wieder zahlen die Sozialhilfeträger und Pflegekassen zu viel. Zusätzlich muss zum Beispiel die Cateringfirma für die Räume, die sie in der Einrichtung nutzt, Miete bezahlen, was abermals der Betreiberfirma Profit einbringt. In vielen Bereichen sei das gang und gäbe: bei der Auslagerung der Haustechnik, der Küche, der Reinigung, der Verwaltung, des Rechnungswesens und des Beschaffungswesens. »So können vier neue Geldquellen generiert werden«, sagt unser Informant. Und das alles zulasten der Einrichtung, zulasten der Kostenträger und zulasten der Bewohner.

2. »Es gibt eine Beteiligungs- oder Betreiberfirma, die baut die Pflegeeinrichtungen und vermietet sie an eigenständige GmbHs, die natürlich zur selben Firma gehören. Diese eigenständigen GmbHs zahlen überhöhte Pachten für das Gebäude und die Betten an die Betreiberfirma. Das ist die nächste Gewinnmarge. Für mein Haus habe ich monatlich 65 000 Euro Miete/Pacht bezahlt«, so der Insider. Diese Pachtzahlung finden wir auch in der Gewinn-und-Verlust-Rechnung wieder, die uns vorliegt. Umgerechnet auf den Quadratmeter wären das rund 20 Euro Pacht im Monat. Das sei viel zu hoch, meint unser Informant, und am Markt nicht zu erzielen. Und so schlingerte auch dieses Pflegeheim in die Bredouille, denn die Pacht konnte aus dem laufenden Pflegebetrieb nicht erwirtschaftet werden. Die Folge war ein negatives Betriebsergebnis in der Bilanz. Um dieses Manko auszugleichen, wurden Pflegekräfte entlassen und Gehaltkürzungen durchgesetzt. Nur so konnten die überhöhten Pachten buchhalterisch ausgeglichen werden. So kam es zu Unterbesetzungen im Pflegebereich. Und zu wenig Personal führt meistens zur Überlastung der Pfleger, was wiederum andere Missstände nach sich zieht. Alte Menschen leiden, weil viele Träger den Hals nicht voll bekommen können. »Genau diese Problema-

tik wird von den Heimaufsichten, den Medizinischen Diensten der Krankenkassen und den Landkreisen/Bezirken zu wenig geprüft«, ärgert sich unser Informant.
Immobilien und die Geschäfte rund um das Objekt Pflegeheim spielen in der derzeitigen Debatte kaum eine Rolle. Im Eckpunktepapier zur Reform der Pflegeversicherung hat die Bundesregierung diese Problematik nicht einmal erwähnt. Aus unseren Recherchen aber wird ersichtlich, dass es einen kausalen Zusammenhang zwischen Immobilien und Pflegequalität geben kann. Viele Missstände in Pflegeheimen lassen sich mit unlauteren Manipulationen im Immobiliengeschäft erklären. Deshalb wollen wir diesen Markt genauer unter die Lupe nehmen.

Pflegefonds: Wie Investoren am Produkt Pflege verdienen

Der Prospekt landete in unserem Briefkasten. 162 Seiten dick, in Hochglanzqualität, »SAB Vorsorgefonds III« steht auf dem Deckblatt. »Investieren Sie in einen Wachstumsmarkt«, wird in einem roten Balken hervorgehoben. SAB ist eine Fondsgesellschaft mit Sitz in Bad Homburg, erfahren wir bei der Lektüre. Der angepriesene Fonds investiert in ein Pflegeheim in Hamburg-Harburg. Das Grundstück hat laut Grundbuch eine Größe von 2103 Quadratmetern. Hier steht jetzt das »Harburger Care Center«, ein multifunktionaler Baukomplex mit einem Seniorenpflegeheim, einem Rehabilitationszentrum, Einzelhandelsflächen und Tiefgaragen. Fertiggestellt wurde die Fondsimmobilie im Juni 2003. Das Seniorenpflegeheim verfügt über 169 Pflegebetten. »Zum Zeitpunkt der Prospekterstellung sind alle 169 Pflegeplätze (= 100 Prozent) belegt«, heißt es in der Broschüre. Eine Rendite von sechs Prozent wird den Anlegern in Aussicht gestellt. Weiter werden Investitionsberechnungen, Ergebnisprognosen, Risiken und Rechenspielereien mitgeliefert, die für den Laien kaum durchschaubar sind. Die Begründungen, warum wir in den Fonds investieren sollen, sind jedoch so simpel formuliert, dass sie jede Großmutter, die bislang nur das Sparbuch kannte, verstehen könnte. Überzeugend und professionell aufgearbeitet sind die Argumente. Es handle sich nämlich um ein zukunftsträchtiges Segment:

»... Heute leben in Deutschland ca. 2 Mio. Pflegebedürftige. Diese Zahl wird sich bis 2020 um rund 50 % auf 2,94 Mio. erhöhen. Im Jahr 2050 werden in Deutschland schätzungsweise bereits 4,7 Mio. Menschen pflegebedürftig sein.

Rund 30% der pflegebedürftigen Personen werden heute in einem Heim gepflegt. Dies entspricht ca. 610 000 Menschen. Viele Gründe sprechen für eine sukzessive Abkehr von der häuslichen Pflege und für eine Zunahme der professionellen Heimpflege. Frauen übernehmen in rund 80% der Fälle die häusliche Pflege. Durch die zunehmende Berufstätigkeit zahlreicher Frauen können sie die Pflegetätigkeit in Zukunft oft nicht mehr wahrnehmen. Darüber hinaus führt die heute geforderte berufliche Mobilität häufig zu einer räumlichen Trennung von Eltern und Kindern, sodass auch diese Gruppe nicht weiter in dem bisherigen Maße für die häusliche Pflege zur Verfügung steht. Die geringe Geburtenziffer, der anhaltende Trend zu Kleinfamilien, die stetig zunehmende Zahl an Single-Haushalten und die generell abnehmende Bereitschaft, einen Angehörigen zu pflegen, verstärken diese Entwicklung. Lebten ältere Personen früher meist im Kreise der Familie, müssen heute und in Zukunft viele Senioren von ihren Angehörigen getrennt leben. Diese Veränderungen der traditionellen Familienstrukturen führen im Ergebnis dazu, dass sich der Anteil der Heimpflege bis zum Jahr 2050 sukzessive auf über 34% erhöht. Dies bedeutet, dass in absehbarer Zeit die Zahl der Menschen, die professionelle Heimpflege in Anspruch nehmen, um 50% auf rund 910 000 ansteigt. Bis 2050 erhöht sich die Zahl auf 1,6 Mio. Aufgrund des zunehmenden Bedarfs besteht bis zum Jahr 2020 ein Defizit von ca. 300 000 vollstationären Dauerpflegeplätzen. Diese Zahl erhöht sich noch um die bis dahin notwendigerweise zu modernisierenden, bereits bestehenden Pflegeplätze. Untersuchungen zufolge sind bereits heute bis zu 60 000 Pflegeplätze nicht mehr zeitgemäß. Eine konservative Erhöhung dieser Bestandserneuerungen auf 100 000 bis 2020 führt dann zu einem Defizit von 400 000 Betten. Bei einer durchschnittlichen Anzahl von 100 Pflegeplätzen pro Heim bedeutet dies, dass bis 2020 jährlich über 230 neue Pflegeheime benötigt werden. Bis zum Jahr 2020 entspricht dies einem Investitionsbedarf in Höhe von rund EUR 30 Mrd., eine Summe, die staatliche und gemeinnützige Institutionen angesichts leerer Kassen kaum bewältigen können. Um die erforderlichen Pflegeleistungen auch in Zukunft gewährleisten zu können, wird eine Einbeziehung privaten Kapitals notwendig«, heißt es im Verkaufsprospekt.

Auf den ersten Blick liest sich das überzeugend und klingt für potenzielle Anleger attraktiv. Sechs Prozent Ausschüttung sollen sie dafür jährlich bekommen – immerhin. In einem angeblich sicheren Markt. Was sind solche Berechnungen, wie sie uns hier oder ähnlich auch in anderen Fondsprospekten präsentiert werden, wert? Das wollten wir von Dr. Helmut Braun wissen, dem Vorstandsvorsitzenden des Kuratoriums Wohnen im Alter gAG (KWA). Der Gerontologe gehört zu den führenden Altersexperten Deutschlands und hat schon mehrere Bundesregierungen beraten. »Von einem Anstieg der Zahl älterer Menschen auf ein lineares Wachstum bei stationär ausgerichteten Pflegeeinrichtungen zu schließen, entbehrt jeder fachlichen Begründung und ignoriert die derzeitige Entwicklung des Pflegemarktes«, erklärt er uns. Sein Unternehmen setzt deshalb verstärkt auf Angebote, die älteren Menschen Betreuung und Pflege in der eigenen Wohnung ermöglichen. Mit Pflegefonds wie dem »SAB Vorsorgefonds III« aber schaffe man Kapazitäten, die über den Bedarf hinausgehen, auch wenn bei diesem Fonds eine hundertprozentige Auslastung prognostiziert werde. Man habe jetzt einen Markt entdeckt, der, wenn man ihn genauer betrachte, ganz anders aufgestellt sein müsse. Braun: »Man stellt Weichen in die Zukunft hinein, die meiner Ansicht nach so nicht sinnvoll sind. Ich sage nicht, dass man keine stationären Pflegeplätze braucht. Aber ich sage, die Masse an Pflegeheimen, die jetzt gebaut wird, wird in Zukunft ein Riesenproblem. Und wenn man dann auch noch Renditeversprechen damit verbindet, die meiner Ansicht nach unrealistisch sind, halte ich das für moralisch fragwürdig.« Braun sieht ein Belegungsproblem der Einrichtungen und befürchtet, dass alte Menschen ins Heim gesteckt werden, obwohl sie noch zu Hause betreut werden könnten. Das Heim sei für Träger eben lukrativer als ambulante Pflege. »Und das ist das Fatale – dass man sich möglicherweise sinnvollen Alternativen verschließt, weil man eben die Immobilien aus wirtschaftlichen Gründen belegen muss«, konstatiert der KWA-Chef. Es gebe bereits heute geschätzte 70 000 stationäre Heimplätze, die nicht belegt seien. »Das wird interessanterweise nie diskutiert in diesen ganzen Prognosen«, kritisiert Braun. Er befürchtet, dass die Leerstände in Heimen durch das florierende Geschäft mit Pflegeimmobilien in Zukunft dramatisch zunehmen werden und dadurch viele Häuser in den nächsten Jahren in die Pleite getrieben werden und schließen müssen. »Und darunter werden besonders die alten Menschen leiden«, so Braun.

Sind Pflegefonds also ein lohnendes Investment für Investoren? Das wollen wir am Beispiel des »SAB Vorsorgefonds III« durchspielen und verabreden uns mit Nikolaos Tavridis. Er ist Geschäftsführer der Bad Homburger Beratungsfirma Axion Consult und ausgewiesener Experte für Pflegeimmobilien. Natürlich kennt er auch den »SAB Vorsorgefonds Fonds III« und erklärt uns, worauf man bei einer solchen Anlage achten muss. Seiner Einschätzung nach steht und fällt die Anlage vor allem mit einer wichtigen Maßzahl, anhand derer sich beurteilen lasse, ob eine Pflegeimmobilie überteuert sei oder nicht: dem Verhältnis des Kaufpreises zur Jahresmiete. Tavridis hat errechnet, dass SAB für das Heim in Harburg das 13,5-Fache der Jahresmiete ausgeben musste. Die Fondsgesellschaft hat also 13,5-mal mehr hingeblättert, als das Objekt jährlich an Miete abwirft. Wurde das Objekt zu teuer eingekauft? Auf den ersten Blick erscheint dieser Faktor sehr hoch zu sein. Aber ist er möglicherweise marktüblich?

Um das einschätzen zu können, vergleichen wir das SAB-Projekt mit den Angeboten anderer Fondsanbieter, wie zum Beispiel der Deutschen Capital Management AG (DCM). Sie zählt zu den führenden unabhängigen Emissionshäusern am deutschen Kapitalanlagemarkt und hat im Spätsommer 2006 ihren geschlossenen Immobilienfonds* »DCM Zukunftswerte« platziert.

Auch dieser Fonds bietet »eine Beteiligung im Wachstumsmarkt ›Pflegeimmobilien‹ an – erstmalig für einen breiten Anlegerkreis im Rahmen eines bundesweit gestreuten Portfolios von rund 20 modernen Pflegeheimen«, steht in der Pressemitteilung zu lesen. Nach Berechnungen der *Wirtschaftswoche* hat DCM für die meisten Heime »ebenfalls das 13- bis 14-Fache gezahlt«. Das sei gerade noch akzeptabel, mehr sollten Anleger nicht zahlen.

* Bei geschlossenen Fonds sind der Investitionsgegenstand und das Investitionsvolumen (Eigenkapital und ggf. Fremdkapital) bereits bei Erwerb einer Immobilie fixiert. Die Zahl der Investoren ist damit begrenzt. Sobald das benötigte Eigenkapital eingeworben wurde, wird der Fonds geschlossen; ein Beitritt weiterer Investoren ist nicht mehr möglich (Gegenteil: offener Immobilienfonds).

Fazit: Hier liegt der »SAB Fonds« also offensichtlich im marktüblichen Bereich.

Die *Wirtschaftswoche* berichtet aber auch über andere Fondsinitiatoren, die sogar »das 20-Fache der Jahresmiete« hingeblättert hätten. Zu viel, meinen Experten. Hier könnte es für Investoren problematisch werden. Warum? Wenn Fonds Pflegeimmobilien überteuert einkaufen, dann müssen wahrscheinlich überhöhte Pachten angesetzt werden. Überhöhte Pachten können nur kompensiert werden, wenn im täglichen Pflegebetrieb gespart wird. Schlanke Strukturen drohen. Wenig Personal und niedrigste Ausgaben für die Verpflegung alter Menschen wären die Konsequenzen. Am Ende der Kette müssten die Senioren letztlich verfehlte Immobiliengeschäfte ausbaden, weil nicht mehr menschenwürdig gepflegt werden kann. Ein Teufelskreis.

Zurück zum »SAB Fonds«. Nicht nur der Kaufpreis, auch der Standort ist entscheidend für eine Pflegeimmobilie. Ist die Lage schlecht, bringen auch günstig eingekaufte Heime nichts. Gute Infrastruktur und ein großes Einzugsgebiet sind die Voraussetzungen für ein gutes Investment. Experten gehen davon aus, dass in der näheren Umgebung etwa 15 000 Menschen leben müssen, um ein Heim mit 100 Betten auszulasten. Im Radius von fünf Kilometern um das »Harburger Care Center« lebten fast 20 000 Senioren (Stand: 31. Dezember 2004), die 65 Jahre und älter waren. Diese Zahlen sind eigentlich geradezu vorbildlich für ein Investment. Aber sie locken auch die Konkurrenz an. 2007 werde »eine weitere Einrichtung mit 150 Pflegeplätzen ihren Betrieb aufnehmen«, heißt es im Verkaufsprospekt. SAB versichert aber, dass damit der Bedarf in dieser Region noch immer nicht gedeckt sei. Ein Gutachten belege das.

Nikolaos Tavridis hält den Anbieter SAB zwar für seriös, dennoch übt er am »Vorsorgefonds III« Kritik: In jedem Fonds gebe es eine sogenannte Liquiditätsreserve. Diese Mittel sollten eigentlich der langfristigen Unterhaltung der Pflegeimmobilie dienen. Beim »SAB Fonds« aber werde diese Reserve zweckentfremdet und laufend an die Anleger ausgeschüttet. »Man gaukelt den Anlegern vor, man könne mit Pflegeeinrichtungen eine richtig gute Rendite verdienen.« Ein Teil der Rendite werde aber durch Darlehen finanziert. Dieses Geld müsse später wieder teuer verzinst an die Bank zurückbezahlt werden. Im Klartext:

»Das Problem des ›SAB Fonds‹ ist, dass die Fondsgesellschaft zulasten der Investitionsquote und des Anlegers einen hohen Kredit aufnimmt, der sukzessive ausgeschüttet wird. Das erkennt man zum Beispiel daran, dass die Ausschüttung an die Anleger höher ist als das, was das Objekt erwirtschaftet«, so Tavridis. Eigentlich ein Alarmsignal für die Anleger!

Und was sagt SAB dazu? Uns gegenüber verharmlost der Fondsanbieter diese Problematik, räumt den Sachverhalt aber ein: »Ausschüttungen an Kapitalgeber über die realisierten Gewinne bzw. den erwirtschafteten Einnahmenüberschuss hinaus sind gängige Praxis in unserem Wirtschaftsleben. Insbesondere bei Aktiengesellschaften wird vielfach eine gleichmäßige Ausschüttung an die Aktionäre im Sinne einer Dividendenkontinuität angestrebt. Sinngemäß findet dieses Prinzip auch bei geschlossenen Immobilienfonds Anwendung: Lässt der anfängliche Einnahmenüberschuss unter Berücksichtigung der Darlehenstilgung und der Instandhaltungsrücklage eine angemessene und kontinuierliche Ausschüttung (›Verzinsung der unternehmerischen Beteiligung‹) an die Investoren nicht zu, erfolgt eine sog. Ausschüttungsglättung durch Entnahme aus der Liquiditätsreserve der Fondsgesellschaft. Somit wird auch der Unterschied zwischen einer Gewinnbeteiligung und einer Ausschüttung deutlich. Aufgrund der hohen anfänglichen Tilgung (2 % p. a. zzgl. ersparter Zinsen) und der sofortigen Bildung einer Instandhaltungsrücklage wird die Ausschüttung beim »SAB Vorsorgefonds III« bis zum Jahr 2016 teilweise aus der Liquiditätsreserve bedient. Im Gegenzug werden in späteren Jahren Überschüsse nicht vollständig ausgeschüttet, sondern teilweise wieder der Liquiditätsreserve zugeführt.«

Die Botschaft also heißt: Weil es alle tun, wird es auch beim »SAB Fonds« gemacht. Eine äußerst dürftige Erklärung, finden wir. Außerdem fallen beim SAB-Angebot zusätzlich »Weichkosten« in Höhe von 13,96 Prozent für Nebenkosten, Provisionen und Ähnliches direkt am Anfang an. Immerhin aber, so die *Wirtschaftswoche*, verdiene der Fondsinitiator nicht noch an anderer Stelle als Bauträger oder Betreiber. Expertenmeinungen zufolge sollten derartige Verflechtungen ein Ausschlusskriterium für Anleger sein. Interessenskonflikte seien in solchen Fällen nicht selten.

Fazit: Auch der »SAB Vorsorgefonds III«, der zum Beispiel in der Bewertung der Ratingagentur Feri mit »sehr gut« abschneidet, beinhaltet nicht unerhebliche Risiken für die Anleger. Anlagen in Pflegeimmobilien sollten deshalb genau geprüft werden, egal ob es sich um einen Fonds oder ein börsennotiertes Unternehmen handelt.

Interview mit Nikolaos Tavridis, dem Geschäftsführer der Bad Homburger Beratungsfirma Axion Consult, zu den Geschäften auf dem Kapitalmarkt für Pflegeimmobilien

Frage: Sie sind Geschäftsführer der Axion Consult und gelten als Experte für Pflegeimmobilien. Was machen Sie konkret mit Ihrer Firma?

Tavridis: Wir machen Marktanalysen, Bewertungen, operative Prüfungen, aber auch Qualitätsprüfungen für Pflegeeinrichtungen. Wir fragen: Was gibt der Markt her? Ist das Gebäude gut gepflegt, muss noch was gemacht werden? Wie geht es den Menschen da drin? Wir erstellen ein komplettes Bild einer Einrichtung und modellieren das Ganze in langen Tabellen, wo der Investor sehen kann, was kommt am Ende des Tages raus. Dann sprechen wir eine Empfehlung aus. Wenn ein Investor gekauft hat, erstellen wir einen Maßnahmenplan, mit all dem, was noch zu tun ist.

Frage: Wie gut läuft das Geschäft?

Tavridis: Unser Unternehmen ist marktführend in der Bewertung von Not leidenden Krediten. Dieses Jahr haben wir fast 400 Millionen Euro an Transaktion begleitet. Das ist außergewöhnlich hoch und wird hoffentlich auch die Ausnahme bleiben. Denn das ist nicht gesund für die Branche. Wir sehen uns so ein bisschen als die Brücke zwischen dem sozialen Gewissen der Branche und der Notwendigkeit, Kapital zu bringen. Wir glauben, dass es wichtig ist, beide Seiten zu sehen.

Frage: Bei unseren Recherchen haben wir den »SAB Vorsorgefonds III« unter die Lupe genommen. Was halten Sie vom Fondsanbieter SAB?

Tavridis: Er ist sehr seriös, ein Fondsanbieter aus Bad Homburg. Er gehört mehrheitlich der Postbank und hat einen Pflegefonds aufgelegt in Hamburg-Harburg.

Frage: Was ist das Besondere daran?

Tavridis: Was einen Nachgeschmack hinterlässt: Man denkt, man hat ein Produkt, eine Pflegeimmobilie, deren Mietzahlungen als Ausschüttung an die Anleger gehen. Aber man täuscht sich: Denn SAB leiht sich Geld von einer Bank aus, muss es aber irgendwann wieder zurückzahlen. Das ist ein Risiko, das gerne verklausuliert wird. Das müsste offengelegt werden.

Frage: Der »SAB Vorsorgefonds III« verspricht eine Rendite in Höhe von sechs Prozent pro Jahr. Dafür gehen aber gleich am Anfang 13,9 Prozent der Anlagesumme für Gebühren und Provisionen drauf. Die so genannten Weichkosten …

Tavridis: Weichkosten sind unmittelbarer Gewinn des Fondsinitiators. Das heißt, es sind Beratungsgebühren, die der Fondsinitiator dem Fonds in Rechnung stellt. Der Fondsinitiator, das ist in dem Fall die SAB oder die DCM oder wer auch immer, der strukturiert einen Fonds und verkauft ihn an Anleger. Und für dieses Strukturieren verlangt er ein Entgelt. Das lässt sich sehr fein umschreiben! Es gibt da Vermarktungs- und Vertriebshonorare und Wirtschaftsprüfungs- und Beratungshonorare, aber im Grunde genommen handelt es sich um Geld, das in die Tasche des Fondsinitiators geht. Das sind die Weichkosten.

Frage: Was bedeuten »hohe Weichkosten«?

Tavridis: Hohe Weichkosten können zwischen 14 und 30 Prozent der gesamten Investitionskostensumme ausmachen. Im Klartext: Bevor ein Cent verdient wird, bevor der Anleger eine Ausschüttung bekommt, gehen erst mal mindestens 14 Cent von jedem Euro, den er bezahlt hat, irgendwohin.

Frage: Auch Sie profitieren von hohen Weichkosten, denn Sie sind ja Geschäftsführer einer Beratungsfirma …

Tavridis: Wenn wir ein Objekt bewerten: korrekt.

Frage: Was bedeuten hohe Weichkosten für die alten Menschen im Pflegeheim?

Tavridis: Da muss man differenzieren. Wenn die Miete aus den Investitionskosten abgeleitet ist und die Baulichkeit dem Markt entspricht, dann ist meist alles okay. Das ist aber nur bei einem Drittel der Transaktionen der Fall.

Frage: Ein Drittel aller Transaktionen läuft also seriös. Sind im Umkehrschluss dann zwei Drittel unseriös?

Tavridis: Ja, wobei die Bandbreite sehr groß ist. Das ist tendenziell unseriös bis hoch unseriös.

Frage: Also zwei Drittel der Einrichtungen sind aus Ihrer Sicht tendenziell unseriös bis hoch unseriös, und nur ein Drittel ist seriös?

Tavridis: Ja. Wenn die Miete zum Beispiel aus den Investitionskosten refinanziert wird, dann hat der Betreiber aus dieser Ecke zumindest nicht den Druck, Personal einzusparen. Denn das, was in die Investitionskosten für die Miete reinkommt, wird auch wieder, zum Beispiel für Personal, ausgegeben. Das ist ein durchlaufender Posten für den Betreiber. Bei zwei Dritteln aller Einrichtungen hat man entweder eine Miete, die sich aus den Investitionskosten nicht refinanzieren lässt, oder eine Baulichkeit, die viel zu teuer ist für die Investitionskosten. Bei zwei von drei Einrichtungen!

Frage: Wie erkennt man diese Heime?

Tavridis: Es gibt Pflegeeinrichtungen, die zeichnen sich durch einen hohen Investitionskostensatz aus, haben dafür aber niedrige Pflegekosten. Das ist immer so ein sicheres Signal, dass irgendetwas nicht richtig ist. »Quersubventionierung« heißt das Stichwort: Der Betreiber muss ja wettbewerbsfähig sein. Er hat aber eine teure Immobilie. Wenn ein Fonds extrem viel verdient hat, ist er gezwungen, seine Investitionskosten hoch zu halten. Die werden dann von den Sozialhilfeträgern nicht in voller Höhe refinanziert. Und dann muss der Unterschied durch die Pflegekosten aufgefangen werden. Das bedeutet: Der Betreiber hat nicht so viel Geld zur Verfügung, um Personal in dem Umfang einzustellen, wie er es benötigen würde, um menschenwürdige Pflege zu kriegen.

Frage: Können Sie das konkreter erläutern?

Tavridis: Der tägliche Pflegesatz besteht ja aus drei Komponenten: allgemeine Kosten, Unterkunft und Verpflegung und Investitionskosten. Die Miete eines solchen Objektes muss sich ausschließlich aus den Investitionskosten refinanzieren, denn das ist die Einnahme für die Immobilie. Nun ist es so, dass viele Objekte am Markt eine höhere Miete ausweisen als das, was sich aus den Investitionskosten refinanzieren lässt. Das Geld reicht also nicht. Dann aber muss die Miete aus anderen Bereichen finanziert werden: zum Beispiel Unterkunft und Verpflegung oder Pflegeleistungen.

Natürlich verzichtet der Betreiber nicht auf seine Gewinnmarge, um sie großzügig den Immobilieneigentümern zu geben, sondern er wählt einen anderen Weg. Er verhandelt mit den Sozialhilfeträgern 20 Pflegekräfte, setzt aber nur 15 ein. Und diese Differenz ist seine Marge. Und je höher die Quersubventionierung ist, desto höher ist auch der unmittelbare Druck auf den Betreiber, Personalstreichungen vorzunehmen. Denn ansonsten kommt er nicht über die Runden.

Frage: Gibt es Konsequenzen für schwarze Schafe?

Tavridis: Da vermisse ich die wirtschaftlichen Konsequenzen, denn gemäß Gesetz haben die Pflegekassen die volle Handhabe wirtschaftlicher Sanktionen. Genauso wie Sie: Wenn Sie jetzt ein teures Auto kaufen, und es funktioniert nicht, dann werfen Sie die Schlüssel auf den Hof und sagen: Ich will die Karre nicht haben.

Wenn wir schon von Markt sprechen: Es hat mich immer gewundert, warum keine Pflegekasse in nennenswertem Umfang wirtschaftliche Forderungen hat – gerade in dem Fall. Ich meine, es war ganz offensichtlich, dass zu wenig Personal eingestellt war, dass die Versicherten betrogen wurden in dem Sinne, dass Geld bezahlt wurde für Leistungen, die gar nicht erbracht wurden. Das Pflegequalitätssicherungsgesetz ist 2002 in Kraft getreten – die Kassen hätten jede Handhabe zu agieren, sie machen nichts. Wenn wir von Markt sprechen, dann kann es ja nicht sein, dass alle Marktregularien zulasten des Bewohners wirken und zugunsten des Betreibers. Da muss sich der Betreiber auch der wirtschaftlichen Realität aussetzen: Wenn ich ein fehlerhaftes Produkt herstelle, dann muss ich die wirtschaftlichen Konsequenzen tragen.

Betrügen Pflegeheime beim Personal?

Wir recherchieren diesen Vorwurf von Nikolaos Tavridis und überprüfen die Entstehungsgeschichte des Pflegequalitätssicherungsgesetzes (PQSG). Mit dem sollte es unter anderem möglich sein festzustellen, ob in den Einrichtungen tatsächlich ausreichend Personal eingesetzt wird. Dass vielen Einrichtungsträgern ein gefüllter Geldbeutel mehr wert ist als das Wohl der alten Menschen, zeigt ein Beispiel aus dem Jahr 2000. Es ist in einem Regierungsentwurf zum PQSG aufgeführt. Kaum jemand nahm Notiz davon. Ein Medizinischer Dienst nahm seinerzeit einen Personalabgleich in 22 Einrichtungen vor.

Zitat: »Hierbei stellte sich heraus, dass in 18 Einrichtungen die vom MDK festgestellte personelle Besetzung im Pflege- und Betreuungsbereich nicht mit den in die Pflegesätze einkalkulierten Personalzahlen und -kosten übereinstimmte. Es ergaben sich folgende Abweichungen:

- in 8 Einrichtungen von bis zu 3 Vollkräften,
- in 6 Einrichtungen von 3,1 bis 9,9 Vollkräften,
- in 4 Einrichtungen von 10 Vollkräften und mehr.

Eine vertragswidrige Unterbesetzung von 10 Vollkräften bedeutet, auf ein Jahr hochgerechnet, einen Erlös (›windfall-profit‹) von rund 800 000 DM, dem keine entsprechende Leistung der Pflegeeinrichtung gegenübersteht.«

Was ist ein Gesetz wert ist, das ungestraft missachtet werden darf? Obwohl dieses vom MDK ermittelte und dokumentierte Ergebnis an entsprechenden Stellen bekannt gemacht wurde, hatte es für die betreffenden Einrichtungen keine Konsequenzen, hören wir. Warum wurden nach dieser einen Veröffentlichung nicht bundesweit alle Pflegeeinrichtungen auf diese Problematik hin untersucht? Und heute? Unsere Informanten bestätigen unter vorgehaltener Hand, dass sich nichts verändert habe. Man wolle das Ausmaß der Betrügereien nicht wissen.

Fazit: Viele Heimträger rechnen Phantompersonal, das gar nicht beschäftigt wird, mit den Kassen ab. Gleichzeitig aber klagen dieselben Personen über Personalmangel. Das belegt die These, dass »Gewinnmaximierung« im jetzigen System über dem Wohl der alten Menschen steht. Nikolaos Tavridis hat mit seiner Einschätzung also offensichtlich recht.

Frage: Nochmals zu den Pflegefonds. Der Fonds »Zukunftswerte« der Deutsche Capital Management AG (DCM) wird zum Beispiel von der Deutschen Bank vertrieben. Sie glauben, die Rendite decke nicht das Risiko ab. Warum legen Anleger dennoch bei DCM an?

Tavridis: Weil der nette Herr von der Deutschen Bank sagt: »Mach das!« Sie müssen realisieren, die meisten Fonds werden platziert kraft der Vertriebsstruktur. Wenn eine Deutsche Bank Ihnen den Vertrieb abnimmt, dann haben Sie keine Sorgen. ... Ich sag mal so: Bei DCM kann man kritisieren, dass man sehr hohe Preise bezahlt hat, dadurch die Rendite sehr niedrig ist und das Risiko nicht abgefedert wird. Das heißt, für die sechs Prozent, die die anbieten, würde ich als Privatanleger nicht in ein Risikoprodukt investieren – solange wir hier keine schwedischen Verhältnisse haben, wo der Staat sagt: Ich garantiere dir deine Belegung, ich garantiere dir deine Miete. Solange das nicht der Fall ist, bleiben Pflegefonds ein riskantes Produkt, viel riskanter als zum Beispiel ein Hotelinvestment. Denn in der Hotelbranche haben Sie einen Markt, im Pflegeheim haben Sie aber einen Markt plus Regulierung. Sie haben beide Welten, die aufeinanderprallen. Ihre Wettbewerber haben keine Eintrittsbarriere. Es kann ein Pflegeheim neben Ihnen aufmachen, und plötzlich haben Sie hohe Leerstände, genauso wie im Hotelbereich. Zusätzlich aber haben Sie bei der Pflege noch das Problem: Wenn Ulla Schmidt morgen aufwacht und sagt, ich kürze jetzt die Pflegestufe I um 50 Prozent, dann kann das Ihr Geschäftsmodell auf den Kopf stellen. Sie haben also mehr Risikofaktoren. Daher muss man im Pflegebereich heute eigentlich eine hohe Rendite verlangen. Die darf aber nur so hoch sein, dass der soziale Auftrag in Form einer menschenwürdigen Pflege gewährleistet werden kann. Unter dieser Voraussetzung kann es sein, dass die Rendite nicht mehr hoch genug ist. Dann bin ich besser beraten, Wohnimmobilien, Büroimmobilien oder vielleicht Hotelimmobilien zu kaufen – denn die haben gleiche Renditen und weniger Risiko.

Frage: Also, auch eine Anlage in den DCM-Fonds »Zukunftswerte« birgt aus Ihrer Sicht hohe Risiken?

Tavridis: Ja, langfristig.

Frage: Warum?

Tavridis: Schauen Sie mal: Wenn morgen oder übermorgen ein paar Immobilien aus dem Fonds Belegungsprobleme haben – was wird passieren? Der Betreiber wird seine Miete nicht bezahlen, der Anleger wird seine Ausschüttung nicht bekommen, während bei einem Fonds, der zu einer höheren Rendite oder zu einem geringeren Faktor gekauft hat, immer noch eine Reserve besteht. Bei der »IMMAC« zum Beispiel: Das ist auch eine Fondsgesellschaft, die geschlossene Immobilienfonds für Privatanleger auflegt wie die DCM. Bis jetzt hat sie diszipliniert am Markt agiert und gesagt, wir kaufen nicht zu hohen Preisen, wir haben unsere Wertmaßstäbe, wir kaufen höchstens zum 12,5-Fachen – und dabei bleibt es. Hoffentlich behalten sie diese Disziplin. Eine IMMAC, die geht an den Anleger mit einer wesentlich höheren Rendite. Das heißt, wenn ein Objekt in die Schieflage gerät, haben die einen Puffer. Die DCM hat keinen Puffer, wenn ein Objekt Belegungsprobleme hat und der Betreiber sagt, ich zahle dir keine Miete. Dann gibt es keine Ausschüttungen.

Frage: Wie können Investoren zwischen guten und schlechten Fonds unterscheiden?

Tavridis: Das ist sehr schwierig. Ich sehe geschlossene Fonds, die sich an Privatanleger richten, sehr skeptisch. Der Privatanleger hat meistens weder die Zeit noch das Know-how, sich da richtig reinzuarbeiten – ehrlich gesagt. Also, die IMMAC hat das deshalb bislang so erfolgreich praktiziert, weil sie das immer in so kleinen Stückchen gemacht haben. Die haben ein Objekt hier, ein Objekt da. Die DCM war der erste Fonds, der hereingekommen ist mit einem richtigen Kracher. Die verkaufen 18 Objekte in einem Fonds und machen den Vertrieb mit der Deutschen Bank. Da sammeln die schnell 200 bis 300 Millionen Euro ein. Was kostet die Welt! Ich denke, es ist besser, wenn man einen Fonds mit langer Historie hat, wo man weiß, der Initiator ist schon seit über 15 Jahren am Markt, und bis jetzt ist jeder einzelne Fonds klein, klein, klein, aber erfolgreich. Da kann man als Privatinvestor zumindest sagen: Okay, die Geschäfte sind gut gelaufen. Bei den riesigen Paketen, die jetzt in den Markt geworfen wurden, bin ich eher skeptisch.

Frage: Eine klare Einschätzung!

Tavridis: Andererseits verkaufen derzeit viele Bestandshalter, die gleichzeitig Betreiber sind. Stellen Sie sich vor, Sie sind heute Betreiber und Ihre aus den Investitionskosten abzuleitende Miete ist eine Million. Es kommt zu Ihnen ein Investor – ein Engländer oder ein geschlossener Immobilienfonds, ist egal – und zahlt Ihnen das 13,5-Fache der Miete. Also, Sie haben die Möglichkeit, Ihr Objekt für 13,5 Millionen zu verkaufen. Sie können aber auch einen Mietvertrag mit sich selbst machen, in dem Sie 1,2 Millionen vereinbaren. Das mal 13,5 ist sind schon 16,2 Millionen Euro. Also eine Menge Geld mehr, exakt 2,7 Millionen Euro cash. Und das passiert oft. Das heißt: Sie sehen Mietverträge mit überhöhten Mieten, die zwischen dem Betreiber und sich selbst abgeschlossen werden. Dann dreht sich der Betreiber um und verkauft die Immobilie mit dieser überhöhten Miete. Ein lukratives Geschäft.

Frage: An wen wird verkauft?

Tavridis: Geschlossene Immobilienfonds, Engländer, Skandinavier, Amerikaner – alle möglichen Leute haben Interesse. Die Nachfrage nach Bestandsobjekten ist derzeit enorm, sensationell. Man kann derzeit alles verkaufen, was im Bestandsbereich ist, zu Faktoren, die man nie in dieser Branche gehabt hat. Sprich also: sehr, sehr teuer. Bei Bestandsobjekten liegen wir derzeit zwischen dem 13- und 15-Fachen der Miete. Historisch lag es zwischen 11,5 und 12,5. Und deswegen ist die Versuchung derzeit auch größer. Denn jeder Euro Miete, den ich mehr an den Investor zahle, bringt mir unmittelbar den zwischen 13,5- und 15-fachen Wert, also mehr an cash auf den sofortigen Kaufpreis. Und man braucht kein Genie zu sein, um zu wissen, was da draußen passiert natürlich: Man optimiert seine Miete.

Frage: Wie wird die Miete optimiert?

Tavridis: Ich hatte jetzt gerade einen Prüfungsfall – einfach nur beispielhaft –, da lag die Miete, die aus den Investitionskosten abzuleiten war, bei knapp unter einer Million, und veräußert wurde das Objekt mit einem Pachtvertrag mit einer Jahresmiete von 1,7 Millionen Euro.

Frage: Eine Differenz von 700000 Euro. Was heißt das in der Praxis?

Tavridis: 700000 Euro Differenz heißt, dass der Betrieb erst einmal diese 700000 Euro über die Investitionskosten hinaus erwirtschaften muss, durch Gewinne im Bereich der Pflege und Unterkunft und Verpflegung. Eigentlich ist das nicht zu schaffen. Deshalb müssen Einschnitte beim Personal gemacht werden. Das Personal macht rund 70 Prozent der Gesamtkosten aus.

Frage: Würden Sie Ihre Angehörigen in so ein Pflegeheim stecken?

Tavridis: Nein! Es gibt aber noch eine Systematik, die sich durch die Pflegebranche zieht: 80 Prozent der privaten Betreiber haben eine gemeinsame Vergangenheit: Sie waren oder sind gleichzeitig Bauträger – 80 Prozent! Wenn Sie sich die privaten Betreiber anschauen und in der Vergangenheit stochern, da werden Sie diesen roten Faden überall sehen …

Frage: Wird schon am Anfang, beim Bau der Pflegeheime, am meisten gemauschelt? Gibt man viele Objekte an die Betreiber in einem Stadium, wo so viel schon an Weichkosten rausgezogen wurden, dass letztendlich gar kein seriöser Betrieb mehr möglich ist?

Tavridis: Ja, wenn Sie Objekte haben, wo zum Beispiel die Miete zwischen 25 und 30 Prozent des Umsatzes ausmacht. Wenn Sie diese Beträge vom Umsatz abziehen, dann ist das, was für alles andere übrig bleibt, schon sehr schmal. Und wenn das auf einem Mietvertrag basiert, mit dem Sie 20 Jahre leben müssen – dann ist das Kind schon in den Brunnen gefallen. Dann ist »game over« schon gleich. Das Spiel ist zu Ende, und Sie können nichts mehr tun.

Frage: Wie viele Heime sind das in Deutschland, bei denen schon von Beginn an »game over« ist?

Tavridis: Aus unserer Erfahrung würde ich schätzen, ein Drittel. Das sind diejenigen, bei denen die Miete 30 Prozent des Umsatzes ausmacht.

Frage: Also, ein Drittel der Einrichtungen arbeitet von Anfang an superkriminell?

Tavridis: Ja, beziehungsweise man muss kriminell werden, um zu überleben. Denn man zahlt so viel an Miete, dass, wenn man das Personal ordentlich einstellen und bezahlen würde, dann wirtschaftlich nicht klarkommen würde.

Frage: Wie drückt man die Löhne und Gehälter?

Tavridis: Da gibt es unterschiedliche Möglichkeiten – am geschicktesten machen es die Gemeinnützigen, wenn sie kirchlich sind. Sie beziehen sich auf den »Namen Gottes«. Ein Beispiel eines Wohlfahrtsverbandes: Die Putzfrauen werden in irgendeine Versorgungsgesellschaft ausgelagert. Sie mussten dann für sechs Euro pro Stunde arbeiten. Die Löhne wurden von neun Euro auf sechs Euro gedrückt. Die Gemeinnützigen machen das sehr konsequent durch Auslagern. Die Wohlfahrtsverbände sind da sehr geschickt. Das ist derzeit ein großes Schlagwort bei fast allen Gemeinnützigen. Bei den Privaten ist es einfacher.

Frage: Warum?

Tavridis: Weil die Privaten typischerweise kleiner sind, da gibt es weniger Widerstand dagegen. Da gibt es keinen Betriebsrat, und wenn, dann ist er handzahm. Sie haben auch Märkte – schauen Sie sich die Betreiber an, die sich im Osten tummeln. Sie haben im Osten als Arbeitgeber eine sehr ausgeprägte Marktmacht gegenüber dem Arbeitnehmer – das ist halt so. Und natürlich wird diese Tendenz durch die Pflegekassen noch verstärkt, denn die Pflegeentgelte im Osten liegen immer noch sehr stark unter denen im Westen. Sie haben in Ostdeutschland Verhandlungen, in denen die Pflegekassen sagen, na ja, Sie zahlen den Leuten sowieso so wenig – warum wollen Sie einen höheren Satz haben? Da haben sich, glaube ich, beide Parteien ganz gut zurechtgefunden – natürlich zulasten des Bewohners und des Arbeitnehmers.

Frage: Also letztendlich ist es ein Konglomerat zwischen Krankenkassen und Heimträgern, die sich absprechen und dann letztendlich die Bewohner und das Pflegepersonal ausbeuten?

Tavridis: Ja. Also, die Sensibilität der Pflegekassen, was die Belange der Bewohner und der Arbeitnehmer betrifft, ist nicht besonders ausgeprägt. Man versucht, die Sätze so niedrig wie möglich zu halten.

Frage: Welche Rendite kann ich heute, wenn ich in eine Pflegeimmobilie anlege, seriös erzielen?

Tavridis: Wissen Sie, das ist eine Frage, die man seriös nicht beantworten kann, denn es ist ein Irrtum, wenn man davon ausgeht, dass eine hohe Rendite prinzipiell zu einer schlechten Qualität führt. Das ist es nicht. Im Umkehrschluss, wenn Sie heute als Bestandshalter eine Immobilie verkaufen, und Sie haben zwei Käufer – und ein Käufer zahlt Ihnen das 12-Fache und einer das 14-Fache. Natürlich kommt in der Praxis derjenige zum Zuge, der das 14-Fache bezahlt. Aber bekäme derjenige, der das 12-Fache bezahlt, den Zuschlag, dann hätte er eine höhere Rendite. Ganz klar. Durch die höhere Rendite hätte er auch höhere Reserven, die Miete anzupassen, wenn es zum Beispiel Veränderungen in der Gesetzgebung gibt. Derjenige, der eine niedrige Rendite hat, bei gegebener Miete, der hat diesen Puffer nicht.

Frage: Entscheidend ist also der Kaufpreis einer Pflegeimmobilie?

Tavridis: Ja. Wenn ich weniger bezahle, dann habe ich eine höhere Rendite. Die ist in diesem Falle sogar positiv für die Pflegequalität. Ein Beispiel: Wenn zwei Jahre später wieder eine Pflegereform kommt, und der Betreiber kommt zu mir als Investor und sagt, ich kann die Miete nicht zahlen, weil meine Entgeltgrundlage sich verändert hat, dann kann ich als Investor sagen, wunderbar. Damit das Ganze nicht in die Pleite geht, kann ich dir die Miete um, zum Beispiel, zehn Prozent erlassen. Wenn ich aber zu teuer gekauft habe, dann kann ich es nicht, dann kann ich nicht einmal die Zinsen der Bank zahlen. Also, man muss das System von beiden Seiten betrachten.

Frage: Aber momentan ist doch so viel Geld im Markt für Pflegeimmobilien, dass …

Tavridis: … die Renditen gefallen sind, das ist ja das Witzige. Wenn ich zum Beispiel mit Leuten aus der »Zukunftswerkstatt« [einem Zusammenschluss von Fachleuten und Unternehmen wie dem KWA, der Sozialholding Mönchengladbach, dem Wohlfahrtswerk Baden-Württemberg und der Caritas Betriebsführungs- und Trägergesellschaft] diskutiere, die immer sagen, hohe Renditen sind was Schlechtes, dann sage ich, niedrige Renditen sind eigentlich was Schlechteres, weil niedrige Renditen dazu führen, dass der Investor eine falsche Sicht über das Risiko des Objektes hat. Man darf aber zwei Dinge nicht durcheinanderbringen: Die Immobilienrendite und die Betreiberrendite sind zwei gänzlich unterschiedliche Sachen. Wenn Sie mich fragen würden, welche Betreiberrendite man erwirtschaften kann, dann würde ich Ihnen sagen, es gibt eine seriöse Betreiberrendite, und alles andere ist nur durch Ausbeutung zu realisieren.

Frage: Wie hoch ist eine seriöse Betreiberrendite?

Tavridis: Beim privaten Betreiber, der den Ballast des Gemeinnützigen nicht hat, würde ich die irgendwo zwischen 6 und 8 Prozent sehen, bei Gemeinnützigen zwischen 4,5 und 6,5 Prozent.

Frage: Und die Immobilienrendite, was ist da seriös?

Tavridis: Ich denke mal, bei einer modernen Immobilie ist es irgendwo zwischen 6,75 und 7,5 – brutto wohlgemerkt, nicht netto.

Bei älteren Immobilien muss die Rendite höher sein, weil ganz einfach der Eigentümer in die Immobilie investieren muss. Diese Refinanzierung kann ich nur über die Rendite hinbekommen. Ich bewerte auch ältere Objekte, wo wir bewusst auf einer höheren Rendite insistieren – nicht, weil wir den Investor reich machen wollen, sondern weil wir dem Investor sagen: Pass mal auf, auf dem Papier hast du vielleicht 8 Prozent, aber wenn ich dir das alles abziehe, was du brauchst, um das Gebäude marktfähig zu halten, kommst du auf eine Nettorendite von 6 Prozent.

Frage: Und die Anleger?

Tavridis: Die Rendite für die Anleger ist die Nettorendite, was abzüglich der Haltungskosten da ist – da würde man hinkommen bei etwa 6 bis 6,5 Prozent – das sind so die derzeit üblichen Marktkonditionen.

Frage: Und das ist seriös?

Tavridis: Das ist seriös, wenn dabei keine »soft costs« beinhaltet sind. Wissen Sie, es gibt Objekte, die niedrig verzinst sind und trotzdem unseriös sind, weil die opportunistisch gekauft sind...

Frage: ... zwei Drittel der Einrichtungen betrifft das, haben Sie gesagt...

Tavridis: Man muss sein Augenmerk weglenken von der Immobilienrendite, denn im Zweifelsfall ist die so geschickt verpackt, dass Sie nicht dahintersehen können. Sie müssen wissen: Welches Objekt habe ich, welcher Standort ist es, was habe ich für einen Grundstücksanteil drin? Zum Beispiel sinkt die Effektivrendite immer, wenn die Grundstücksanteile hoch sind. Wenn ich mitten in München ein Pflegeheim baue, kann ich nie im Leben eine sieben- oder achtprozentige Rendite erwirtschaften, weil das Grundstück schon so teuer ist, dass, wenn ich auch noch eine relativ hohe Rendite auf das Gebäude habe, dann schieße ich mich aus dem Markt raus. Dann finde ich niemanden, der bereit ist, als Bewohner zu mir zu kommen. Von daher – die Immobilienrendite kann eine unwahrscheinlich hohe Bandbreite haben und kann sowohl richtig als auch falsch sein.

Frage: Ist das Produkt Pflege aus Ihrer Sicht markt- und börsenfähig?

Tavridis: Also, es bleibt festzuhalten, dass wir noch kein marktfähiges Produkt haben. Die hehren Ziele der Pflegeversicherung sind nicht annähernd eingetreten, der Gesetzgeber hat es sich einfach gemacht, hat sich aus der gesetzlichen Förderung der Infrastruktur zurückgezogen. Es ist kein Geld mehr da. Er hat gesagt, der private Sektor wird es richten, hat aber keine verlässlichen Rahmenbedingungen vorgegeben. Das Einfachste aus heutiger Sicht wäre, wenn der Staat die Grundsicherung definieren und sagen würde: »So viele Pflegeheime brauche ich. Du betreibst das mit den und den Qualitätsmerkmalen und bekommst von mir garantiert den Satz X.« Dann würde jeder Kapitalinvestor, der in den Markt reingeht, mit einer Minirendite zufrieden sein, auch mit 4 oder 5 Prozent.

Frage: Warum?

Tavridis: Weil das garantiert ist! Warum haben wir derzeit so hohe oder relativ hohe Renditen? Es wird Risiko eingepreist. Der Staat kann das Risiko von heute auf morgen weglöschen – wie in Schweden. Die Schweden haben niedrigere Renditen, denn der Staat segmentiert jede Gemeinde nach ihrem Plan. Dann sagt er, wir brauchen 200 Betten, geht zu Betreiber A und sagt, hier bekommst du 200 Betten, einen 20-Jahres-Vertrag, und wir garantieren dir die Belegung. Aber du betreibst die Pflegeeinrichtung nach unseren Maßgaben – ohne Ausnahmen. Und so liegen die Renditen in Schweden unter 5 Prozent. Warum? Es gibt kein Risiko.

Frage: Und die Qualität ist besser als in Deutschland?

Tavridis: Natürlich, weil das viel besser kontrolliert wird. Wissen Sie, bei der Formierung des Marktes brauchen wir auch Kontrollregularien. Und die Kontrollregularien werden in Deutschland typischerweise an der falschen Stelle angesetzt. Wir haben, was die Bürokratie betrifft, in Marginalbereichen eine enorme Stringenz und in den wichtigen Bereichen kaum

Kontrolle. Wir haben Verordnungen, was Medizintechnik betrifft, was Hygiene betrifft, wunderbar alles reglementiert. Die wesentlichen Sachen aber – Prozessqualität, Strukturqualität, Ergebnisqualität –, die kontrollieren wir alle zwei Jahre, und wenn was schief ist, dann haben die Einrichtungen noch zwei Jahre Zeit, sich zu bessern, und dann verklagen sie sich gegenseitig. Und dann dauert es.

Frage: Warum funktionieren in Deutschland die Sanktionsmechanismen nicht?

Tavridis: Weil den Pflegekassen klar ist, dass ein tatsächlicher Einsatz von Sanktionen zu hohe Pflegekosten verursachen würde. Das ist ja genau das Problem. Und deswegen glaube ich, sie müssen sich in unserer Gesellschaft genaue Vorstellungen machen, welche Pflege das Gemeinwesen finanzieren soll. Wir hätten alle gerne Premiumpflege, hervorragende Baulichkeit, liebevolle, gut bezahlte Mitarbeiter, die rund um die Uhr da sind. Aber bezahlen tun wir etwas ganz anderes. Und dieser Bogen muss ja überbrückt werden. Entweder müssen wir sagen, das Gemeinwesen finanziert eine Grundsicherung – wobei für mich persönlich der Personaleinsatz viel wichtiger ist als das Gebäude. Ich würde im Zweifelsfall lieber überall Doppelzimmer finanzieren und dafür genügend Personal, als das, was derzeit passiert. Überall werden Paläste errichtet, und es reicht fürs Personal nicht. Aber um diese Entscheidung drückt sich natürlich die Politik, und deshalb haben wir diese verrückte Situation.

Frage: Warum drückt sich die Politik davor?

Tavridis: Weil es eine philosophische und wertemäßige Frage ist, die von Politikern ungern beantwortet wird. Wissen Sie, das Konzept der Grundsicherung in der Pflege, das ist moralisch ein sehr heftiger Begriff. Zu sagen, es gibt für den Pflegebedürftigen eine Grundsicherung, eine Basis, es gibt eine Zwei-Klassen-Gesellschaft. Das haben wir ja im Gesundheitswesen ohnehin, aber niemand will es zugeben.

Stichwort »verlässliche Grundsicherung«: Was aber heißt verlässlich, was ist der Wertmaßstab? Das sind Fragen, um die sich alle drücken. Wir reden über ganz irrelevante Sachverhalte. Und die wesentlichen Sachen: Was ist für uns menschliche Pflege? Was ist das Minimum, das das Gemeinwesen finanzieren muss? Die wesentlichen Fragen stellt niemand. Wir können nicht beides haben, ein gemeinwesenfinanziertes System, mit 100 Prozent Einzelzimmern, 60 Quadratmetern pro Bewohner und auch noch ausreichend Personal – das ist nicht finanzierbar in Deutschland. Das wird es auch niemals geben. Das ist vielleicht in Dubai finanzierbar, aber in Deutschland bestimmt nicht. Das ist das eine. Das andere ist: Wir müssen diesen Strukturbruch zwischen ambulanter und stationärer Pflege aufweichen. Es gibt nach wie vor viel zu wenig Motivation für die Pflege zu Hause. In unserer Gesellschaft wird viel zu wenig getan, um die ambulante Pflege zu stärken, und dafür haben wir Fehlanreize in Form der zu hohen Zuschüsse in der Pflegestufe I in Pflegeheimen. Das ist einfach zu hoch – wenn Sie sich anschauen, Pflegestufe I zu Hause und im Pflegeheim, da kommen Sie im Pflegeheim günstiger weg und haben sozusagen Ihre Ruhe. Also gibt man die Oma ins Pflegeheim. Das muss umgekehrt sein, wir müssen die Eigenverantwortung stärken. Das alles passiert ja nicht.

Frage: Sind wir dann irgendwann bei Marseille? Ist er auf dem richtigen Weg mit seiner »Aldi«-Strategie und vielen Doppelzimmern?

Tavridis: Ich glaube, Marseille macht kommunikativ einen großen Fehler, indem man über »Aldi«-Pflege spricht. Denn Pflege ist etwas, das an die Grundsubstanz des Menschen geht. Das kann man schlecht mit einer Handelskette vergleichen. So manches finde ich da sehr unglücklich. Was Tatsache ist, wenn Sie sich den Rentenverlauf anschauen und wenn Sie sich die Alterskohorten anschauen, die in den nächsten 20 Jahren kommen: Wir haben eine Deckungslücke, weil wir Generationen haben die nächsten 20, 30 Jahre, die haben nicht genug Privatvorsorge aufgebaut, aber die gesetzliche Rente geht rapide nach unten bei denen. Das heißt: Es werden Menschen kommen, die in reeller Definition ein geringeres Einkommen haben als heute. Und die müssen trotzdem gepflegt werden. Und wie wollen Sie die pflegen? Wir müssen ein Konzept haben, das die Kostenfaktoren minimiert. Und ich habe es auch vorhin gesagt: Ich finde es menschlicher, am Gebäude zu sparen als am Personal. Wir haben einen Trend zur ambulanten Pflege. Das bedeutet: Die Leute kommen immer später ins Heim. Sie werden immer weniger von der Umgebung wahrnehmen, dafür aber immer mehr von anderen Menschen abhängig sein. Deshalb ist meines Erachtens das Konzept folgerichtig: Bei der Baulichkeit sparen und dafür mit niedrigeren Sätzen weiterhin einen hohen Standard schaffen.

Frage: Warum beobachten wir in der Praxis genau das Gegenteil?

Tavridis: Weil es kurzfristig profitabler ist. Das ist ganz einfach. Wenn ich ein Betreiber bin, indem ich heute meinen Bestand verkaufe, kann ich Millionen kassieren – richtig viel Geld. Oder ich kann einen schwierigen Weg gehen, langfristig angelegt. Insofern ist das, was Marseille macht, auch wenn sie vom Ruf her nicht die Besten sind, gar nicht so schlecht.

Frage: Sind die Marseille-Pflegeeinrichtungen seriös geführt?

Tavridis: Ich muss sagen, die sind sehr professionell geführt. Im Sinne der Konsistenz, der Organisationsleistungen ist Marseille einer der besten Betreiber, den Sie in Deutschland finden werden. Die Unternehmenskultur behagt mir persönlich nicht. Die ist etwas sehr diktatorisch. Da ist der alte Marseille noch im Hintergrund. Aber was die Organisation betrifft – ich muss sagen, die Marseille-Führungskräfte sind sehr kompetent, die Einrichtungen sind sehr gut geführt, die werden auch ständig kontrolliert, weil Marseille diesen Ruf hat – da können sich fast alle anderen eine Scheibe von abschneiden.

Der »Aldi« der Pflegebranche

»Wir wollen der Aldi der Pflegebranche werden«, sagte Ulrich Marseille der *Frankfurter Allgemeinen Zeitung* am 28. November 2006. Im Artikel wurde sein Konzept beschrieben: »In den ›Ein-Sterne-Häusern‹, wie er die einfachen Einrichtungen nennt, sei die Pflegeleistung die gleiche wie anderswo, die Zimmer und die Gemeinschaftseinrichtungen seien aber viel einfacher. Bisher hat die Gesellschaft erst ein Ein-Sterne-Angebot in Leipzig im Angebot. Weitere sollen bald entstehen – vorwiegend in Ostdeutschland. ›Langfris-

tig könnte ich mir 40 bis 50 Ein-Sterne-Häuser vorstellen‹, plant Marseille. Im Osten verdiene man am meisten, da die Kosten für die Immobilien und das Personal deutlich unter dem Westniveau lägen. ›Was in Frankfurt am Main eine Million kostet, kostet in Frankfurt an der Oder nur 100 000.‹ Zwar zahlten die Bewohner weniger für die Plätze, die Pflegesätze seien aber dieselben wie im Westen. ›Wir gehen dahin, wo wir Geld verdienen können: in die Plattenbauten.‹ Schon jetzt ist der Konzern mit 20 seiner 53 Altenheime in Ostdeutschland überdurchschnittlich stark vertreten.«
Der Aktienkurs des börsennotierten Unternehmens lag im Juli 2007 bei rund 17 Euro. Nach Meinung der Experten von *Der Aktionärsbrief* ist die Aktie der Marseille-Kliniken ein »Trendinvestment«. Das Unternehmen habe erneut ein Sale-and-lease-back-Geschäft mit einem Finanzinvestor abgeschlossen. Zu diesem Zweck seien drei Einrichtungen aus dem Bereich Pflege und Rehabilitation veräußert und gleichzeitig zurückgemietet worden. Das bringe einen Erlös von 95 Millionen Euro. Mit dem Erlös sollten Verbindlichkeiten reduziert und neues Wachstum finanziert werden. Bereits in den Jahren 2004 und 2005 seien ähnliche Maßnahmen durchgeführt worden, die jeweils zu deutlichen Kursanstiegen geführt hätten. Auch diesmal deute die Markttechnik auf eine anschließende Rallye hin.
Es werden also wieder einmal Pflegeeinrichtungen gebaut, in denen eigentlich niemand leben möchte. Nicht einmal Ulrich Marseille selbst. Wenn er einmal pflegebedürftig werden sollte, möchte er im Kreise seiner Familie bleiben. »Freiwillig würde ich selbst nicht ins Pflegeheim gehen, auch nicht in eines von uns«, sagte der Unternehmer 2006 der *FAZ*.

Frage: Würden Sie Ihre Angehörigen in ein Marseille-Pflegeheim schicken oder sich selbst dort pflegen lassen?

Tavridis: Ich würde mir immer die Einrichtung anschauen. Aber die Einrichtungen, die ich von Marseille selbst besichtigt habe, waren bis jetzt sehr gut.

Frage: Wie arbeiten die schwarzen Schafe dieser Branche, die zwei Drittel, von denen Sie gesprochen haben, im Vergleich zu den seriösen Pflegeanbietern – dem verbleibenden Drittel?

Tavridis: Ich fange an bei den Betreibern. Bei den Betreibern ist es wichtig, dass der Betreiber natürlich sein Kerngeschäft kennt. Das Kerngeschäft ist nicht das Catering, das Kerngeschäft ist nicht die Immobilie, das Kerngeschäft ist die Pflege. Wenn der Betreiber auf eine marktfähige und refinanzierbare Qualität Wert legt, wenn der Betreiber versteht, dass letztendlich das Produkt mit Menschen steht und fällt, dann ist er ein guter Betreiber. Das ist ein relativ sicheres Zeichen, aber keine 100 Prozent sichere Garantie. Es gibt immer noch Leute, die sich gut tarnen können, aber es ist ein gutes Zeichen. Wenn ich Betreiber treffe, die mir erzählen, wie toll ihre EDV ist, wie toll das Catering ist, wie toll das Gebäudemanagement ist, dann bin ich immer skeptisch. Es ist wichtig, das Kerngeschäft zu verstehen – die Pflege. Und da wird das Spiel gewonnen oder verloren. Die Randbereiche sind einfach Randbereiche.

Frage: Wo liegt im Immobilienbereich die Grenze zwischen seriös und unseriös?

Tavridis: Im Bereich der Immobilien ist es relativ einfach. Der Seriöse ist derjenige, der weiß, was er bereit ist zu zahlen – und auch nicht mehr bezahlt, weil es alle anderen tun. Sie sehen es derzeit ganz klar: Es gibt Fonds, die sagen ganz klar: Ich kaufe nichts, weil mir das einfach zu teuer ist, weil die Qualität der Immobilie nicht gut ist. Und es gibt andere, die sagen: Hinter mir die Sintflut! Und wenn das Ding in fünf Jahren pleitegeht, interessiert mich das nicht. Ich habe alle meine Gebühren kassiert, und in fünf Jahren bin ich sowieso bei einem anderen Unternehmen.

Frage: Unter so einem Geschäftsgebaren leiden letztendlich sowohl die Anleger als auch die Bewohner?

Tavridis: Ja. Im Zweifel, ja.

Frage: Wie beurteilen Sie die Arbeit der Wohlfahrtsverbände?

Tavridis: Es gibt Wohlfahrtsverbände, die sehr gut sind, es gibt Wohlfahrtsverbände, die schlecht sind. Bei den Wohlfahrtsverbänden mangelt es manchmal nicht am Willen, sondern am Können. Man merkt einfach, dass bei vielen Wohlfahrtsverbänden die wirtschaftliche Notwendigkeit erst jetzt Einzug hält. Gleichwohl gibt es auch Wohlfahrtsträger, die sehr gute

Qualität mit dem richtigen Händchen für die Wirtschaftlichkeit haben. Also, so global kann man die Frage nicht beantworten.

Frage: Sind Wohlfahrtsverbände die besseren Träger im Vergleich zu Privaten?

Tavridis: Ich würde sagen, die sind gleich. Den Willen, den Wohlfahrtsverbände haben, ihre Qualität zu erbringen, machen sie teilweise durch mangelnde wirtschaftliche Kompetenz zunichte. Wirtschaftlichkeit und der Wille, gute Pflege zu erbringen, müssen aber Hand in Hand gehen. Wohlfahrtsverbände sind sicherlich ein schwieriger Partner für Investoren jeder Couleur, denn die Verschachtelungen und die Verquickungen sind schwer zu durchschauen. Es fehlt an Transparenz. Die AWO Hessen ist nicht gleich der AWO Berlin oder der AWO Bayern. Die Wohlfahrtsverbände haben eine Struktur, die ist ja kaum verständlich. Sie haben Landesverbände und Kreisverbände. Und wie die zusammenhängen, das ist auch nicht eindeutig. Es gibt sehr viel über Personalunionen, über Informelles. Das sind alles Dinge, die für einen Investor ein »no go« sind. Potenzial würde sicherlich bestehen, denn gerade Gemeinnützige haben enorme Renovierungs- und Sanierungsmaßnahmen vor sich. Und da müssen sie sich irgendwo das Geld holen. Aber das kann noch länger dauern.

Frage: Wenn Sie einen Fonds auflegen müssten, wie hoch würden Sie die Weichkosten machen?

Tavridis: Also, ich würde eine Struktur schaffen, bei der die Weichkosten sehr gering sind, sagen wir, 2 bis 5 Prozent. Der Fondsinitiator wäre jedes Jahr am Erfolg beteiligt. Wenn es den Anlegern gut geht, dann soll es dem Initiator auch gut gehen, und wenn es den Anlegern schlecht geht, dann soll es dem Unternehmen selbst auch wehtun. Ich würde dafür plädieren, transparente Strukturen zu schaffen und auch das Thema Qualität offensiver angehen. Es finden sich sicherlich Anleger, die sich mit einer niedrigeren Rendite zufriedengeben, wenn die Qualität stimmt. Man gibt ihnen einmal im Jahr die Möglichkeit, selbst ins Pflegeheim reinzugehen, um sich ein Bild zu machen. Ich bin mir sicher, sie betrachten einen Teil der Rendite als soziales Engagement. Ich denke mir, für solche Modelle lässt sich sicherlich eine Klientel finden. Aber da fehlt der Branche der Mut, in diese Richtung zu gehen.

17 Wie bei Kassen und alten Menschen abkassiert wird

Inkontinenzpauschalen

Was versteht man eigentlich unter »Inkontinenz«? Darüber hat sich die Wissenschaft für ihre Expertenstandards ernste Gedanken gemacht. Für einen Herrn Abrams ist es »unwillkürlicher Harnverlust«. Die Herren Royle and Walsh brauchten zur Beschreibung ein und desselben Sachverhalts schon deutlich mehr Worte und arbeiten mit dem Gegenteil: »Kontinenz ist die Fähigkeit, willkürlich und zur passenden Zeit an einem geeigneten Ort die Blase zu entleeren. Kontinenz beinhaltet weiterhin die Fähigkeit, Bedürfnisse zu kommunizieren, um Hilfestellungen zu erhalten, wenn Einschränkungen beim selbstständigen Toilettengang bestehen.« Alles klar?

Die Erklärung für Inkontinenz klingt zwar kompliziert, doch die Industrie hat eine einfache Lösung für das Problem parat: Windeln. Die Hersteller machen damit ein Bombengeschäft, weil alte Menschen in Pflegeheimen häufig nicht mehr zur Toilette gebracht werden. Es wurden inzwischen sogar »Inkontinenzmaterialien«, wie sie im Fachjargon heißen, mit einem Maximalsaugvermögen von 3780 Millilitern entwickelt. Das bedeutet mit anderen Worten: Die Windel kann heute mehr als 3,7 Liter Urin bunkern, bevor sie gewechselt werden muss.

Zum Vergleich: Hersteller gehen davon aus, dass alte Menschen rund dreieinhalb Liter am Tag trinken. Der Pflegebedürftige habe einen Flüssigkeitsverlust von etwa 1000 Millilitern pro Tag über die Haut, die Lunge und den Darm. Schließlich bleibe noch eine Restmenge von zwei bis zweieinhalb Litern Urin in 24 Stunden. Obwohl selbst der Hersteller »bei maximaler Auslastung eine Oberflächentrockenheit nicht mehr gewährleisten« kann, werden solche Windeln in Pflegeheimen aus Gründen der Profitmaximierung regelmäßig eingesetzt, erzählt unser Informant. Dann benötigt die Einrichtung nicht mehr fünf Windeln am Tag für einen Bewohner, sondern nur noch eine – und spart dadurch bares Geld. »Man bekommt eine Inkontinenzpauschale

für jeden Bewohner, der eine Inkontinenzbescheinigung hat«, so der Insider. Also sei es profitabel, möglichst viele solche Papiere zu sammeln: »Auch wenn jemand nur einen Tropfen in die Hose macht, wird er sofort zum Hausarzt geschickt.« Sobald die Einrichtung die Inkontinenzbescheinigung habe, bekomme sie den Pauschalbetrag von der Krankenkasse bezahlt. Dieser Betrag sei für jeden inkontinenten Bewohner, egal, ob er jetzt eine Windel oder zehn Windeln am Tag brauche, der gleiche. »Wenn es jetzt gelingt – und da kümmern sich ja ganz viele Firmen drum –, möglichst Windeln zu schaffen, die ich in 24 Stunden nur einmal wechseln muss, gewinne ich auch hier wieder Geld. Es ist zwar nicht viel, aber im Monat kommen je nach Größe der Einrichtung bis zu 5000 Euro zusammen«, so der Insider. Mit dieser potenziellen Ersparnis durch topsaugfähige Windeln warb vor einiger Zeit sogar die Industrie direkt in Pflegeheimen. Der Slogan lautete: »Durchdachte Details machen es Betroffenen unmöglich, die Inkontinenzhosen oder angelegte Vorlagen zu entfernen, unnötiges Umziehen des Bewohners entfällt. Die Anzahl der nötigen Inkontinenzmittel pro Tag sinkt erheblich.« Eine unseriöse Offerte, finden nicht nur wir. Es gibt mindestens eine gute Einrichtung, die sich nicht nur weigerte, diese Windel zu verwenden, sondern sich sogar bei der Herstellerfirma über das unmoralische Angebot beschwerte. Der Brief liegt uns vor. Sollte der Verkauf dieser Windeln tatsächlich ansteigen, heißt es da, »dann ist in unserer Gesellschaft bereits eine annehmbare Grenze im Umgang mit pflegebedürftigen Menschen und ihrer Würde überschritten. Die Vorstellung, sich als erwachsener Mensch in einem ›Strampelanzug‹ wiederzufinden, der aufgrund der Raffiniertheit der Hersteller nicht selbstständig zu öffnen ist, ist grausam. Sofern dieses Produkt überhaupt Verwendung findet, bedarf es einer richterlichen Genehmigung, da hier die Bewegungsfreiheit und Selbstbestimmung beschränkt werden ... Für die pflegebedürftigen Menschen von heute und morgen hoffen wir, dass Ihr Produkt sich nicht auf dem Markt bewährt, und wünschen uns, dass die Fachleute Ihrer Produktentwicklung Maßstäbe ihres Handelns überdenken und zukünftig das angestrebte Ziel ›Wohlbefinden der Bewohner‹ als oberstes Ziel ihres Handelns verstehen.« Es müsste mehr solcher Einrichtungen geben. Problematisch finden wir auch, dass einige Hersteller von Inkontinenzmaterialien kostenlos Schulungen in den Pflegeheimen anbieten. Damit sparen sich die Einrichtungen zwar Fortbildungskosten, aber es fehlt die Unabhängigkeit in der Weiterbildung. Denn die Windelindustrie hat nur ein Interesse: Sie will ihre Produkte verkaufen ...

Dieser Brief einer Münchener Pflegerin, der uns kürzlich erreichte, machte uns wütend. Darin schildert sie, dass an ihrem Arbeitsplatz »einige Bewohner auf dem Toilettenstuhl ihre Mahlzeiten einnehmen beziehungsweise gefüttert werden, während sie ihr Geschäft verrichten sollen«. Man muss sich das so vorstellen. Da sitzen alte Menschen mit heruntergelassener Unterhose auf einem Toilettenstuhl, der in der Mitte ein Loch hat, und gleichzeitig wird ihnen das Essen von übellaunigen Pflegekräften gereicht. Der Geruch ist fast unerträglich. Und da soll das Marmeladebrot oder das Geschnetzelte noch schmecken? Unsere erste, spontan-naive Reaktion war: »So etwas gibt es doch nicht!« Als wir dann ein Bild dieser Szenerie sahen, wurde uns schon beim Anblick desselben schlecht. Seine Notdurft verrichten und dabei gleichzeitig schlemmen! Das hat mit Würde nichts mehr zu tun! Aber warum bleibt nur alten Menschen ein solcher »Genuss« vorbehalten?, fragten wir uns.

Unser Vorschlag wäre: Catering auf modernen Toilettenstühlen im Bundestag. Die politische Elite der Gesellschaft könnte noch ökonomischer arbeiten, Toilettenzeiten könnten mühelos rationalisiert werden. Doch das würde keiner dulden. Sofort würde ein Gesetz verabschiedet werden, das den Einsatz von Toilettenstühlen untersagt. Unsere Recherchen haben ergeben, dass man zuerst einmal alt und inkontinent werden muss, um an diesem mehr als fragwürdigen Vergnügen teilzuhaben. Als die Pflegerin bei ihren Vorgesetzten im Heim nachfragte, ob so etwas normal sei, bekam sie zur Antwort: Das sei schon seit Jahren üblich. Und als ob das noch nicht genug wäre, wurden die gefüllten Nachttöpfe dann auch noch ohne Deckel an speisenden Bewohnern vorbei zur Toilette gebracht. Man stelle sich einmal diese Situation in einem Restaurant vor: Wiener Schnitzel mit Pommes und Salat an Urin- und Kotgeruch. Was für ein Gericht! Wenn das nicht appetitanregend ist…

Billigfood für Alte

Viele Einrichtungen geben für die Verpflegung ihrer Bewohner unter vier Euro pro Tag und Bewohner aus, obwohl sie je nach Pflegestufe insgesamt monatlich rund 3000 Euro kassieren. Davon entfallen etwa 700 bis 800 Euro im Monat für den Posten Unterkunft und Verpflegung, also zum Beispiel Zimmerreinigung oder Essen. Eine große Anzahl von Betreibern versucht, die Kosten für die Verpflegung nach unten zu drücken, um Profite zu maximieren. »Ich hatte für meine Küche eine Vorgabe von 2,08 Euro pro Bewohner und Tag«, berichtet unser Informant, ein ehemaliger Heimleiter. »Und da sollen Sie ein gutes Essen machen!« Mit diesem Betrag könne man nur wirtschaften, wenn man sich ausschließlich auf Fertigprodukte reduziere. Also: Wiener Würstchen aus der Dose mit Senf und Brötchen vom Vortag. Gutes Küchenpersonal sei unter diesen Rahmenbedingungen nicht bezahlbar und auch nicht zu bekommen. Andere Einrichtungen speisen die Bewohner mit Nahrung ab, die den Betrag von vier Euro nicht übersteigen darf. Normal seien, sagen Experten, Kosten für Verpflegung von sechs bis acht Euro pro Bewohner und Tag. Zum Vergleich: Im Restaurant kostet ein Glas Apfelsaftschorle mitunter 2,70 Euro, eine Pizza sechs Euro, und »Cleo«, der Kater der Nachbarin, verfuttert locker sieben Euro am Tag. Davon müssen viele alte Menschen im Pflegeheim drei Tage lang leben. Und gutes Katzenfutter enthält im Gegensatz zum Essen im Heim auch noch bestes Hähnchenfleisch, das duftet und schmeckt. Etliche alte Menschen wären froh, wie eine Katze behandelt zu werden…

Medikamente für eine höhere Pflegestufe

Am Anfang muss ein Antrag gestellt werden. Gutachter des Medizinischen Dienstes der Krankenkassen suchen dann die betreffende Person auf, um festzustellen, ob und wie viel Hilfe diese für ihr tägliches Leben braucht. Dabei werden allerdings nur die Bewegungsfähigkeit, die Ernährung, die Körperpflege und die Ausscheidung berücksichtigt, während die anderen Alltagsbelange bei der Begutachtung keine Rolle spielen. Anhand dieser Kriterien entscheidet es sich, ob die Betroffenen in eine der drei Pflegestufen eingruppiert werden. Die sind danach gestaffelt, wie oft und wie lange einem Menschen geholfen werden muss. Personen in der Stufe I haben einen Pflegebedarf von mindestens 90 Minuten pro Tag, in Stufe II sind es drei Stunden und mehr und in Stufe III mindestens fünf Stunden.

Je höher die Pflegestufe, desto mehr Geld bezahlt die Pflegekasse. In Stufe I schießt sie derzeit 1023 Euro im Monat als Sachleistungen zu, in Pflegestufe II 1279 Euro und in Pflegestufe III 1432 Euro. Letztere soll durch die Reform der Pflegeversicherung sogar noch weiter erhöht werden, heißt es in dem im Juni veröffentlichten diesbezüglichen Eckpunktepapier. Mit anderen Worten: Eine stationäre Pflegeeinrichtung, in der möglichst viele Bewohner der Pflegestufen II und III leben, bekommt von der Kasse mehr Geld als eine, die zahlreiche Menschen der Stufe I beherbergt.

Dies teilte uns jüngst ein Heimleiter aus Schleswig-Holstein in einem ungewöhnlich offenen Schreiben mit, in dem er schildert, wie Heimverwaltungen sich an Geldern der Pflegekassen bereichern:

Sicher kann man dem MDK vorwerfen, dass er das eine oder andere Mal nicht gerecht eingestuft hat. Die Betreiber sollten aber auch gerechterweise sagen, wie oft sie Bewohner in einer hohen Pflegestufe haben, obwohl der Bewohner gar nicht mehr einen so hohen Pflegebedarf hat. Das Herunterstufen von Heimbewohnern scheint immer noch die Ausnahme zu sein, obwohl es einem Betrug gleichkommt, wenn ich für Bewohner Leistungen für die Pflege erhalte und diese Leistungen gar nicht erbringe.

Eine große Anzahl von Pflegeheimen beherbergt also Bewohner, deren Pflegestufe höher ist, als es eigentlich nötig wäre – zum Vorteil der Häuser. Andere Einrichtungen arbeiten sogar gezielt darauf hin, dass der Medizinische Dienst möglichst viele Bewohner in hohe Pflegestufen, die dem tatsächlichen und individuellen Pflegebedarf nicht entsprechen, also den alten Menschen eigentlich gar nicht zustehen, einordnet. So liegen uns interne Unterlagen eines MDK vor, aus denen ersichtlich wird, wie dreist Heime und Angehörige von Pflegebedürftigen, die diese Maßnahme beantragen müssen, versuchen, mehr Geld zu kassieren. Aus dem Papier geht hervor, dass eine Bewohnerin von Pflegestufe II in Stufe III hochgruppiert werden sollte. Sie hatte einen Schlaganfall erlitten und war seitdem weitgehend hilflos und immobil. Der linke Arm sei »gebrauchsunfähig«. Für diese Defizite hatte ihr der MDK schon früher die Pflegestufe II zugestanden, und Pflegestufe III sollte deshalb bewilligt werden, weil nun ein höherer pflegerischer Aufwand erforderlich sei. Bei seiner Begutachtung stellte der MDK aber fest, dass das Heim mit sogenannten »pflegeerleichternden Maßnahmen« gearbeitet hatte. Der Pflegeaufwand war also eher niedriger als höher. Und dennoch wurde Pflegestufe III beantragt. In diesem Fall lehnte der Medizinische Dienst die Höherstufung ab: »Bei liegendem Dauerkatheter ist der pflegerische Zeitaufwand für die Durchführung der pflegerischen Maßnahmen nicht sehr hoch, es besteht auch keine nächtliche Pflegebedürftigkeit bezüglich der grundpflegerischen Verrichtungen, sodass insgesamt die Kriterien für eine beantragte Höherstufung … nicht erfüllt sind.« Immer wieder drängen Pflegeeinrichtungen Angehörige von Bewohnern jedoch dazu, Höherstufungen zu beantragen, auch wenn es eigentlich nicht angebracht wäre. Das hat System. Und oft haben skrupellose Heimverwaltungen damit sogar Erfolg. Manchmal werden Pflegebedürftige mit Medikamenten, die mitunter von Hausärzten mehr oder weniger auf Verlangen sehr unkritisch verordnet werden, auf eine höhere Pflegestufe getrimmt.

Unser Informant kennt einen krassen Fall aus dem ambulanten Bereich. Es geht um die Leiterin einer ambulanten Pflegestation. Sie habe es geschafft, dass eine extrem hohe Zahl von Pflegebedürftigen in die Stufen II und III eingruppiert worden seien. Der Informant: »Sie wusste jedes Mal, wenn der Medizinische Dienst zur Begutachtung kam. Drei Tage vorher bekam der zu Pflegende 3 x 20 Tropfen Haldol, und danach war er in der richtigen Pflegestufe.« Haldol sei ein hochpotentes Neuroleptikum, das in entsprechender Dosierung eine Versteifung der gesamten Muskulatur bewirke. »Mit 20 Tropfen Haldol lege ich Sie lahm, mit 100 Tropfen mache ich Sie nur doof im Kopf«, erzählt er. Danach werde Haldol wieder abgesetzt, der Gesundheitszustand bessere sich dann schnell wieder. Das sei Realität und beileibe kein Einzelfall. Der Insider: »Haldol oder vergleichbare Neuroleptika in niedriger Dosierung reduzieren Ihren gesamten Muskelturnus. Das Zeug macht Sie hilflos, Ihnen ist alles egal, Sie verlieren die Fähigkeit zur Bewegung, Sie werden zunehmend steif, Ihre Aufmerksamkeitsspanne geht deutlich zurück, Sie können sich nicht mehr konzentrieren und verlieren das Interesse an allem.« Dementsprechend ließen Pflegebedürftige sich bei der Begutachtung durch den Medizinischen Dienst der Krankenkassen auch recht gut einstufen – natürlich in die hohen Kategorien: »Schauen Sie sich doch in den Pflegeheimen um, schauen Sie sich die Medikamentendosierung an, die gegeben wird. Sie verstehen, warum es für die Betreiber durchaus Sinn macht, wenn viele Neuroleptika verteilt werden. Wenn man es mit anderen Ländern dieser Welt vergleicht, sind Neuroleptika bei demenzerkrankten Menschen nur bei klarer Identifizierung eines psychotischen Ausnahmezustands erlaubt. In Deutschland dürfen es Hausärzte verschreiben, die davon keine Ahnung haben«, bemängelt unser Informant. Kurz nachdem er uns diese Geschichte erzählt hatte, machte ein Fall in Berlin Schlagzeilen.

Laut Berliner *Tagesspiegel* vom 15. Februar 2007 soll »im Krankenpflegeheim des Berliner Lazaruswerks Patienten gezielt ein Neuroleptikum verabreicht worden sein, um ihre Vitalität bei der Begutachtung und Untersuchung des Medizinischen Dienstes herabzusetzen«. Durch diese Manipulation soll sich das Heim die Einstufung der Patienten in eine höhere Pflegestufe erhofft haben, so die Vorwürfe des Berliner Ersatzkassenverbandes VdAK. »Die Patienten sollten einen möglichst hinfälligen und pflegebedürftigen Eindruck auf die Gutachter machen«, teilte die Ermittlungsstelle gegen Abrechnungsbetrug des Ersatzkassenverbandes der Zeitung mit. Patienten, die für die Einstufung in eine höhere Pflegestufe einen zu gesunden und vitalen Eindruck machten, sollten vor einer Begutachtung das Medikament Dipiperon bekommen haben, ein niederpotentes Neuroleptikum, das als Beruhigungsmittel wirkt. Dipiperon wird verwirrten Menschen oder Bewohnern mit psychotischen Störungen verordnet. »Die Patienten wirken müde und benommen und sind – je nach Dosierung – schwer ansprechbar«, so der *Tagesspiegel.* Der Betreiber des Heimes wies die Vorwürfe zurück. Es habe zwar tatsächlich eine anonyme Anzeige gegeben, und bei den daraufhin durchgeführten Ermittlungen habe sich herausgestellt, dass eine Mitarbeiterin das Medikament auch verabreicht habe – allerdings nur »in einem Einzelfall«. Die Mitarbeiterin sei sofort freigestellt worden. »Das war ein Einzelfall und keinesfalls flächendeckende Praxis«, sagte Hans-Uwe Stephan, Vorstandsmitglied des Trägers Evangelisches Jugend- und Fürsorgewerk (EJF) Lazarus gAG, im Februar 2007. Nur wenige Tage später aber zitiert erneut der Berliner *Tagesspiegel* eine interne E-Mail zwischen zwei Mitarbeitern der Einrichtung, die den Verdacht gegen das Pflegeheim erhärtete: »Ich frage mich ..., warum wollen sie die Ärzte darüber informieren, dass sie nicht mehr dieses Medikament verabreichen, wenn der MDK ins Haus kommt, für eine PS [Pflegestufe] beziehungsweise die Höhergruppierung zu forcieren.« Diese E-Mail legt die Vermutung nahe, dass zumindest bis zu diesem Zeitpunkt Heimbewohnern vor einer Begutachtung zur Bestimmung der Pflegestufe Medikamente verabreicht wurden.

Kurze Zeit später berief der Vorstand des Betreibers, des EJF, einen internen Untersuchungsausschuss ein, der im Sommer 2007 seine Ergebnisse vorlegte: Die Vorwürfe gegen das Lazarus-Krankenheim »wegen angeblicher regelmäßiger Manipulation von Pflegestufen« seien haltlos. Aufgrund der weitreichenden Anhörungen stehe fest, dass der Vorgang vom 7. August 2006 »der einzige sei, der den Vorwurf rechtfertigen könne, eine Bewohnerin habe ein orales Neuroleptikum erhalten, um in eine höhere Pflegestufe zu kommen«, heißt es in dem elfseitigen Dokument. Eine Rechtfertigung für den darüber hinausgehenden Vorwurf, dieses Vorgehen der Pflegefachkraft sei auf Weisung oder mit Billigung von Vorgesetzten oder Ärzten geschehen und sei kein Einzelfall, gebe es nach einhelliger Überzeugung der Ausschussmitglieder nicht. Es habe sich hier um einen bedauerlichen Einzelfall einer überforderten Pflegekraft gehandelt. Insgesamt 21 Mitarbeiter der Altenpflegeeinrichtung sowie alle Vorstandsmitglieder seien vom Untersuchungsgremium, das sich aus Juristen, Ärzten und Altenpflegeexperten zusammengesetzt habe, angehört worden. »Zwei Drittel aller rund 200 Bewohnerinnen und Bewohner« im Lazarus-Krankenheim »haben derzeit die Pflegestufen II oder III«, heißt es in der Pressemitteilung zum Abschlussbericht. Eine hohe Zahl. Sind Bewohner einmal in einer hohen Pflegestufe, dann behalten sie diese meist ein Leben lang – auch wenn sich ihr Gesundheitszustand verbessern sollte.

Das berichtete uns eine engagierte Pflegekraft aus einem Münchener Heim in einem Brief. Sie möchte anonym bleiben, weil sie befürchtet, dass sie, wenn ihr Name wie bei dem »Einzelfall« im Berliner Lazarus-Heim publik würde, von einem Tag auf den nächsten arbeitslos wäre. Ihr Bericht beginnt mit einer positiven Entwicklung:

In unserer Pflegeeinrichtung befindet sich seit Jahren eine demente Bewohnerin. Sie steht weder aus eigenem Antrieb aus dem Bett auf, wäscht sich nicht alleine beziehungsweise ist dazu nicht in der Lage. Sie muss vollkommen angekleidet werden. Sie verweigert seit langer Zeit Essen und Trinken, nimmt also nichts selbstständig zu sich. Wir geben daher Speisen und Getränke vollständig ein, mit einem Zeitaufwand pro Mahlzeit von mindestens 20–25 Minuten. Nun wurde im Zuge eines Neubaus ein neuer, heller Aufenthaltsraum geschaffen, und es wurde eine Altentherapeutin (Halbtagskraft; 50 Prozent der Regelarbeitszeit) eingestellt. Sie hat ein Betreuungskonzept für den Wohnbereich erstellt, in welchem nur demente Bewohner untergebracht sind. Leider werden ihre 50 Prozent Arbeitskraft der Pflege entzogen, d. h. diese fehlenden 50 Prozent müssen von den Pflegekräften zusätzlich aufgebracht werden. Nun möchte ich nicht klagen, denn die Betreuung bringt auch eine gewisse Entlastung, da die Bewohner nicht ziellos umherirren – und eben – wenigstens stundenweise, zum Beispiel während und nach dem Frühstück, betreut werden. Der

Frühstückstisch wird von der Therapeutin schön gedeckt, mit Platzdecken, kleinen Blumenvasen usw.

Nun zur dementen Bewohnerin: Vor einem Jahr wurde es mit Mühe und Not bewerkstelligt, für sie die Pflegestufe III zu bekommen. Und ich denke, nicht zu Unrecht. Nun passierte ein Wunder. Besagte Bewohnerin fängt an diesem hübsch gedeckten Frühstückstisch plötzlich alleine an zu essen und zu trinken. Zwar dauert es sehr lange, aber dennoch, es passiert.

Nun sind wir Pflegekräfte in der schwierigen Situation zu entscheiden: Dokumentieren wir diesen Fortschritt oder nicht? Wir haben uns dazu entschieden, es zu unterlassen, denn wir laufen Gefahr, uns selbst zu schaden. Sollte besagte Bewohnerin vom MDK bei der nächsten Begutachtung von Pflegestufe III auf II zurückgestuft werden, was vermutlich der Fall sein wird, so schaden wir uns selbst. Bekanntlich richtet sich der Stellenschlüssel ja nach wie vor nach den Pflegestufen und nicht nach Zeitaufwand zur Betreuung. Dabei wird völlig übersehen, dass ein dementer Bewohner mit Pflegestufe I oft mehr an Zeitaufwand benötigt als z. B. bettlägrige Bewohner mit Pflegestufe III, welche ja beim Essen nicht ständig aufstehen, weglaufen, die Ausscheidungen in Betten und Fluren hinterlassen etc. etc. Absurd, aber Wirklichkeit.

Weshalb wird in der Altenpflege Fortschritt bestraft und nicht belohnt?

Treiben wir z.B. die Bewohner in die Inkontinenz, weil die Zeit für den Toilettengang fehlt, wer regt sich auf? Niemand. Die Wahrheit darf man in der Altenpflege auch heute noch nicht öffentlich sagen.

Bei unseren Recherchen ist uns von Pflegekräften immer wieder berichtet worden, dass hohe Pflegestufen in Heimen erschlichen oder unberechtigt gehalten werden. Manipulationen werden der Öffentlichkeit häufig als »Einzelfälle« verkauft, obwohl vielfach eine Systematik dahintersteckt. Erst, wenn wie beim Radsport-Doping viele Pflegekräfte, Ärzte, Heimleitungen und Geschäftsführungen sich öffentlich äußern und die Kontrollen verstärkt werden, kann diesem Abzocksystem ein Ende bereitet werden. Der von der Politik im Eckpunktepapier zur Pflegeversicherung vorgeschlagene Anreiz zur Rückstufung von Pflegebedürftigen geht zwar in die richtige Richtung, reicht aber wahrscheinlich nicht aus. Pflegeheime, »denen es durch verstärkte aktivierende und rehabilitative Bemühungen gelingt, Pflegebedürftige in eine niedrigere Pflegestufe einzustufen, erhalten einen einmaligen Geldbetrag in Höhe von 1536 Euro«, heißt es dort. Pflegeheimverwaltungen aber, deren »Schützlinge« über Jahre in eine zu hohe Pflegestufe eingruppiert sind, entlockt die Nennung dieses Betrags nur ein müdes Grinsen. Ihr Profit, wenn sie nicht zurückstufen lassen, ist wesentlich höher. Diese Einschätzung bestätigt auch Michael de Ridder, leitender Arzt im Vivantes-Klinikum am Urban in Berlin. Er hat 15 Jahre lang als Notarzt gearbeitet und kann daher die Situation in vielen Pflegeeinrichtungen einschätzen. »Ich glaube, dass das, was die Bundesregierung vorschlägt, nicht ausreicht«, so der Mediziner. Es gebe eine harte Konkurrenzsituation zwischen den Trägern, und jeder versuche das Optimum zu erreichen. De Ridder: »Die Heime fragen sich, ob sie wirklich belohnt werden, wenn sie aktivierende Pflege betreiben und die Leute wieder aus der Unselbstständigkeit herausholen.« Unter dem Strich, glaubt er, würden die Einrichtungen auf das Angebot der Bundesregierung, das in den Eckpunkten formuliert wurde, nicht eingehen. Dafür müssten »die Menschenrechte auch für alte Menschen gelten«, sagt de Ridder. Die Pflegereform jedenfalls schaffe dieses Umdenken nicht.

Betrogene Pflegekassen: Die Tricks der ambulanten Dienste

Ambulante Altenpflege ermöglicht, dass Bedürftige zu Hause wohnen können und in ihrer gewohnten Umgebung betreut werden. Das, was die Pflegedienste leisten – waschen, Essen reichen, wundgelegene Stellen versorgen, Medikamente reichen –, wird mit der Pflegekasse abgerechnet. Eine von ihnen ist die AOK Hessen. Viele Pflegedienste arbeiten gut, sorgsam und korrekt, viele aber auch nicht.

Ein Beispiel: Nach einem anonymen Hinweis überprüfte eine Pflegefachkraft der AOK einen Patienten. In ihrem internen Aktenvermerk schildert sie das Szenario, das sie bei dem Hausbesuch vorfand:

Herr R. leidet an einem Mundbodenkarzinom mit einem

an der linken Halsseite aufgebrochenen Tumor. Dieser Tumor ist mit keinerlei Verbandsmaterial versorgt. Es entleert sich daraus ständig Blut und eitriges Sekret. Herr R. deckt diese Wunde mit Toilettenpapier, Papiertaschentüchern und Küchenrollenpapier ab. An dieser Wunde befanden sich unzählige Fliegen. Im Bett des Herrn R. befanden sich ebenso unzählige Maden. Die durchtränkten Tücher lässt er dann in seinem Bett oder davor liegen. Herr R. ist ansprechbar, kann sich aber aufgrund seiner Erkrankung nur mit Lauten und Gesten verständigen. Er macht auf mich einen hilflosen Eindruck und ist dankbar für Hilfe. Herr R. ist mit einer PEG-Sonde versorgt, über die Flüssigkeitsnahrung dreimal täglich zugeführt wird. Die Nahrung läuft mittels Schwerkraft in das System. Hierfür wird die Flasche an einen Infusionsständer gehängt. Dieser Ständer befand sich in einem geradezu superverdreckten Zustand. Herr R. bekommt die Nahrung vom Pflegedienst K. angehängt und stöpselt diese dann selbstständig ab, wobei er dann das System in einen neben seinem Bett stehenden Eimer, in dem sich Urin, blutig eitriges Sputum [ausgehustete Absonderung der Atemwegsschleimhäute] und wie oben beschrieben diverse Papiertücher befinden, fallen lässt. Die Eintrittsstelle der PEG-Sonde ist ebenfalls stark infiziert und nicht adäquat versorgt. Diese Leistung berechnet der Pflegedienst K. der Krankenversicherung. Für die Wundversorgung fand ich keinerlei Verbandsmaterial in der Wohnung. Eine grundpflegerische Versorgung wurde hier vom Pflegedienst K. nicht erbracht. Herr R. lag in einem blutverschmierten Bett und hatte eine blutverschmierte Strickjacke (im Sommer ca. 25 Grad warm) an. Seine Zehenzwischenräume waren blutverkrustet, wobei ich keinen Anhalt für Wunden im Fußbereich feststellen konnte. Es scheint, als wären dies Blutreste, die von der Halswunde beziehungsweise der PEG-Wunde hinuntergelaufen sind. Durch die schweren pflegerischen Defizite hat er starken Bartwuchs, wobei die Haare bereits in die Wunde hineinwachsen.

Bei ihrer Visite fand die Pflegefachkraft das so genannte Stammblatt von Herrn R. Sie kopierte den nicht ausgefüllten Vordruck und legte ihn anschließend wieder zurück. Daraufhin empfahl sie den Kassen, sich einmal näher mit dem Pflegedienst zu befassen.

Bei der kurz darauf erfolgten gemeinsamen Qualitätsprüfung durch den MDK und die Verbände der Kassen legte der Pflegedienst wie durch ein Wunder ein nachträglich ergänztes Stammblatt vor. Man traut seinen Augen nicht, wenn man es liest. Demnach sei der Verbandswechsel bei diesem Patienten täglich erfolgt, über die PEG-Sonde habe Herr R. dreimal täglich Nahrung bekommen. »Auch die sonstigen Dokumentationsunterlagen seien nachgetragen und nicht erbrachte Leistungen abgerechnet worden«, erfahren wir auf Nachfrage von der AOK Hessen.

Die Kasse kündigte den Vertrag mit dem Pflegedienst sofort und veranlasste, dass ein neuer ambulanter Dienst mit der Pflege beauftragt wurde. Schon bei ihrer ersten Visite widerlegte eine dort beschäftigte Pflegerin die Aussagen des alten Dienstes. Die im Stammblatt nachträglich aufgeführten Pflegeleistungen konnten nicht erbracht worden sein. »Der Zeitpunkt des letzten Verbandswechsels war nicht nachvollziehbar«, schreibt sie. Man könne davon ausgehen, dass sehr lange nichts geschah. Weiter heißt es in ihrem Aufnahmebericht: »Die Zehennägel beider Füße waren ca. 4 Zentimeter eingerollt und wuchsen in die Kuppen der Zehen ein … Überall befanden sich Stubenfliegen, sowohl um den nicht verbundenen Tumorbereich als auch bei den alten Nahrungsresten am und um den Infusionsständer und den Eimer herum … Die Barthaare waren so lang, dass sie in den Tumorbereich hineinwuchsen.« Einen Tag später war der alte Mann tot. Die neue Pflegerin fand ihn leblos in seinem Bett vor. »Bei rechtzeitiger Durchführung der Grundpflege hätte man auf jeden Fall der eingetretenen Verwahrlosung entgegenwirken und so ein menschenwürdigeres Sterben ermöglichen können«, so die neue Pflegefachkraft. Schlechte Pflege, nicht erbrachte Leistungen: Sie werden nicht nur in diesem Fall mit den Kassen abgerechnet. Das ist Betrug!

Welt-online berichtete im Sommer 2007, dass viele ambulante Pflegedienste in Berlin mangelhaft arbeiteten. Aus einer kleinen Anfrage der FDP an den Berliner Senat gehe hervor, dass in insgesamt 73 Fällen vertragliche Sanktionen von den Pflegekassen gegenüber den Sozialdiensten ausgesprochen wurden, davon 17 fristlose Kündigungen. Gründe waren Missstände bei der Pflege oder Unregelmäßigkeiten bei der Abrechnung der Leistungen.

Und auch der MDK geht mit der ambulanten Pflege scharf ins Gericht. »Die Qualität der Arbeit von vielen ambulanten Pflegediensten ist schlecht«, urteilte das Fachmagazin *Pflegeintern* im Sommer 2006 unter Berufung auf eine statistische Auswertung der Qualitätsprüfungen des Medizinischen Dienstes der Krankenversicherung Nordrhein. Demnach seien bei den ambulanten Pflegeeinrichtungen mehr Mängel festzustellen als noch im Jahr zuvor. Das hat nach Ansicht der Autoren Gründe: Nur jeder zehnte Pflegedienst habe ein Pflegekonzept, nur jeder vierte Pflegedienst überprüfe den Einsatz seiner Mitarbeiterinnen und Mitarbeiter durch Pflegefachkräfte, und nur jede zweite Einrichtung habe Maßnahmen zur internen Qualitätssicherung ergriffen. »Es kann sein, dass es den einen oder anderen Dienst gibt, der seinen Job nicht macht«, erklärte Bernd Meurer, Präsident des Bundesverbands Privater Anbieter Sozialer Dienste (bpa), gegenüber der *Westdeutschen Allgemeinen Zeitung*.

Nächster Fall: Charlotte Patock wohnt im dritten Stock eines Mehrfamilienhauses in Hessen. Die alte Dame ist nicht mehr gut zu Fuß. Deshalb verbringt sie einen großen Teil ihres Lebens in den eigenen vier Wänden. Nur mithilfe einer anderen Person kann sie an die frische Luft gehen. Meistens wird sie dabei von ihrem Sohn begleitet. Frau Patock hat aber noch ein anderes Problem: Sie trägt Kompressionsstrümpfe, die Thrombosen vermeiden sollen. Diese Strümpfe kann die Seniorin nicht mehr selbst wechseln. Dafür musste die Neunzigjährige einen ambulanten Pflegedienst engagieren. »Die haben nichts weiter bei mir gemacht als die Strümpfe morgens angezogen und abends wieder ausgezogen«, beteuert die alte Dame.

Im Mai 2006 aber entdeckte ihr Sohn Peter, dass der ambulante Pflegedienst mit der Krankenkasse offensichtlich mehr Leistungen abgerechnet hatte als nur das Wechseln der Kompressionsstrümpfe. Sein Vorwurf: Obwohl sich seine Mutter noch selbst waschen kann, stellte der Pflegedienst, zum Teil zweimal täglich, die sogenannte »kleine Körperpflege« in Rechnung, also zum Beispiel Zähneputzen und Gesichtwaschen. Peter Patock zeigte uns die Abrechnungen des Pflegedienstes, die er an die Krankenkasse geschickt hatte. Im Januar war die »kleine Körperpflege« 31-mal, im Februar insgesamt 35-mal und im März 32-mal abgerechnet worden. Diese Leistungen seien »nie ausgeführt worden«, dafür habe es »nie einen Auftrag gegeben«, versichert uns Peter Patock. Das sei für ihn ein ganz glatter Betrug. Stimmen diese Vorwürfe, so hätte sich der

Pflegedienst allein bei Frau Patock in diesen drei Monaten mit rund 930 Euro bedient. Rechnet man diese Summe aufs Jahr hoch, so kommt man auf 3720 Euro nur für diese eine Patientin. Würde der ambulante Dienst bei 50 weiteren Patienten mit dieser Masche arbeiten, dann würden die Kassen um 186000 Euro jährlich betrogen.

Peter Patock wollte die Inhaberin der ambulanten Station 2006 mit den Vorwürfen konfrontieren und wurde dabei von einem Kamerateam von »Report Mainz« begleitet. Doch weder für ihn noch für das Fernsehmagazin war sie zu sprechen. Der Pflegedienst bestritt sämtliche Vorwürfe.

Als wir von Charlotte Patock wissen wollen, ob der Pflegedienst bei ihr die »kleine Körperpflege« gemacht habe oder nicht, antwortete sie: »Nein, und das nehme ich auf meinen Eid. Die kennen noch nicht einmal einen Waschlappen von mir, viel weniger noch mein Bad. Nix, nix haben die gemacht.« Die Neunzigjährige ist geistig jung geblieben.

Wir zeigen Charlotte Patock die Abrechnungen des Pflegedienstes mit der AOK. Sie waren alle mit ihrem Namen unterschrieben. Auffällig aber war: Die Unterschriften unterschieden sich zum Teil gravierend. Charlotte Patock ist sich sicher, dass eine Unterschrift »definitiv« nicht von ihr ist.

Wurden Unterschriften gefälscht? Der Pflegedienst bestreitet das. Hat der Pflegedienst Leistungen abgerechnet, die gar nicht erbracht wurden? Im Sommer 2006 fragten wir bei der AOK Hessen nach. Deren Sprecher Andreas Bonn kannte den Fall Patock und den ambulanten Pflegedienst, den die Krankenkasse bereits seit Längerem auf dem Kieker hatte. Der Fall Patock reihe sich jetzt in eine Serie von mehreren Vorfällen ein, die der AOK Hessen mit diesem Pflegedienst bereits bestens bekannt seien. »Unsere Ermittlungen haben zwei zentrale Erkenntnisse gebracht. Erstens: Die Aussagen der Familie Patock sind absolut glaubwürdig. Und zweitens: Die Dokumente, die uns vorliegen, die sprechen eine eindeutige Sprache. Von daher ist das jetzt für uns ein Fall für die Staatsanwaltschaft«, so Bonn.

Schriftlich teilte uns die Staatsanwaltschaft Wiesbaden im August 2006 mit, dass sie bereits gegen die Inhaberin des Pflegedienstes wegen Verdachts des Abrechnungsbetrugs ermittle. Ende September 2007 war das Verfahren immer noch nicht abgeschlossen und sein Ausgang ungewiss. »Zurzeit wird ein externes Gutachten über die Berechtigung der abgerechneten Leistungen eingeholt«, erklärte die Staatsanwaltschaft. Grundsätzlich gelte bis zu einer rechtskräftigen Verurteilung die Unschuldsvermutung.

Dieses Beispiel belegt: Unkorrekt arbeitende Pflegedienste können mit großer Sicherheit davon ausgehen, dass die Ermittlungsverfahren sehr lange dauern, extrem kompliziert sind und selten hart bestraft werden. Woran liegt das?

Möglicherweise am Personal. Der Vorsitzende des Deutschen Richterbundes, Christoph Frank, bekundete laut einem Bericht der *Süddeutschen Zeitung* im September 2007 seine Unzufriedenheit mit der Ausstattung der Justiz. So stünden die deutschen Richter und Staatsanwälte nach EU-Berechnungen im unteren Drittel der Gehaltsliste. Zudem fehlten seit Jahren mehr als 4000 Richter und Staatsanwälte, was auch die Rechtsuchenden belaste.

Auf der anderen Seite aber decken die Krankenkassen immer wieder dubiose Abrechnungspraktiken auf. Eine interne Untersuchung der AOK Hessen kam 2006 zu einem erschreckenden Ergebnis. Andreas Bonn: »Unsere Qualitätsprüfungen bei den ambulanten Pflegediensten in den vergangenen Jahren haben eindeutig gezeigt, dass jeder zweite Pflegedienst, hier 50,81 Prozent, falsch abrechnet. Das ist eine ungeheure Zahl, und Sie können sich vorstellen, wie hoch hier die Schäden sind, die auch der Versichertengemeinschaft entstehen.« Die Krankenkasse schätzte 2006, dass dadurch Schäden in zweistelliger Millionenhöhe verursacht würden. Allerdings komme dazu noch eine Dunkelziffer, die nicht absehbar sei.

Beispiele: Ein Patient muss für mehrere Tage ins Krankenhaus. Das protokolliert der ambulante Pflegedienst im Leistungsnachweis. Während dieser Zeit wird trotzdem dreimal täglich die Mahlzeitenzubereitung abgerechnet.

Ein anderer Pflegedienst stellte den Krankenkassen über ein Jahr lang die sogenannte Dekubitusversorgung in Rechnung. Tatsächlich aber litt die Patientin nur wenige Tage an einem solchen Druckgeschwür. Bei der Qualitätsprüfung im Pflegedienst teilte der Dienst den Kassenvertretern mit, dass aufgrund eines Umzugs einige Dokumentationen derzeit nicht zugänglich seien. Es wurde vereinbart, die fehlenden Dokumentationen binnen drei Tagen zu beschaffen. Während dieser Zeit wurden sie gefälscht. Errechneter Schaden: fast 9000 Euro.

Wieder ein anderer Pflegedienst rechnete das lukrativere Vollbad mit der Kasse ab, obwohl der Patient nur geduscht wurde.

Der Pflegechef der AOK Bayern berichtete 2005 im *Münchner Merkur* von einer Region, in der jahrelang Wundversorgungen von den Diensten abgerechnet wurden. Bei der Überprüfung von 40 Patienten stellte die Kasse plötzlich 25 »Spontanheilungen« fest. Für Pflegedienste und Ärzte gab es keine Konsequenzen.

Das nächste Beispiel zeigt, wie dreist einige kriminelle ambulante Pflegedienste vorgehen. Unsere Recherche beginnt mit einem Artikel in der *Frankfurter Rundschau* vom 29. Januar 2005:

»Wegen besonders schwerer Untreue in zwei Fällen hat das Landgericht Frankfurt einen 37 Jahre alten Altenpfleger zu einer Freiheitsstrafe von drei Jahren verurteilt. Der Angeklagte hatte die ihm von einem 78-jährigen Mann erteilte Kontovollmacht missbraucht und 230000 Euro für eigene Zwecke abgehoben. Der Angeklagte hatte den gebrechlichen Rentner einige Zeit betreut. Schließlich erteilte der 78-Jährige ihm eine sogenannte Vorsorgevollmacht, die ihn berechtigte, von seinem Konto Geld abzuheben. Zugleich hatte er den 37-Jährigen und seinen ambulanten Altenpflegedienst testamentarisch als Erben eingesetzt. Wie die Staatsanwaltschaft mitteilte, hob der Angeklagte dann im Februar und im Juni 2004 insgesamt 230000 Euro vom Konto seines Pfleglings ab und steckte das Geld in die eigene Tasche. Kontoauszüge erreichten den Rentner nicht, da der Altenpfleger auch den Briefkasten leerte. Als der 78-Jährige schließlich von den Veruntreuungen erfuhr, zeigte er den Altenpfleger an. Der 37-Jährige wurde festgenommen. Um ihn zu entlasten, fälschte die Ehefrau des Verurteilten einen Brief seines Opfers, in dem behauptet wurde, der 78-Jährige habe dem Pfleger die 230000 Euro geschenkt. Wegen dieser Urkundenfälschung verurteilte das Landgericht die 35-Jährige zu einer Geldstrafe von 4800 Euro (120 Tagessätze zu 40 Euro).«

Schon wenige Tage nach diesem Urteil ging beim Medizinischen Dienst der Krankenversicherung in Hessen eine neue Beschwerde über diesen ambulanten Pflegedienst ein. Absender war eine Pflegekraft, die in der Firma des verurteilten Altenpflegers Mario K. arbeitete. Ihr und einer Kollegin seien in der

Zeit ihres Arbeitsverhältnisses »Fehler sowohl bei der pflegerischen Versorgung der Patienten als auch im Umgang mit der Dokumentation/Abrechnung« aufgefallen. Sie erklärte den Pflegeexperten des Medizinischen Dienstes: »Die Fehler in der Dokumentationsführung waren eher bewusste Betrugsstrategien, die auf der Unwissenheit der Patienten beruhten.« Die Abrechnungsformulare seien »stets am Ende des Monats blanko vom Patienten unterschrieben« worden. Im Büro »wurde dann die erbrachte sowie die nicht erbrachte Pflege dokumentiert und abgerechnet«, schildert die Pflegekraft ihre Erfahrungen.

Dennoch bemühte sich die wegen Urkundenfälschung verurteilte Ehefrau, Katja K., um »eine neue Zulassung« für einen ambulanten Pflegedienst. Das geschah schon vor dem Urteil im Dezember 2004, als klar war, dass die Kassen den Vertrag mit diesem Pflegedienst wegen gravierender Qualitätsmängel und des staatsanwaltschaftlichen Ermittlungsverfahrens nicht verlängern würden. Warum wollte sie unbedingt in dieser Branche bleiben? Tatsache ist: Ein betrügerischer Pflegedienst kann sich riesige Summen ergaunern – zulasten der alten Menschen und zum Nachteil der Pflegekassen.

Frau K. traf sich mit Vertretern der AOK Hessen, um ihre Chancen auf einen neuen ambulanten Pflegedienst auszuloten. Die Gesprächsnotiz liegt uns exklusiv vor. Frau K. habe sich inzwischen von Herrn K. getrennt und plane nun, allein einen Pflegedienst zu führen, erklärte sie den Kassenvertretern. Die AOK-Mitarbeiter waren aber misstrauisch und vermuteten, dass Frau K. den alten Pflegedienst, dessen Vertrag nicht verlängert wurde, nur unter einem anderen Namen weiterzuführen gedachte.

Frau K. sei daher mitgeteilt worden, »dass sich die AOK Hessen unter den momentan gegebenen Umständen nicht in der Lage sieht, den neuen Pflegedienst K. zuzulassen«. Intern aber wird ein härteres Ziel formuliert: Der Pflegedienst sollte unter keinen Umständen wieder zugelassen werden.

Und genau dieses Ziel ist fast nicht zu verwirklichen, wie uns Andreas Bonn erklärt: »Man muss wirklich sagen, dass es heute aufgrund der Rechtslage für einen Pflegedienst mit krimineller Energie relativ einfach ist, trotz rechtskräftigen Urteils einige Zeit später einen neuen Pflegedienst aufzumachen – unter neuer Führung, mit neuem Namen –, um so wieder am Markt zu erscheinen. Und die Kassen müssen sehen, dass sie wieder Indizien, wieder Beweise dafür zusammentragen, um diesen Leuten das Handwerk zu legen.« Derzeit haben die Krankenkassen bei ihrer Auseinandersetzung mit zwielichtigen Pflegediensten offensichtlich die schlechteren Karten.

So auch im Fall der wegen Urkundenfälschung verurteilten Katja K., die zu einem Trick griff. Eine dritte Person, Dietmar B., sollte den Pflegedienst übernehmen. Mit ihm schloss Katja K. einen Pachtvertrag für ein Jahr ab. Auch der wurde uns zugespielt. Darin wird ausdrücklich vereinbart, dass für Katja K. »die Möglichkeit geschaffen werden solle, den Betrieb wieder aufzunehmen«. Eine Betriebsaufgabe sei »ausdrücklich nicht beabsichtigt«. Vereinbart wurde ein ungewöhnlich hoher Pachtzins von 50400 Euro pro Jahr. Damit bestätigte sich das Misstrauen der Kassenvertreter gegenüber Katja K. Sie waren wieder einmal angelogen worden.

Denn wenige Tage vorher hatte Katja K. den Pflegekassen mitgeteilt, dass die »Abwicklung der Betriebsaufgabe bereits erfolgt« sei und alle Klienten zum 1. August 2005 an den Pflegedienst F. übergeben würden.

Dessen Inhaber Dietmar B. musste den Kassen wegen Katja K. und deren Mann Mario K. eine Zusatzvereinbarung zu seinem Rahmenvertrag unterschreiben. Darin wurde er dazu verpflichtet, »auf jegliche Mitarbeit und Mitwirkung sowie finanzielle Beteiligung von Frau K. und Herrn K. in der Pflegeeinrichtung zu verzichten«. Zuwiderhandlungen hätten »vertragsrechtliche Konsequenzen« zur Folge. Allein der Pachtvertrag müsste die angesprochenen Folgen nach sich ziehen.

Was sagen die Verbände zur Erkenntnis der AOK Hessen, dass 50 Prozent aller ambulanten Pflegedienste falsch abrechnen? Sie sind immer noch der Ansicht, dass es sich lediglich um »einzelne schwarze Schafe« handle. Im Spätsommer 2006 veröffentlichte zum Beispiel der Caritasverband der Diözese Mainz eine Pressemitteilung und verwendete dabei gleich fünfmal eine Vokabel, in die sich die Pflegebranche stets flüchtet, wenn man bestehende Missstände verharmlosen möchte: Man wehre sich gegen die »pauschalen« Vorwürfe! Angesichts unserer Recherchen kann man darüber nur schmunzeln. So wird wieder einmal ein Problem heruntergespielt, anstatt es an der Wurzel anzupacken.

Der Caritasverband für die Diözese Mainz wehrt sich gegen

die … pauschalen Vorwürfe der AOK Hessen, nach denen über die Hälfte der Pflegedienste betrügerisch falsch abrechnet. In einem Brief an die AOK Hessen charakterisiert der Mainzer Diözesancaritasdirektor Peter Deinhart diese pauschalen Vorwürfe als Verleumdung der gesamten Pflegebranche. Die AOK Hessen verunsichere damit die Patienten und schade ihren eigenen Versicherten.

Statt pauschale Vorwürfe zu erheben, forderte Deinhart die AOK auf, Ross und Reiter zu nennen und zu sagen, um welche Fälle und Pflegedienste es sich handelt. Zum Einzugsgebiet des Mainzer Diözesancaritasverbands zählen mit den Caritasverbänden Darmstadt, Gießen und Offenbach weite Teile Süd- und Mittelhessens.

Es sei nicht auszuschließen, so Deinhart, dass unterschiedliche Interpretationen der bestehenden Rechtslage dazu führen, dass die AOK Hessen tatsächlich erbrachte Pflegeleistungen nicht vergüte. Teilweise seien solche Fälle auch vor Gericht strittig. Völlig abwegig sei es, dass sich die AOK Hessen einseitig zum Richter erhebe und andere Rechtsauffassungen als betrügerisch hinstelle. Deinhart verweist auch darauf, dass die AOK Hessen … in einer Pressemeldung mitteilt, aus den vergangenen dreieinhalb Jahren seien 23 Verfahren bei Staatsanwälten anhängig. Vier Verfahren seien mit Geld- und Haftstrafen beendet worden. Bei 874 Pflegediensten, die es in Hessen gibt, seien das weniger als ein halbes Prozent der Pflegedienste, denen betrügerische Machenschaften vorgeworfen wurden, so Deinhart. Dies als Vorwand zur Verunglimpfung der gesamten Pflegebranche zu nehmen, sei in höchstem Masse unredlich.

Caritasinterne Überprüfungen im Anschluss an Qualitätsprüfungen der AOK bei Caritas-Pflegediensten haben zudem ergeben, so Deinhart, dass der weit überwiegende Teil der als Falschabrechnungen dargestellten Abrechnungsvorgänge nach den geltenden Vergütungsverträgen nicht zu beanstanden sei. Vielmehr handle es sich dabei um falsche Auslegungen der Vergütungsregelungen durch Krankenkassen-Mitarbeiter, die durch die pauschalen AOK-Anschuldigungen und die damit verbundene Verunglimpfung der gesamten Pflegebranche gerechtfertigt werden sollen.

Der Caritasverband für die Diözese Mainz e.V., so sein Direktor, fordert daher die AOK Hessen auf, die in der Öffentlichkeit unterstellten pauschalen Anschuldigungen auf die wenigen tatsächlichen schwarzen Schafe zu begrenzen und zum Wohl der Versicherten in Zukunft die gesetzlichen und vertraglichen Regelungen mit den Pflegediensten ihrerseits zu beachten.

Der Bundesverband Privater Anbieter Sozialer Dienste e.V. (bpa) gab zur gleichen Zeit die Losung aus: »Schwarze Schafe verfolgen – seriöse Pflegedienste schützen!« Denn der ehrlich arbeitende Pflegedienst leide auch darunter, wenn sich Einzelne »zu Unrecht bereichern«. Dass aber die AOK Hessen die Hälfte aller hessischen Pflegedienste unter »Generalverdacht« stelle, sei unangemessen und reißerisch.

So ist das also. Solange ein paar »schwarze Schafe« für Betrügereien und Missstände verantwortlich gemacht werden können und die Öffentlichkeit die Verharmlosungsrhetorik der Verbände glaubt, wird der gewohnte bürokratische Trott beibehalten. Für die pflegebedürftigen Menschen kann sich so kaum etwas zum Besseren ändern.

Warum ein kirchlicher ambulanter Pflegedienst seine Mitarbeiter »versklaven« muss

Wir wollen noch einmal auf Schwester Christel von der Ökumenischen Sozialstation in Ludwigshafen zu sprechen kommen – die engagierte Pflegekraft, deren Arbeit zu Beginn dieses Buches vorgestellt wurde. Ihr Arbeitgeber rechnet korrekt mit den Pflegekassen ab und steht deshalb unter erheblichem wirtschaftlichem Druck. Im Interview reden wir mit Schwester Christel, der Pflegedienstleiterin Sabine Pfirrmann und dem Geschäftsführer der Ökumenischen Sozialstation, Peter Seidel:

Frage: Viele ambulante Pflegedienste betrügen, und einige leisten schlechte Arbeit. Die AOK Hessen schätzte 2006, dass 50 Prozent der Dienste falsch abrechnen. Sie gehören nicht dazu. Können Sie mit ehrlicher Arbeit finanziell über die Runden kommen?

Seidel: Es würde uns finanziell sehr viel besser gehen, wenn wir betrügen würden. Wir haben keine finanziellen Vorteile dadurch, dass wir ehrlich arbeiten. Wir krebsen irgendwo am unteren Limit herum, während andere hohe Profite einfahren.

Frage: Merken Sie, dass andere Pflegedienste falsch abrechnen?

Seidel: Es gibt immer wieder Patienten, die zu uns kommen und sich wundern, dass sie bei uns sehr viel weniger bezahlen als anderswo.

Frage: Pflege im Minutentakt ist das Stichwort. Unter welchen Rahmenbedingungen arbeiten Ihre Pflegekräfte?

Seidel: Wir geben unseren Mitarbeitern ein straff geplantes Zeitraster vor, denn unsere Finanzlage ist, wie gesagt, nicht sehr üppig. Allerdings haben wir noch das Glück – im Moment jedenfalls –, dass wir über die Krankenpflegevereine der evangelischen und katholischen Kirchen und auch der Kirchengemeinden noch eine zumindest kleine Unterstützung bekommen. Wenn zum Beispiel eine Pflegerin bei einem Patienten länger braucht oder Dinge mit Angehörigen abklären muss, dann stopfen wir das Loch aus diesem Topf. Meistens gelingt es uns dadurch, einen ausgeglichenen Haushalt vorzulegen. Manchmal aber müssen unsere Mitarbeiter auch auf einen Teil ihres Gehalts verzichten, um dieses Ziel zu erreichen.

Frage: Kontrollieren Sie Ihre Mitarbeiter, ob sie im Zeitraster bleiben?

Seidel: Ja, die Mitarbeiter haben einen Tagesplan. Und dieser Tagesplan wird über ein Computersystem erfasst, letztendlich, um Zeit zu sparen und auch um Kosten zu minimieren.

Frage: Es gibt Mitarbeiter, die schaffen ihre Arbeit innerhalb der vorgegebenen Zeitvorgaben, und es gibt Mitarbeiter, die schaffen es nicht. Was machen Sie mit den Mitarbeitern, die den Zeitplan nicht einhalten?

Seidel: Eine sehr schnelle Abwicklung der Tour kann bedeuten, dass die Pflegekraft im Ergebnis ihre Patienten nur abhakt. Das wollen wir nicht. Auf der anderen Seite müssen wir nachfragen, woran es liegt, wenn eine Pflegerin zu lange braucht.

Frage: Vielleicht weil sie pflegebedürftigen Menschen etwas mehr menschliche Zuwendung schenkt?

Seidel: Die Pflegedienstleitung wird bei Auffälligkeiten immer das Gespräch suchen, und dann muss zusammen mit dem Mitarbeiter abgeklärt werden, woran es liegt. Und dann muss geklärt werden, wie die Sachen zu ändern sind. Wir haben finanzielle Vorgaben, wir haben einen Rahmen. Der ist nun mal da, und darüber hinaus können wir auf Dauer nicht gehen. Wir haben Jahre gehabt, wo wir aus noch bestehenden Rücklagen zugeschossen haben, aber mittlerweile sind die Rücklagen aufgebraucht.

Frage: Sind die Pflegekräfte also ein Wirtschaftsfaktor? Müssen sie sich betriebswirtschaftlich rechnen?

Seidel: Das kann man so sagen.

Frage: Geht das nicht manches Mal zulasten der Menschlichkeit?

Seidel: Wenn wir alles, was unsere Mitarbeiter an Leistung erbringen, als Arbeitszeit abrechnen würden, dann wären wir schon lange pleite. Das ist ja unser Vorteil. Wir haben Mitarbeiter, die mehr arbeiten, ohne dass es zeitlich erscheint.

Frage: Ihre Mitarbeiter arbeiten mehr, bekommen aber in der Tendenz immer weniger Lohn. Früher wurde nach Tarif bezahlt, Tarifverträge werden in der Branche aber immer öfter umgangen. Ist das gerecht?

Seidel: Genau. Das ist eine gesellschaftliche Frage. Wir bekommen immer mehr amerikanische Verhältnisse. Schon jetzt läuft es darauf hinaus, dass die Leute nicht mehr mit einem Job ihren Unterhalt verdienen, sondern zwei oder drei Jobs brauchen. Gerade in der Pflege ist feststellbar, dass viele Leute eine Ganztagsstelle haben und sich dann über 400-Euro-Jobs woanders noch einmal was dazuverdienen müssen. Das ist heute keine Ausnahme, sondern – man kann schon fast sagen – der Regelfall.

Frage: Können Sie ausschließen, dass bei Ihnen die Gehälter nochmals nach unten gedrückt werden müssen?

Seidel: Wir sind ein eingetragener Verein innerhalb der evangelischen Kirche und der katholischen Kirche. Und die evangelische Kirche der Pfalz hat einen Beschluss auf höchster Ebene gefasst, dass man sich an den TVöD [Tarifvertrag für den öffentlichen Dienst] hält. Der Tarifvertrag folgte auf den höheren BAT und hat in den unteren Lohngruppen eine deutliche Bewegung nach unten gebracht. Meiner Einschätzung nach wird das Lohnniveau noch weiter nach unten gehen, denn der Finanzdruck wird größer – und damit der Druck auf das Personal.

Frage: Auch bei Ihnen?

Seidel: Auch bei uns wird das sicher der Fall sein. Es wird immer mehr Teilzeitjobs geben. Wir können uns nicht erlauben, jeder Schwester einen 100-Prozent-Vertrag zu geben. Das werden in der Regel 50- oder 75-Prozent-Stellen sein. Uns ist dabei bewusst, dass eine Pflegekraft ihre Zukunft so eigentlich nicht planen kann.

Frage: Motiviert genau dieses System betrügerische Pflegedienste?

Seidel: Letztlich ja.

Frage: Was bedeutet das für die Ökumenische Sozialstation Ludwigshafen?

Seidel: Unsere Pflegekräfte sind trotz der von außen vorgegebenen Bedingungen engagiert. Es grenzt fast an ein Wunder, dass es überhaupt noch Menschen gibt, die diese Leistungsbereitschaft erbringen.

Frage: Die Sozialstation kann also nur überleben, weil ihre Mitarbeiter mehr tun, als sie müssten, und dazu noch akzeptieren, dass dieses »Mehr« an Arbeit auch noch schlecht bezahlt wird ...

Pfirrmann: Letztendlich ja. Aber unsere Mitarbeiter bekommen dennoch die Möglichkeit, dass sie auch einmal etwas länger bei einem Patienten bleiben können. Gehen Sie zu einem privaten Träger, der sagt klipp und klar: Du hast diese Zeit, und wenn du mehr als drei Minuten bei diesem Patienten brauchst, ist es deine Privatzeit. Das ist hier nicht so. Wenn eine Pflegerin sagt: Die Patientin musste auf die Toilette, die Patientin hat nicht geöffnet, oder die Patientin hat dies oder jenes gesagt, dann zahlen wir diese Zeit, auch wenn wir sie nicht refinanziert bekommen. Das geht aber nur bis zu einem bestimmten Punkt. Deshalb krebsen wir am Limit und werden bald kaputtgehen, wenn sich nichts ändert.

Frage: Kommen die pflegebedürftigen Menschen in dieser Debatte nicht zu kurz? Warum sagen kirchliche Träger, dass unter den gegebenen Rahmenbedingungen optimale Pflege geleistet wird?

Pfirrmann: Ich denke, die ambulante Pflege konnte noch nie leisten, was eigentlich notwendig wäre. Von Anfang an war klar, dass Pflege mehr ist als die Spritze oder der Verband. Die Menschlichkeit aber wurde noch nie bezahlt. Es geht hier einfach um eine Satt-und-sauber-Versorgung. Und dann muss man sich überlegen: Was gehört »noch« dazu? Die Frage, dieses »Noch« zu erbringen und zu finanzieren, wurde nie beantwortet. Es gibt eine ganze Menge Pflegedienste, die ihren Mitarbeitern sagen: Ihr habt hier eine Liste von 20 Patienten und Zeit von 7 bis 12.30 Uhr. Wenn ihr länger braucht, ist es eure Sache. Wenn ihr früher fertig seid, habt ihr Glück. Aber mehr als die Zeit von 7 bis 12.30 Uhr zahle ich euch nicht. Das ist keine Ausnahme. Dann hängt die Pflegequalität fast ausschließlich von der Qualifikation und Motivation der Mitarbeiter ab.

Frage: Das heißt im Klartext: Die kirchlichen Träger müssen ökonomischer denken und ökonomischer wirtschaften als bisher. Kommt also Wirtschaftlichkeit vor Menschlichkeit?

Pfirrmann: Wir müssen uns ernsthaft die Frage stellen, wie lange wir noch bestehen können. Wir haben unsere Arbeit aus den Rücklagen finanziert. Wir finanzieren sie heute, nachdem Rücklagen im Prinzip nicht mehr vorhanden sind, letztendlich aus dem, was wir zusätzlich bekommen von den Kirchen und Kirchen- und Krankenpflegevereinen. Und jetzt sind wir an einem Punkt angelangt, wo wir uns auch auf Kosten unserer Mitarbeiter finanzieren. Im vergangenen Jahr hatten wir ein Defizit von 40000 Euro. Unsere Mitarbeiter sind deshalb bereit gewesen, mehr zu arbeiten, ohne dass das in irgendeiner Form auf einem Stundennachweis erschien. Nur so konnten wir einen ausgeglichenen Haushalt vorlegen.

Frage: Mitarbeiter müssen für einen ausgeglichenen Haushalt bluten. Werden sie versklavt, um das System am Laufen zu halten?

Pfirrmann: Ja. Genauso ist es.

Frage: Sie würden das Wort »versklavt« in diesem Zusammenhang in den Mund nehmen?

Pfirrmann: »Versklavt« würde ich insoweit in den Mund nehmen, denn der Kampf ums Überleben wird auf dem Rücken der Mitarbeiter ausgetragen. Die Einstellung der Mitarbeiter wird ausgenutzt.

Frage: Und die Pflegekräfte wissen, dass sie von dem, was sie verdienen werden, nicht leben können?

Pfirrmann: Also, auf Dauer wird das so sein. Ich denke, das kann man so sehen, ja.

Frage: Wie passt das dann zusammen – immer mehr Pflegebedürftige, immer weniger Pflegende und ausgebeutete Pflegende?

Pfirrmann: Eigentlich gar nicht. Es ist eine gesellschaftlich bewusst gewollte Entwicklung. Man verschließt die Augen vor etwas, was eigentlich jeder weiß. Ich habe das oft erlebt, als wir in öffentlichen Diskussionen auf unsere Situation aufmerksam machen wollten. Wir hatten Informationsstände in der Ludwigshafener Innenstadt. Es läuft immer nach demselben Schema ab: Die meisten Leute wollen mit Pflege nichts zu tun haben. Die Leute, die stehen bleiben, haben Angehörige, die davon betroffen sind. Pflege ist etwas, was man gesellschaftlich möglichst weit wegschiebt, weil es etwas Unangenehmes ist. Krank sein ist noch halbwegs akzeptabel, weil es vorübergehend ist. Aber Pflege hat etwas Endgültiges. Und das ist etwas, womit sich die Gesellschaft nicht beschäftigen will. Und deshalb ist das in Deutschland eigentlich kein Thema.

Frage: Die Ökumenische Sozialstation Ludwigshafen ist mit einem Qualitätssiegel zertifiziert. Können Sie sich das in Zukunft noch leisten?

Seidel: Das müssen wir uns überlegen. Es kann nicht sein, dass das Qualitätssiegel zulasten unserer Mitarbeiter bezahlt werden muss.

Frage: Was kostet so eine Zertifizierung?

Seidel: Allein die große Zertifizierung liegt bei 15 000 bis 16 000 Euro. Dann kommen jährlich nochmals 8000 bis 9000 Euro dazu.

Frage: Das ist letztendlich fast eine volle Pflegekraft pro Jahr, von den Kosten her?

Seidel: Wenn man alles zusammenrechnet, kann man das sagen. Ja!

Frage: Ist ein Qualitätssiegel letztendlich nur ein Aushängeschild, um neue Kunden zu gewinnen?

Pfirrmann: Wenn die Abläufe stimmen, hat das auch einen betriebswirtschaftlichen Hintergrund und gibt auch gewisse Sicherheit für die Mitarbeiter. Ich denke, in den letzten drei Jahren war es sicherlich sinnvoll, dieses Siegel zu haben, damit unsere Abläufe ein gewisses Niveau erreichen. Wir arbeiten jetzt aber sehr professionell auf hohem Niveau. Wenn von der Kostenträgerseite nicht gewollt wird, dass sich unser Stand weiter verbessert oder beibehalten wird, dann können wir es ohne zusätzliche Mittel nicht mehr machen.

Frage: Wenn Sie in Nordrhein-Westfalen wären oder anderen Bundesländern, wäre es dann leichter für Sie?

Seidel: Es gibt Bundesländer, Nordrhein-Westfalen zum Beispiel, wo es einen Zuschlag für Stationen gibt, die eine Zertifizierung haben. Das gibt es in Rheinland-Pfalz nicht. Es gab ja in der Vergangenheit auch ein Qualitätssicherungsgesetz für die Pflege, es gibt immer wieder neue Vorschriften, Gesetze – nur kein Mensch sagt, wie diese ganzen Dinge finanziert werden sollen. Es gibt dafür kein Geld mehr. Rahmenbedingungen sind natürlich richtig, wichtig und sinnvoll. Aber es reicht nicht, nur ein Gesetz zu machen. Die Politik muss dann auch Geld dafür bereitstellen.

Frage: Ludwigshafen und Mannheim sind Nachbarstädte, liegen aber in zwei Bundesländern. Würde sich für Sie ein Umzug nach Baden-Württemberg lohnen?

Seidel: Das wäre wunderbar. Wir hätten im Jahr zwischen acht und zehn Prozent mehr Einnahmen. Wenn ich an die Bilanzen denke, würde es uns deutlich besser gehen. Es gibt in Rheinland-Pfalz kaum Neugründungen von privaten Pflegediensten. Wir haben in Ludwigshafen im Moment acht Pflegedienste. Über dem Rhein in Mannheim sind es 48. Mannheim ist jetzt nicht sechs- bis siebenmal, sondern nur doppelt so groß wie Ludwigshafen. Und dieses Beispiel zeigt, dass man in Baden-Württemberg mit ambulanter Pflege eher noch über die Runden kommen kann als in Rheinland-Pfalz. Weil die Preise in Rheinland-Pfalz seit Beginn der Pflegeversicherung deutlich niedriger sind als über dem Rhein.

Frage: Woran liegt das? Warum bekommen Pflegedienste in Rheinland-Pfalz für die gleiche Dienstleistung weniger Geld als Pflegedienste in Baden-Württemberg?

Seidel: Die Kostenträger in Rheinland-Pfalz sind nicht bereit, das zu bezahlen, was Baden-Württemberg bereit ist zu bezahlen.

Frage: Heißt das, dass die Pflegedienste aus Baden-Württemberg auch in Rheinland-Pfalz arbeiten und dort die höheren baden-württembergischen Tarife kassieren? Würden Sie, wenn Sie nach Baden-Württemberg gingen, dennoch die schlechteren rheinland-pfälzischen Sätze bekommen?

Seidel: Richtig. Der Sitz des Pflegedienstes ist für die Bezahlung entscheidend.

Frage: Was heißt das konkret?

Seidel: Seit Beginn der Pflegeversicherung wurden in Rheinland-Pfalz mit den Kostenträgern einfach zu niedrige Sätze verhandelt.

Frage: Warum tragen Sie den Kassen diese Problematik nicht energisch vor?

Pfirrmann: Das haben wir getan, aber es interessiert sie nicht. Dabei könnten die Kassen hohe Summen einsparen. Zum Beispiel bei den SBK-Kontrollen. Darunter versteht man die Versorgung eines Katheterpatienten. Hier wird der Verbandswechsel seit über einem Jahr von der Kasse nicht mehr genehmigt. Sie hat ein Gutachten erstellen lassen, in dem drinsteht, dass es nicht mehr notwendig sei. Und zwar ohne Ausnahme. Die Folge ist, dass wir bei Katheterpatienten, die diesen Verbandswechsel nicht privat zahlen, ihn nicht mehr vornehmen können.

Frage: Welche Konsequenzen hat das für Ihre Patienten?

Pfirrmann: Wir haben mehrere konkrete Fälle. Zum Beispiel wurde der Verbandswechsel bei einer Multiple-Sklerose-Patientin abgelehnt. Damals setzte sich die Verbraucherzentrale für die Kostenübernahme ein, der Arzt stellte mehrere Atteste aus. All das hatte keinen Erfolg. Wir haben den Verbandswechsel dann nicht mehr durchgeführt. Er wurde erst bezahlt, und zwar rückwirkend, nachdem die Patientin nach einem Dreivierteljahr mit einer Harnwegsinfektion ins Krankenhaus gekommen war. Sie hatte eine Infektion, eine Blutvergiftung [Sepsis] drohte. Was ich damit sagen will: Man könnte viel Geld sparen, wenn man diese Verbandswechsel bezahlen würde. Hohe Krankenhauskosten fielen weg, genauso wie mögliche teure Operationen. Hier muss ein Umdenken im Sinne unserer Patienten stattfinden.

Seidel: Vielen Kassen fehlt die Gesamtsicht auf die Kosten. Man spart an einer Stelle wenig, muss aber an anderer Stelle viel bezahlen. Das ist kaum nachvollziehbar. Es gibt einige Kassen, wo Abteilungen Prämien dafür bekommen, wenn sie ihre Ausgaben möglichst niedrig halten. Diese Abteilung versucht dann den ambulanten Diensten möglichst viel zu streichen. Sie interessiert nicht, wie viel die andere Abteilung, die für die Krankenhäuser zuständig ist, an Folgekosten dadurch hat. Das erleben wir täglich. Eigentlich müsste gerade die Prävention gestärkt werden. Das wäre kostengünstig.

Pfirrmann: Genauso wie Blutzuckermessungen. Sie werden nach den Richtlinien nur noch bei ärztlichen Neueinstellungen oder wenn jemand eine bestimmte Insulintherapie bekommt, bezahlt. Alle anderen Diabetiker, und das sind die meisten, bekommen keine Blutzuckermessung mehr vor ihrer Insulininjektion bezahlt. Das ist ein Riesenproblem, weil unsere Mitarbeiter Insulininjektionen »ins Blaue« hinein machen müssen.

Frage: Schwester Christel, Sie spritzen jeden Tag »ins Blaue hinein«. Haben Sie Angst?

Schwester Christel: Ja, denn ich weiß ja nicht, was die Patienten vorher gegessen haben. Ich spritze ihnen Insulin, obwohl ich ihren Blutzuckerwert nicht kenne. Den kann ich den Menschen nicht am Gesicht ablesen. Soll ich »Rate mal mit Rosenthal« machen? Das ist die Hölle in meinem Beruf. Täglich habe ich Horrorvorstellungen, dass ich irgendjemandem Insulin gespritzt habe und er daran verstirbt, nur weil ich den Blutzuckerwert nicht gemessen habe.

Seidel: Es gibt immer mehr an Demenz erkrankte Menschen. Die Frage: Was haben Sie am Abend vorher gegessen, hilft da nicht allzu viel. Es kann sein, dass sie richtig beantwortet wird, genauso gut kann es aber auch sein, dass sie falsch beantwortet wird. Wenn sich Pflegekräfte auf diese Aussagen nicht verlassen können, und sie können es einfach nicht, dann ist das Spritzen von Insulin ein reines Lotteriespiel.

Harter Tobak: So klar und offen hat, nach unserer Kenntnis, noch kein kirchlicher ambulanter Pflegedienst die Probleme angesprochen. Mit den Vorwürfen haben wir die AOK Rheinland-Pfalz konfrontiert. In ihrer Antwort dementiert die Krankenkasse nicht, dass in Baden-Württemberg für die gleiche Leistung acht bis zehn Prozent mehr bezahlt werden als im Nachbarland. Das Vergütungsniveau in Rheinland Pfalz (RP) sei aber »im bundesweiten Vergleich« keinesfalls als »niedrig« anzusehen. »Ein unterschiedliches Preisniveau ist in einer marktwirtschaftlichen Ordnung immanent. Ein bundesweiter ›Einheitspreis‹ würde auch den einschlägigen gesetzlichen Vorgaben widersprechen«, so die AOK. Außerdem sei in Ludwigshafen die ambulante pflegerische Versorgung sichergestellt, und die Anzahl der Pflegedienste in einer Ortschaft habe »per se keine Aussagekraft«.

Auf die Frage, wie die Krankenkassen darauf reagieren, wenn ihnen die ambulanten Dienste ihre Probleme vortragen, antwortet die AOK Rheinland-Pfalz: »In RP wurden bislang auf Landesebene stets einvernehmliche Lösungen gefunden.« Zur Erinnerung: Die Vertreter der Ökumenischen Sozialstation Ludwigshafen sprechen von einem Desinteresse der Kassenvertreter.

Und wie gefährlich schätzt die AOK Rheinland-Pfalz die Situation ein, dass viele Pflegekräfte ohne Blutzuckermessung einfach nach Gefühl Insulin spritzen müssen, weil Blutzuckermessungen nur noch in bestimmten Fällen bezahlt werden? Auf diese Frage gehen die AOK-Experten nicht ein, verweisen auf die Bestimmungen: Der gemeinsame Bundesausschuss habe in den Richtlinien festgelegt, in welchen Fällen Blutzuckermessungen in die Leistungspflicht der Krankenkassen fielen. »Die Beschlüsse des gemeinsamen Bundesausschusses sind für die Versicherten, die Krankenkassen und für die an der ambulanten ärztlichen Versorgung teilnehmenden Leistungserbringer verbindlich«, erklärt die AOK. Also auch dann, wenn sie unsinnig sind, schließen wir aus der Antwort.

Die richtige Menge Insulin kann aber nur gespritzt werden, wenn vorher der aktuelle Wert ermittelt wurde. Da das Messen vielfach nicht mehr bezahlt wird, lassen die Krankenkassen Pflegekräfte und Patienten im Regen stehen. Warum reagiert die AOK Rheinland-Pfalz so? Hat sie kein Interesse daran, dass sich an diesem Zustand etwas ändert? Oder will sie das »kleine Geld« für die Blutzuckermessung sparen und nimmt das Risiko teurer Krankenhausaufenthalte bewusst in Kauf?

Fakt ist: AOK-intern wird über die Problematik der falschen Insulindosierung durch ambulante Pflegekräfte ganz anders gesprochen. So brachte zum Beispiel im April 2007 das AOK-Magazin *bleib gesund* die Geschichte eines Kassenmitglieds, das von der Krankenkasse beraten wurde, wie es in einem Fall, in dem offensichtlich nicht die richtige Menge Insulin gespritzt wurde, Schadenersatz von einem Pflegedienst einfordern könnte. Dabei wurde aber nicht erwähnt, dass die Kassen häufig die Blutzuckermessung nicht bezahlen.

»Noch in der Nacht musste Marga Koch den Krankenwagen rufen. Ihr pflegebedürftiger Vater litt als Folge von Unterzuckerung an Schocksymptomen. Sein Zustand war ernst, und der Notarzt ließ ihn sofort in die Klinik einliefern. Karl Koch ist Diabetiker. Seine Tochter grübelte, was passiert sein könnte. Am Abend zuvor hatte der Pflegedienst eine Vertretung geschickt. War von ihr die Insulinmenge falsch dosiert worden?

Erste Anlaufstelle war für Frau Koch die AOK. ›Das ist der erste Schritt, wenn man den Verdacht hat, dass die Pflegeeinrichtung oder ein ambulanter Dienst etwas versäumt hat‹, bestätigt Ralf Brum, Bereichsleiter Grundsatz/Verbraucherschutz bei der AOK Bayern. Grund: Der Betroffene oder seine Angehörigen müssen nachweisen, dass der Gesundheitsschaden durch einen Pflegefehler verschuldet wurde. Bevor Sie selbst recherchieren und für teures Geld einen Rechtsanwalt einschalten, sollten Sie die Erfahrung Ihrer Pflegekasse nutzen. Diese prüft die Umstände für ihre Versicherten kostenlos.

Ein Patientenberater der AOK half Frau Koch zunächst, ein Gedächtnisprotokoll zu erstellen. Denn der Sachverhalt muss möglichst genau und chronologisch geschildert werden. Sie hatte zwar den Pflegedienst angesprochen, dieser hatte vehement abgestritten, dass bei der Insulininjektion etwas versäumt worden war. Um die Aussage zu überprüfen, unterstützte die Pflegekasse Frau Koch, weitere Beweise zu sammeln. Erstes Beweismittel ist die Pflegedokumentation. Über die AOK ließ sie die Unterlagen anfordern. Um der Kasse die Möglichkeit zu geben, auch noch weitergehende Unterlagen anzufordern, unterschrieb sie eine Vollmacht: Diese entbindet die weiterbehandelnden Ärzte von der Schweigepflicht. Sowohl die Dokumentation als auch die Arztunterlagen ergaben zusammen einen ersten Hinweis auf den vermuteten Behandlungs- oder Pflegefehler. Schlecht sieht es für den Pflegedienst oder das Pflegeheim beispielsweise aus, wenn die Dokumentation lückenhaft geführt wurde.

Die zusammengestellten Behandlungsunterlagen reicht die Pflegekasse an den Medizinischen Dienst der Krankenkasse (MDK) weiter, der ein Gutachten anfertigt, das mit dem Versicherten besprochen wird. Das konnte Marga Koch mit nach Hause nehmen, um das Verfahren fortzusetzen. Denn die Haftpflichtversicherung des Pflegedienstes will die Angelegenheit gerichtlich klären lassen. In diesem Fall müssen die Betroffenen einen Rechtsanwalt engagieren, wenn sie ihre Forderung nach Schmerzensgeld aufrechterhalten.

Das Gutachten des MDK gibt Frau Koch eine gewisse Sicherheit, diesen Weg weiterzuverfolgen. Denn es bestätigt, dass es sehr unwahrscheinlich ist, dass der Schockzustand des Vaters ohne einen Fehler aufgetreten ist. Weil sich seit dem Vorfall seine Pflegebedürftigkeit deutlich erhöht hat, stehen die Chancen gut, dass sich dieser Mehraufwand für die Pflegefamilie in einem Schmerzensgeld niederschlägt.«

Zugespitzt heißt das: Die Kassen zwingen Pflegekräfte einerseits zu Fehlern, wenn sie die Blutzuckermessung nicht bezahlen – zumindest schaffen sie mit diesem Vorgehen ein Fehlerpotenzial. Andererseits sorgt die AOK durch ihr Engagement dafür, dass Pflegekräfte und Pflegedienste für solche Fehler möglicherweise bestraft werden können. So etwas nennt man Doppelmoral – im klassischen Sinne.

Mitarbeiter der Wohlfahrtsverbände proben den Aufstand

Bereits im Jahr 1999 forderte der Personalrat des Bayerischen Roten Kreuzes in München die Mitarbeiter der Wohlfahrtsverbände auf, für ihre Belange zu kämpfen. Schon damals wurde das Thema Überbelastung der Pflegekräfte, Lohn- und Kostendruck heftig debattiert. Bei unseren Recherchen stießen wir auf eine interne Personalrats-Info aus dieser Zeit, die alle derzeit existierenden Probleme aus Sicht der Mitarbeiter präzise auf den Punkt brachte. Dieses Papier könnte auch 2008 immer noch im selben Wortlaut veröffentlicht werden. Es ist heute so aktuell wie damals.

»Am 25. 2. 99 fand bei der AWO eine Diskussion zur Verbesserung des Personalschlüssels in Alten- und Pflegeheimen statt. Die Forderung lautet einhellig, den bisherigen Schlüssel von 1:2,8 auf 1:2,2 anzuheben. [Bis dahin war 1 Mitarbeiter für 2,8 Pflegebedürftige verantwortlich. Diese Quote sollte verbessert werden.]

Frustrierend für Personalvertretungen war wieder einmal, wie die Funktionäre, Entscheidungs- und Mandatsträger, und auch einzelne Interessenvertreter ihr eigenes Süppchen kochen. Von einer gemeinsamen Strategie ist man noch weit entfernt.

Da hagelt es nur so von Schuldzuweisungen an die Bezirke, Pflegekassen, Medizinischen Dienste, Träger von Einrichtungen usw.

Uns scheint, über diesen ganzen Querelen hat man vergessen, worum es eigentlich geht und dass es bereits fünf vor zwölf ist.

Die Bezirke scheuen die Kosten für einen verbesserten Stellenschlüssel, obwohl sie nach dem BSHG [Bundessozialhilfegesetz] verpflichtet sind, ein menschenwürdiges Leben für Hilfeempfänger zu gewährleisten. Der Medizinische Dienst weiß, dass unter den gegebenen Umständen keine professionelle, geschweige denn eine humane und aktivierende Pflege leistbar ist, lässt sich aber auf vorgegebene Quoten und Deckelungen der Pflegekassen festnageln … Die Träger jammern über die hohen Personalkosten und sehen als einzige Möglichkeit den Ausstieg aus den Tarifverträgen. Aber welche Perspektiven eröffnet diese Vorgehensweise? Es wird einen ruinösen Wettbewerb geben. Die Pflegekassen spielen die Heimträger gegeneinander aus, indem sie darauf verweisen, dass es billigere Anbieter gibt. Einsparungen sind jedoch nur bei den Personalkosten (80 % der Gesamtkosten) effizient.

Dazu kommen dann auch noch verschlechterte Arbeitsbedingungen (Stichwort: Flexibilisierung der Arbeitszeit). Dagegen wäre nichts einzuwenden, wenn nicht nur die Interessen der Arbeitgeber zum Tragen kämen.

Weitere Verschlechterungen der Arbeitsbedingungen sind nicht mehr verkraftbar. Schlechtere Bezahlung führt dazu, dass das Personal noch schneller den Beruf wechselt und auf andere, nicht so beschwerliche Tätigkeiten ausweicht. Diese Vorgehensweise führt früher oder später zum Kollaps in der Pflege. Jeder Träger, der solche Überlegungen anstellt, handelt in höchstem Maße verantwortungslos. Er muss sich im Klaren sein, dass ein Ausstieg aus bestehenden Tarifverträgen einem Dammbruch gleicht. Es gibt in dem folgenden Sog keine Gewinner, sondern nur Verlierer. Hier erwarten wir von den Trägern, dass sie sich endlich ihrer Verantwortung bewusst werden und eine gemeinsame Strategie verfolgen. Um kleinere Einrichtungen nicht im Regen stehen zu lassen, könnte man sich vorstellen, eine Gesellschaft, ähnlich der Krankenhausgesellschaft zu gründen, die alle Einrichtungen bei Pflegesatzverhandlungen vertritt und auch mit juristischem Beistand Hilfe leistet.

Und unser Pflegepersonal arbeitet, leidet und jammert. Es ist schon grotesk, wenn man im Rahmen der Veranstaltung miterleben musste, dass man sich bei einer Pflegekraft für den Mut bedankte, nur weil sie die Wahrheit und damit die allen bekannten Zustände schilderte. Was ist aus uns geworden, wenn man aus Furcht vor Repressalien nicht mehr bereit ist, die grundrechtlich verbriefte und garantierte Meinung zu äußern. Es geht hier nicht allein um uns, sondern auch um die Menschen, die uns anvertraut wurden, die uns vertrauen. Es bringt uns nicht weiter, wenn man Missstände leugnet oder verharmlost. Wir müssen protestieren und auf die Barrikaden gehen, wenn wir unserem Auftrag nicht mehr gerecht werden können. Die Pflegekräfte sind aufgerufen, sich zu solidarisieren. Änderungen wird es nur geben, wenn die Basis Druck macht…

Von einem gestressten Mitarbeiter kann trotz aller Professionalität keine Herzlichkeit weitergegeben werden. Nur wenn die Arbeitsbedingungen erträglich sind, wird es auch dem Betreuungs- und Pflegebedürftigen gut gehen. Als Zyniker könnte man sich vorstellen, wie es weitergeht. Der Kostendruck zwingt die Träger zu weiteren Einsparungen und damit zu einem weiteren Qualitätsverlust. Das Pflegepersonal ist leidensfähig. Die Bewohner haben keine Lobby. Der Pflegestandard wird auf die Begriffe ›satt‹ und ›sauber‹ reduziert. Erst wenn der Bogen überspannt wird und die Mitarbeiter auf die Straße gehen, wird sich etwas ändern. Die Politik wird sich dem Druck der Straße beugen. Der Stellenschlüssel wird so weit angehoben, dass vorübergehend Ruhe einkehrt. Hat sich die Situation entspannt, versucht man das Ganze durch die Hintertür rückgängig zu machen. Ein Teufelskreis. Wer ist unter diesen Bedingungen noch bereit, den Pflegeberuf zu ergreifen? Allen Beteiligten ist auch klar, dass ›Potemkinsche Dörfer‹ gebaut werden, wenn eine Prüfung durch die Heimaufsicht, den Medizinischen Dienst oder das Gewerbeaufsichtsamt erfolgt. Es ist unsinnig, den Eindruck zu vermitteln, dass alles in Ordnung ist. So leistet man der ganzen Misere nur Vorschub.

Mit Wehmut denkt man an die Zeiten, als im Jahr '90/'91 die Pflegekräfte auf die Straße gingen, um für ihre Belange zu kämpfen. Heute lässt sich nur noch eine Minderheit mobilisieren. Es gibt sehr wenige Berufsgruppen, die noch schlechter gewerkschaftlich organisiert sind als die Pflegeberufe. Nur in gemeinsamen und konzertierten Aktionen kann eine Verbesserung erreicht werden. Über Missstände zu klagen und dabei den Kopf in den Sand zu stecken führt sicherlich nicht zum Erfolg.«

Bis zum September 2007 haben die Pflegekräfte alle Schikanen ihrer Arbeitgeber schweigend hingenommen. »Wohlfahrt ohne Gnade«, titelte die *Süddeutsche Zeitung* im Juli 2007 und berichtete am Beispiel der Rummelsberger Anstalten, wie Wohlfahrtsverbände wirtschaftlichen Druck und unternehmerisches Risiko an ihre Mitarbeiter weitergeben. Mit 6100 Beschäftigten seien die Anstalten einer der größten Arbeitgeber im Diakonischen Werk Bayern. Arbeit wurde ausgelagert. 400 Mitarbeiter seien seit mehr als drei Jahren in einer Personalagentur beschäftigt. Als »Mitarbeiter zweiter Klasse« müssten sie mit befristeten Verträgen leben. Dieser Zustand schlage bei vielen auf das Selbstbewusstsein. Der ehemalige Rektor von Rummelsberg, Karl Heinz Bierlein, sei »ein freundlicher Pfarrer im Anzug«, schrieb die *SZ*. Gegenüber der Zeitung verteidigte er sein Vorgehen mit dem finanziellen Druck der Kostenträger: »Die Budgets sind rückläufig, die Arbeit ist die gleiche geblieben«, klagte er. »Wir wollten Arbeitsplätze erhalten, wollten die Qualität zum Beispiel der Altenpflege sichern.«

Warum wehren sich die Wohlfahrtsverbände nicht gegen diesen finanziellen Druck? Wer kein Geld hat, kann auch kein Auto kaufen. Warum aber können alte Menschen trotz einer prekären finanziellen Situation gepflegt werden? Wenn das bewilligte Budget zu klein ist, dürften die Träger keinen Versorgungsvertrag abschließen. Denn kein Betreiber wird dazu gezwungen, ein Pflegeheim zu führen!

Nächstes Beispiel: Für 60000 Arbeitnehmer in der Diakonie gilt seit 1. Juli 2007 die neue Arbeitsvertragsrichtlinie Bayern (AVR). Auch sie macht den Beschäftigten zu schaffen, senkt sie doch die Vergütung gerade in den unteren Einkommensgruppen nochmals deutlich ab. Wo bleibt hier der Aufschrei zum Beispiel von Caritas und AWO, die meist noch höhere Löhne für ihre Mitarbeiter zahlen? Dadurch dass sie schweigen, wird sich vermutlich die Lohnspirale weiter abwärtsdrehen. So setzt die Diakonie die anderen Wohlfahrtsverbände unter Wettbewerbsdruck. Sie kann ihre Leistungen billiger anbieten. Damit wären die Kostenträger womöglich die lachenden Dritten. Mit Verweis auf die niedrigeren Personalkosten könnten sie geringere Pflegesätze vereinbaren. Und die gingen dann klar zulasten der pflegebedürftigen Menschen.

Die AWO Schwaben gliederte bereits 2004 Leistungen aus dem Bereich Hauswirtschaft in eine Service GmbH aus. Betroffen waren rund 600 Beschäftigte, überwiegend Frauen. Gegenüber der *Süddeutschen Zeitung* gab der Geschäftsführer Eberhard Gulde Marktbedingungen als Grund für diese Maßnahme an: Der Bezirk und die Pflegekassen würden bei den Pflegesatzverhandlungen Kosteneinsparungen erzwingen. Man habe den Mitarbeitern die Wahl gelassen, nach einem Jahr zum alten Lohn zu 40 Prozent weniger Geld zu arbeiten oder sofort zu wechseln, bei nur 15 Prozent Lohnverzicht – und dem Verlust aller Ansprüche aus einer langen Beschäftigungszeit. Hier wurde offensichtlich den Beschäftigten die Pistole auf die Brust gesetzt. Sie hatten die Wahl zwischen Pest und Cholera.

Wie groß aber ist der Kostendruck für die Wohlfahrtsverbände, auf den sich ihre Manager immer wieder berufen? Zahlen darüber liegen nicht einmal der Gewerkschaft Ver.di vor. Fakt aber ist: Im Pflegesektor herrscht ein brutaler Wettbewerb. Leiden darunter müssen vor allem die Mitarbeiter.

Gleichsam um »fünf vor zwölf« trafen sich mehr als 2000 Mitarbeiter der Wohlfahrtsverbände im September 2007 in Nürnberg. Erstmals seit vielen Jahren demonstrierten Rettungssanitäter, Altenpflegekräfte und ErzieherInnen auf der Straße gegen die Politik ihrer Arbeitgeber. Unter dem Motto »Soziale Arbeit ist mehr wert« wanderte der einige hundert Meter lange Protestzug durch Nürnberg und legte zeitweise den Verkehr lahm. Slogans wie »Soziale Arbeit macht arm«, »Leben retten zum Hungerlohn«, »Würde hat ihren Wert – Arbeit hat ihren Preis«, »Prekär und flexibel, billig und willig, allzeit bereit – ihr seid doch ned gscheid« mussten die Arbeitgeber provozieren. Deren Vertreter aber verweigerten sich der Diskussion mit Gewerkschaftern und ihren Angestellten.

Zur Demonstration angereist waren Beschäftigte der Wohlfahrtsverbände aus ganz Bayern. Sie hatten zum Teil stundenlange Bustouren in Kauf genommen, nur um ihren Protest kundzutun. Bei dieser Veranstaltung hatten wir ausgiebig Gelegenheit, mit Pflegekräften zu sprechen. »Alle Grenzen sind überschritten!« und »Es reicht!« hören wir immer wieder. Viele Mitarbeiter der Wohlfahrtsverbände leiden unter den ihrer Meinung nach sittenwidrigen Zeitverträgen und niedrigen Löhnen bei gleichzeitiger Überbelastung. So schilderte uns zum Beispiel eine Mitarbeiterin, dass sie zusammen mit einer Kollegin für 38 schwer an Demenz erkrankte Bewohner in einem Heim zuständig sei – eine nahezu unlösbare Aufgabe. Andere Pflegekräfte erzählen, dass sie von ihren Arbeitgebern massiv unter Druck gesetzt worden seien, niedrigere Löhne zu akzeptieren. Offen sei mit billigeren ausländischen Pflegekräften gedroht worden. Das sind keine Beispiele aus dem sogenannten Manchester-Kapitalimus des 19. Jahrhunderts, bei den Arbeitgebern handelt es sich um Wohlfahrtsverbände.

»Die meisten Leute glauben, bei uns passt schon der liebe Gott auf, dass es menschlich und sozial zugeht. Von wegen – gerade unsere Arbeitgeber in der bayerischen Diakonie sind knallhart.« Mit diesen Worten fasste Bärbel Kalb, die Sprecherin der Mitarbeitervertretung von evangelischer Kirche und Diakonie, die Problematik zusammen. »Entweder du arbeitest für 30 Prozent weniger, oder du kannst gehen«, sagte sie. Und viele Demoteilnehmer waren froh, dass diese Aussage einmal so klar öffentlich gemacht wurde. Damit steht auch die Glaubwürdigkeit der Kirchen auf dem Spiel. Denn die Pflegeeinrichtungen Gottes sind eigentlich besonderen Leitlinien verpflichtet. Doch viele Betriebe agieren schon weltlich. Turbokapitalismus und Ökonomie scheinen sich auch hier durchzusetzen. »Die Arbeitnehmer haben begriffen, dass der beschrittene Weg der Wohlfahrtsverbände in die Irre führt«, erklärte uns Dominik Schirmer, Ver.di-Landesfachbereichsleiter für Gesundheit, soziale Dienste, Wohlfahrt und Kirchen, am Rande der Nürnberger Demo.

Interview mit dem Gewerkschafter Dominik Schirmer:

Frage: Mehr als 2000 Mitarbeiter von Wohlfahrtsverbänden demonstrierten in Nürnberg gegen ihren Arbeitgeber. Hat Sie das überrascht?

Schirmer: Ich glaube, das war ein Auftakt – ein Auftakt in zweierlei Hinsicht. Erstens: Das Selbstbewusstsein und der Mut der Beschäftigten wurden aktiviert. Ich habe ein Stück weit eine Aufbruchstimmung erlebt, die eigenen Interessen in die

Hand zu nehmen und sie zu verbessern. Zweitens: Die Botschaft an die Wohlfahrtsverbände und an die Kirchen ist klar geworden. Die Arbeitsbedingungen der Beschäftigten bei Kirchen- und Wohlfahrtsverbänden haben eine erhebliche Einwirkung auf die Qualität der Leistungen, die hier erbracht werden. Auch auf die Qualität in Pflegeheimen.

Frage: Warum protestieren Pflegekräfte gerade jetzt gegen die Wohlfahrtsverbände?

Schirmer: Ich glaube, dass jetzt eine Schamgrenze überschritten ist. Es gibt nämlich beim Personal einen ethisch-moralischen Anspruch an die eigene Arbeit. In den vergangenen Jahren hat man immer wieder versucht, den eigenen Anspruch an die Qualität der Arbeit irgendwie zu erfüllen. Das Personal musste aber gleichzeitig feststellen, dass dieser Anspruch an die eigene Arbeit konterkariert wurde durch schlechtere Arbeitsbedingungen, durch eine – wie ich finde – Demutshaltung der Kirchen und Wohlfahrtsverbände gegenüber der Politik. Und dann gab es natürlich auch Qualitätsverluste und Versorgungsdefizite.

Frage: Sie sprechen von einer Demutshaltung der Wohlfahrtsverbände gegenüber der Politik. Dabei sitzt die Politik doch vielfach selbst in den Wohlfahrtsverbänden, wie zum Beispiel viele Landräte in Bayern …

Schirmer: Ja klar. Das verstehe ich auch nicht. Ich kann nicht als Vorstand eines Wohlfahrtsverbandes über die miserablen Rahmenbedingungen jammern und gleichzeitig in den Bezirkstagen oder im bayerischen Landtag den Mund nicht aufmachen. Leider passiert das sehr häufig. Politiker geben gerne den übergeordneten Rahmenbedingungen die Schuld für die Pflegemisere. Das ist absolut unglaubwürdig.

Frage: Wie weit ist die Lohnspirale bei den Wohlfahrtsverbänden schon nach unten gegangen?

Schirmer: Die Spirale ist so weit nach unten gegangen, dass Beschäftigte von ihrem Monatsgehalt nicht mehr leben können. Und das finde ich geradezu empörend. Das wird dadurch beschleunigt, dass die Wohlfahrtsverbände – die Diakonie hier vorneweg – auf einen angeblichen Wettbewerbsdruck verweisen, den sie aber selbst durch ihr eigenes Verhalten beschleunigt haben.

Frage: Der Geschäftsführer und die Pflegedienstleitung eines ambulanten kirchlichen Pflegedienstes in Rheinland-Pfalz sprechen von der »Versklavung« der Mitarbeiter …

Schirmer: Das ist bemerkenswert. Ich glaube, eine so offene Aussage findet man in Bayern derzeit noch nicht, obwohl die Situation vergleichbar ist. Die meisten Arbeitgeber werden das empört von sich weisen. Wenn zum Beispiel die Diakonie in Bayern sogenannte Flexibilisierungsinstrumente in die neuen Arbeitsvertragsrichtlinien aufnimmt wie zum Beispiel das Modell der Dehnarbeit, bin ich mir sicher, dass der Trend dahin läuft. Dehnarbeit hört sich zwar auf den ersten Anschein hin ganz nett an, bedeutet aber in der Konsequenz nichts anderes, als dass die Pflegekräfte nie wissen, wie viel sie arbeiten können. Hat ein Pflegedienst viele Kunden, dann müssen die Beschäftigten viel und länger arbeiten, gibt es weniger Kunden, dann werden die Pflegekräfte nach Hause geschickt. Natürlich ohne Geld und ohne soziale Absicherung. Und das feiert die Diakonie gerade als innovativen Bestandteil ihrer neuen Arbeitsvertragsrichtlinien.

Frage: Wie kam es zu diesem Wettbewerbsdruck nach unten?

Schirmer: Das wurde durch politische Vorgaben entschieden. Wir haben in der Politik de facto eine große Koalition im Gesundheits- und Sozialbereich schon seit Mitte der neunziger Jahre. Egal, ob SPD, Grüne, CDU/CSU und FDP – man hat gesagt: Wir verändern die Finanzierungsbedingungen im Sozial- und Gesundheitswesen. Wir erstatten nicht mehr die nachgewiesenen Kosten, sondern wir budgetieren die Gelder und wollen damit einen Wettbewerb in dieses System einführen. Und das Problem ist, dass sich der Wettbewerb nicht daran orientiert, mit welcher Qualität die Leistungen erbracht werden, sondern der Wettbewerb schlägt sich fast ausschließlich im Preis der Dienstleistungen nieder. Und wenn man bei der Pflege einen Preis ermittelt, muss man feststellen, dass der Personalkostenanteil hier etwa 80 Prozent ausmacht. Und nur 20 Prozent sind Sachkosten. In der Industrie ist es genau umgekehrt: 20 Prozent sind Personal-, 80 Prozent Sachkosten. Wenn ich sparen will, was die politische Vorgabe ist, dann fange ich beim größten Kostenblock zu sparen an. Und das heißt weniger Geld und mehr Arbeit für das Personal. Damit setzen die Wohlfahrtsverbände eine unheilvolle Spirale nach unten in Gang. Sie beugen sich dem Wettbewerb, kürzen beim

Personal, verschlechtern die Arbeits- und Einkommensbedingungen, und im Wettbewerb um Marktanteile konkurrieren sie letztlich mit anderen Wohlfahrtsverbänden. In der Konsequenz hat das gravierende Auswirkungen auf die Versorgungsqualität der pflegebedürftigen Menschen. Ich verstehe nicht, weshalb die Wohlfahrtsverbände in Deutschland – ganz anders als zum Beispiel in Österreich – die Vereinbarung eines »Tarifvertrages Soziale Dienste« verweigern. Damit hätten sie beweisen können, dass es ihnen wirklich um die Qualität ihrer Dienstleistungen geht und eben gerade nicht darum, sich einem erbitterten Preiswettbewerb unterzuordnen.

Frage: Wann werden Pflegekräfte bei Wohlfahrtsverbänden zusätzlich auf Hartz IV angewiesen sein, um zu überleben?

Schirmer: Das passiert bereits heute. Es gibt Tätigkeitsfelder bei den Wohlfahrtsverbänden, die so schlecht bezahlt werden, dass ein Monatseinkommen nicht mehr ausreicht, um sich selbst und seine Familie zu ernähren. Diese Mitarbeiter sind schon jetzt auf unterstützende Leistungen angewiesen. Oder: Bei Beschäftigten der Diakonie werden befristete Verträge nur zu neuen, schlechteren Konditionen verlängert. Genauso einen Fall habe ich aktuell auf dem Tisch. Einer allein erziehenden Beschäftigten bleiben jetzt nur noch 800 Euro netto für sich und die zwei Kinder. Das ist existenzbedrohend. Ich finde das beschämend.

Frage: Was muss noch passieren, damit es wirklich zum großen Pflegeaufstand kommt?

Schirmer: Wir brauchen einen großen Aufstand. Das geht aber nur dann, wenn sich die Verbande endlich aufraffen und sich aus ihrer Demutshaltung gegenüber der Politik befreien.

Festzuhalten bleibt: Derzeit sind zu wenige Pflegekräfte gewerkschaftlich organisiert. Deshalb haben Arbeitgeber häufig ein leichtes Spiel, wenn es um befristete Arbeitsverträge oder Lohnkürzungen geht. Wer den Mund aufmacht oder wer sich nicht anpasst, muss mit arbeitsrechtlichen Konsequenzen rechnen. Nennenswerten Widerstand brauchen die Arbeitgeber zwar bislang nicht zu befürchten, doch schon der erste »Protestruf« in Nürnberg zeigte eine gewisse Wirkung. Thomas Beyer, der Landesvorsitzende der Arbeiterwohlfahrt in Bayern, meldete sich anlässlich der Demonstration in einer Pressemitteilung zu Wort. Er verweist auf den »ständigen Druck der Kostenträger auf eine Senkung der Entgelte für soziale Dienste«. Er habe aber »Verständnis für Unmut in der Mitarbeiterschaft«. Wo es um das Schicksal wehrloser alter Menschen geht, reicht dieses Verständnis nicht aus. Der Protest muss wohl noch lauter und breiter werden, damit sich die Wohlfahrtsverbände endlich bewegen – im Sinne der pflegebedürftigen Menschen, aber auch im Sinne ihrer Mitarbeiter.

»Wer will in der Altenpflege arbeiten?«

Wer arbeitet unter den oben angeführten Bedingungen eigentlich noch in der Altenpflege? Sind es qualifizierte Menschen mit Schulabschluss, die ihren Beruf lieben? Oder sind es Personen, die keinen anderen Job finden? Unsere Recherche führt uns in die Altenpflegegrundausbildung. Eine Lehrerin, die anonym bleiben möchte, berichtet über ihre Erfahrungen. Demnach vermittelt die Bundesagentur für Arbeit viele Bewerberinnen und Bewerber in Fachschulen für Altenpflege, die anderweitig nicht unterzubringen sind. Auffällig sei der hohe Anteil an Umschülerinnen aus dem technisch-gewerblichen beziehungsweise kaufmännisch-verwaltenden Berufsbereich sowie Personen aus dem osteuropäischen Sprachraum. Letztere würden kaum Deutsch sprechen, so unsere Informantin. Dabei sei die sprachliche Kompetenz wegen der biografischen Orientierung der Altenpflege und wegen des Niveaus der Ausbildungskurse von zentraler Bedeutung. »Für die Qualitätsentwicklung im Altenpflegeberuf ist es meiner Meinung nach sehr wichtig, dass die Fachschulen wegen dieses Dilemmas eine kritische Bewerberinnenauswahl in Bezug auf die kommunikative Kompetenz für die Altenpflegeausbildung treffen«, fordert die Insiderin. Viele BewerberInnen würden den Beruf Altenpflege nur als »Job« betrachten. Ein Erfahrungsbericht:

In einem Altenpflegekurs, in einem Fachseminar für Altenpflege in Nordrhein-Westfalen, der nach der neuen Gesetzesgrundlage gestartet ist, finde ich folgendes Bedingungsfeld vor:

In dem Kurs befinden sich 25 Altenpflegeschüler/innen, davon sind 9 männlich und 16 weiblich; 11 Altenpflegeschüler/innen kommen aus dem osteuropäischen Sprachraum, z.B. Kasachstan (2), Russland (3) und Polen (6).

Das Altersspektrum der Altenpflegeschüler/innen liegt zwischen 19 und 50 Jahren. Neun der Altenpflegeschüler/innen haben als formale Zulassungsbedingungen gemäß des bundeseinheitlichen neuen Altenpflegegesetzes (2003) die Fachoberschulreife und ergreifen die Altenpflege als Erstberuf. Viele von diesen jungen Menschen haben ihren gewünschten Ausbildungsplatz nicht bekommen und ›versuchen‹ sich jetzt in der Altenpflege. 12 Altenpflegeschüler/innen haben den Hauptschulabschluss und eine abgeschlossene Berufsausbildung, z.B. Tischler, Maler, Maurer, Bäcker, Schneiderin, Sozialhelferin. Ein Altenpflegeschüler hat sieben Jahre Diplompädagogik studiert, aber keinen Abschluss erzielt. Zwei Altenpflegeschülerinnen (28 und 40 Jahre) befinden sich im Kurs, die bisher noch keine Berufsausbildungen nachweisen können. Nur vier Altenpflegeschülerinnen arbeiteten vor der Ausbildung bereits ein Jahr als Helferinnen im Altenpflegeheim und bringen Pflegeerfahrungen mit; die restlichen absolvierten nur kurzzeitige Praktika (2–4 Wochen) in der stationären Altenhilfe. Vier der männlichen Altenpflegeschüler absolvierten vor der Pflegeausbildung ihren Zivildienst in einem Altenpflegeheim bzw. in der Behindertenpflege. Aus vertraulich geführten Gesprächen mit den betroffenen Schülerinnen ist mir folgende Problematik bekannt: Eine junge Schülerin hat erst vor kurzer Zeit einen Suizidversuch hinter sich, eine weitere weist eine Essstörung (Anorexie) auf, eine Schülerin fällt durch häufige Fehlzeiten auf. Sie leidet unter Drogenkonsum (Heroinabhängigkeit) und befindet sich derzeitig im Methadonprogramm. Nach Meinung der Fachseminarleiterin sind alle Frauen in der Lage, wenn auch selbst psychisch krank, eine gute Pflege von alten, abhängigen Menschen zu leisten und sollten unbedingt ihr Altenpflegeexamen zum Abschluss bringen.

In meinem Unterricht werden die Altenpflegeschüler/innen mit dem Lesen von Artikeln aus Fachzeitschriften und aus Pflegelehrbüchern konfrontiert. Die Gruppe setzt sich damit nur zum Teil kritisch auseinander. Diese Beobachtung führe ich auf die schwachen Deutschnoten, welche die Schüler/innen in den Abschlusszeugnissen erzielt haben, zurück (die Hälfte der Schüler/innen, auch deutscher Herkunft!, weist die Note Ausreichend auf!).

Einige der osteuropäischen Altenpflegeschüler/innen können aufgrund des eingeschränkten Wortschatzes Textstrukturen nur bedingt erfassen. Dadurch besteht die Gefahr, dass bei der Interpretation von Texten oder Begrifflichkeiten mit Missverständnissen zu rechnen ist.

Bei der letzten Zwischenprüfung hat ein nicht deutschsprachiger Schüler im 2. Ausbildungsjahr, noch nach der alten Ausbildungsordnung ausgebildet, eine Pflegeaufgabe bekommen, in der eine Blutzuckermessung und subkutane [unter die Haut] Injektionen durchgeführt werden sollten: Die Menge der Internationalen Einheiten (IE) des Insulins hat der Schüler mit einer Heparinspritze unkorrekt aufgezogen und wollte es dem alten Menschen in den Wirbelkanal injizieren! Bei der anatomischen Frage »Wo befindet sich der Oberschenkelmuskel?« hat der Schüler auf den Ort des Schultergelenks verwiesen! Die Fachlehrerin gab dem Schüler die Note Ausreichend. Er wird im nächsten Jahr das Altenpflegeexamen ebenso »gut« bestehen. Im letzten Examen, welchem ich als Protokollantin beigewohnt habe, sind drei Schüler/innen mit der Note Mangelhaft, die sie in den schriftlichen Examensarbeiten erzielt hatten, als bestandene Kandidaten in die Pflegepraxis entlassen worden. Sie haben eine Anstellung in hauseigenen Pflegeheimen des Wohlfahrtsverbandes gefunden! Es darf bei aller Kritik nicht vergessen werden, dass Deutschland wegen der demografischen Entwicklung ausgebildete (egal, wie!) Altenpfleger und Altenpflegerinnen benötigt.

Man stellt sich die Frage, wie diesem Dilemma eine Schulleiterin gegenüber eingestellt ist:

»Jeder Altenpflegeschüler muss bei uns das Examen bestehen, denn er bringt ja Geld!« Es spricht sich herum, dass wir einen guten Ruf haben und in unserer Bildungseinrichtung jeder Schüler mit Leichtigkeit sein Examen bekommt – denn die Konkurrenz auf dem Bildungsmarkt ist groß. Die Fachseminare im Umkreis (es sind schließlich noch drei) liegen im Wettbewerb miteinander – im Frühjahr und im Herbst, jeweils zum Ausbildungsstart heißt es immer: »Welches Fachseminar bekommt dieses Mal die meisten Bildungsgutscheine vom Arbeitsamt zugeteilt?«

Profiteure Altenpflegeschulen. Jeder Schüler zählt. Die Insiderin unterrichtet inzwischen nicht mehr an diesem Fachseminar, weil sie die Verantwortung für die Altenpflegeschüler und -schülerinnen, die mit diesem niedrigen Bildungsniveau auf alte Menschen losgelassen werden, aus ethisch-moralischen Gründen nicht übernehmen wollte und konnte. »Ausbildungsmissstände führen unweigerlich zu Pflegepraxis-Missständen mit allen Folgen für pflegebedürftige alte Menschen«, resümiert sie. Geringe Motivation vieler Bewerber, mangelnde Sprachkenntnisse und immer wieder Drogenprobleme kommen hinzu. Wir fordern: Nur wer verantwortungsvoll, sorgfältig und motiviert arbeitet und mehr als eine Alibiprüfung abgelegt hat, darf den Beruf der Pflegefachkraft ausüben. Und: Auch für Pflegekräfte ist ein Mindestlohn Pflicht. Wer 40 Stunden in der Woche arbeitet, der muss auch davon leben können.

Vierter Teil

Das Versagen der Justiz

18 Ein Arzt verzweifelt am System

»Eigentlich habe ich gar keine Zeit«, begrüßte uns Michael de Ridder, der Leiter der Rettungsstelle des Berliner Vivantes-Klinikums am Urban. Wir hatten zwar bereits Wochen vorher einen Termin mit ihm vereinbart, aber an diesem Tag war der Mediziner im Dauerstress. Das Krankenhaus ist ein unansehnlicher Betonklotz in Kreuzberg. Seit zwölf Jahren ist de Ridder dort leitender Arzt und trägt die Verantwortung für über 45 000 Patienten, die jährlich entweder als »Selbsteinweiser« oder als »Notfall« behandelt werden wollen. Die Berliner haben dort wie in einer Poliklinik die Möglichkeit, Tag und Nacht jede Art von fachärztlicher Versorgung in Anspruch zu nehmen. Und an diesem Morgen kamen, wie so oft, wieder einmal viele Patienten auf einmal. Mehrere Notfälle mussten parallel versorgt werden.

»Es gehört zu dieser Rettungsstelle, dass wir immerzu Patienten bekommen, die in einem mehr oder weniger bedauerlichen Pflegezustand sind«, erzählt uns Michael de Ridder. Denn in Kreuzberg und im nahe gelegenen Stadtteil Neukölln gebe es sehr viele »Single-Haushalte« mit einer überproportional hohen Zahl alter Menschen. »Ich bin 15 Jahre lang Notarztwagen gefahren und habe die Wohnungen von Pflegebedürftigen gesehen, aber auch viele Heime«, berichtet de Ridder. Als Notarzt musste er immer wieder erleben, dass pflegebedürftige Senioren jahrelang völlig vereinsamt im Bett lagen, ohne dass Angehörige nach ihnen gesehen hätten. Ihr einziger Sozialkontakt seien die Schwestern gewesen, die etwas zum Essen hingestellt hätten. »Wenn sie freundlich waren, haben die Pflegerinnen dabei auch noch drei oder vier Worte gesagt«, so der Mediziner. Häufig sei aber sogar das nicht der Fall gewesen.

Dabei sei es auch vorgekommen, dass Menschen, deren Tod bereits unmittelbar bevorgestanden habe, noch ins Krankenhaus gebracht worden seien. De Ridder: »Für mich gleicht es einer Katastrophe, solche Menschen in die Klinik einzuweisen, und dann möglicherweise auf der Intensivstation noch irgendwelchen Aktionismus zu entfalten.« Das bedeute nichts anderes als Leidensvermehrung eines Menschen, dessen Leben zu Ende geht. In solchen Fällen solle sich der Arzt einfach auf die rechte Seite des Bettes setzen und die Hand des Patienten halten. Darüber hinaus habe der Arzt dafür Sorge zu tragen, dass alles getan werde, inklusive der Verabreichung von Opiaten, um dem Patienten ein angstfreies und friedliches Sterben zu ermöglichen.

Der Mediziner sagt, man könne nicht alle Pflegeheime über einen Kamm scheren, aber in Kreuzberg habe er »zahlreiche Einrichtungen erlebt, in denen die Lebensbedingungen für die Bewohner grausam und inhuman« gewesen seien. Diese Aussage untermauert er mit Bildern und Wahrnehmungen, die sich in seinem Kopf festgesetzt haben: dem Geruch von Urin und Kot, den häufig so typischen Wandschränken, den Kachelfliesen über dem Waschbecken, dem Resopaltisch, der Ausstattung und der Atmosphäre, die diese Heime vermitteln. Depressionen der Bewohner wegen mangelnder Ansprache und Sozialkontakte gehören für ihn ebenso zu den alltäglichen Missständen wie Flüssigkeits- und Ernährungsdefizite, inadäquate Behandlung mit Psychopharmaka zur so genannten Ruhigstellung, PEG-Sondenernährung trotz ausgewiesener Schluckfähigkeit und natürlich die mangelhafte Mund-, Haut- und Nagelpflege. Pflegemängel führen immer wieder zu stationären Aufenthalten im Krankenhaus.

Warum aber schweigen die Ärzte, wenn sie Menschen nach offensichtlichen Pflegefehlern in die Klinik einweisen müssen? Warum erstatten Krankenhausärzte so selten Strafanzeige, wenn sie vernachlässigte und misshandelte Menschen aus Pflegeeinrichtungen behandeln müssen? »Man hackt sich gegenseitig kein Auge aus«, weiß Michael de Ridder aus der Praxis. Wenn ein alter Mensch sich in einem schlechten Pflegezustand befinde, dann sei dafür immer auch ein Arzt oder eine Ärztin mehr oder weniger mitverantwortlich.

De Ridder ist eine Ausnahme. Er hat immer wieder Hausärzte mit ihren Fehlern konfrontiert, wenn in der Notaufnahme des Vivantes-Klinikums medizinische oder pflegerische Defizite festgestellt wurden. Oft genug musste er sich dabei merkwürdige Geschichten anhören. So wollte zum Beispiel eine Hausärztin vor einigen Jahren zwar 30 Minuten lang mit einer im Rollstuhl sitzenden Bewohnerin gesprochen, aber an deren Rücken den riesigen Dekubitus nicht entdeckt haben. Die Allgemeinmedizinerin hätte die offene Wunde damals möglicherweise noch behandeln können. Wenige Tage später aber kam die Patientin mit einer Sepsis (Blutvergiftung) ins Krankenhaus und verstarb. Es sei »ein schicksalhafter Verlauf«, wurde den Angehörigen mitgeteilt. Mit dieser Argumentation werden viele ähnlich gelagerte Fälle unter den Teppich gekehrt. »Hier war es eindeutig ärztliches Versagen«, legt sich de Ridder fest. Er habe damals aber nichts unternommen, weil er »diese Kollegin als gewissenhaft« einschätzte: »Es hätte niemand dabei gewonnen, wenn ihr Fall bei der Staatsanwaltschaft gelandet wäre.« Er wollte und konnte eine »besonders gute« Kollegin nicht anzeigen. Heute ist er sich ziemlich sicher, dass sie so oder so straffrei davongekommen wäre.

Doch in einem anderen, ganz besonders krassen Fall wurde er aktiv. Am 13. August 2003 wurde der vierundsechzigjährige Wolfgang K. mit dem Rettungsdienst ins Klinikum gebracht. Er hatte erhebliches Untergewicht, hohes Fieber und eine blasse Gesichtsfarbe. »An der Hand legte ein riesiges Geschwür die Sehnen frei, ein faustgroßer Hodenabszess war durchgebrochen, Eiter entleerte sich. Außerdem hatte der Bewohner einen Dekubitus am Steiß«, so Michael de Ridder. Vier Tage nach der Aufnahme ins Krankenhaus verstarb Wolfgang K.

Für Michael de Ridder und die behandelnden Ärzte in der Rettungsstelle bestand kein Zweifel daran, dass hier Pflegefehler vorlagen. Der Patient kam direkt aus dem Heim. De Ridder stellte Strafanzeige gegen unbekannt wegen des Verdachts der unterlassenen Hilfeleistung mit Todesfolge und Körperverletzung. Zweieinhalb Jahre passierte nichts. In dieser Zeit beschäftigten sich, so der Mediziner, vier Staatsanwälte mit dem Fall von Wolfgang K. »Ich habe alle vier Monate bei der Staatsanwaltschaft angerufen und nachgefragt, warum das Verfahren so lange dauert«, berichtet de Ridder. Dabei habe er dokumentiert, mit wem er gesprochen habe.

Am 6. Januar 2006 schließlich wurde der Prozess gegen die Verantwortlichen des Pflegeheims und eine Ärztin doch noch eröffnet. Michael de Ridder war als Zeuge geladen. Das Urteil folgte wenige Wochen später nach mehreren Verhandlungstagen: Freispruch für die Ärztin, Freispruch für die Pflegedienstleitung und Geldstrafe für die Wohnbereichsleiterin.

Michael de Ridder versteht die Welt nicht mehr. Für ihn ist diese Entscheidung ein »krasses Fehlurteil«. Hier habe es die Chance gegeben, Missstände und strukturelle Defizite in der Altenpflege ans Licht der Öffentlichkeit zu bringen. Es sei ein »Schlag ins Gesicht« aller Betroffenen.

Wie konnte es zu einer solchen Entscheidung kommen? Der Berliner *Tagesspiegel* berichtete kurz nach der Urteilsverkündung, dass von den »massiven Vorwürfen« gegen zwei leitende Mitarbeiterinnen nicht mehr viel übrig geblieben sei. »Der Abszess an der linken Leiste war möglicherweise noch nicht sichtbar, als der Heimbewohner ins Krankenhaus gebracht wurde. Und zur tiefen Wunde an der Hand könnte es auf dem Transport gekommen sein«, so zitierte der Bericht die Sichtweise des Amtsgerichts. Die Staatsanwaltschaft habe zunächst gegen 18 Personen ermittelt, die mit der Betreuung des Rentners befasst waren. Die meisten Verfahren seien aber mangels Tatverdacht eingestellt worden. In Fällen mutmaßlicher Vernachlässigung in einem Pflegeheim sei es schwer, Verantwortlichkeiten nachzuweisen, habe der Staatsanwalt laut *Tagesspiegel* in seinem Plädoyer konstatiert. Weil in der Regel eine Vielzahl von Personen mit der Betreuung eines Bewohners befasst sei, gebe es mehrere Ebenen der Verantwortung, was die Ermittlungen erschwere. Eine Bankrotterklärung, finden wir.

Für Michael de Ridder und alle Mediziner, die den Patienten im Urban-Klinikum bis zu seinem Tode behandelt haben, bleibt es unstrittig, dass der Abszess bei gewissenhafter Pflege und Behandlung hätte erkannt und behandelt werden müssen, und der Tod des alten Mannes sei keinesfalls als »schicksalhaft« anzusehen. Vielmehr offenbare das Urteil die Misere pflegebedürftiger alter Menschen. De Ridder kritisiert in diesem Fall auch die Sachverständigen, die »unter dem Druck der Gegenseite Gefälligkeitsgutachten abgeben, die mit der ärztlichen Ethik nicht zu vereinbaren sind«.

Auch durch solche Expertisen sei die Institution Pflegeheim weit von einem geschützten Raum entfernt, »den die Gesellschaft für ihre verletzlichsten Angehörigen« bereitzuhalten vorgebe. »Vielmehr drohen Pflegeheime mehr und mehr zu rechtsfreien Räumen mit dem Charakter von Gruselkabinetten zu verkommen«, so de Ridder. Besonders beunruhige ihn dabei, dass dies unter den Augen von Richtern und Staatsanwälten geschehe.

Wolfgang K. ist kein Einzelfall. Auch aus der ambulanten Pflege werden vernachlässigte Menschen ins Krankenhaus eingewiesen. Vor Kurzem schrieb Michael de Ridder einen langen Brandbrief an die Heimaufsicht in Berlin.

Der inakzeptable Pflegezustand eines in unsere Rettungsstelle eingelieferten Patienten gibt uns erneut Anlass, über die Qualität in der Pflege in Berlin Klage zu führen. Am Morgen des 19. Januar gegen 9 Uhr wird Herr Karl A., geboren am 19. 2. 1913, in unsere Rettungsstelle eingeliefert. Ausgelöst worden war der Notruf von einer Pflegekraft einer häuslichen Hilfe, die Herrn A. dreimal täglich (!) zwecks pflegerischer Tätigkeiten aufsucht und ihn nun offensichtlich nach einem Sturz hilflos vor seinem Bett liegend aufgefunden hatte.

Bei seiner Ankunft in unserer Rettungsstelle befand sich Herr A. in einem beklagenswert verwahrlosten Pflegezustand: Der deutlich desorientierte, jedoch freundlich zugewandte Patient präsentierte sich in halb angezogenem Zustand mit verschmutzter Jacke und urindurchnässter Hose bei nicht abgestöpseltem Dauerkatheter. Seine Unterhose starrte … vor altkotigen Flecken. Im Schritt fand sich eine ausgedehnte, partiell nässende entzündliche Rötung. Seine Hände machten den Eindruck, als seien sie tagelang nicht gewaschen worden, seine schwarzen Fingernägel dürften über Wochen keinen Nagelreiniger gesehen haben.

Die telefonische Nachfrage bei dem Pflegedienst am 22. Januar ergab die übliche Antwort: »Tja, Herr A. lässt ja niemanden mehr an sich heran!« Eine derartige Antwort ist ebenso inakzeptabel wie der Pflegezustand des Patienten. Abgesehen davon, dass »nicht mehr wollen« mancherlei Ursachen haben kann – nicht selten sind sie nicht aufseiten des Patienten, sondern aufseiten des Pflegedienstes zu suchen –, ist ein offensichtlich mental beeinträchtigter Patient wie Herr A., der angeblich jede Pflege von sich weist, spätestens dann einem Arzt beziehungsweise dem sozialpsychiatrischen Dienst vorzustellen, wenn Anzeichen erheblicher Verwahrlosung beste-

hen, die den Patienten gefährden und in Krankheit überzugehen drohen, wenn sie es nicht schon sind. Letzteres traf für Herrn A. eindeutig zu.

Michael de Ridder zeigte uns die Fotos, die in der Notaufnahme gemacht worden waren und den beklagenswerten Pflegezustand des eingewiesenen Patienten dokumentierten. »Die Unterhose war seit mehr als einer Woche nicht mehr gewechselt worden«, erklärte der Mediziner.

Was wurde aus seinem Brandbrief? Über die Heimaufsicht landete er schließlich bei der Berliner AOK. Die Krankenkasse aber veranlasste nicht sofort eine unangemeldete Kontrolle bei anderen Patienten des Pflegedienstes, sondern forderte zuerst einmal lediglich eine »schriftliche Stellungnahme« an.

Im Mai 2007 meldete sich »die Gesundheitskasse« erneut bei Michael de Ridder. In einem Brief versuchte sie ihm zu erklären, wie es zu dem inakzeptablen Pflegezustand kam, wobei man behauptete, dass der Pflegedienst »dreimal täglich die Zubereitung kleinerer Mahlzeiten und die Medikamentengabe« sichergestellt habe. Einmal täglich sei die »Körperpflege« erfolgt:

In der Gesamtbewertung ist einzuschätzen, dass Herr A. am frühen Morgen des 19. 01. 2007 in seiner Wohnung stürzte und nicht allein wieder aufstehen konnte. Beim Eintreffen des Pflegedienstmitarbeiters hat dieser nach Rücksprache mit der Einsatzleitung sofort die Feuerwehr angefordert. Da er sich nicht in der Lage sah, Herrn A. allein aufzurichten, hat er keine Körperpflege durchgeführt und Herrn A. auch nicht neu eingekleidet. Dies erklärt aus unserer Sicht im Wesentlichen die von Ihnen festgestellten Verschmutzungen der Kleidung und des Körpers von Herrn A. Wie und wodurch sich der Katheter öffnete, kann nicht mehr nachvollzogen werden.

Wie eine Krankenkasse angesichts der vorliegenden Beweisfotos zu solch einer Einschätzung kommen kann, ist nicht nur Michael de Ridder schleierhaft. Die Antwort auf seine Beschwerde hält er für unzureichend. Er spricht von einer »chronischen Verwahrlosung« und einer »chronisch nicht durchgeführten Körperpflege«.

Eigentlich müsste die Kasse doch ein Interesse daran haben, schlecht arbeitende Pflegedienste zu entlarven. Denn häufig würden auch nicht erbrachte Leistungen abgerechnet.

Dennoch versucht die AOK den Fall herunterzuspielen. Dem Pflegedienst könne »eine Alleinschuld« am Zustand des Patienten nicht angelastet werden. »Es ist jedoch nicht auszuschließen, dass Mängel in der Organisation des Pflegedienstes den Zustand, in dem Herr A. vorgefunden wurde, begünstigt haben«, so die Krankenkasse weiter. Der Pflegedienst werde verpflichtet, diese Mängel zu beseitigen.

Mit anderen Worten: Die laxe Vorgehensweise der AOK wird für den Pflegedienst und dessen Mitarbeiter wahrscheinlich wieder einmal ohne Konsequenzen bleiben. »Zusammenfassend finde ich es unglaublich, wie Sie hier ein schweres pflegerisches Versagen beschönigen bzw. bagatellisieren«, schrieb de Ridder daraufhin der Sachbearbeiterin der AOK Berlin. Ihr Verhalten komme einer Verhöhnung des Patienten gleich.

»Ich schäme mich, Teil eines Versorgungssystems zu sein, das zwar Milliarden für die Gesundheit aufwendet, aber dennoch solche Zustände zulässt«, so de Ridder. Wäre ein dermaßen vernachlässigtes Kind ins Krankenhaus eingewiesen worden, so hätte man den Eltern wahrscheinlich das Sorgerecht entzogen.

19 Der Fall Gertrud Frank

Matthias Frank steht am Grab seiner Mutter, die am 13. August 2005 im Alter von 77 Jahren gestorben war. Bis heute beharrt Frank auf seiner Überzeugung, dass seine Mutter im Heim umgebracht wurde und noch leben könnte: »Ich empfinde Trauer und vor allen Dingen tiefste Wut. Seit dem Ableben meiner Mutter wollte ich Rache für ihren Tod.«

Schon in der Todesanzeige sprach Matthias Frank von einer unnatürlichen Todesursache. Zunächst wollte sie die Zeitung gar nicht abdrucken. Erst nach einem Gespräch zwischen ihm und dem zuständigen Redakteur sei die Anzeige veröffentlicht worden. Was war passiert?

Gertrud Frank verbrachte ihr letztes Lebensjahr im Caritas-Seniorenzentrum am Horbachpark (Albert-Stehlin-Haus) in Ettlingen. Anfang August 2005 verschlechterte sich ihr Gesundheitszustand dramatisch. Matthias Frank besuchte sie regelmäßig. An einem Wochenende saß die alte Dame am Esstisch, wie in sich zusammengesackt. Er habe das Pflegepersonal sofort darum gebeten, einen Notarzt zu rufen. Die Mitarbeiter hätten das zunächst ohne Angabe von Gründen abgelehnt. Daraufhin sei er massiv geworden und habe sich durchgesetzt. Der Bereitschaftsarzt habe einen Verband am Fuß der alten Frau entfernt, wobei Matthias Frank erstmals die große Wunde zu Gesicht bekam und geschockt war: »Es roch nach verwestem Fleisch. Es war mehr als grausam, was ich da gesehen habe.«

Der Notarzt überwies die Diabetikerin ins Krankenhaus. Dort wurde eine fünf Zentimeter durchmessende Nekrose (abgestorbenes Gewebe) am rechten Außenknöchel mit freiliegenden Sehnen, jauchigem Wundgeruch und Rötung des gesamten rechten Unterschenkels sowie eine Schwellung des rechten Beines bis in die oberen Abschnitte des rechten Oberschenkels festgestellt. Ferner habe sich bei Druck auf den Unterschenkel reichlich Eiter aus der Wunde am Außenknöchel entleert (Dekubitusstadium III bis IV). Der Allgemeinzustand wurde als deutlich reduziert beschrieben. Die Entzündungsparameter im Rahmen einer Blutuntersuchung waren signifikant erhöht.

Gertrud Frank wurde sofort operiert und der Unterschenkel amputiert. Allerdings war die sogenannte Sepsis im Körper schon zu weit fortgeschritten. Die Organe der alten Dame versagten. Sechs Tage später war sie tot.

Matthias Frank stellte Strafanzeige bei der Kriminalpolizei. Daraufhin wurde die Staatsanwaltschaft aktiv, die Gertrud Frank obduzieren ließ und Gutachten von Sachverständigen einholte. Am 24. Januar 2007 legte sie ihre Ermittlungsergebnisse in einer Anklageschrift vor. Dem Wortlaut nach habe sich der Dekubitus schon ab Mitte Februar am rechten Außenknöchel der Verstorbenen gebildet – vermutlich wegen eines diabetischen Gefäßschadens. Ab Ende Mai, Mitte Juni 2005 habe sich die Wunde verschlechtert und zu eitern begonnen. Spätestens ab dem 1. August 2005 seien eine intensive ärztliche Behandlung und ein stationärer Krankenhausaufenthalt, möglicherweise mit chirurgischem Eingriff, erforderlich gewesen, um ein Fortschreiten der Entzündung zu hemmen.

Die Angeklagten, drei Pflegefachkräfte, hätten es aber »pflichtwidrig unterlassen«, die dringend gebotene ärztliche Versorgung herbeizurufen:

Es hätte ihnen oblegen, eine eigene Einschätzung über den Zustand der Wunde und den Allgemeinzustand der Bewohnerin vorzunehmen sowie eine korrekte Pflege- und Wunddokumentation anzufertigen. Bei Erkennen des Zusammenhangs zwischen dem sich verschlechternden Allgemeinzustand und der Wundentwicklung hätten sie einen Arzt beiziehen und eine Krankenhauseinweisung anregen müssen. All dies unterblieb jedoch, sodass Frau Frank erst am 7. 8. 2005 auf Veranlassung der Angehörigen in das St.-Vincentius-Klinikum in Karlsruhe gebracht wurde.

Bei einem frühzeitigeren Erkennen der Verschlechterung wäre ein septischer Krankheitsverlauf vermeidbar gewesen, da Frau Frank früher hätte stationär behandelt werden können. Ihr Ableben zum tatsächlichen Zeitpunkt an den Folgen der Sepsis wäre verhindert worden.

Jeder der Angeschuldigten wäre hierzu anhand seiner persönlichen Erkenntnisse und Fähigkeiten in der Lage gewesen und hätte auch eigenverantwortlich infolge der Gewährsübernahme der Pflege von Frau Frank handeln müssen. Die Angeschuldigten hätten auch voraussehen können, dass das von ihnen verschuldete Unterlassen der gebotenen Maßnahmen den Tod von Frau Frank verursachen würde.

Die Staatsanwaltschaft Karlsruhe stützte sich vor allem auf ein Gutachten, das von ihr in Auftrag gegeben und im Januar 2006 vom Institut für Rechtsmedizin der Universität Heidelberg erstellt worden war. Unterschrieben ist es vom Sachverständigen Dr. med. Andreas Schuff und Professor Dr. med. Rainer Mattern. Darin heißt es in selten klaren Worten:

Anhand der vorliegenden Pflegedokumentation ergeben sich aus rechtsmedizinischer Sicht deutliche Anhaltspunkte für eine erhebliche Fehleinschätzung der Wundverhältnisse bezüglich des Druckgeschwürs am rechten Außenknöchel bei Frau Frank seitens des Pflegepersonals des Albert-Stehlin-Hauses.

Aus rechtsmedizinischer Sicht ist ein kausaler Zusammenhang zwischen der vorwerfbaren Fehleinschätzung der Wundverhältnisse seitens des Pflegepersonals des Albert-Stehlin-Hauses und dem Ableben von Frau Frank infolge eines hierdurch bedingten septischen Krankheitsgeschehens abzuleiten. Bei einem frühzeitigeren Erkennen der Verschlechterung wäre ein septischer

Krankheitsverlauf vermeidbar gewesen beziehungsweise hätte früher stationär behandelt werden können, was das Ableben zum tatsächlichen Zeitpunkt an den Folgen der Sepsis verhindert hätte.

Trotz des Gutachtens sprach das Schöffengericht des Amtsgerichts Karlsruhe die drei angeklagten Pflegekräfte frei. Uns liegt das Urteil vom Juli 2007 schriftlich vor. Es sei nicht nachweisbar gewesen, »dass der Tod von Frau Gertrud Frank durch fahrlässiges Handeln der drei Angeklagten verursacht wurde«.
Das Urteil war ein Schlag für Matthias Frank, mit dem wir am Tag nach der Verkündung nochmals sprechen konnten. »In mir hat alles gebrodelt, es war ein Feuer der Gefühle«, machte er dabei seiner Empörung Luft. Er habe sich beherrschen müssen, »nichts Falsches zu tun«, das strafrechtliche Konsequenzen nach sich gezogen hätte. Die Anwälte der Pflegekraft seien von Anfang an sicher gewesen, dass es zu einem Freispruch komme. Was war der Grund für diesen Meinungsumschwung?

Wiederum stand dabei das Gutachten der Heidelberger Rechtsmedizin im Vordergrund. Im Gerichtsprozess distanzierte sich der Sachverständige Dr. Andreas Schuff plötzlich von seinen zuvor getroffenen Aussagen. So heißt es im Urteil:

Diese Aussagen konnte der Sachverständige in der Hauptverhandlung nicht mehr aufrechterhalten. In der Hauptverhandlung erläuterte der Sachverständige für das Gericht glaubhaft und nachvollziehbar, dass er nicht mit Sicherheit sagen könnte, dass Frau Frank hätte gerettet werden können oder sich auch nur ihr Wohlbefinden wesentlich verbessert hätte, wenn im angeklagten Zeitraum zwischen dem 01. 08. 2005 bis 07. 08. 2005 das Pflegepersonal eine bessere Wundversorgung gewährleistet hätte. Der krankhafte Zustand von Frau Frank habe sich bereits im Juni und Juli 2005 erheblich verschlechtert. Ob dies allerdings auf ein Fehlverhalten des Pflegepersonals oder der beteiligten Ärzte zurückzuführen sei, könne er ebenfalls nicht mit Sicherheit sagen.

Im Vergleich zum Zeitraum seines schriftlichen Gutachtens vom Januar 2006 habe er in den letzten eineinhalb Jahren durch die Weiterbildungsmaßnahmen und auch durch die klinische Tätigkeit erhebliche neue Erkenntnisse erlangt, weshalb er sein schriftliches Gutachten vom Januar 2006 in der Hauptverhandlung so nicht mehr aufrechterhalten könne.

Anderthalb Jahre nachdem er es verfasst hatte, stellte dieser Sachverständige also sein eigenes Gutachten infrage. War er zu unerfahren? Möglicherweise. Hinter ihm aber stand sein Chef, Professor Rainer Mattern. Dem geschäftsführenden Direktor des Instituts für Rechtsmedizin der Universität Heidelberg geht ein guter Ruf voraus. Er hat das Gutachten gelesen, unterschrieben und trägt damit für dieses zumindest eine Mit-, wenn nicht sogar die Hauptverantwortung. Wäre die Expertise mit schwerwiegenden Mängeln versehen gewesen, so hätte er einschreiten können und müssen.

Was ist ein solches Gutachten wert? Laut Urteil des Amtsgerichts war dessen Inhalt ausschlaggebend für die Anklageerhebung, und es machte Matthias Frank Hoffnung darauf, dass die Verantwortlichen für den Tod seiner Mutter zur Rechenschaft gezogen würden. Das Gutachten habe ihn an Gerechtigkeit glauben lassen. Für ihn sei der Fall auch nach der Gerichtsentscheidung noch immer nicht abgeschlossen. Bis heute könne er nicht trauern. Uns gegenüber äußert er einen Verdacht: Er glaubt, dass »der Gutachter von der Gegenseite bezahlt worden« sei. Anders könne er sich diesen Meinungsumschwung nicht erklären.

Wir konfrontieren Professor Rainer Mattern mit allen Vorwürfen zu dem von ihm mit unterschriebenen Gutachten. Schriftlich beantwortet er unsere Fragen. Der Rechtsmediziner muss peinliche Fehler einräumen und rudert wie durch ein Wunder zurück.

Frage: *Ihr damaliger Mitarbeiter hat sich vor Gericht von den Aussagen, die er in einem zusammen mit Ihnen erstellten Gutachten erhoben hat, distanziert. Wie ist dieser Positionswandel um 180 Grad zu erklären?*

Mattern: *In unserem Gutachten war in der Zusammenfassung davon die Rede, der Tod an den Folgen der Sepsis wäre bei frühzeitigerem Erkennen der Verschlechterung und früherer stationärer Behandlung verhindert worden. Das klingt so, als sei das sicher, und die Staatsanwaltschaft hat darauf auch ihre Anklage gestützt. Im Gutachten (S. 19), wo die Analyse der Befunde und der Geschehensablauf zusammengefasst wird, ist die Vermeidbarkeit des Todes bei früherer stationärer Einweisung nicht als sicher dargestellt: Dort ist die Rede davon, dass bei früherer Einweisung die Überlebenschancen von Frau Frank begünstigt worden wären, wenn nicht sogar das*

Ableben verhindert worden wäre. Mehr kann man tatsächlich nicht sagen, und das Gutachten leidet an dem Mangel, dass in der verkürzten Zusammenfassung ein stringenterer Zusammenhang dargestellt wurde, als das Ergebnis der Befund- und Verlaufsanalyse ergeben hat. Das kommt leider gelegentlich vor. Es handelt sich also bei dem mündlichen Gutachten von Herrn Schuff nicht um einen ›180°-Positionswandel‹, sondern um die Korrektur der unzutreffenden Zusammenfassung. Er hat selbst in der Verhandlung offenbar gar nicht gemerkt, dass das Gutachten – bis auf die Zusammenfassung – richtig war, sonst hätte er sich nicht auf Weiterbildung und neuere Erkenntnisse berufen brauchen. Leider ist dieser Widerspruch zwischen Gutachtentext und Zusammenfassung auch der Staatsanwaltschaft nicht aufgefallen, sonst hätte sie sicher vor Anklage um Klärung gebeten.

Frage: *Warum haben Sie als renommierter Fachmann dieses Gutachten unterschrieben?*

Mattern: *Aus dem oben Gesagten ergibt sich, dass die Analyse des Gutachtens richtig ist. Warum mir bei der Unterschrift nicht aufgefallen ist, dass die Zusammenfassung mehr sagt, als das Gutachten ergeben hat, weiß ich nicht. Ich kann mir retrospektiv nur vorstellen, dass ich beim Lesen der Zusammenfassung unkonzentriert war. Ich wusste aus den vorbereitenden Diskussionen mit Herrn Schuff, dass die Analyse im Gutachten richtig war.*

Frage: *Gab es eine Einflussnahme von Dritten?*

Mattern: *Eine Einflussnahme von Dritten gab es nicht.*

Frage: *Wie groß ist die Verantwortung von Gutachtern, zum Beispiel für die Angehörigen der Frau Frank, die nach wie vor von der Schuld der Angeklagten überzeugt sind? (Wegen des Positionswechsels von Herrn Schuff wurden laut Urteil alle Angeklagten freigesprochen.)*

Mattern: *Die Gutachter tragen zweifellos eine hohe Verantwortung. Sie dürfen weder Vorwürfe gegen die Beschuldigten ohne Begründung erheben noch sie unbegründet entlasten. Sie müssen auch Erkenntnisgrenzen darstellen. Die Beweislast zum Nachweis der Kausalität zwischen Vorwurf einer Sorgfaltspflichtverletzung und dem tödlichen Verlauf hat die Staatsanwaltschaft. Sie stützt sich mehr oder weniger auf die Aussage von Sachverständigen. Das Problem im*

vorliegenden Fall war, dass die Patientin schwer krank war und man deshalb den Verlauf bei früherer Operation grundsätzlich nicht mit Sicherheit vorhersehen kann. Wenn z.B. die Entzündung auch schon einige Tage vor der stationären Aufnahme äußerlich unerkannt in den Oberschenkelbereich fortgeschritten war, hätte sich auch bei früherer Operation die tödliche Sepsis entwickeln können.
Auch die Mortalität von 20 % bei Amputationen von Diabetikern, auf die der Gutachter Dr. Stengel hingewiesen hat, zeigt die Problematik des strengen Kausalitätsnachweises. Offen bleibt in diesen Fällen, ob jeweils nicht auch fehlerhaft zu spät operiert wurde. An solchen Unabwägbarkeiten scheitert der strenge Kausalitätsnachweis für denjenigen, der die Beweislast hat. Wenn die Ärzte oder Pflegekräfte die Beweislast hätten und nachweisen müssten, dass eine frühere Einweisung nicht geholfen hätte, könnten sie dies auch nicht beweisen. In einem Zivilprozess kann es zu einer Beweislastumkehr kommen, wenn im Verhalten der Beklagten grobe Fehler erkennbar sind. Die Einschätzung, was ein grober Fehler ist, hat ggf. ein Zivilrichter zu treffen, der sich wiederum auf Sachverständige stützen muss. Diese Fragen sind bisher nicht erörtert.

Jetzt wird uns klar, warum Pflegekräfte und Ärzte, auch wenn viele Indizien gegen sie sprechen, vor Gericht fast immer mit einem Freispruch rechnen können. Die Kausalität zwischen schlechter Pflege oder Fehleinschätzungen bei Patienten ist im Nachhinein so gut wie nicht belegbar. Damit werden die Gutachter generell zum Problem. Gerichte und Staatsanwälte verlassen sich bei Strafprozessen auf ihre Einschätzung, obwohl sie meist von vornherein wissen, wie sie ausfällt. Die Justiz ist damit mitverantwortlich für den »rechtsfreien Raum« in Pflegeheimen und der ambulanten Pflege. Solange Pflegekräfte nicht beweispflichtig sind, wird sich an den katastrophalen Zuständen in der Pflege nichts ändern. Deshalb kann es für Angehörige nach deutschem Recht sinnvoller und erfolgversprechender sein, auf Schadensersatz zu klagen. Denn nur im Zivilrecht kann es zu einer Beweislastumkehr kommen.

Zurück zum Fall Frank: Neben der Heidelberger Rechtsmedizin wurden drei weitere Sachverständige vor Gericht gehört und ihre Aussagen im Urteil protokolliert. Wundersamerweise waren sich alle Gutachter im strittigen Punkt einig:

Dr. Max Stengel, Chefarzt der Pathologie im Krankenhaus Bruchsal, führte aus, dass sich eine Erkrankung wie bei Gertrud Frank binnen weniger Tage plötzlich verschlechtern könne. Er sei nicht »hinreichend« sicher, dass pflegerische Versäumnisse durch die drei Angeklagten den Tod oder eine wesentliche Verschlechterung des gesundheitlichen Zustands von Frau Frank herbeigeführt hätten.

Der Sachverständige Professor Dr. Voss, Facharzt für Chirurgie in Karlsruhe, betonte, dass bei Frau Frank erhebliche Vorerkrankungen vorgelegen hätten. So habe sie schon seit 20 Jahren an Diabetes gelitten und außerdem eine septische Prothesenlockerung wegen eines künstlichen Gelenks gehabt. Einen ursächlichen Zusammenhang zwischen einer Fehleinschätzung der Wundverhältnisse durch das Pflegepersonal und dem letztlich tödlichen Krankheitsverlauf bei Frau Frank könne er nicht feststellen.

Nach Meinung der Pflegepädagogin Elfriede Derrer-Merk waren bereits in den Monaten Mai und Juni 2005 erhebliche Versäumnisse bei der Behandlung von Frau Frank festzustellen gewesen. Dies sei möglicherweise den behandelnden Ärzten zuzurechnen, möglicherweise auch dem Pflegepersonal des Albert-Stehlin-Hauses. Bezogen auf den hier angeklagten Zeitraum in der ersten Augustwoche 2005 könne Frau Derrer-Merk allerdings sagen, dass hier ein früheres Handeln seitens des Pflegepersonals oder auch seitens der Ärzte wohl nicht mehr dazu geführt hätte, dass Frau Frank noch hätte gerettet werden können. Die entscheidenden Versäumnisse – Nichterkennen und rechtzeitige Behandlung der Wunde beispielsweise durch Umlagerung – seien nach ihrer Auffassung bereits im Juni und Juli 2005 aufgetreten. Nach ihrer Meinung hätte durch rechtzeitige Behandlung von Frau Frank das Krankheitsbild wesentlich verbessert werden können. Es sei eine Summierung verschiedener Punkte gewesen. Den Ärzten seien sicherlich auch Versäumnisse vorzuwerfen, allerdings hätten nach ihrer Auffassung die Pfleger auch die Ärzte auf den kritischen Zustand der Wunde hinweisen sollen. Bereits am 15. Juni 2005 sei eine erhöhte Temperatur von Frau Frank festgestellt worden. Ihrer Auffassung nach hätte das Pflegepersonal an diesem

Tag auf eine ärztliche Untersuchung drängen müssen. Gertrud Frank sei zu diesem Zeitpunkt als nicht gefährdet eingeschätzt worden, obwohl sie damals schon Schmerzmittel bekommen habe. Letztlich sei ein kausaler Zusammenhang zwischen den unterlassenen Pflegedienstleistungen mit dem Ableben von Frau Frank allerdings nicht nachweisbar.

Für das Gericht waren die Ausführungen der Sachverständigen allesamt »glaubhaft« und »nachvollziehbar«. »Insbesondere der Sachverständige Dr. Schuff hat seine gegenteiligen Aussagen in dem Gutachten vom Januar 2006, die letztendlich auch zur Erhebung der Anklage geführt haben, in der Hauptverhandlung nahezu vollständig revidiert«, heißt es in der Urteilsbegründung.

Als wir den Sachverständigen Dr. Andreas Schuff damit konfrontieren, relativiert er die Darstellung des Gerichts und schiebt der Staatsanwaltschaft Karlsruhe den schwarzen Peter zu. Schuff:

Die Problematik des Gutachtens im Rahmen der Hauptverhandlung liegt lediglich in der eigentlichen Anklage und der hierdurch abweichenden Fragestellung. So waren die Angeklagten für den Zeitraum von einer Woche vor der erfolgten Krankenhauseinlieferung von Frau Frank angeklagt.

Die gutachterliche Fragestellung in der Hauptverhandlung bezog sich also nur auf diesen Zeitraum. Zur Beantwortung dieser Frage wäre u. a. eine ausreichende Dokumentation des Allgemeinbefindens bzw. des Allgemeinzustandes der Geschädigten sowie der Wundverhältnisse erforderlich gewesen. Eine solche Dokumentation lag aber für den o .g. und angeklagten Zeitraum nicht in der erforderlichen Form vor. Somit kann für den o. g. Zeitraum aus rechtsmedizinischer Sicht nicht – *wenngleich Anhaltspunkte dafür vorliegen – davon ausgegangen werden, dass Frau Frank bei einer Krankenhauseinweisung im Zeitraum der einen Woche vor der tatsächlich erfolgten Krankenhauseinlieferung das Geschehen mit der erforderlichen Sicherheit überlebt hätte.*

Weiter räumt Andreas Schuff ein, er habe sich im Anschluss an sein schriftliches Gutachten gegenüber einem Ermittlungsbeamten auf Nachfrage »fernmündlich geäußert«, dass sich »die zum Zeitpunkt der Krankenhauseinlieferung bestehenden Wundverhältnisse bei Frau Frank etwa in einem Zeitraum von einer Woche entwickelt haben müssten«. Die telefonische Aussage sei offensichtlich auch die Grundlage dafür, »dass die Anklage sich ausschließlich auf diesen Zeitraum von einer Woche vor der erfolgten Krankenhauseinweisung bezieht«. Diese Einschätzung des Zeitraums habe er im Rahmen der Hauptverhandlung korrigiert. Aufgrund seiner zwischenzeitlich im Rahmen seiner Weiterbildung erworbenen Erkenntnisse habe er jetzt nicht mehr ausschließen können, »dass auch ein kürzerer, aber auch ein längerer Zeitraum denkbar ist, um eine solche Verschlechterung der Wundverhältnisse hervorzurufen«.

Die Staatsanwaltschaft Karlsruhe will angesichts der neuen Erkenntnisse des Gutachters die Ermittlungen im Fall Frank nicht noch einmal aufnehmen, wie ein Sprecher der Justizbehörde, Rainer Bogs, auf Anfrage mitteilte: »Nach der Einschätzung des Sachverständigen in der Hauptverhandlung war die Kausalität eines möglichen Fehlverhaltens der Angeklagten für den Tod von Frau Frank nicht mehr ausreichend sicher, d. h., im Ergebnis war ein strafbares Verhalten aus diesem Grund nicht nachzuweisen.«

Es bleibt, wie man in Baden-Württemberg zu sagen pflegt, ein »Geschmäckle«. Es riecht streng nach einem Fehlurteil. »Für mich ist unglaublich, was hier geschehen ist. Ich kann es wirklich nicht verstehen, und ich werde es mir zur Lebensaufgabe machen, diese Missstände, die hier in diesem Heim, aber auch in anderen Heimen sind, aufzudecken«, versicherte Matthias Frank am Tag nach dem Urteil. Er könne sein Entsetzen über diese Entscheidung und den Ablauf des Verfahrens nicht in Worte fassen. Frank: »Es zeigt mir, dass Pflegekräfte und Ärzte mit alten Menschen machen können, was sie wollen.«

Fazit: Wie im Fall Frank ist es in Deutschland fast nicht möglich, Pflegekräfte rechtskräftig zu verurteilen. Denn der kausale Zusammenhang zwischen Fehleinschätzungen oder Pflegefehlern und dem Tod von Bewohnern ist kaum zu belegen – mit dem Resultat, dass die meisten Angeklagten juristisch unbehelligt bleiben. Wir fordern eine Beweislastumkehr: Diejenigen Ärzte und Pflegekräfte, die sich mit wehrlosen alten Menschen beruflich beschäftigen, sollten künftig nachweisen müssen, dass sie sorgfältig und korrekt arbeiten. Das würde den Druck in den

Pflegeheimen erhöhen und wäre auch ein Schritt auf dem Weg zu menschenwürdigerer Altenpflege.

Harte Urteile gegen Tierquäler

Tierquäler hingegen werden verfolgt, bestraft und nicht selten sogar ins Gefängnis geschickt. Harte Urteile können gedankenlose Menschen, denen das Leben eines Tieres gleichgültig zu sein scheint, abschrecken. Paragraph 17 des Tierschutzgesetzes sieht vor, dass, wer ein Wirbeltier ohne vernünftigen Grund tötet oder einem Wirbeltier aus Rohheit erhebliche Schmerzen oder Leiden zufügt oder länger anhaltende oder sich wiederholende erhebliche Schmerzen oder Leiden zufügt, mit einer Freiheitsstrafe von »bis zu drei Jahren oder mit Geldstrafe« belegt wird.

RUNDER TISCH – PFLEGEHEIM ABENDROT

Wie konsequent dieses Gesetz umgesetzt wird, zeigen die beiden folgenden Beispiele:

Am 17. Juni 2006 berichtete die *Frankfurter Rundschau*, dass Zirkuschef Giovanni Althoff, seine Ehefrau und die Zirkusmanagerin vom Hanauer Landgericht zu Geldstrafen verurteilt worden seien. Wegen dreifachen Verstoßes gegen das Tierschutzgesetz mussten sie insgesamt 11 700 Euro Strafe zahlen. Das Zirkuspersonal habe sich nicht ausreichend um fünf Elefanten gekümmert. Laut Zeitungsbericht hätten die Tiere keine Fußpflege bekommen und seien nicht täglich abgeduscht worden. Im Herbst 2004 seien die Elefanten in einer Halle untergebracht worden, in der es zu kalt gewesen sei. Auch ein krankes Pferd habe man nicht behandelt.

Die *Hannoversche Neue Presse* meldete am 30. Januar 2007: »Noch nie wurde in der Region ein Tierquäler so hart bestraft wie gestern. Ein Jahr Haft ohne Bewährung und ein lebenslanges Tierhaltungsverbot brummte die Neustädter Amtsrichterin Ursula Schubert einem Finanzbeamten (37) auf. Der Mann hatte im Juni 2006 seine Dalmatinerhündin bei sengender Hitze mehrere Stunden im verschlossenen Fahrzeug sitzen lassen. Die Hündin hechelte sich voller Panik im 60 Grad heißen Auto zu Tode. ›Ich kann nicht verstehen, dass es immer noch Menschen gibt, die trotz aller Warnungen ihre Tiere bei Hitze im Auto lassen‹, so gestern Silvia Brünig, Sprecherin des Tierschutzvereins. Das Urteil nannte sie mutig und nachahmenswert. Der Angeklagte hatte sich die Zeit, in der seine Hündin um ihr Leben kämpfte, bei Computerspielen vertrieben. Vor Gericht sagte er, er habe den Tod des Tieres nicht gewollt – und kündigte Berufung an. Dass es eine Berufung geben werde, sei ihr bewusst, erklärte die Richterin. Auch wenn ihr Urteil keinen Bestand habe, bekomme der Tierquäler bei ihr keine Bewährung.«

Uns sind nur wenige Beispiele bezüglich alter Menschen bekannt, in denen solche Fälle strafrechtlich verfolgt worden wären. Haben Tiere mehr Rechte als alte Menschen? Würde man dieses Urteil auf die Situation in den Pflegeheimen übertragen, so bräuchte man wahrscheinlich tausende Richter zusätzlich. Und auch die wären noch überlastet.

Wir fordern, dass die Gesetzgebung nicht nur den Schutz von Tieren gewährleistet, sondern auch das Wohl alter Menschen im Auge behält. Und: Wer als im Pflegedienst Beschäftigter Senioren schlecht behandelt oder ihnen Hilfe versagt, darf seinen Beruf nicht mehr ausüben.

Fünfter Teil

Auswege aus der Pflegemisere?

20 Vision Pflegeroboter

Care-o-bot, zu Deutsch »Pflegeroboter«, ist 1,48 Meter groß, hat einen schwenkbaren Kopf mit Kameras und Laserscanner und einen Greifarm. Entwickelt und gebaut wurde der intelligente Pflegehelfer vom Fraunhofer-Institut in Stuttgart. Der Roboter soll irgendwann einmal alten Menschen und ihren Pflegern den Alltag erleichtern. Ein Demofilm zeigt, was er kann. Eine alte Frau sitzt auf dem Sofa. Sie hat einen Wunsch: »Care-o-bot, bitte hole einen Orangensaft.« Der Roboter antwortet prompt: »Ich überprüfe den Saftvorrat.« Dann fährt er los, öffnet mit seinen Greifarmen den Kühlschrank und bringt der alten Dame, wenn auch noch etwas ungelenk, ihren Saft. Dazu möchte Care-o-bot der alten Frau auch noch ihre Tabletten reichen.

Ist das die Zukunft der Pflege: Ein Roboter? Maschine statt Mensch? Birgit Graf war an der Entwicklung von Care-o-bot beteiligt. Über sie und ihre Arbeit berichtete auch die ARD-Dokumentation »Der Pflegenotstand«. »Unsere Gesellschaft altert. Das ist bekannt, und in naher Zukunft wird es technische Lösungen benötigen, die den Menschen erlauben, länger selbstständig in ihren eigenen vier Wänden zu verbleiben«, so Graf über ihre Motivation. Care-o-bot sei genau für dieses Ziel entwickelt worden.

Horrorvision oder reale Perspektive? Die Pflege in Deutschland ein Fall für Techniker und Ingenieure? Irgendwann einmal soll Care-o-bot dazu beitragen, dass zahlreichen alten Menschen der Umzug ins Pflegeheim erspart bleibt.

Schon heute ist der Roboter der ganze Stolz von Birgit Graf. Besonders wichtig sind ihr die »menschlichen Züge« der Maschine. Vom Design her wirke Care-o-bot ansprechend. Man habe sogar »ein kleines Lächeln« auf seine Lippen gezaubert. Von Stuttgart aus soll der »Smiling-face-Hightech-Kumpel« die

Welt erobern. Birgit Graf ist von der Markttauglichkeit des Roboters überzeugt, denn er bringe den Menschen »einen großen Vorteil«. Die Roboterentwicklerin glaubt daran, dass er Senioren ein »besseres Leben« bescheren kann.

Die Maschine kann alten Menschen zum Beispiel beim Gehen helfen. Sie können sich am Roboter abstützen und sich relativ sicher in der Wohnung bewegen. Bald wird er Pflegebedürftige womöglich medizinisch überwachen – ihren Puls messen oder Medikamente verabreichen. Auch für Notfälle soll er programmiert werden können. »Er kann dann zu der Person hinfahren, kann sie fragen: Geht's dir gut? Oder: Bist du gestürzt? Kann ich dir helfen?«, so Graf. Und dank seiner Kommunikationsfähigkeiten habe er die Möglichkeit, bei einem Notfall einen Arzt oder Nachbarn zu informieren, sodass sofort Hilfe gerufen werden könne. In einigen Jahren soll Care-o-bot serienmäßig auf den Markt kommen, zum Preis eines Mittelklassewagens.

Der Roboter kann zwar nett lächeln, ein perfekter Pfleger ist er aber noch lange nicht. Als wir vor einiger Zeit zusammen mit Birgit Graf die Probe aufs Exempel machten, war das Robotergehirn schon beim Holen eines Saftes überfordert. In Stuttgart wurde eine Musterwohnung für Care-o-bot gebaut. Seine Navigationsalgorithmen und seine Sensorik erlauben ihm, sich dort selbstständig zurechtzufinden, und über ein sogenanntes »Touch-Panel« sei die Maschine einfach zu bedienen. Nach unserem Dafürhalten ist das für viele alte Menschen noch zu schwierig. Für Birgit Graf dagegen ist es Routine – scheinbar. Auf der linken Seite des Bildschirms sieht der Bediener, was die Maschine sieht, daneben findet sich ein Auswahlmenü. Nach mehrmaligem Drücken hat Birgit Graf dem Roboter mitgeteilt, dass er den Saft zum Sofa bringen soll. Doch plötzlich ist Care-o-bot verwirrt: »Ich kann keinen Saft erkennen. Bitte helfen Sie mir«, bittet er blechern.

Care-o-bot wird wohl nur als Haushaltshilfe taugen. Echte Pflege wie die von Menschen wird dieses Gerät niemals ersetzen können. Der Roboter also, ein Rezept gegen den Pflegenotstand? Für den Geriater Professor Rolf Hirsch ist der Austausch »Beziehung« gegen »Maschine« undenkbar. Vor allem ein demenziell erkrankter Patient käme damit nicht mehr zurecht: »Im Gegenteil – er ist dann noch verwirrter als je zuvor. Das ist die Grausamkeit in Perfektion.«

Mit der Entwicklung von Pflegerobotern seien derzeit Firmen weltweit unter Hochdruck beschäftigt, berichtete die *Ärztezeitung*. In den USA seien bereits Krankenhausroboter auf dem Markt, die Röntgenbilder von einer Abteilung in die nächste brächten. Japanische Firmen hätten mit »Wakamaru« und »Asimo« Roboter geschaffen, die nicht nur optisch Menschen nachempfunden seien.

»Wakamaru« habe einen Wortschatz von 10000 Wörtern – das entspricht dem aktiven Wortschatz eines Menschen. Er soll als ferngesteuerter Butler und Sekretär seinen Besitzern zur Seite stehen.

»Asimo« ist 1,30 Meter groß und wiegt 54 Kilogramm. Der Roboter kann sich mit einer Geschwindigkeit zwischen 2,7 und 6 Kilometern pro Stunde fortbewegen, Treppen steigen und das Gleichgewicht halten. Bislang sind Roboter aber strohdumm, sozusagen ferngesteuerte Marionetten. Diese Maschinen müssen also intelligenter werden, damit sie sich irgendwann einmal am Markt durchsetzen können.

Auch uns läuft es beim Gedanken, einmal einem Pflegeroboter ausgeliefert zu sein, kalt über den Rücken. Es ist einfach gespenstisch. Aber: Wenn man die Realität in zahlreichen Pflegeheimen sieht, den würdelosen Alltag, die Demütigungen und die Erniedrigungen, dann würde man sich manchmal jemanden wünschen, den pflegebedürftige Menschen nicht bitten und vor dem sie sich nicht rechtfertigen müssen, wenn sie zur Toilette oder an die frische Luft möchten.

21 Die Pflegestammtische

»Am Stammtisch wird Politik gemacht«, sagt ein bayerisches Sprichwort. Am Pflegestammtisch muss man es wörtlich nehmen! Angehörige, interessierte Bürger und couragierte Pflegekräfte treffen sich regelmäßig in München, Augsburg, Nürnberg, Würzburg und in Tauberbischofsheim. Menschen tauschen bei Bier und Schweinsbraten seit Jahren regelmäßig ihre Erfahrungen aus. Mit am Tisch sitzen die politisch Verantwortlichen,

Vertreter der Kostenträger, Heimaufsicht und MDK. Man redet sich die Köpfe heiß, manchmal wird auch gestritten. Aus den Pflegestammtischen ist mehr geworden als »nur« eine Bürgerinitiative. Sie sind inzwischen so wichtig, dass zum Beispiel die bayerische Sozialministerin in München regelmäßig zu Gast ist und die hohe Pflegepolitik mit der Basis bespricht. Dabei wird sie auch immer wieder mit kritischen Themen konfrontiert, wie zum Beispiel Fixierungen, Ärzten, Pflegeversicherung, Heimgesetz und Missständen in Einrichtungen. »Der Politiker, der zum Stammtisch eingeladen wird, wird geadelt«, sagt ein Teilnehmer. Immerhin bewirkt diese Institution, die zum Beispiel in München regelmäßig von mehreren hundert Menschen besucht wird, dass die Situation in der Altenpflege in der Öffentlichkeit bleibt – und zwar nachhaltig! Nach Stammtischsitzungen wurden sogar Pflegeskandale öffentlich gemacht, aber auch immer wieder positive Beispiele von Einrichtungen, die gute Pflege leisten, vorgestellt.

Haupterkenntnis nach über 60 Sitzungen am Münchener Pflegestammtisch (Schirmherr: Dieter Hildebrandt): Es gibt eigentlich keinen Gegner! Niemand ist gegen gute Pflege! Die Kassen nicht, die Heimträger nicht, die Angehörigen nicht, die pflegebedürftigen Menschen nicht und die Politik natürlich auch nicht. Und dennoch läuft vieles schief. Der Pflegestammtisch ist eine feste Institution mit politischem Einfluss geworden. Aus der Pflegelandschaft ist er nicht mehr wegzudenken – es sei denn, allen pflegebedürftigen Menschen ginge es irgendwann einmal gut. An Grimms Märchen glaubt hier aber niemand …

22 Es geht auch anders

Bei unserer Rechercheriese durch Deutschland haben wir viele Heime kennengelernt, die Bewohner nicht verwahren und in denen die alten Menschen leben, anstatt zu vegetieren. Warum diese Einrichtungen »noch« die Ausnahme sind, verstehen wir nicht. Die Bosse, vorwiegend der schlechten Heime, und die Verbände jammern bei jeder Gelegenheit über zu wenig Geld. Die meisten Heimleiter und Geschäftsführer der guten Häuser dagegen erzählen uns, dass sie mit den mit der Kasse verhandelten Sätzen gute Pflege leisten können, die Beschäftigten aber am Limit arbeiten müssen. Ein innovatives Konzept, qualifizierte Mitarbeiter und zufriedene Bewohner sind der Schlüssel für menschenwürdige Altenpflege, wie eine Mitarbeiterin berichtet:

Gemeinsames Ziel des Pflegeteams ist es, hier einen Ort des Miteinanders und ein Zuhause für die Bewohner zu schaffen. Unter Berücksichtigung der ausführlichen Bewohner-Biografien wird versucht, sinnvolle Tätigkeiten in den Alltag der Demenzkranken zu integrieren. In der offenen Wohnküche wird regelmäßig unter Anleitung gemeinsam Hausarbeit wie z.B. Kartoffeln schälen, Salate putzen, Kuchen backen, Wäsche bügeln und zusammenlegen und vieles mehr unter Berücksichtigung der individuellen Fähigkeiten verrichtet.

Die Hauptmahlzeiten werden wie ›zu Hause‹ in Töpfen, Schüsseln und auf Platten serviert. Bewusst wurde auf das Tablettsystem verzichtet. Das Decken und Abräumen der Tische, Spülen und Abtrocknen wird ebenfalls gemeinsam mit den Bewohnern durchgeführt. Den Senioren wird so das Gefühl vermittelt, noch etwas leisten zu können und gebraucht zu werden.

Die Angehörigen sind stets gern gesehene Gäste, die spontan in den Alltag mit einbezogen werden, wie z. B. in Gesprächsrunden, Mahlzeiten etc. Eventuell bestehende Probleme und Sorgen werden sehr ernst genommen und können sofort angesprochen werden.

Zwischen Bewohner und Pflegekraft besteht eine Patenschaft. Dadurch ergibt sich eine Vertrauensbasis zwischen Bewohnern, Angehörigen und Pflegepersonal.

Durch die ausführliche Beschäftigung mit der Biografie werden die Bedürfnisse und Gewohnheiten des Einzelnen in den Alltag eingebracht. Eine ältere Dame zelebriert z.B. Altgewohntes, indem sie am Abend Klavier spielt und dazu ein Gläschen Likör trinkt. Ein älterer Herr (früher Filialleiter eines Lebensmittelgeschäftes) sorgt in ›seinem Geschäft‹ für Ordnung, indem er regelmäßig akribisch in der großen Wohnküche Regale und Schränke aufräumt, worauf er sehr stolz ist. Ein ehemaliger Landwirt füttert ›seinen Hasen‹ und mistet den Stall aus. Die Liste an Beispielen lässt sich beliebig fortsetzen.

Tägliches Singen, Musizieren und Hören von Musik sind selbstverständlich. Ich konnte erleben, wie Bewohner, die sprachlich sehr eingeschränkt sind, altes Liedgut beherrschen und mitsingen. Lebensfreude, Sicherheit und Wohlbefinden waren allgegenwärtig.

Eine Milieugestaltung mit persönlichen Gegenständen wie eigener Bettwäsche, Lampen, Bilder, oder antike Möbel wie z. B. Kanapees, Sessel und Uhren vermeiden einen institutionellen Charakter. Haustiere wie Hund, Hase und Vögel beleben die Station.

Auf Pflegebetten wurde bewusst verzichtet, und es gibt auch keine Fixierungen, um der Klientel möglichst große Freiheiten zu erhalten. Überängstlichkeit wird bewusst vermieden.

Positiv beeindruckt hat mich ebenfalls der sensible Umgang mit Psychopharmaka. In enger Zusammenarbeit mit Haus- und Fachärzten sowie dem Pflegepersonal wird der Einsatz von Sedativa weitgehend reduziert bzw. vermieden.

Besonders hervorzuheben ist die Verlagerung der pflegerischen Schwerpunkte. Der Erhalt der noch vorhandenen Fähigkeiten und die psychosoziale Betreuung stehen im Vordergrund. Hektik und Eile sind nicht zu spüren, das Personal bemüht sich in vorbildlicher Weise, den Bewohner in den Mittelpunkt zu stellen.

Die Dienstzeiten sind dem Tagesrhythmus angepasst (normale Dienstzeiten bis 22.00 Uhr!). Die gemeinsamen Arbeitspausen des Personals finden im Wohnbereich statt, was sowohl von den Bewohnern als auch von den Angehörigen voll akzeptiert wird.

So arbeiten gute Heime: Das CBT-Wohnheim in Wesseling

Wir bitten den Pflegeexperten Professor Rolf Hirsch, uns eine Einrichtung zu nennen, in der wie oben dargestellt gearbeitet wird. Er empfiehlt uns einen Besuch im nordrhein-westfälischen Wesseling. Der Wissenschaftler kommt ins Schwärmen, wenn er über das Haus spricht. Dort stehe das »Heim der Zukunft«.

Franz Stoffer ist Geschäftsführer der Kölner Caritas-Betriebsführungs- und Trägergesellschaft (CBT). Hinter dem gemeinnützigen Unternehmen mit dem sperrigen Namen verbergen sich unter anderem 14 Heime im Rheinland – auch die von Hirsch angesprochene Einrichtung in Wesseling. Wir wollen wissen, wie innovative Pflegemanager denken. Das Wirtschaftsmagazin »Brand Eins« berichtete über Franz Stoffer im Juni 2006. »Menschenwürdige Pflege« sei »auch unter den geltenden Bedingungen möglich«. Die Verringerung von Einnahmen sei eines seiner Unternehmensziele. Insgesamt habe Stoffer der CBT Nullwachstum verordnet. Der Caritasmanager wolle das »Geschäft mit der Pflege anderen überlassen, Pflege im Grunde nicht als Geschäft betrachten«. So schrumpften zwar einerseits die Einnahmen in Wesseling, andererseits erlangten mehrere alte Menschen, die künstlich ernährt wurden, wieder einige ihrer einstigen Fähigkeiten zurück. Und zwar durch aktivierende Pflege. Ist das nicht ein paradoxes System, das gute Pflege bestraft?

Das »Produkt« Pflege ist weder markt- noch börsenfähig, meinen wir. Nochmals, weil es so jedem betriebswirtschaftlichen Prinzip zuwiderläuft: Das Konzept des Pflegemanagers ist nicht auf Gewinnmaximierung angelegt – im Gegenteil: Stoffer will, dass die Bewohner so gut gepflegt werden, dass sie der MDK zurückstuft. »2005 gingen dem Unternehmen deshalb rund 118 000 Euro verloren«, berichtete »Brand Eins«. Bei der Altenpflege im Stoffer'schen Sinne kommt der Mensch vor dem Profit. Viel zu oft hatten wir das im Rahmen unserer Recherchen anders erlebt.

Effizienz bedeutet in Stoffers System, ein Pflegeheim so zu organisieren, dass Zeit für die Bewohner bleibt. Angehörige werden ins Wohngemeinschaftsleben integriert, eine Köchin wird in die Pflege mit eingebunden. In der Wohngruppe »Himmelblau« des CBT-Heims in Wesseling treffen wir Kathrin Wild. Die Sozialpädagogin ist genauso engagiert wie ihr Chef. Sie erklärt uns, dass das Haus in sieben kleine Wohngemeinschaften aufgeteilt ist. Die alten Menschen werden in die ganz alltäglichen Aufgaben eingebunden. Man lässt ihnen ihre Selbstständigkeit. So brauchen sie auch weniger Medikamente, nicht einmal mehr die Hälfte der Psychopharmaka. CBT-Geschäftsführer Stoffer: »Wir haben nicht mehr Mitarbeiter, als uns die Kassen zur Verfügung stellen. Wir haben ganz normale Pflegesätze.« Er ist der Überzeugung, dass alte Zöpfe abgeschnitten werden und neue Wege gegangen werden müssen.

Über diese Einrichtung berichtete auch der SWR in der Dokumentation »Der Pflegenotstand«. In der Alten-WG gibt es keine strengen Regeln, keine festen Abläufe. Jeder hat seine Beschäftigung. Kathrin Wild und die anderen im Heim Beschäftigten sorgen dafür, dass sich alle wohl fühlen. »Wir achten darauf, dass wir biografieorientiert den Bewohnern Tätigkeiten anbieten«, so Wild. In Wesseling fragt man sich zunächst, was die an Demenz erkrankten Menschen früher gemacht haben. Diese Erkenntnisse spielen bei der Pflege eine entscheidende Rolle. »Wir haben zum Beispiel einen Herrn, der hat 20 Jahre bei der AOK gearbeitet. Ihm haben wir einen kleinen Schreibtisch vorbereitet, wo er Blätter schreddern kann«, erklärt Kathrin Wild. Bei dieser Tätigkeit fühle er sich kompetent.

Wenig später lernen wir den Genannten, den vierundachtzigjährigen Hans S., kennen, der an schwerer Altersdemenz leidet. Morgens um neun beginnt er seinen Arbeitstag am Schreibtisch, so wie früher im Beruf. Kathrin Wild assistiert ihm. Für ihn wurde in Wesseling extra ein Aktenvernichter angeschafft. Wie jeden Tag erklärt ihm Kathrin Wild, was zu tun ist: »Die Akten hier, die sind alle alt, die müssen vernichtet werden. Und da habe ich gedacht, dass Sie viele Jahre bei der AOK als leitender Angestellter gearbeitet haben und sich damit gut auskennen. Würden Sie uns die Akten vernichten?« Herr S. nickt, nimmt das erste Blatt und steckt es in den Schredder. Mehrere Stunden macht er das täglich – wenn er will. So empfindet er sich wieder als nützlich. Trotz seiner fortgeschrittenen Demenz ist er davon überzeugt, dass seine Tätigkeit »wichtig« sei. Manchmal stöhnt er sogar, er habe so viel zu tun.

Beim Aktenschreddern kann sich Hans S. als kompetent erleben. Ansonsten haben demenziell erkrankte Bewohner viele Negativerlebnisse über den Tag hinweg. Die Vergesslichkeit macht ihnen zu schaffen. Die Pflegekräfte in Wesseling leisten Detektivarbeit, suchen nach den verbliebenen Fähigkeiten der alten Menschen. Bei Herrn S. ist es das Schreddern. Herr K. darf in der Wesselinger Waschküche auf einer eigenen Werkbank hämmern und schrauben – so viel er will. Auch der ehemalige Schreiner ist demenzkrank.

Nach der Arbeit folgt die Singstunde. Kathrin Wild verteilt Liederbücher. Fast alle Pflegebedürftigen machen ausgelassen mit. »Lustig ist das Zigeunerleben« ist der Hit im Heim. Nur Frau K. singt nicht mit. Während sie von den anderen musikalisch unterhalten wird, liest sie die Tageszeitung. Singen ist eine Beschäftigung, die Spaß macht. So werden die »Weglauftendenzen« der dementen Bewohner reduziert. Sie brauchen weniger Medikamente und müssen nicht fixiert werden.

Einmal in der Woche kommt der Sohn von Hans S. vorbei. Regelmäßige Besuche der Angehörigen sind in Wesseling »Pflichtprogramm«. Es ist Kaffeezeit. Ganz selbstverständlich schaut er auch nach den Mitbewohnern seines Vaters. Er schenkt ihnen Kaffee ein und reicht Kuchen. Ehrenamtliche Helfer gehen mit Rollstuhlfahrern spazieren. In dieses Heim wird niemand abgeschoben. Eigentlich ist alles ganz einfach. Menschlichkeit, Respekt und Zeit für jeden Einzelnen sind das Geheimnis guter Pflege.

Margarete P. liegt im Sterben. Die Dreiundachtzigjährige lebt seit fünf Jahren im Wesselinger Heim. Ihre letzten Tage wollte die alte Dame nicht im Krankenhaus, sondern in der Wohngemeinschaft verbringen. Die Mitarbeiter sorgen dafür, dass sie immer Ansprache und Beistand bekommt. Sie ist in die Pflegefamilie integriert, Pflegekräfte schauen nach ihr, so oft es ihnen möglich ist. »Wir leben und wir sterben mit den Bewohnern«, so Kathrin Wild.

Wenige Tage später: Margarete P. ist tot. Jetzt wird sie in das sogenannte Buch des Lebens aufgenommen. Es soll an alle verstorbenen Bewohner erinnern. Kathrin Wild klebt ein Foto der alten Dame ein. Darauf lacht die Verstorbene. Auch die Mitbewohner trauern um sie. Die dreiundachtzigjährige Frau K. weint sogar. Trotz ihrer Demenz hat sie mitbekommen, dass sie eine Freundin verloren hat. »Da kommen wir alle hin«, sagt sie zu Kathrin Wild und meint damit: »In den Himmel!«

Ein realsatirisches Fazit von Dieter Hildebrandt

Frage: Herr Hildebrandt, Sie sind jetzt Mitglied der Generation »Achtzig plus«. Seit wann beschäftigen Sie sich mit dem Thema »Altenpflege«?

Hildebrandt: Schon seit Langem. Seit der Zeit, als ich darüber nachdachte, dass meine Eltern jetzt ein bisschen älter werden. Sie wohnten nämlich im Bayerischen Wald, und sie waren dort ziemlich abgeschnitten ... Und ich dachte: Wo bringe ich sie hin, was mache ich mit ihnen? Bis sich dann herausstellte, dass meine Mutter glücklicherweise in der Lage war, ihr Leben vollkommen selbst zu gestalten. Mein Vater starb, ohne dass er gepflegt werden musste. Aber da fing ich an, darüber nachzudenken. Weil ich nämlich merkte, dass es Schwierigkeiten gab – mit älteren Leuten. Die Familien, die Sippen fingen an, sich zu verfeinden. Ich fragte mich, woran das wohl liegt. Meine Tochter hatte eine Wohnung in der Nähe eines Münchener Pflegeheims. Sie erzählte mir, was sie da so alles beobachtete. Aus ihrem Fenster sah sie genau, wann die Angehörigen immer kamen. Ostern, Weihnachten und Pfingsten – immer nur für zwei Stunden. Dann habe ich mir dieses Heim mal angesehen, und da bin ich erschrocken. Für mich sind diese Zustände das Ende eines Lebens und das Ende einer Karriere, wenn man das Leben als eine Karriere bezeichnen kann. Und da fing ich an, mir Gedanken zu machen, was wir für ein reiches Land damals waren und noch immer sind und was das wohl für eine Moral ist. Es gab japanische Methoden, die Alten loszuwerden, indem man sie auf einen Berg führte und die Jungen dann wieder runtergingen. Nur, da war es so, dass die alten Menschen dann ziemlich schnell gestorben sind, weil sie keine Verpflegung mehr hatten. Hier werden sie notdürftig verpflegt, das Ende wird hinausgezögert. Und da habe ich Verachtung verspürt für dieses System.

Frage: Für ein System, in dem viel zu häufig nach der Stoppuhr gepflegt wird. »Satt, sauber, trocken« heißt die Devise in vielen Einrichtungen. Sollten Sie einmal gepflegt werden müssen – was wir alle nicht hoffen –, auf was würden Sie verzichten?

Hildebrandt: Also, auf den Zeitnehmer. Weil wenn, dann mache ich immer alles ganz schnell, ganz hastig. Und wenn ich weiß, ich muss weg, dann betreibe ich das, und zwar ganz schnell, sodass niemand mehr Schwierigkeiten mit mir hat. Nicht Selbstmord. Einfach zu Ende denken. Mich tot denken.

Frage: Würden Sie sich auf Gut Aiderbichl pflegen lassen?

Hildebrandt: Ja, da würde ich gerne hingehen. Weil die Tiere dort gut behandelt werden – liebevoll und zärtlich. Und ich habe Pfleger erlebt, wie sie den Hals von alten, kranken Pferden tätscheln. Das würden die sicher auch mit mir machen. In den Heimen habe ich so etwas nie gesehen.

Frage: Sie haben einen Hund. Würden Sie akzeptieren, dass er fixiert wird?

Hildebrandt: Ich würde dem, der das versucht, irgendwo hintreten, wo sich eine offene Stelle findet. Es muss sehr wehtun.

Frage: Ihrem Hund geht es also wesentlich besser als vielen alten Menschen. Die haben niemanden, der den Pflegern irgendwo hintritt, wenn sie sie nur aus Zeitmangel fixieren!

Hildebrandt: Ja, das ist eine alte Tradition. Auf die Gräber legt man ja auch große Steinplatten, weil man Angst hat, dass sie wiederkommen und alles erzählen, was man mit ihnen gemacht hat. Die Furcht vor Geistern, die man rief und die man nicht losgeworden ist, gibt es immer noch.

Frage: Was bedeutet für Sie Fixierung, angebunden sein an Bett oder Rollstuhl?

Hildebrandt: Freiheitsberaubung. Ich würde sagen, man muss sofort dagegen klagen.

Frage: Und wenn Sie es nicht mehr könnten?

Hildebrandt: Ich würde versuchen, jemanden mit den Augen aufzufordern, für mich zu schreien. Einen von meinen Angehörigen auffordern, einen Tobsuchtsanfall zu kriegen – für mich. Ob das gelingt, weiß ich aber nicht.

Frage: In Guantánamo nennt man so etwas Folter …

Hildebrandt: Ja, in Pflegeheimen scheut man sich vor dem Wort »Folter«, weil man die Tätigkeit oder die Wirkung dieser Tätigkeit unterschätzt. Ich glaube, man hat noch nie Gefolterte schreien hören. Wenn man das einmal gehört hätte, würde man vermutlich die Sache etwas anders betrachten. Ich glaube, das geht alles so in der Stille vor sich. Und es wird verschwiegen, und es wird verdrückt. Und ich sehe, wie Menschen vor dem Fernsehapparat sitzen und sich zum Beispiel einen Film über Guantánamo ansehen und zu Tode erschrocken sind, dass Menschen Menschen so was antun, ohne zu wissen, dass das ununterbrochen passiert. Aber Pflegebedürftige schreien ja nicht.

Frage: Warum schreien weder Amnesty International noch Menschenrechtsgruppierungen deshalb auf? Auch die Kirchen hören wir nicht!

Hildebrandt: Es ist wohl so, dass man sich ein bisschen schämt. Ich glaube, dass man nicht laut wird, weil man sich dann in der Gesellschaft desavouiert. Weil man stört, weil man lästig ist. Weil man nicht will, dass die Menschen sich darüber mokieren, dass man sich an so etwas aufhält. Und ich glaube, dass das vergleichbar ist mit vielen anderen Situationen und Zeiten in unserer Geschichte. Man wird, wenn man so etwas dann offiziell macht und anprangert, sehr schnell als Denunziant bezeichnet, obwohl man ja eigentlich nur etwas ändern oder verbessern will.

Frage: Sind »ökonomische Zwänge« verantwortlich für die Zustände in vielen Heimen?

Hildebrandt: Es ist ganz einfach so, dass der Mensch als Objekt der Begierde der Medizin gewertet wird. Wenn man in ein Krankenhaus eingeliefert wird, verursacht man ja Kosten. Davon profitieren die Krankenhäuser. Wer immer das bezahlt, das ist völlig egal. Man operiert viel lieber, als dass man präventiv Unfälle verhindert.

Frage: Hüftprotektoren zum Beispiel, die den Oberschenkelhalsbruch nach Stürzen verhindern könnten, kosten rund 120 Euro ...

Hildebrandt: Na ja, sicher. Dann ist es eben einfach zu billig. Dann schämen sie sich, dass es so billig ist, und dann haben sie gesagt: In dem Chor derer, die Kosten verursachen, wollen wir an der Spitze sein – vermutlich. Diese krude Gedankenwelt kann ich einfach nicht durchforschen. Das schaffe ich einfach nicht. Es ist ja immer die Frage: Wer ist wirtschaftlich, und wofür ist der Mensch wirtschaftlich? Ein Mensch, der als Opfer durch das Leben geht, ist absolut wirtschaftlich. Der verursacht ja Reparaturen. Und es ist wie bei Autos. Wenn Sie ein Auto haben, das 20 Jahre hält, das wird die Autoindustrie sofort wieder vom Markt nehmen. Ich hatte mal ein Auto, einen Diesel, der hat elf Jahre lang gehalten, der wurde nie wieder gebaut. Nicht, weil sie mein Auto kannten, sondern weil das Auto offensichtlich überhaupt keine Reparaturen verursacht hat. Damit kann die Volkswirtschaft nicht leben.

Frage: Also, ein alter Mensch ohne Oberschenkelhalsbruch ist für die Volkswirtschaft uninteressant?

Hildebrandt: Ein Mensch, der nicht krank wird, ist absolut tödlich für die Gesundheitsindustrie, weil er keine Kosten verursacht, weil er den Betrieb nicht am Laufen hält. Darüber gab es einen wunderbaren Film: »Knock ou le triomphe de la médecine« mit Louis Jouvet aus dem Jahre 1933. Der hat einen Arzt gespielt, der nichts verdient hat. Denn die Leute, die auf den Feldern gearbeitet haben, waren nämlich alle kerngesund. Dann kam Dr. Knock, hat ihnen die Augenlider runtergezogen und hat gesagt, ohohohoho. Von dem Moment an waren die Leute krank. Und zwar bis zum letzten Mann. Krank. Und das Wartezimmer – voll.

Frage: Die Pharmaindustrie hätte gejubelt?

Hildebrandt: Na ja, die jubelt ja sowieso ununterbrochen. Ich kann mich erinnern, dass es der Pharmaindustrie immer gut ging. Mein Vater hatte Verbindungen zur IG Farben. Denen ging es auch in dem Moment gut, als Hitler kam. Der versprach ihnen eine hohe Lebenserwartung. 1000 Jahre verdienen am Unglück anderer. Andere Völker unterjochen war ja schön. Und so denkt die Altenindustrie wahrscheinlich auch. Inzwischen, das wissen Sie ja, bin ich als Achtzigjähriger ein unglaublich gutes Verkaufsziel. Ich war auf einer Pflegemesse in Hannover. Was die alles für mich erfunden haben, ist ja unglaublich. Aber leider laufe ich noch ziemlich fidel die Treppen rauf und runter. Aber irgendwann kommt der Lift, und der ist teuer – der Treppenlift.

Frage: Das Schönste ist, Sie müssten nicht einmal mehr essen, wenn Ihre Fütterung zu lange dauern würde. Das könnte auch eine Magensonde übernehmen …

Hildebrandt: Die Magensonde ist o.k. Manchmal habe ich sowieso keine Zeit zum Essen. Dann kann ich während dem Essen die Magensonde einführen und arbeite gleichzeitig – wunderbar. Darauf freue ich mich.

Frage: Wäre das nicht auch etwas für Ihren Hund?

Hildebrandt: Mein Hund? Der beißt mich dann! Der hat nie in meinem Leben nach mir geschnappt. Der würde mich beißen und verachten. Und ich wette: Eines Tages würde er sogar sein Bein an mir anheben, wenn ich ihn so behandle. Mein eigener Hund!

Frage: Der Medizinische Dienst der Krankenkassen hat festgestellt, dass rund ein Drittel aller Menschen in Heimen zu wenig zu essen und zu trinken bekommen. Dennoch aber seien 90 Prozent der Heimbewohner mit ihrer Pflege zufrieden. Ein Ergebnis, das vor allem durch »angemeldete Kontrollen« ermittelt wurde. Wie beurteilen Sie das?

Hildebrandt: Ein Beispiel: Ich weiß, dass der General kommt. Alles wird geschrubbt. In der Kantine gibt es plötzlich Sachen, die man vorher nie gesehen hat. Der General geht einmal an der Front vorbei und fragt jemanden: »Haben Sie irgendwelche Beschwerden?« – »Nein, Herr General.« Und so eine Visite muss natürlich ein paar Tage vorher angekündigt werden. Denn was würde passieren, wenn der General eines Tages plötzlich unerwartet käme und Wanzen in den Buden der Soldaten finden würde oder Würmer im »Fressen«. Ich sage »Fressen«, weil das, was wir im Krieg vorgesetzt bekamen, war kein Essen. Einmal kam der General unangemeldet, und danach wurde der Major, unser Kommandeur, abgesetzt. So etwas ist doch peinlich. Deshalb ist es völlig richtig, wenn Betreiber sich absichern wollen. Denn keine Ministerin, kein Minister kann ja Spaß daran haben, ein völlig verlottertes Heim zu besichtigen. Die fahren doch auch gerne wieder zurück ins Kabinett und sagen: »Da ist alles in Ordnung.« Und der Regierungschef klopft ihnen dann auf die Schulter und sagt: »Gut gemacht.« Ich finde das völlig in Ordnung, dass man vorab anmeldet. Wenn ich sterbe, werde ich ja auch von meinem Pfarrer vorangemeldet. Es wird ein Grab gemacht, ich werde da reingelegt, und der liebe Gott weiß: Jetzt kommt wieder einer.

Frage: Wer hat sich angemeldete Kontrollen ausgedacht?

Hildebrandt: Ich glaube, das muss schon bei den Kretern gewesen sein – 2500 Jahre vorher. Es muss schon ganz früh gewesen sein.

Frage: Werden deshalb Missstände in der Pflege in der Gesellschaft kaum wahrgenommen?

Hildebrandt: Ja, aber es liegt nicht nur an der Politik. Es liegt auch an den Angehörigen, die die Verbindung zu ihren alten Menschen verloren haben. Ich kenne aber auch andere Fälle. Ich kenne starke Verbindungen, ich kenne viele Menschen, die sich in unglaublicher Weise um ihre alten Menschen bis zum Ende kümmern. Meine Nachbarin hat einen Alzheimer-Mann gehabt. Die hat ihn fünf Jahre lang die Treppen rauf- und runtergetragen. Unglaublich, wie viel Anstrengung und wie viel Sorge da vorhanden ist bei diesen Menschen. Aber viele in der heutigen Generation haben ganz klare Ziele vor Augen. Und diese Ziele beinhalten nicht, dass sie sich zwischendurch mal um ganz menschliche Dinge zu kümmern haben. Die haben keine Zeit. Wir haben alle keine Zeit. Und wir haben auch keine Zeit mehr zuzuhören, wenn jemand ganz langsam spricht. Da entwickelt sich Ungeduld. Und eine Gesellschaft, die sich an Karrierezielen orientiert, hat natürlich auch keine

Zeit mehr für die Menschen, die am Rande bleiben, oder die, die zurückbleiben müssen.

Frage: Was ist das für eine Gesellschaft?

Hildebrandt: Eine morbide Gesellschaft. Eine Gesellschaft, die zum Aussterben geeignet ist.

Frage: Haben pflegebedürftige Menschen aus Ihrer Sicht noch eine Lobby?

Hildebrandt: Die haben keine. Die können keine haben. Denn sie sind angewiesen auf die, die sich um sie kümmern. Und inzwischen stellt sich heraus, das ist so eine kleine Hoffnung, dass unter denen, die sich noch helfen können, sich so eine Art Solidarität entwickelt, das heißt eine Kampfbereitschaft. Und das könnte die Lobby für die sein, die keine mehr haben.

Frage: Wir haben die Kampfbereitschaft noch nicht gesehen …

Hildebrandt: Ich sage ja, ich habe eine Vision … (lacht). Ja, es ist gar nicht so komisch, man muss auf die letzten Hoffnungen setzen.

Frage: Es gibt auf der anderen Seite die Pflegelobby. Wie mächtig ist sie, wer steckt dahinter?

Hildebrandt: Die Pflegelobby ist eine Lobby, die wiederum abhängig ist von einer größeren Lobby. Denn irgendwo muss ja das Geld herkommen, das man verbraucht. Irgendjemand muss ja den Zustand herstellen, der gewollt ist. Der Zustand, der geschaffen worden ist, muss ja auch jemanden haben, der Vorteile davon hat. Ich bin aber noch nicht darauf gekommen, wer das sein könnte. Denn: An pflegebedürftigen Menschen zu verdienen ist pervers. Auf die Idee wäre ich nie gekommen.

Frage: Ist das nicht längst Alltag in Deutschland?

Hildebrandt: Es ist ein weiteres Zeichen von einem Nichtvorhandensein einer Grundwertevorstellung. Da muss ich schon immer lachen. Grundwerte, das Koordinatenkreuz der Grundwerte. Die CSU hat das immer propagiert, dass man sich an den Grundwerten aufrichten soll. Aber wenn es ein Koordinatenkreuz ist, ist es ja auch ein Kreuz. Und ich sehe es mehr als ein Kreuz.

Frage: Die Reform der Pflegeversicherung – wird sich dadurch für pflegebedürftige Menschen etwas verbessern?

Hildebrandt: Ich fürchte, nein. Ich glaube, man muss …Ich habe das mal Honecker über den Fernsehschirm mitgeteilt: Er soll mit dem Sozialismus noch einmal von vorne anfangen. Und ich glaube, hier muss man ganz von vorne anfangen, noch einmal ganz neu nachdenken. Ich kenne nur die Gesetzesmacher. Die Gesetze, die das geschafft haben, kenne ich noch nicht, nein. Es gab immer irgendwie Gesetze, die ab einer gewissen Zeit gegriffen haben, funktioniert haben oder nicht funktioniert haben – aber auf jeden Fall war immer eine Entscheidung dahinter. Das hier wird ein Gesetz des »Verschiebens«, des »Schönredens«, der »Euphemie«. Die Euphemie hat ja zugenommen. Wir reden uns ja gegenseitig schön. Sie reden sich Erfolge schön. Alle schlagen sich auf die Schulter, und alle haben deshalb schon Haltungsschäden, weil sie sich gegenseitig auf die Schulter hauen. Ich glaube, die Reform der Pflegeversicherung ist die größte Blamage, die Politikern je passiert ist.

Frage: Dabei hören wir von Verbänden und Brancheninsidern immer wieder, dass man das Gesetz nicht kleinreden dürfe …

Hildebrandt: Wenn es schon klein ist.

Frage: Also ist die Reform der Pflegeversicherung nur ein Reförmchen?

Hildebrandt: Ich glaube, Politiker haben Angst vor einer großen Reform. Wir haben ja keine Neigungsdemokraten mehr, sondern nur noch zielgerichtete Berufspolitiker. Die Pflicht eines jeden Politikers ist, zu gewährleisten, dass er nicht in die Lage der Menschen kommt, für die er diese Gesetze eben nicht macht. Es ist ein etwas schwieriger Satz, aber es ist so. Sie halten sich raus. Deswegen haben sie auch viele Nebentätigkeiten und müssen sie auch haben. Denn: Gut bezahlt werden sie ja nicht. Es ist ein Märchen, dass die meisten Abgeordneten ungeheuer viel Geld verdienen. Sie müssen nebenbei etwas tun, sie müssen immer ihre Weiterbeschäftigung in diesem Parlament und in diesem System betreiben. Und bei der Gelegenheit kann es ihnen passieren, dass sie die Sorgen für einen ganzen Stand, für alte Menschen, gar nicht in ihrem Kalkül haben. Weil es ist nicht populär. Alles andere ist viel populärer. Alt werden ist irgendwie »bäh«, es riecht, und es stinkt manches Mal. Aber die Politiker vergessen, dass sie irgendwann einmal genauso alt sein werden. Und das wünsche ich ihnen.

Frage: Der Medizinische Dienst hat herausgefunden, dass sich die Pflegesituation in den letzten Jahren verbessert habe. Zugespitzt heißt das: Bislang bekamen in Heimen 41 Prozent zu wenig zu essen und zu trinken, jetzt ist es nur noch jeder Dritte. Dennoch hören wir immer wieder: Man dürfe nicht von einem »Pflegeskandal« sprechen, und vor allem dürfe man »nicht alle Heime pauschal über einen Kamm scheren«. Woher kommen solche Aussagen?

Hildebrandt: Aus der DDR. Und das wird der Heimlobby und der Politik nicht gut gefallen. Als die DDR ihren Todestag hatte und die Wiedervereinigung ihren Tag, hatten alle Leute, die mit einer gewissen Melancholie über ihr DDR-Dasein nachgedacht haben und ein wenig nachgetrauert haben, immer gesagt: »Es war ja nicht alles so schlimm.« Und dann wurden die Kindergärten angeführt. Darüber hinaus aber fiel ihnen nicht mehr viel ein. Und mit der Altenpflege ist es ähnlich!

Frage: Warum werden die Prüfberichte des Medizinischen Dienstes nicht sofort veröffentlicht? Für alle Angehörigen und Betroffenen, also die Verbraucher, wäre das doch die ideale Möglichkeit festzustellen, ob es sich um ein gutes oder um ein schlechtes Pflegeheim handelt.

Hildebrandt: Wenn die Verbände jetzt die MDK-Berichte nicht veröffentlichen, dann wollen sie natürlich, dass ihre größten Fehler nicht veröffentlicht werden. Sie fürchten, dass es kluge Menschen gibt, die herausfinden, wo der Grund für ihr Versagen ist. Sie haben eine Bannmeile aufgezogen, wie man das so macht bei solchen Verbänden, und haben praktisch eine Grenze um sie herum gezogen. Das heißt, sie möchten sich ganz gerne unsichtbar machen. Das ist überhaupt eine alte Hoffnung von Menschen. Die würden es gerne einmal schaffen, sich unsichtbar zu machen.

Frage: Was halten Sie von folgendem Sprichwort: »Sei nett zu deinen Kindern, denn sie suchen dir deinen Pflegeheimplatz aus«?

Hildebrandt: Na ja, eigentlich fängt es schon früher an. Zunächst mal suchen sie sich schon die Musik aus für die Beerdigung, und da habe ich schon Angst davor. Weil ich habe nicht den Musikgeschmack meiner Kinder. Wie werde ich denn runtergelassen? Mit welcher Musik? Möglicherweise mit irgendeinem

Lied, das ich immer schon gehasst habe. Weil Kinder könnten sich eventuell – meine Töchter natürlich nicht – an den zu Grabe Getragenen rächen. Jetzt kommt etwas anderes hinzu: Sie könnten möglicherweise auch genau herauskriegen, welches Heim am schlimmsten ist. Und dann sagen sie: Das ist das billigste! Und der Papa würde das gut finden, wenn er noch denken könnte. Das ist ein wunderbares Heim, das nehmen wir. Und das könnte sein, dass das eine gewisse Gegnerschaft ist, die früh, früh schon angefangen hat. Vielleicht rächen sie sich für Prügel oder schlechte Ernährung oder was weiß ich. Es gibt viele Eltern, die Angst vor ihren Kindern haben.

Frage: Werden da alte Rechnungen beglichen?

Hildebrandt: Ja. Dagegen kann man einfach nichts tun. Die ganze Generation ist eine einzige Erbengemeinschaft. Die hat man ja auch so erzogen beziehungsweise hat zugelassen, dass sie so sind. Es könnte aber durchaus sein, dass sie so sind, wie man selbst auch ist. Und das zeigt sich dann in den Kindern deutlicher. Der eigene Charakter wird manchmal in den Kindern viel plastischer dargestellt, und man erschrickt. Dann erschrickt man meistens vor sich selbst. Das heißt: Wenn eine Erbengemeinschaft sich so verhält wie viele Erbengemeinschaften, dann kommt es irgendwann zum Problem. Ich sehe heute Menschen mit fünf Kindern, alle hintereinander mit dem Fahrrad, und denke mir: Wenn die mal alle erwachsen sind und wenn die mal wissen, dass sie zu Hause ein Haus haben, und wenn die fünf sich das alles teilen müssen, das bisschen, was da ist, dann wird es wahrscheinlich Mord und Totschlag geben.

Frage: Ist das ein Problem für unsere Gesellschaft?

Hildebrandt: Ja, das glaube ich. Es wird viel zu viel vererbt. Hohe Summen werden angelegt, und diese Riesensummen schaffen eine große Kluft zwischen Arm und Reich. Und Geld, das arbeitet, ist zu fürchten. Denn Geld schafft ja nur Geld – und sonst gar nichts.

Frage: Geld fördert Gier. Schafft es auch ein System der Angst?

Hildebrandt: Ja, ich glaube, das ist ein Riesenproblem. Aber das war ja immer ein Problem. Das war ja auch ein Problem in Kaiserreichen, in Diktaturen. Das hat sich erhalten. Der Deutsche spricht zum Beispiel, wenn er mitteilen will, dass er Karriere gemacht hat, darüber, wie viele er »unter sich« hat. Er sagt nicht, »ich arbeite mit zehn Personen zusammen«, sondern, »ich habe zehn unter mir!« Und dieses »Druntersein« bedeutet, dass man Angst hat, nicht der zu werden, der dann zehn unter sich hat. Davor hat der Mensch auch Angst. Und dann kommt die Fähigkeit dessen, der die zehn unter sich hat, diese zehn alle gegeneinander aufzuhetzen. Das ist eine Technik, die man lernen kann. Dann hat jeder Angst vor dem anderen.

Frage: 1995 hat Norbert Blüm die gesetzliche Pflegereform eingeführt. Von Anfang an sahen Experten Reformbedarf. Hat sich die Politik jetzt an die wichtigen Punkte gewagt?

Hildebrandt: Nein. Sie haben vor dem Pflegereförmchen auch nur ein Steuerreförmchen geschafft, wir haben ja überall kleine Förmchen. Die große Koalition hat bislang nicht ein vernünftiges Gesetz in Gang gebracht. Nur kleine! Täglich werden Gesetze verabschiedet, zum Beispiel über das Tragen von Ohrringen oder Verbot von schiefen Schuhabsätzen. Solche Gesetze bekommen die Politiker hin. Aber die Dinge, die sie sich vorgenommen haben, das sind alles Reförmchen. Es ist unglaublich. Die Gesundheitsreform ist auch ein Reförmchen. Und eigentlich sind auch die ganzen Kabinettsmitglieder Mitgliederchen geworden. Kein Mensch nimmt sie mehr ernst. Es passiert nichts.

Frage: Das bayerische Sozialministerium wies vor einiger Zeit darauf hin, dass »richtige Ernährung« und »ausreichendes Trinken« für pflegebedürftige Menschen äußerst wichtig sind, und forderte die Einrichtungsträger auf, ihre Mitarbeiter in diesem Punkt gezielt fort- und weiterzubilden. Warum muss sich die Politik um solche Selbstverständlichkeiten kümmern?

Hildebrandt: Dazu fällt mir nichts mehr ein.

Frage: Wäre es denkbar, dass sich die Politik auch um die Ernährung in Kindergärten oder Tierparks kümmern müsste?

Hildebrandt: Also, im Tierpark müsste sie es nicht – auf gar keinen Fall! Die Menschen mögen die Tiere im Tierpark, sie kennen sie fast alle persönlich mit Namen. Besucher und Tierschützer würden es sich nicht gefallen lassen, dass zum Beispiel irgendwo ein Braunbär an einer Sonde hängt, nur weil das Pflegepersonal sagt, dass es keine Zeit für den Bären habe. Stellen Sie sich vor, der Bär würde sterben! Das wäre ein Riesenskandal. Ein Volksaufstand wie damals, als der bayerische Jagdbeauftragte Schnappauf den Bären erschossen hat.

Frage: Wir haben es oben schon angesprochen: Auf dem Pflegemarkt tummeln sich auch Abzocker …

Hildebrandt: Da bin ich fest überzeugt, dass das kaum jemanden stört. Ich habe das schon oft erlebt, dass in dem Moment, wo irgendein Verdienst winkt, dass da die Skrupel einfach fallen. Das ist so eine Art Striptease. Wie die Kleider fallen sie dann runter – die Bedenken. Und es kommt dann immer drauf an, wie man das eigene Tun vor sich selbst gutredet. Da gibt es ja viele Möglichkeiten. Wahrscheinlich gibt es schon so eine Art Buch, wo man das alles lernt und wo man diese Floskeln aus dem Buch holt. Es gibt ja auch, wenn man Reden halten will, Anleitungen. Die Büchereien sind ja voll von solchen Sachen. Vielleicht haben die dann solche Redensarten, die lernen sie auswendig, damit sie ihre Bedenken zukleistern können.

Frage: Die gebräuchlichsten Floskeln in der Pflegebranche sind: »Einzelfälle«, »einzelne schwarze Schafe«, man dürfe »nicht pauschalieren«, »nicht generalisieren« …

Hildebrandt: Die kenne ich alle. Das ist abrufbare Empörung, gemachter Zorn und vielfach schon Routine. Manchmal sehe ich bei Talkrunden, wie künstlich diese Floskeln automatisch aus diesen Mündern rauskommen. Ich glaube ja sowieso nicht, dass bei Talkrunden Menschen sich zuhören. Sie basteln meistens an ihrem nächsten Satz, den sie – egal, in welchem Zusammenhang – wenn sie fertig sind, von sich geben. Was dann heißt: Wenn ich dazu noch etwas sagen darf. Und das, was sie vorher gefragt wurden, vergessen sie dann.

Frage: Zurück zur Ernährung: Können Sie sich vorstellen, für 2 Euro 8 Cent pro Tag zu essen und zu trinken?

Hildebrandt: Ich würde den Versuch wahrscheinlich abbrechen so gegen 10 Uhr vormittags. Das geht nicht, nein.

Frage: In den Heimen ist es aber Standard. Wie beurteilen Sie das? 2 Euro 8 Cent, teilweise 4 Euro, manchmal 6 Euro, kostet die Verpflegung für die Pflegebedürftigen …

Hildebrandt: Das ist einfach schamlos. Es passiert vor unseren Augen, es ist für mich etwas, was eigentlich verfolgt werden müsste. Es ist kriminell.

Frage: Was empfehlen Sie Pflegekräften, die unter diesen Arbeitsbedingungen fast zerbrechen?

Hildebrandt: Da bin ich ratlos. Ich kann ihnen nichts empfehlen. Ich kann nur hoffen, dass sie durchhalten. Weil wenn sie es nicht tun, dann käme es zur großen Katastrophe, zum Pflegekollaps. Aber eigentlich ist er ja schon da.

Frage: Die Wissenschaft arbeitet an der Entwicklung von Pflegerobotern. Sind sie die Alternative für zu wenig Personal?

Hildebrandt: Das wäre die Schlusspointe. Das ist wunderbar. Dann denke ich immer an diesen furchtbaren SS-Witz mit dem Glasauge. Der irgendwo dazupasst. Der SS-Mann hat ein Glasauge und fragt den Häftling: Welches Auge ist mein Glasauge? Dann sagt er: Das linke, weil es blickt so menschlich.

Frage: Welche Assoziationen lösen Pflegeroboter bei Ihnen aus?

Hildebrandt: Das ist der Weltuntergang. Das ist das Ende unserer Gesellschaft. Der Wahnsinn ist vollendet.

Frage: Gute Pflege ist bezahlbar, haben wir in einigen Heimen gelernt. Wir kennen Beispiele, wo Pflegekräfte mit glänzenden Augen erklären, dass ihnen der Job Spaß macht, Freude macht …

Hildebrandt: Sicher gibt es solche Heime auch – klar. Aber die Frage kann ich nicht beantworten, warum das alles so ist, weil ich nicht beantworten kann, warum wir so sind.

Frage: Wie stellen Sie sich ein Pflegeheim vor, in dem Sie mal gepflegt werden müssten, sollte es so weit kommen?

Hildebrandt: Der Zeitraum ist schon vorbei, in dem ich mir eines hätte wünschen können. Das hätte ich vor ungefähr 30 Jahren machen müssen. Aber wenn sie mich so fragen: Ich würde mir wünschen, was Huxley in *Brave New World [Schöne neue Welt]* vorgestellt hat. Das ist das sogenannte Sterbesanatorium. Drei Tage Aufenthalt, Tablette, schöne Musik, ein Gastmahl, eine Flasche Champagner, viele liebe Menschen, die einem Guten Tag und Auf Wiedersehen sagen – und dann einfach hinüberschlafen. Aber die Zeit ist leider vorbei. Ich bin mittendrin in dem Problem, worüber wir jetzt gesprochen haben.

Zehn zusammenfassende Thesen/Forderungen

I. Mindestanforderungen für eine menschenwürdige Grundversorgung müssen umgesetzt werden

Wer 2500 bis 3500 Euro im Monat für einen Pflegeplatz bezahlt, dem sollten folgende Leistungen verbindlich zugesichert werden:

1. Jeder pflegebedürftige Mensch muss täglich seine Mahlzeiten und ausreichend Getränke/Flüssigkeit in dem Tempo erhalten, in dem er kauen und schlucken kann. Magensonden und Infusionen dürfen nur nach ausdrücklicher und (regelmäßig) kontrollierter medizinischer Indikation verordnet werden. Die Notwendigkeit muss ständig hinterfragt werden! Eine Magensonde als »pflegeerleichternde« und damit auch »pflegevermeidende« Maßnahme ist menschenunwürdig und Körperverletzung!
2. Jeder pflegebedürftige Mensch muss täglich so oft zur Toilette gebracht oder geführt werden, wie er es wünscht! (Windeln und Dauerkatheter als pflegeerleichternde Maßnahmen sind menschenunwürdig und Körperverletzung!)
3. Jeder pflegebedürftige Mensch muss täglich (wenn gewünscht!) gewaschen, angezogen und gekämmt werden. Außerdem ist die Mundpflege sicherzustellen.
4. Jeder pflegebedürftige Mensch muss (auf Wunsch) täglich die Möglichkeit bekommen, sein Bett zu verlassen, um an die frische Luft zu kommen.
5. Jeder pflegebedürftige Mensch muss die Möglichkeit haben, wenigstens seinen/ihren Zimmerpartner zu wählen beziehungsweise abzulehnen.
6. Für jeden pflegebedürftigen Menschen muss gewährleistet sein, dass wenigstens ein Mitarbeiter auf Station ist, der die Muttersprache der Bewohner spricht. Kommunikation ist ein Grundrecht! (Trösten, zuhören, geduldig in den Arm neh-

men, ein paar freundliche, liebevolle, verständliche, einfühlsame Worte dürfen nicht als »Kaviarleistung« [»nicht finanzierbar«] gelten.)

7. Jeder pflegebedürftige Mensch muss die Sicherheit haben, dass ihm in der Todesstunde wenigstens jemand die Hand hält, damit er nicht allein und einsam sterben muss!!!

II. Die Pflegestufen und die »Minutenpflege« müssen abgeschafft werden

Diese (unter I. aufgeführten) Anforderungen sind nicht kompromissfähig und können daher auch nicht Gegenstand von Verhandlungen sein. Sie machen die Pflegestufen überflüssig, in denen zum Beispiel die elementaren Grundbedürfnisse demenziell erkrankter Menschen bis heute zu kurz kommen.

Die von uns definierten »Standards« dürfen in einem reichen Land, das den Anspruch hat, die Menschenrechte besonders zu achten, nicht zu teuer sein. Alle Ansprüche darüber hinaus müssen *privat* bezahlt werden.

Wenn unsere Gesellschaft/Politik die oben definierten Mindestanforderungen nicht finanzieren kann/will, dann müssen wir uns in der Konsequenz über aktive Sterbehilfe ehrlich und ernsthaft unterhalten.

III. Wir fordern für alte Menschen die ebenso konsequente Anwendung der Bestimmungen, wie sie im Tierschutzgesetz festgelegt sind:

Grundsatz

§1: Zweck dieses Gesetzes ist es, aus der Verantwortung der Gesellschaft für alte Menschen als Mitgeschöpfe deren Leben und Wohlbefinden zu schützen. Niemand darf einem alten Menschen ohne vernünftigen Grund Schmerzen, Leiden oder Schäden zufügen.

Zweiter Abschnitt:

Haltung alter Menschen

Wer einen alten Menschen hält, betreut oder zu betreuen hat,

1. muss den alten Menschen seiner Art und seinen Bedürfnissen entsprechend angemessen ernähren, pflegen und verhaltensgerecht unterbringen.

2. darf die Möglichkeit des alten Menschen zu artgemäßer Bewegung nicht so einschränken, dass ihm Schmerzen oder vermeidbare Leiden oder Schäden zugefügt werden.
3. muss über die für eine angemessene Ernährung, Pflege und verhaltensgerechte Unterbringung des alten Menschen erforderlichen Kenntnisse und Fähigkeiten verfügen.

IV. Wer schweigt, macht sich mitschuldig!

Wir fordern eine Beweislastumkehr in Strafprozessen. Wer gefährliche und fahrlässige Pflege betreibt oder Tätigkeiten dokumentiert, die gar nicht erbracht wurden, muss konsequent zur Rechenschaft gezogen werden. Ärzte, Heimleiter und Pflegekräfte müssen nachweisen, dass sie Patienten und Bewohner nach geltenden Pflegestandards versorgt haben.

Bislang sind vor allem die Staatsanwaltschaften in der Beweispflicht. Sie müssen den Nachweis führen, ob zwischen dem Vorwurf einer Sorgfaltspflichtsverletzung und einer Verschlechterung des Gesundheitszustands eine Kausalität besteht. Im Gegensatz dazu kann es in einem Zivilprozess (z. B. Schadenersatz) zu einer Beweislastumkehr kommen, wenn im Verhalten der Beklagten grobe Fehler erkennbar sind.

Nur wenn der strafrechtliche Druck erhöht wird, kann die Allianz des Schweigens, Wegschauens, Relativierens und Schönredens in Heimen, Krankenhäusern und bei ambulanten Diensten aufgebrochen werden. Das muss im Gleichklang mit einer besseren Ausbildung von Heimleitern und Pflegekräften stattfinden. Pflegebedürftige Menschen brauchen eine Allianz der gemeinsamen Verantwortung, Partnerschaft, der Zivilcourage und eine ehrliche, transparente Pflegediskussion!

Alle Verantwortlichen der Politik, Pflegewissenschaftler, Heim- und Kostenträger müssen unangemeldet mit dem Alltag in bundesdeutschen Heimen konfrontiert werden!

V. Die Prüfberichte des Medizinischen Dienstes müssen veröffentlicht werden, ohne dass die Verbände Einfluss darauf haben

»Wer nichts zu verbergen hat, hat auch nichts zu befürchten«, sagt ein Sprichwort. Im Sinne der Verbraucher fordern wir die

Veröffentlichung der Prüfberichte des Medizinischen Dienstes – und zwar sofort. Derzeit gibt es keine bessere Alternative! Sie müssen selbstverständlich auch für Laien lesbar sein. Einige wenige Einrichtungen gehen bereits jetzt mit gutem Beispiel voran und veröffentlichen freiwillig die Prüfergebnisse, obwohl der MDK bei ihnen teilweise Mängel festgestellt hat. Dass schlechte Einrichtungen ihre Prüfberichte bislang nicht veröffentlichen müssen, ist eine Benachteiligung der seriösen Heime.

Das Kartell aus Verbänden, Politik und Kassenfunktionären, das es bislang verstanden hat, Transparenz weitgehend zu verhindern, muss zerschlagen werden.

VI. Nur durch völlige Offenlegungen aller Zahlen können unlautere Manipulationen bekämpft werden

Es muss ausreichend fachlich kompetente Prüfer geben, die in der Lage sind, die Immobiliengeschäfte der Träger so zu durchdringen, dass Quersubventionierungen, Personalunterbesetzungen und daraus resultierende Schädigungen der Bewohner ausgeschlossen werden können.

Leistungen, die von den Trägern vertraglich zugesichert, aber nicht erbracht wurden, müssen spürbare wirtschaftliche Folgen haben. Der Einsatz von »Phantompersonal«, also Pflegekräften, die zwar von den Kostenträgern und Selbstzahlern finanziert, aber nicht beschäftigt wurden, ist Betrug. Solche Fälle müssen systematisch ermittelt und entsprechend geahndet werden.

VII. Heimaufsichten und Medizinischer Dienst müssen verstärkt des Nachts und an Wochenenden unangemeldet prüfen

Bislang kann man nachts, an Wochenenden und Feiertagen in Pflegeheimen und bei ambulanten Diensten von weitgehend »rechtsfreien Räumen« sprechen. Nur in ganz wenigen »Einzelfällen« wird von Heimaufsicht und Medizinischem Dienst kontrolliert. Immer wieder hören wir von gespenstischen und unverantwortlichen Arbeitsbedingungen. Mitunter ist eine Pflegekraft zum Beispiel für 70 Bewohner in der Nacht verantwortlich. Ein Noteinsatz kann das System zum Kollabieren bringen:

Stürzt z. B. ein Bewohner und bricht sich dabei den Oberschenkelhals, bleiben alle anderen unversorgt.

VIII. Unabhängige Beschwerdestellen für Angehörige und Pflegekräfte müssen in jeder Stadt in Deutschland eingeführt werden

Pflegekräfte, Angehörige und Betroffene brauchen eine unabhängige Anlaufstelle. In Bonn gibt es zum Beispiel die Initiative »Handeln statt Misshandeln«. In München verzeichnet eine städtische Beschwerdestelle ungeahnten Zulauf. Solche Projekte haben Vorbildcharakter. Schon oft konnten sie die schlimme Situation alter Menschen verbessern.

IX. Krankheit und Pflege sind keine Produkte im markt- und börsenfähigen Sinne

Wo es um medizinische und pflegerische Versorgung von kranken und pflegebedürftigen Menschen, um humane Arbeitsbedingungen geht, müssen geschäftliche Interessen ihre Grenzen haben. Im harten Konkurrenzkampf von Wohlfahrtsverbänden, privaten und börsennotierten Anbietern wird die Würde des Menschen vielfach der Rendite geopfert.

X. Pflegekräfte müssen sich bundesweit gegen unakzeptable Arbeitsbedingungen, gefährliche Pflege und Lohndumping wehren

»Unter den von der Politik gegebenen Rahmenbedingungen leisten wir eine optimale Pflege«, ist eine der meistverwendeten Floskeln in der Szene. Kaum einer beschwerte sich öffentlich über die teilweise katastrophalen Zustände in vielen Pflegeheimen. Vor allem die Wohlfahrtsverbände haben ihr »gemeinnütziges und christliches Profil« quasi aufgegeben und argumentieren damit, dass sie von den Kostenträgern »zu wenig Geld« bekämen. Konsequenterweise müssten sie sich daher selbst anzeigen und ihren Versorgungsvertrag zurückgeben. Denn in Deutschland wird niemand gezwungen, ein Pflegeheim zu betreiben.

Die Preis- und Lohnspirale geht seit Jahren nach unten. Mittlerweile leben einige Pflegekräfte schon am Existenzminimum, arbeiten aber am Limit. Die Folge: Bedürftige Menschen werden vernachlässigt oder sogar misshandelt.

Dieser Trend kann nur gestoppt werden, wenn Pflegekräfte mehr Zivilcourage zeigen wie jüngst in Nürnberg. Dort protestierten immerhin über 2000 engagierte Mitarbeiter der Wohlfahrtsverbände gegen ihre Arbeitgeber. Damit sandten sie ein Signal aus, das zwar ankam, aber noch nichts bewirkte. Erst ein bundesweiter kollektiver Aufschrei von Pflegekräften, Angehörigen, gesetzlichen Betreuern und Ärzten könnte die Situation für alle verbessern. Der öffentliche Druck auf die Arbeitgeber muss wachsen, vor allem im Sinne der pflegebedürftigen Menschen.

»Wir sind nicht nur für das verantwortlich, was wir tun, sondern auch für das, was wir nicht tun.«

Jean Molière

Dank

Im Netz der Pflegemafia hätte ohne die Hilfe vieler couragierter Informanten, vor allem Pflegekräfte und Angehörige, aber auch mutiger Behördenvertreter, nicht geschrieben werden können. Allen gilt unser Dank für ihre Mitarbeit. Danken möchten wir auch der Redaktionsleiterin von »Report Mainz«, Birgitta Weber, dem Chefredakteur des SWR, Fritz Frey, und dem damaligen Chef vom Dienst, Hans-Michael Kassel. Sie haben das Thema schon vor Jahren erkannt und die vielen Recherchen dazu immer unterstützt. Ebenso bedanken wir uns bei Thomas Reutter, der an der fünfundvierzigminütigen Dokumentation »Der Pflegenotstand« als Koautor mitgewirkt hat, bei Martina Schröter und Udo Emmert für ihre unermüdliche Archivrecherche sowie der gesamten »Report Mainz«-Redaktion. Thomas Leif hat uns viele wertvolle Hinweise und Tipps gegeben und war außerdem Koautor der dreißigminütigen ARD-Reportage »Essen. Waschen. Ruhe geben.«. Des Weiteren sind wir Thomas Plassmann für die bissigen Karikaturen und den Münchener Medienvertretern, die seit vielen Jahren engagiert die Thematik immer wieder aufgreifen, zu außerordentlichem Dank verpflichtet. Ebenso Rosi Hiefinger und Christiane Lüst vom »Münchener Pflegestammtisch« und den Mitarbeiterinnen der Münchener Beschwerdestelle. Ohne die Unterstützung der Mitarbeiter der Vereinigung Integrationsförderung e.V. hätten viele der im Buch beschriebenen Missstände nicht aufgedeckt werden können. Besonders hervorheben möchten wir Patricia Dubler und Inge Hoffmann.

Ebenfalls gilt unser Dank dem Verlag C. Bertelsmann für die engagierte und professionelle Betreuung des Titels. Bedanken möchten wir uns auch bei unseren Eltern und Schwiegereltern, die uns seit vielen Jahren mit großem Verständnis den Rücken freihalten. Florian und Jonas Fussek drohen uns, den Autoren, seit geraumer Zeit mit einem gemeinsamen Doppelzimmer in einem Pflegeheim. Wir danken vor allem Ute Krause-Fussek und Christina Schober, unseren Frauen, ohne deren langjährige Geduld, großes Verständnis und moralische Unterstützung das Buch nicht realisiert hätte werden können.

Personenregister

Orts- und Sachregister